DIE 100 GRÖSSTEN SCHLACHTEN

Sie haben die Welt verändert
Von Kadesch (1285 v. Chr.) bis heute

Paolo Cau
mit einem Vorwort
von Nicola Labanca

VERLEGT BEI
KAISER

Titel des italienischen Originals: »Battaglie«

Einzig berechtigte Übertragung aus dem Italienischen

Hannes Wendtlandt

Planung und Redaktion: Daniele Forconi

Grafische Gestaltung und Umbruch: Enrico Albisetti

Originaltafeln, Gestaltung und Kartografie: Alessandro Bartolozzi

Redaktionelle Mitarbeit: Giulia Bertelletti

Bildrecherche: Cristina Reggioli

Deutsche Erstausgabe

www.kaiserverlag.com
E-Mail: office@kaiserverlag.com

Einbandgestaltung: Context St. Veit/Glan – Markus Kurrent
Satz: Context Type & Sign Pink GmbH, St. Veit/Glan
Gesamtherstellung: Gorenjski Tisk, Kranj-Slowenien

Die Kriegskunst hat es

mit lebendigen und mit moralischen Kräften zu tun,

daraus folgt, dass sie nirgends

das Absolute und Gewisse erreichen kann.

Es bleibt also überall dem Ungefähr

ein Spielraum.

Carl Philipp Gottfried von Clausewitz

Inhalt

3 Stehende Heere und neue Strategien

4 Von der Wehrpflicht zum Atomkrieg

5 Neue Technologien und der asymmetrische Krieg

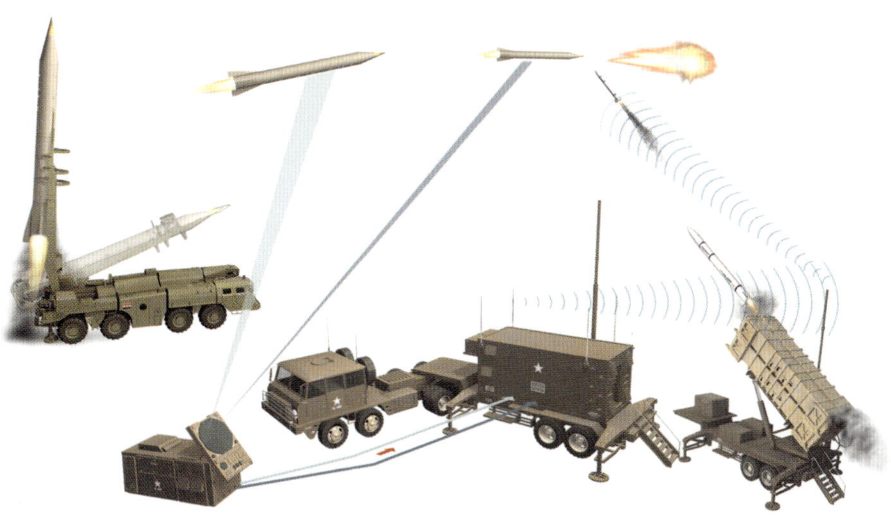

Vorwort

Während das 21. Jh. beginnt, macht sich in ganz Europa die Rückkehr des Krieges bemerkbar. Tatsächlich flackert von Ex-Jugoslawien bis Tschetschenien der Krieg wieder auf, der seit beinahe einem halben Jahrhundert nicht mehr auf dem Boden des alten Kontinents stattgefunden hat. Auch sehr nahe bei Europa entflammt wieder Krieg, nämlich im Nahen Osten, wo vom immer noch ungelösten israelisch-palästinensischen Konflikt bis zu der neuen Auseinandersetzung im Irak die Waffen sprechen, obwohl der Präsident der Vereinigten Staaten am 1. Mai 2003 das Ende der Feindseligkeiten verkündet hat. Europa selbst wurde von Madrid bis London schwer von Attacken eines internationalen Terrorismus getroffen, der zwar kein Krieg ist, dem die USA aber nach dem 11. September 2001 nichtsdestoweniger einen unbegrenzten, präventiven Krieg erklärt haben. Und die Aufmerksamen unter den Einwohnern Europas, die sich traditionellerweise Afrika und Asien verbunden fühlen, verlieren niemals die »vergessenen Kriege« aus den Augen, die auf diesen Kontinenten immer noch ausgefochten und die kaum jemals durch Vermittlung beigelegt werden …

Es ist unbestritten, dass die Konflikte der Ära nach der in zwei Hemisphären geteilten Welt, jene historische Zeit, die wir nach dem Ende des »Kalten Krieges« zwischen den USA und der UdSSR erlebt haben, zahlreicher und brutaler verliefen, als die in der Zeit davor oder im »kriegerischen 19. Jahrhundert«. Fakt ist, dass – obwohl wir uns nicht direkt an den Luftangriffen und der »asymmetrischen Kriegsführung« mit beinahe »null Toten« beteiligen – der Osten eine »Wiederkehr des Krieges« erlebt. Bedauerlicherweise trifft man, was diese Rückkehr betrifft, oft auf eine unvorbereitete und schlecht informierte öffentliche Meinung, die es schwierig findet, dem zu folgen, es zu verstehen oder gar zu »kontrollieren«, was da vor sich geht. Nicht zuletzt deshalb, und nicht nur wegen einer nationalistischen oder militärischen Atmosphäre, erklärt sich der Erfolg gewisser populärwissenschaftlicher »Militärgeschichtsbücher«, die von einer erneuerten und professioneller gewordenen akademischen Recherche profitieren (heutzutage schreiben nicht nur pensionierte Generale und Lehrbeauftragte von Militärakademien über Kriegsgeschichte, sondern auch ernstzunehmende und moderne Wissenschaftler) und das Wiedererscheinen geschmeidig zu lesender Bände über den Krieg und die Schlachten der Weltgeschichte, die für ein breites Publikum gemacht wurden, und dabei anspruchsvoll und gar nicht oberflächlich sind.

Aber was ist überhaupt eine Schlacht? Und ist es eigentlich möglich, die Gefechte der modernen asymmetrischen Kriegsführung mit den Schlachten der beiden Weltkriege im gleichen Atemzug zu erwähnen, oder gar mit jenen einer längst vergangenen Zeit? Und sind die heutigen kleinen, hochtechnisierten Einheiten und Spezialtrupps mit den gewaltigen Massen aus der Zeit der Zwangsrekrutierung vergleichbar, oder mit den römischen Heerscharen und mit den Phalangen aus

Hopliten im antiken Griechenland? Wenn wir Krieg als eine Auseinandersetzung zwischen Staaten, die einander mit Heeren bekämpfen, wenn wir unter Heeren nur reguläre Truppen verstehen, wenn wir als Schlachten nur Kontroversen anerkennen, die in unterschiedlichen Ausmaßen – aber innerhalb desselben Zeitraums und an ein und demselben Ort – stattfinden, wie viele Bereiche der Kriegsgeschichte der Menschheit, wie viele Kriege und wie viele Schlachten bleiben dann unbeleuchtet … Leider ist der Krieg eine der ältesten menschlichen Aktivitäten und oftmals hat er parallel zur menschlichen Gesellschaft sein Antlitz verändert …

Besser noch als in historischen Schriften oder in Aufzeichnungen können wir in den Werken der Dichter nachlesen, um zu verstehen, ob und wie sich ein Faden durch eine wechselhafte Gesellschaft zieht. Lew Tolstoi erklärt in seinem Roman Krieg und Frieden, wie der Zar, der Kommandeur, der Offizier, der nicht kämpfende Soldat, die Zivilisten nah und fern des Schlachtfeldes und schließlich auch die Kämpfer, sich jeweils etwas anderes unter einer Schlacht oder einem Krieg vorstellen. So bemerken Letztere, dass »von Todesangst gezeichnete Männer einander sterbend vorwärts drängen, über Leichen steigen und einander töten, nur um nach dem nächsten Schritt selbst getötet zu werden«. Auf dem Feld, über das der Krieg getobt ist, fällt die Ernte fürchterlich aus: »Wie Getreidegarben auf einem guten Feld bedecken zehn, fünfzehn tote oder verwundete Männer den Boden.« Und darum wollen die Soldaten auch nicht wissen, wann sie kämpfen müssen und was eine Schlacht ist: »Der marschierende Soldat ist eng von seinem Regiment umgeben, das ihn mitreißt, wie ein Matrose auf seinem Schiff […] Der Soldat will kaum wissen, auf welchen Breitengraden sein Schiff fährt; doch am Tag der Schlacht spürt er die Truppenmoral, Gott allein weiß, wie und woher sie kommt, ein schlichtes Gefühl, gleich für alle, das die Ankunft von etwas Entscheidendem und Ernstem ankündigt.«
Um erinnerbar zu sein, um sich vom Verlauf des Krieges und der Geschichte abzuheben, muss die Schlacht für gewöhnlich etwas »Entscheidendes und Ernstes« sein. Es gibt ein ganzes Genre von Berichten über »Entscheidungsschlachten«, die sich auf vergangene Jahrhunderte beziehen. Früher (heute zum Glück nicht mehr) definierte und erschöpfte sich die ausschließlich an Militärakademien unterrichtete Militärgeschichte in solchen Berichten als brauchbares Mittel zur Ausbildung und Bildungsauffrischung von Kommandanten. Der britische Militärhistoriker John Keegan begann gegen diese Geschichte im Vorwort seines Klassikers The face of War (Das Gesicht des Krieges) anzuschreiben und sie zu demontieren. Und dieses Genre taucht heute in Europa und in der Welt als Verknappung auf, als verkürzte Form der Kriegsgeschichte und der Menschlichkeit im Krieg. Sicher sind viele Fragestellungen hinter dieser Geschichte entscheidend … das beginnt schon bei der Identifikation: Eine Schlacht kann nicht einfach über ein besiegtes und ein siegreiches Volk bestimmt werden. Und dann bleibt da noch die

Frage der Benennung, meist der Ortsnamen: in welcher Sprache werden sie benannt? In der der Sieger oder der der Besiegten? Das verändert den Geist der Schlacht. Wie erzählt man den Ablauf einer Schlacht? Als Erfolg einer Nation über die andere, als Entwicklung der Kriegstechnik, als Verdichtung und Verfeinerung des strategischen Grundgedankens? In allen Fällen werden sich Anzahl und Namen der Schlachten unterscheiden. Und wie viel relatives Gewicht soll man einer Schlacht beimessen? Soll man mehr Augenmerk auf die frühere Geschichte oder auf die weniger untersuchte Zeitgeschichte legen? Und wie soll man Schlachten unter einen Hut bekommen, deren Relevanz heute mit ihrem Platz in den diversen nationalen Mythologien verbunden ist? Auseinandersetzungen zwischen einigen hundert Bewaffneten in der Antike, verlustreiche und vernichtende Konflikte, die jedoch an einem Tag erledigt waren, und die monate- wenn nicht jahrelangen Militäroperationen der Neuzeit, an denen Abermillionen im 20. Jh. beteiligt waren? Sicher, viel an der Militärgeschichte ist mehr als nur ein Resümee des Krieges. Kaum beschäftigt man sich mit der Geschichte der Soldaten, verliert man schon die Geschichte der Zivilisten aus den Augen (die ja in den letzten Jahrzehnten die Hauptlast der Kriege tragen müssen, vor allem der aktuellen asymmetrischen), sieht man das Schicksal der Frauen und Kinder nicht mehr.

Auf den folgenden Seiten wird man die Bemühung bemerken, den beschriebenen Zeitraum möglichst weit zu fassen, möglichst viele Kulturen und Kontinente zu beleuchten, nicht nur Landkriege, sondern auch See- und Luftschlachten zu erfassen (sogar jüngste Bedrohungen, wie jene des Terrors). Mit einem Wort, erlebt man zum Großteil durch bekannte und weniger bekannte Schlachten den geschichtlichen Wandel des Begriffs »Krieg«. Dies wird durch Illustrationen, die ihresgleichen in der Verlagsgeschichte noch nie da waren, unterstützt. Trotz der unlösbaren Probleme des Wesens dieser erzählerisch aufzählenden Form könnte sich ein Nachschlagewerk wie dieses heutzutage als notwendig erweisen. Vor allem in Gesellschaften, die seit Jahrzehnten keinen Krieg mehr direkt erlebt haben und in deren Schulsystemen die Kenntnis darüber gegenüber anderen Interessen zurücktritt. Wenn man derart verschiedene Situationen miteinander vergleicht, mag man zur Erkenntnis kommen, dass der Zeitabschnitt, in dem wir leben, nicht ewig anhält – wie keiner in der Geschichte. Und auch die Formen des Kampfes, der Schlacht und des Krieges befinden sich in ständiger Entwicklung. Man benötigt profundes und nicht bloß schematisches Wissen, und das nicht nur in jenem Teil der Bevölkerung, der – freiwillig oder gezwungen – den Krieg zu seinem Handwerk erklärt.

Dies haben schon viele erkannt, darunter auch Georges Clemenceau, das französische Regierungsoberhaupt während des Ersten Weltkrieges: »Der Krieg ist eine zu ernste Sache, um sie allein den Generälen zu überlassen.« Überhaupt, wenn »der Krieg zurückkehrt«.

Nicola Labanca

1 Vom Streitwagen zum Krieg der Legionen

1285 v.Chr.
Kadesch
490 v.Chr.
Marathon
480 v.Chr.
Thermopylen
479 v.Chr.
Platäa
371 v.Chr.
Leuktra
338 v.Chr.
Chäronea
333 v.Chr.
Issos
321 v.Chr.
Kaudinische Pässe
216 v.Chr.
Cannae
202 v.Chr.
Zama
168 v.Chr.
Pydna
52 v.Chr.
Alesia
9 n.Chr.
Teutoburger Wald
70
Jerusalem
378
Adrianopel

Die Geburtsstunde des Krieges fällt mit jener der Menschheit in der Früh- oder Vorgeschichte zusammen, doch was den Mittelmeerraum betrifft, wurden ab 3500 v. Chr. durch Taktik und Waffen Kriege in mehr oder weniger großen Schlachten entschieden.

Es entstehen zuerst in Mesopotamien, dann in Ägypten Heere, die unter einem einzigen Kommando stehen und große, mit Türmen bewehrte Befestigungsanlagen. Bei der Herstellung von Schneidwerkzeugen und Stichwaffen, Pfeil- und Lanzenspitzen lösen Metalle den Stein ab. Es entstehen die ersten Rüstungen und Schilde. Um 2800 v. Chr. wird aus dem aus einem Ast bestehenden Bogen ein konstruiertes Gerät (Holzschichten, Horn, Tiersehnen und Leim), das Reichweiten von 300 m und mehr ermöglicht. Doch bereits sieben Jahrhunderte zuvor hatten die Einwohner Mesopotamiens, dem Land zwischen Euphrat und Tigris, denen die Technik des Reitens noch unbekannt war, im Krieg Eselskarren eingesetzt, deren Besatzung aus einem Lenker und ein oder zwei Kriegern bestand.

Die Ägypter, die den Mesopotamiern gegenüber in der Kriegskunst rückständig waren, perfektionierten, nachdem sie etwa um 1580 v. Chr. die eindringenden Hyksos geschlagen hatten, ihre Organisation immer weiter. Das betraf sowohl die Kommunikation mit schnellen Nachrichtenstafetten und Lichtsignalen, wie auch die Logistik, den Nachschub und die Spionage. Auf ihren leichteren Streitwagen befanden sich nur ein Lenker und ein Bogenschütze. Ihre hethitischen Feinde, die im 8. Jh. ein Reich erschaffen hatten, das sich von Syrien bis Kleinasien erstreckte, wurden durch

dieses verbesserte Kriegsgerät in Bedrängnis gebracht und mussten weitgehende Zugeständnisse machen. Im Verlauf dieser Jahrzehnte etabliert sich im Norden Griechenlands eine neue Volksgruppe, wo der Mangel an ebenem Land den Einsatz einer zahlenmäßig starken Kavallerie verhindert. Die Dorier kämpften zu Fuß mit Lanze und Schwert und verschmähten den Bogen. Dort entwickelte sich keine politische Einheit, sondern ein Gebilde aus vielen Stadtstaaten. In der Waffenerzeugung löste das Eisen die Bronze ab. Das Leben in der Stadt, wo sich praktisch alle untereinander kannten, ermöglichte die Bildung von disziplinierten Heeren, die von den Gründen für einen Krieg durch rhetorische Mittel erfuhren und sich damit identifizierten. Die Griechen brachten fest geschlossene Schlachtreihen aus langen Piken und Schilden zur höchsten Reife, die sich als beinahe unverwundbar gegenüber den Pfeilen und Kurzwaffen der Feinde erwies: die Phalanx, die sie über die Jahrhunderte zu verbessern und gewisse Mängel auszumerzen wussten (die voraussichtliche Taktik beispielsweise), während die militärische Überlegenheit von Sparta an Theben überging. Im 4. Jh. v. Chr. weitet sich das Königreich Makedonien über Griechenland aus. Es ist im Unterschied zu anderen hellenischen Gegenden reich an Wäldern, Weiden und Bergwerken. Dort konnte man eine mehr als ansehnliche Kavallerie aufstellen, doch zur selben Zeit (rund um 350 v. Chr.) wird auch die Phalanx wesentlich verbessert, indem man die Schlachtreihen aus kleineren Gruppen bildete, welche im Kampf eine Sperrfunktion übernahmen.

Währenddessen gingen die leichteren Reiter und Fußsoldaten an den Flanken des derart blockierten Gegners zum Angriff über.

Innerhalb nur zweier Generationen wurde aus dem kleinen Königreich ein Imperium, das sich von Ägypten bis zu den Grenzen Indiens ausdehnte. Durch diese Veränderungen schien sich der Krieg ins Unermessliche zu steigern.

Doch mit Beginn des 7. Jh. war auf der italienischen Halbinsel eine befestigte Stadt, nämlich Rom, erheblich gewachsen. Auch dort bildete die aus Bürgern rekrutierte Infanterie das Rückgrat des Heeres. Doch die angewandte Formation, die Legion, wurde schon bald nach ihrer Gründung höchst beweglich. Sie war in kleinere Einheiten (Manipel) unterteilt, die ihre Anordnung dem Schlachtfeld und der jeweiligen Situation anpassen konnten. Ihre Bewaffnung bestand aus Lanzen und Wurfspeeren, außerdem verfügten die Legionen über Reserven im dritten Glied. Als die Römer im 2. Jh. v. Chr. in Griechenland einfielen, war es exakt diese überlegene Beweglichkeit der Legionen, die das Ende der Phalanx einläutete. Eine relativ vernachlässigte Waffe, die jedoch in der Technik des Belagerns, bei der Befestigung und bei den Aktivitäten der Pioniergruppen gute Dienste leisten konnte, war die Kavallerie. Rom versuchte sie allerdings erst zur Zeit des Römischen Reiches auszubauen, verlor dadurch aber oft gegen die angreifenden Barbaren.

Nicht die gesamte Geschichte der Menschheit lässt sich auf Kriegsgeschichte, Taktik oder militärische Techniken reduzieren, doch über ziemlich weite Strecken ist dieser Weg beschritten worden.

Kadesch

1285 v.Chr.

Diese Schlacht unterscheidet sich von anderen durch den massiven Einsatz von Streitwagen – auf beiden Seiten. Auf den Überraschungseffekt setzend, greifen die Hethiter unvermutet die ägyptische Armee an, die überrannt zu werden droht. Doch mit dem Mut der Verzweiflung wendet Ramses II. den Verlauf der »Mutter aller Schlachten« wieder, die eigentlich unentschieden ausgeht.

Zur zweiten Hälfte des 14. Jh. v. Chr. erlebt das Ägypten der 18. Dynastie eine schwere politische Krise, und nur durch eine Stabilisierung des Militärstandes kann der König seine zentrale Regierungsgewalt zurückgewinnen.

Eine neuerliche Glanzzeit für Ägypten beginnt mit der von Ramses I. (1305–1303 v. Chr.) gegründeten 19. Dynastie: Sein Sohn Sethos I. (1303–1289 v. Chr.) erobert den Süden Syriens und Palästina zurück, zur gleichen Zeit als das Reich der Hethiter – das sich von Anatolien im Norden bis zum Libanon und nach Syrien im Süden erstreckte – einige empfindliche Niederlagen durch das Volk der Mitanni, Verbündete der Assyrer, hinnehmen muss.

Der Nachfolger von Sethos I., sein Sohn Ramses II. (1289–1224 v. Chr.), macht den Hethitern die Herrschaft über das syrisch-palästinensische Gebiet streitig und organisiert einen Feldzug, um die

WAFFEN

DER EINSATZ MOBILER ABTEILUNGEN: ZWEI VERSCHIEDENE KONZEPTIONEN

Ramses II. auf dem Streitwagen während eines Angriffs. Der ägyptische Streitwagen ist dafür ausgelegt, tief in die feindlichen Linien vorzustoßen und dann schnell die Richtung zu wechseln. Im Kampf mieden die ägyptischen Streitwagen nahe Begegnungen mit den hethitischen, die in dieser Art Kampf überlegen waren.

Robustheit und Leichtigkeit führten zu der idealen Ausgewogenheit des ägyptischen Streitwagens, einer natürlichen Weiterentwicklung des Streitwagens der Kanaaniten und der Hyksos. Es ist wahrscheinlich, dass in Kadesch 2000 Streitwagen vor Ort waren (500 in jeder der vier ägyptischen Divisionen).

Der hethitische Streitwagen ist eine Waffe für den Durchbruch, der gegen die Linien der feindlichen Infanterie eingesetzt wird. Er ist schwer genug, um Hindernisse niederzuwalzen.

Weil er schwerfällig ist, wird der hethitische Streitwagen zum leichten Ziel für die ägyptischen Bogenschützen: wesentlich ist daher der Schildträger neben dem Wagenlenker und dem Lanzenträger, um die Mannschaft während des Angriffs vor feindlichen Pfeilen zu schützen.

Szenen aus der Schlacht von Kadesch auf einem Flachrelief in Karnak in Ägypten. So sehr die ägyptischen Quellen das Unternehmen von Ramses II. auch rühmen, die Stadt blieb in hethitischer Hand. Die ägyptischen Verluste waren so groß, dass ihre Erstürmung verhindert wurde.

Stadt Kadesch einzunehmen, die unter hethitischer Kontrolle steht. Ziel des Feldzugs ist es auch, die Präsenz der Ägypter in den Häfen der palästinensischen Küste zu verstärken, die eine wesentliche Rolle für den logistischen Nachschub während der Operation bilden. Ohne sie zu kontrollieren, wäre der Marsch über 680 km, die das Heer zurücklegen muss, um Kadesch zu erreichen, nicht möglich.

➤ DIE ÄGYPTER ZIEHEN GEGEN KADESCH

Der Hauptteil des ägyptischen Heeres, bestehend aus rund 20.000 Mann, ist in vier Divisionen unterteilt: Amon und die dem Pharao unterstellte Wache, Re, Ptah und Seth. Mit dabei sind auch Schardana-Krieger (ursprünglich wahrscheinlich Söldner, die aus Syrien über das Meer kamen, von Ramses II. gewonnen und dann in sein Heer eingegliedert wurden).

Die Hethiter verfügten über ein aus vielen Völkern zusammengestelltes Heer unter dem Befehl von König Muwatallis (1320–1290 v. Chr.), bestehend aus etwa 17.000 Mann und 2500 bis 3000 Streitwagen. Das berichten ägyptische Quellen, die aber vielleicht übertreiben, um die Heldentaten des Pharaos zu unterstreichen.

Als er das nördliche Palästina erreicht, legt Ramses die Schlachtordnung fest: Amon an der Spitze, gefolgt von Re, Ptah und Seth. An der Küste treffen sie mit ei-

WAFFEN

ZWEI ÄHNLICHE HEERE

Das ägyptische Heer besteht zum Großteil aus Infanteristen, die mit langen Lanzen, Schwertern (wie das typische *Khepesh*), bronzenen Streitäxten, sehr leistungsfähigen Bögen und Pfeilen bewaffnet sind. Die Defensivbewaffnung besteht aus einer Rüstung aus Leder oder Bronzeplatten, Schilden und Helmen. Die hethitischen Fußsoldaten tragen eine Tunika oder kämpfen mit freiem Oberkörper, zuweilen haben sie Helme und ihre Bewaffnung gleicht jener der Ägypter. Obwohl Ramses die Hethiter als »weibisch« verhöhnt, sind die Männer Muwatallis in Wahrheit fähige und listige Kämpfer. Die Stärke des hethitischen Heeres liegt in der Taktik, geschlossen und vereint zu bleiben sowie Kundschafter vorauszuschicken oder auf Täuschungen durch verkleidete Spione zurückzugreifen, während das Gros der Streitkräfte rasch vormarschiert, um dem Feind in einer Ebene zu begegnen, wo die Streitwagen ihre größte Wirkung erzielen können. Im Lauf der Jahrhunderte haben die Hethiter gelernt, Pferde für ihre kriegerischen Zwecke einzusetzen. Ihre Streitwagen, die schwerer als die ägyptischen sind, können jeweils drei mit Bogen, Lanze und Schild bewaffnete Männer aufnehmen. Eine richtige Kavallerie gibt es in beiden Aufstellungen nicht.

Nebenan die sichelförmige ägyptische Streitaxt; gut ausbalanciert und geeignet für den Kampf Mann gegen Mann sowie gegen die Lanze. Rechts das *Khepesh,* ein »Krummschwert«, dessen Angriffspotenzial höher ist, als das der sichelförmigen Streitaxt.

STREITKRÄFTE

AUSGEGLICHENE AUFSTELLUNGEN

▶ ÄGYPTER

INFANTERIE	20.000
STREITWAGEN	2000

▶ HETHITER

INFANTERIE*	17.000
STREITWAGEN	2500–3000

* NICHT AM KAMPF BETEILIGT

Kadesch 1285 v.Chr.

Das unbezwingbare Kadesch
Von einer zuverlässigen hethitischen Garnison verteidigt, die einem Sturm widerstehen konnte, war die Stadt für Ramses nach den in der Schlacht erlittenen Verlusten uneinnehmbar.

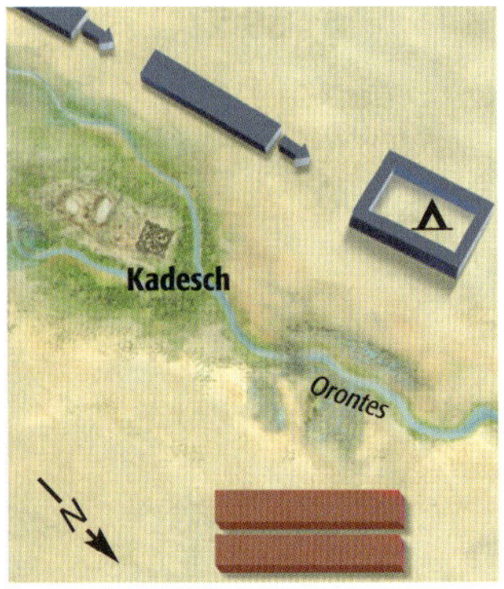

Anfangsphase Die Ägypter lagern

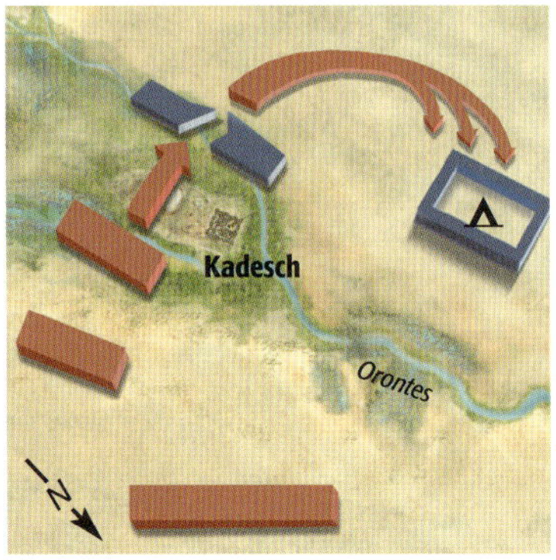

Mittlere Phase Angriff der hethitischen Streitwagen

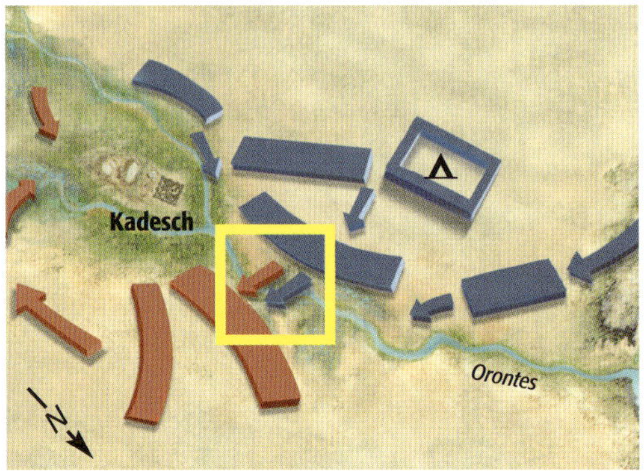

Schlussphase Gegenangriff von Ramses II.

Die Hauptphasen der Schlacht von Kadesch

- Ägypter
- Hethiter
- Lager von Ramses II.

Die Niederlage der Hethiter
Der anfängliche Erfolg der vordringenden hethitischen Streitwagen verwandelt sich in eine verheerende Niederlage. Viele Krieger ertrinken, wie Sippazili, der Bruder des hethitischen Königs und Oberhaupt der Stadt Aleppo. 18 verbündete Staaten oder Vasallenstaaten des hethitischen Reiches befinden sich auf dem Schlachtfeld vor Kadesch.

Das ägyptische Heer
Eine Division gliedert sich in 20 Kompanien (*Sa*) von 200–250 Mann und jede Kompanie besteht aus Zügen zu 50 Mann unter dem Kommando eines »Führers von 50«. In der Schlacht ist die Division in drei Linien aufgestellt: die Veteranen (*Manfyt*), die Rekruten (*Nefru*) und die Reserve als letztes Mittel.

1318–1290 v. Chr. Das Reich der Hethiter verleibt sich Gebiete im westlichen Kleinasien ein • **1315–1290** Regierungszeit von Muwatallis II. • **1300** Beginn der Auseinandersetzungen mit Ägypten über die Vorherrschaft in Syrien • **1289–1224** Regierungszeit von Ramses II • **1285 (Ende April)** Das ägyptische Heer bricht in Richtung Kadesch auf; **(Ende März, 1. Tag)** Ramses trifft mit der Amon-Division vor Kadesch ein; **(2. Tag)** Ramses und die Division Amon überqueren den Orontes, gefolgt von den anderen Divisionen; Ramses begegnet zwei hethitischen Nomaden-Spionen, denen es gelingt ihn dazu zu überreden nach Kadesch vorzurücken und mit der Amon-Division zu lagern. Die anderen Divisionen sind im Anmarsch; **(3. Tag)** hethitische Kundschafter werden gefangen; Muwatallis' Streitwagen greifen die Division Ra an; Gegenangriff von Ramses und Eintreffen der Naharin; Ende der Schlacht • **ca. 1259** Der »älteste Friedensvertrag« der Welt wird zwischen dem hethitischen König Hattusili III. (1265–1240 v. Chr.) und Ramses II. abgeschlossen; die Stadt Kadesch bleibt bis 1190 v. Chr. unter hethitischer Herrschaft.

Die ägyptischen Bogenschützen auf den Streitwagen sollen den Feind aus einer bestimmten Distanz bekämpfen, um der schweren Infanterie anschließend den Nahkampf zu ermöglichen. Sprachwissenschaftliche Untersuchungen der Hieroglyphen auf den Reliefs von Abu Simbel haben glaubwürdige Bruchstücke der Chronik über die Anfangsphase der Schlacht ans Tageslicht gebracht. Die Berichte über die Schlussphase des Kampfes wurden verfälscht, um die Heldentaten des Pharaos zu rühmen.

Diese farbige Illustration, die der Ägyptologe Ippolito Rosellini (1800–1848) in der Vorhalle des Tempels von Abu Simbel abgezeichnet hat, zeigt die Schlacht zwischen ägyptischen und hethitischen Streitwagen.

Mindestens drei Schlüsselfaktoren machen sich bei Kadesch bemerkbar: der Einsatz einer in Divisionen unterteilten Armee (auf Seiten der Ägypter), die Bedeutung von »Geheimdiensten« (auf Seiten der Hethiter) und der Einsatz von mobilen Einheiten, deren Aufgabe das Durchbrechen der feindlichen Linien und/oder der Sturmangriff zur Unterstützung der Infanterie ist.

nem fünften Truppenteil zusammen (die Naharin). Dann schwenkt die ägyptische Armee ins Landesinnere, durchquert die Bekaa-Ebene und stößt nach Kadesch vor.

Die Schlacht wird zwischen dem achten und zehnten Tag des dritten *Shemou*-Monats geschlagen (das ägyptische Jahr ist in drei Jahreszeiten aufgeteilt: *Shemou* – Sommer, *Akhet* – Überschwemmung und *Peret* – Winter).

Am achten Tag treffen Ramses und die Division Amon vor Kadesch ein und lagern auf den Hügeln. Die Divisionen Ptah und Re befinden sich im Süden der Stadt. Die erste in der Nähe des Waldes von Rabawi, die zweite entlang des Ufers des Orontes.

Am neunten Tag beginnen Ramses und Amon den Orontes zu überqueren, die anderen drei Divisionen folgen. Bei Shabtuna (dem heutigen Tell Ma'yan) schnappt die erste Falle der Hethiter zu: zwei ortsansässige Nomaden – in Wahrheit hethitische Spione – berichten, das hethitische Heer sei noch weit weg. Ramses schenkt ihren Worten Glauben und setzt seinen Marsch fort, ohne zu wissen, dass sich der Feind tatsächlich 3 km vor Kadesch befindet.

Am Ende des neunten Tages schlagen Ramses und die Amon-Division ihre Lager auf. Die Division Re bleibt zurück, um den Orontes im Auge zu behalten. In einiger Entfernung folgt die Ptah und danach, noch weiter zurück, die Seth.

Am folgenden Tag setzt sich die Division Re in Bewegung, um sich dem Pharao anzuschließen (der rund 15 km weiter vorne Stellung bezogen hat). In der Zwischenzeit werden zwei hethitische Späher gefangen, die unter Zwang gestehen, dass sich die hethitische Armee in der Nähe aufhält. Dadurch sieht sich Ramses veranlasst, der Division Ptah den Befehl zu erteilen, sich zu beeilen, um aufzuschließen. Die Hethiter verlegen inzwischen eine schlagkräftige mobile Einheit aus 2500 Streitwagen (unter dem Kommando eines Bruders des Königs der Hethiter) nach Süden. Sie machen sich bereit, die rechte Flanke der Re-Division anzugreifen, während die Naharin das Flussufer verlassen haben und sich in Richtung Kadesch bewegen.

➤ DER HETHITISCHE ANGRIFF UND RAMSES' REAKTION

Aus dem Nichts brechen plötzlich 2500 hethitische Streitwagen in die rechte Flanke der Division Re ein, die überrannt wird. Die ägyptische Infanterie unterliegt und der Großteil der Überlebenden flieht nach Südwesten, während die Streitwagen eilends zum Lager von Ramses aufbrechen, um ihn zu beschützen. Ihre Ankunft im Feldlager gestaltet sich ziemlich chaotisch und löst totale Verwirrung bei der dort lagernden Garnison aus.

Schnell greifen die Hethiter das Feldlager aus drei Richtungen an. Die ersten Streitwagen, die in das Lager eindringen, werden von der Leibgarde des Pharaos niedergemacht, doch der Druck der Angreifer ist so groß, dass der ägyptische Widerstand zusammenbricht und die Streitwagenreserve aus dem Lager nach Norden flieht. Ramses bleibt allein mit den Überlebenden der Division Amon zurück.

Die Überraschungstaktik Muwatallis' ist erfolgreich – weil er nur die Streitwagen in die Schlacht geschickt hat, bleibt ihm die Infanterie und die Streitwagenreserve –, doch in dieser Phase unterläuft ihm ein schwerer strategischer Fehler. Anstatt die Umfassung des feindlichen Lagers zu vollenden, entscheidet er sich für eine abwartende Haltung, um zu beobachten, wie sich die Situation entwickelt. Einen weiteren schweren Fehler begehen viele Mann-

Die Besatzung des Streitwagens besteht aus einem Hethiter und zwei Verbündeten. Beim Eintreffen der ägyptischen Verstärkung werden die hethitischen Streitwagen eingekreist und der Rest des Heeres findet Zuflucht in der Burg von Kadesch.

schaften der hethitischen Streitwagen, indem sie absteigen, um zu plündern. Sie werden von einer schweren kanaanitischen Infanterieeinheit niedergemetzelt, die mit Lanzen bewaffnet ist und in Vierecksformation marschiert und kämpft.

Ramses unternimmt einen letzten, verzweifelten Angriff gegen die Hethiter, die das Schlachtfeld vom Nordosten her stürmen. Beschützt von seiner Leibgarde gelingt der Angriff. Bald stoßen auch die Reste der Re, der Ptah und der Naharin dazu, die die Offensive unterstützen.

Muwatallis schickt rund 1000 Streitwagen los, um dem Pharao in den Rücken zu fallen. Dieser Versuch scheitert durch das Eingreifen der Ptah, die ihrerseits die hethitische Verstärkung von hinten angreift.

Daraufhin schließt Ramses die Attacke ab, indem er die feindlichen Kräfte in den Orontes drängt. Schließlich gewinnt er die Oberhand in der Schlacht nur deswegen zurück, da die hethitische Infanterie in dem ganzen Geschehen inaktiv (und somit auch intakt) hinter Kadesch bleibt.

➤ DIE SIEGER DER UND QUELLEN ÜBER DIE SCHLACHT

Muwatallis vermied es klugerweise, seine eigene Infanterie in einen aussichtslosen Kampf mit den gegnerischen Bogenschützen zu schicken. Doch auch Ramses verlor von Anfang an, da er Kadesch nicht besetzen konnte. Die erste große Schlacht der Geschichte kennt keine Sieger.

Nachdem er die Kommandeure jener Einheiten hinrichten lassen hatte, die während des Angriffs auf das Feldlager geflohen waren, traf Ramses mit Muwatallis ein Abkommen und kehrte nach Ägypten zurück.

INTERNET

- touregypt.net/featurestories/kadesh1.htm
- www.militaryhistoryonline.com/ancient/articles/kadesh.aspx
- www.geocities.com/Athens/Styx/7480/
- www.cronologia.it/battaglie/batta64.htm

Die Quellen beider Heere rühmen jeweils ihren Sieg. Ramses' Propaganda feiert im Versepos »Poem des Pentaur« und in bildlichen Darstellungen den über die Hethiter errungenen Sieg (damit liefert er das erste Beispiel einer detaillierten Schlachtbeschreibung der Geschichte). In ihren Gesängen beanspruchen die Hethiter den Sieg für sich, da sich der Pharao aus dem Süden zurückzog und sie Amurru (zwischen Kadesch und der Mittelmeerküste) eroberten, wie man auf Tontafeln aus Hattusas (die Hauptstadt des Hethiterreiches, heute Bogazköy) sieht.

WAFFEN

DER ANTIKE STREITWAGEN

Dieses Relief aus dem Palast von Assurbanipal (668–627 v. Chr.) in Ninive zeigt einen assyrischen Streitwagen (Paris, Louvre). Die Räder mit acht Speichen werden durch eine zusätzliche Felge verstärkt. Die Besatzung ist schwer bewaffnet und wird durch mit Metallplatten gepanzerte Tuniken von den Schultern bis zu den Knöcheln geschützt.

In den Kriegen der Antike kam eine richtige Kavallerie im Kampf erst nach dem Einsatz von Streitwagen auf. Diese wurden meist von Pferden oder Eseln gezogen (erst gegen Mitte 800 v. Chr. zeigt ein assyrisches Relief Bogenschützen, die im Sattel kämpfen).
Der Streitwagen taucht rund um 2500 v. Chr. mit den Sumerern auf. Er hat vier massive Räder und hohe Wände. An Bord befinden sich ein Lenker und ein mit einer Lanze oder einem Speer Bewaffneter. Als Zugtiere griff man wahrscheinlich auf Onager zurück, Vorfahren unserer Hausesel, die man heute noch in Asien findet. Im 18. und 17. Jh. v. Chr. brechen die Hyksos und die Hethiter über den Mittleren Osten herein, die zweirädrige Streitwagen mit kleinen Plattformen und einer niederen Brustwehr einsetzen. Sie

sind mit zwei Mann besetzt und werden von einem Paar Pferde gezogen. Mit dieser Waffe schlagen die Hyksos die ägyptischen Truppen (ein verbesserter Typ mit Speichenrädern wird von den Ägyptern der 17. und 18. Dynastie eingesetzt, die sich von den Hyksos befreien). Die Hethiter verstärken das Modell, versehen es mit sechsspeichigen Rädern und besetzen es mit einem Wagenlenker, einem Bogenschützen und einem mit Lanze und Schild Bewaffneten.
Die Assyrer entwickeln etwa im 7. Jh. v. Chr. den Streitwagen massiv weiter, während im 6. Jh. v. Chr. mit den Persern unter Kyros der Streitwagen mit sichelartigen Klingen an den Radnaben auftaucht.
Doch nun ist die Zeit reif für die Kavallerie, die nach und nach vor allem von den westlichen Völkern eingesetzt wird. So z. B. in Mykene oder im Griechenland Homers, wo es kein Straßennetz gibt und das Gelände meist hügelig ist. Der Streitwagen wird wieder vereinfacht, bevor er als Waffe gänzlich verschwindet und nur noch als schnelles Transportmittel auf dem Schlachtfeld zum Einsatz kommt.

Marathon

490 v.Chr.

Die überlegene Organisation und die höhere Effizienz der griechischen Taktik führten zum Sieg über das beeindruckende persische Heer, das von General Datis befehligt wurde. Trotz der zahlenmäßigen Überlegenheit wurden die Perser von den Hopliten aus Athen und Platäa bei Marathon in die Falle gelockt. Diese Schlacht wurde legendär.

Um 490 v. Chr. hat das Persische Reich eine ungeheure Ausdehnung: vom Indus bis nach Thrakien. Unter jenen, die der persischen Vormacht Widerstand leisteten, befanden sich die Städte Athen und Eretria, die den ionischen Aufstand der griechischen Städte in Kleinasien unterstützt haben und nun den Gegenschlag des Achämenidenherrschers erwarten.

König Dareios I. (522–486 v. Chr.) organisiert tatsächlich einen Feldzug unter dem Kommando General Datis', der zum Ziel hat, den griechischen Widerstand ein für alle Mal zu brechen. Der endgültige Sieg über die hellenischen Städte soll den Persern einen weiteren Vorstoß nach Westen ermöglichen.

Anfang September geht in Kilikien ein Heer von 25.000 Mann an Bord von 600 Schiffen, die Kurs auf Griechenland nehmen. Im Zuge der Überfahrt sollen sie vor der Landung im Norden von Athen eine größere Anzahl der Kykladeninseln einnehmen, die zwischen der griechischen Halbinsel und Kleinasien liegen und zu wichtigen logistischen Nachschubbasen für den Feldzug werden. Auf der Insel Euböa können die Perser die Aufständischen vernichtend schlagen. Sie machen die Stadt Eretria dem Erdboden gleich und versklaven deren Einwohner.

➤ DIE NIEDERLAGE DER PERSER BEI MARATHON

Die Flotte Datis' setzt inzwischen den Vormarsch auf Athen fort und macht – auf Anraten des Atheners Hippias, der auf die Seite der Perser gewechselt hat – bei Marathon fest. Diese Stadt liegt in einer Ebene an der Ostküste Griechen-

UNIFORMEN

DIE ÜBERLEGENHEIT DER GRIECHISCHEN WAFFEN

In Marathon (und die darauf folgenden zwei Jahrhunderte) erweist sich die griechische Bewaffnung als überlegen. Der persische Krieger trägt Bekleidung aus Stoff und Leder, die dem Schwert oder der Pike eines griechischen Hopliten nicht standhalten kann. Der griechische Krieger ist außerdem noch durch einen Bronzepanzer und einen hölzernen Schild geschützt.

Iranische Bogenschützen kämpfen als Söldner im persischen Heer. Obwohl auch die Griechen über Bogenschützen und Lanzenträgereinheiten verfügen, zeigen sich diese den entsprechenden Abteilungen, die im persischen Heer oder in den Armeen im Kampf anderer Völker im Nahen Osten dienen, ziemlich unterlegen.

Dieser Kupferstich stellt den griechischen Angriff auf die persischen Schiffe nach der Schlacht bei Marathon dar. Der Sieg der Hellenen leitete die Überlegenheit der griechischen Infanterie über die Perser ein. Bei Marathon fiel unter anderem Cynegirus, der Bruder des Tragikers Äschylus.

lands. Die persischen Strategen rechnen dank ihrer Informanten damit, über ein Heer zu verfügen, das die Griechen besiegen kann.

In der Zwischenzeit ziehen die Athener, welche das Nahen der persischen Schiffe ausgemacht haben, eine Armee zusammen, um sie gegen die Invasoren zu führen. Unter den Feldherrn Athens, über die Callimacus den Oberbefehl hat, zeichnet sich Miltiades aus, der aus einer adeligen Familie der Phyle stammt und im gegnerischen Heer gekämpft hat.

Die Kommandostruktur der Athener sieht vor, dass das Heer in zehn Kontingente unterteilt wird, wobei jedes von einem der zehn »Stämme« gebildet wird, die sich zusammengeschlossen haben.

BEWAFFNUNG

DIE GRIECHISCHE PHALANX

Ursprünglich zogen die Truppen der altgriechischen *Polis* (Stadtstaaten) in geschlossenen Infanterieblöcken aus 16 mal 16 Mann in die Schlacht: dem Syntagma aus 256 Mann, das sich zu einem Rechteck aus 32 mal 16 Kriegern verdoppeln konnte, dem »Pentacosiarchia«.
Zur Zeit der *Iliade* entwickelt sich jedoch eine noch stärkere Formation: in einem Abschnitt des griechischen Heldenepos bilden die Griechen dichte Phalangen um zwei Anführer. Mit den Schilden, den nach vorn geneigten Lanzen und ihren Helmen wehren sie einen Angriff der Trojaner ab.
In dieser komplexesten taktischen Einheit werden die Syntagmata mit 16 multipliziert. Die rechteckige Schlachtordnung besteht also aus 4096 »Hopliten«, Infanteristen mit Rüstung, Helm, Schild, Schwert und einer Lanze, die bis zu 5 m lang sein kann. Sie können sogar noch auf dem Rückzug den Feind abwehren, wenn er die hinteren Reihen angreift. Die spartanische Phalanx eignet sich jedoch nicht für den Angriff und im Kampf gegen gleichartige Formationen (wie dies oft bei den Kriegen unter den Stadtstaaten der Fall war); meist schlossen sich an den Flügeln, bisweilen auch im Rücken, Reiter und mit kleinen Schilden und kurzen Lanzen bewaffnete Fußsoldaten an. Diese »Peltasten« waren sehr mobile Einheiten. Andere waren mit Bogen und Wurfspeeren ausgestattet, die »Psiliten«. Ihre Aktionen bahnten den schweren Rechteckformationen den Weg und wehrten feindliche Gegenangriffe ab.

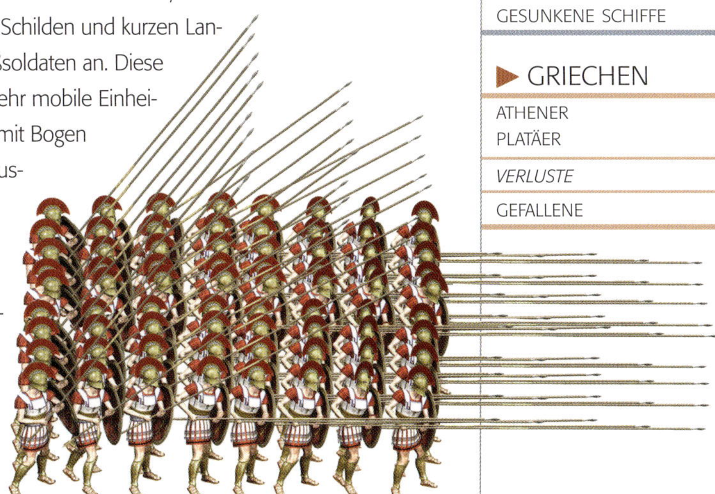

STREITKRÄFTE

PERSISCHE ÜBERLEGENHEIT

▶ PERSER

INFANTERIE	21.000
KAVALLERIE	2000
BOGENSCHÜTZEN	2000
SCHIFFE	600
VERLUSTE	
GEFALLENE	7000
GESUNKENE SCHIFFE	7

▶ GRIECHEN

ATHENER	10.000
PLATÄER	1000
VERLUSTE	
GEFALLENE	192

Marathon 490 v.Chr.

Der Fehler der Perser
Die Invasoren marschieren nach der Ausschiffung nicht ins Landesinnere vor, um jenen Teil der Fläche zu inspizieren, der sich vor den Hügeln verbirgt, obwohl Datis aller Wahrscheinlichkeit nach genau diese Ebene von Marathon gewählt hat, weil er dort seine Infanterie und Kavallerie im Kampf gegen die Griechen am besten einsetzen kann.

Anfangsphase Die Position der beiden Heere

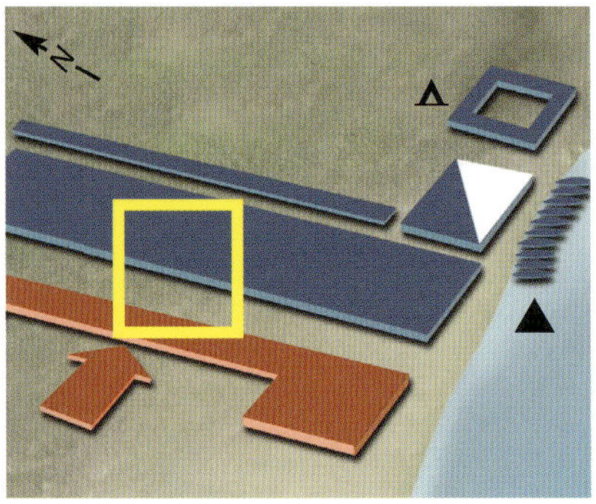

Schlussphase Der Angriff der Griechen

Die Hauptphasen der Schlacht bei Marathon

- Perser
- Lager
- Flotte
- Griechen

Die persische Kavallerie
Während der Schlacht gelingt es ihr nicht, in den Kampf einzugreifen, um die feindlichen Linien zu durchbrechen und in den Rücken des Feindes zu gelangen. Sie ist daher gezwungen, hinter den Fußtruppen zurückzubleiben.

Die griechische Taktik
Ohne sich darum zu kümmern, dass sein Heer zahlenmäßig unterlegen ist, lockert Miltiades die Mitte seiner Frontlinie auf und verstärkt die Flanken, um so die schwächsten Abteilungen der Perser anzugreifen.

546 v. Chr. Sieg der Perser unter König Kyros II. über die Lydier unter König Krösus. Die griechischen Städte Ioniens werden vom Persischen Reich annektiert **• 512** Die Perser erobern Thrakien **• 500–494** Die Ionier zetteln einen Aufstand gegen die Perser an und zerstören die Stadt Sardes; die Perser holen zum Gegenschlag aus und zerstören Milet **• 490 (Anfang September)** In Kilikien legt das persische Heer mit dem Ziel ab, Griechenland zu erobern. Die Stadt Eretria wird von den Persern eingenommen; **(11. September)** das griechische Heer erreicht die Ebene bei Marathon; **(17. September)** Sieg der Griechen über die Perser unter General Datis bei Marathon **• 481** Die griechischen Stadtstaaten treten in Korinth zu einem Verteidigungsbündnis zusammen; Sparta und Athen stellen sich an die Spitze des Bundes **• 480** Die Perser siegen bei den Thermopylen über die Griechen, während der Griechische Bund die persische Flotte bei Salamis schlägt **• 479** Das griechische Heer ist in Plataä gegen die Perser siegreich; bei Mykale wird die persische Flotte vernichtet; die Perser sind endgültig geschlagen.

Marathon 490 v.Chr.

Einige Quellen berichten, Datis habe eine Nachhut bereit gehalten, um einen eventuellen Rückzug zu decken. Doch der verheerende Ausgang der Schlacht – 7000 gefallene Perser gegenüber 192 toten Griechen – spricht eher dagegen.

Jedes von ihnen untersteht dem Kommando eines eigenen Anführers und dem Oberkommando des Athener Heeres und wird vom Polemarcos überwacht. Das Heereskommando wird normalerweise rotierend besetzt, doch als sich die Ereignisse wegen der persischen Invasion überschlagen, bestimmt man Miltiades zum Anführer des Bündnisses zwischen Athen und Plataä.

➤ DAS BEOBACHTEN DES FEINDES

Während das Heer der Athener nach Marathon aufbricht, schickt Miltiades seinen schnellsten Soldaten, Phidippides, nach Sparta, um Verstärkung von der lakonischen Stadt zu bekommen. Phidippides trifft während religiöser Feierlichkeiten in Sparta ein, die das spartanische Heer daran hindern, sich vor dem nächsten Vollmond an irgendwelchen kriegerischen Handlungen zu beteiligen. Am 11. September kommen die Athener bei Marathon an, sperren die Straße nach Athen und verschanzen sich auf einem Hügel, um das persische Heer zu beobachten, zu dem auch starke Reiterabteilungen und gut ausgerüstete Bogenschützen gehören könnten. Und tatsächlich ist der Anblick der persischen Heerscharen so furchteinflößend, dass sich einige Athener Generale weigern zu kämpfen. Einige Tage lang beobachtet Miltiades den Feind von weitem, ohne etwas unternehmen zu können. Vielleicht hofft er auch immer noch auf das Eintreffen der Kontingente aus Sparta. Doch auch die Perser selbst zögern einige Tage, bevor sie die Initiative ergreifen.

Der griechische Sieg bei Marathon zeigt auf, wie weit sich die Kriegsführung im dynamischen Sinn entwickelt hatte. Auf dem Schlachtfeld entscheidend war die Fähigkeit gewesen, die Einheiten dicht geschlossen zu halten, die Schilde zu heben und sich mit ausgerichteten Lanzen zu bewegen, als handle es sich um einen einzigen Block.

Auf einem römischen Sarkophag aus dem 2. Jh. n. Chr. (Brescia, Museo Civico Romano) ist die Schlacht bei Marathon abgebildet.

Am 17. September standen sich die beiden Heere schließlich gegenüber. Die persische Taktik bestand darin, dass die schwere Infanterie in der Mitte Stellung bezieht und an den Flügeln von leichter und schwerer Kavallerie unterstützt wird, während die hinteren Reihen mit Bogenschützen besetzt sind.

Die Frontlinie der Perser ist sehr weitläufig und so sind die Griechen gezwungen, ihre Linien auszudünnen, um den Feinden auf ganzer Linie die Stirn bieten zu können, freilich ohne die eigenen Flanken zu schwächen.

Die persischen Bogenschützen eröffnen die Kampfhandlungen mit einem Pfeilhagel auf die Griechen, und nach einer Kampfpause, die vielleicht weniger als zwei Stunden dauert, bewegen sich die Invasoren auf das Zentrum der Formation aus Athenern und Platäern zu, die den Feind am Eingang zum Tal erwarten.

Laut Herodot – der Hauptquelle zu den persischen Kriegen – waren es die Griechen, die zum Sturmangriff übergingen, doch erscheint es unwahrscheinlich, dass die Krieger mit dem Gewicht von Waffen und Rüstungen rund 1,5 km laufen konnten (das ist die Distanz, die sie von den Persern trennt), ohne erschöpft im eigentlichen Gefecht anzukommen.

Viel wahrscheinlicher ist es, dass die Griechen zuerst einmal abwarteten und die Bewegungen des Feindes beobachteten.

INTERNET

- campus.northpark.edu/history/Webchron/Mediterranean/Marathon.html
- www.army.gr/n/e/archive/events/marathon.html
- www.livius.org/man-md/marathon/marathon.html
- www.warfare.it/storie/maratona.html

➤ DIE PERSISCHE NIEDERLAGE

Die Perser wähnen sich deswegen siegessicher, weil der Pfeilhagel ihrer Bogenschützen nachließ (die Griechen waren mit Schilden ausgerüstet, die einen wirksamen Schutz vor Pfeilen boten, die in hohem Bogen geflogen kamen) und der Vormarsch gegen den Taleingang, um den Männern Miltiades' zu begegnen, die Möglichkeit von Kavallerieeinsätzen beinhaltete.

Miltiades, dem es für kurze Zeit gelungen ist, die persische Kavallerie zu neutralisieren, gibt den Befehl zum Sturmangriff, als der Feind auf weniger als 200 m herangekommen ist. Der mittlere Teil des hellenischen Heeres kommt, obwohl er von zwei fähigen Offizieren, Aristides und Themistokles, geführt wird, gewaltig unter Druck und droht, an Boden zu verlieren. Doch die Flügel halten die Stellung und beginnen sogar in die persischen Linien einzudringen.

Die Männer von Datis können an den Flügeln nicht durchbrechen und werden in der Mitte zusammengetrieben, während sich das griechische Zentrum befehlsgemäß zurückzieht, bis überraschenderweise das Signal zum Gegenangriff erfolgt. Der Großteil des persischen Heeres sieht sich an drei Seiten von den Hellenen eingeschlossen. Auf gewisse Weise wiederholt sich dieses Schema 300 Jahre später in Cannae, als die römischen Legionen von den zahlenmäßig unterlegenen Karthagern umfasst und niedergemetzelt werden.

Als sich die Niederlage abzeichnet, flüchten die Perser zu den Schiffen und suchen das Weite. Noch größere Verluste können nur deshalb vermieden werden, weil die Griechen wertvolle Zeit mit der Neuaufstellung ihrer Einheiten verlieren oder sogar schon mit der Siegesfeier begonnen haben. Auf dem Schlachtfeld bleiben etwa 7000 Perser und 192 Griechen zurück. Sieben Schiffe aus Datis' Flotte sinken vor der Küste. Miltiades beschließt, Aristides mit einem Teil des Heeres zurückzulassen, um die Beute und die Gefallenen aus den eigenen Reihen zu bewachen. Im Eilmarsch macht er sich mit 8000 Mann auf den Weg zur Straße nach Athen, um weiter südlich die Perser zu stellen, die in Phaleron (Hafen nahe der attischen Hauptstadt) landen könnten. Datis taucht genau vor Phaleron auf, verzichtet aber auf eine Landung und eine Schlacht, weil die Stadt gut geschützt ist. Die Perser ziehen sich endgültig zurück und nehmen Kurs auf Kleinasien. Nach einigen Tagen, die Toten sind nicht einmal noch begraben, kommt die Verstärkung aus Sparta an, die in drei Tagen beinahe 240 km zurückgelegt haben, um das Schlachtfeld zu erreichen.

Diese Bronzefigur stellt einen Hopliten dar.

Unten rechts: die Statue von Phidippides in Nea Makri, im östlichen Attika. Der Legende nach soll sein letztes Wort, bevor er an Erschöpfung starb, *Nike*, also »Sieg« gewesen sein.

WISSENSWERTES

DER »MARATHON-LÄUFER« PHIDIPPIDES

Herodot, der Verfasser der detailreichsten Chronik über die Schlacht bei Marathon, berichtet, dass ein Staatsbeamter mit dem Auftrag Botschaften zu übermitteln (ein »Emerodromos«, also ein Bote, der einen Dauerlauf von einem Tag und mehr hinlegen konnte) von den militärischen Führern der bereits von der persischen Invasion bedrohten Stadt Athen nach Sparta geschickt wurde, um mit eindringlichen Worten um Hilfe zu bitten, nachdem Eretria gefallen war. Phidippides erreichte die lakonische Stadt nach einem Tagesmarsch, obwohl Herodot seinen Namen nie erwähnt. Später entstand die Legende, wonach Phidippides (»Der, der die Pferde schont«), oder richtiger Philippides, als junger Teilnehmer der Schlacht bei Marathon sich angeboten hat, die Nachricht vom Sieg nach Athen zu bringen. Er legte demnach im Laufschritt die rund 42 km vom Schlachtfeld in die Stadt zurück und verbreitete die Kunde vom Ausgang des Kampfes. Dann starb er an Erschöpfung. Zu seinen Ehren wurde jene Spezialdisziplin in die Olympischen Spiele der Antike aufgenommen, die bis heute »Marathonlauf« heißt.

Thermopylen

480 v.Chr.

Die Perser am Engpass der Thermopylen aufhalten, ihren Vormarsch zum Stillstand bringen und sie dann aufs Meer hinauslocken, um sie vom Nachschub abzuschneiden: Das ist der Plan der hellenischen Allianz gegen die Invasoren. Zwischen 17. und 19. September brach die Schlacht los. Die Perser siegen zwar, aber der Widerstandswille der Griechen geht in die Geschichte ein.

Indem sie die Boote, die im Hellespont (den heutigen Dardanellen) vor Anker liegen, als Brücken benutzen, strömen Tausende von König Xerxes I. angeführte Perser nach Griechenland ein. Die Hellenen haben sich inzwischen zu einem Bund aus 31 Stadtstaaten zusammengeschlossen. Sparta gehört diesem Bündnis an und stellt die Befehlshaber.

Um nach Attika vorzudringen, müssen die Perser ein schmales Tal durchqueren, das zwischen dem Berg Kallimodron und dem Meer liegt. Man nennt diesen Engpass die Thermopylen. Die griechischen Bündnispartner entsenden 7000 Hopliten unter Leonidas, dem König von Sparta. Nicht weit vom Pass warten die Eindringlinge drei Tage mit dem Angriff, doch am ersten Kampftag werden sie vom erbitterten Widerstand der Griechen zurückgeworfen.

Am darauf folgenden Tag unternehmen die »Zehntausend Unsterblichen«, die persönliche Leibgarde von Xerxes, einen Vorstoß, doch sie erleiden schwere Verluste.

Am dritten Tag brechen die Griechen zur Verteidigung ihrer Heimatstädte auf und verlagern die Truppen. Xerxes' Heerscharen ziehen sich inzwischen zurück, um sich neu zu formieren.

Doch Ephialtes, ein Grieche, zeigt den Persern einen Pfad, der sie in den Rücken der Nachhut bringt und es ihnen ermöglicht, vom Berg herab aus anzugreifen. Die Spartaner schlagen verzweifelt zurück, bis Leonidas und die Seinen von der gewaltigen Übermacht der Perser aufgerieben werden. Die Truppen von Xerxes brechen durch das Tal durch und dringen nach Griechenland vor. Doch im Jahr darauf soll der Sieg der Griechen verkündet werden – nachdem sie aus der Schlacht von Platää siegreich hervorgehen und die persische Flotte bei Mykale vernichten.

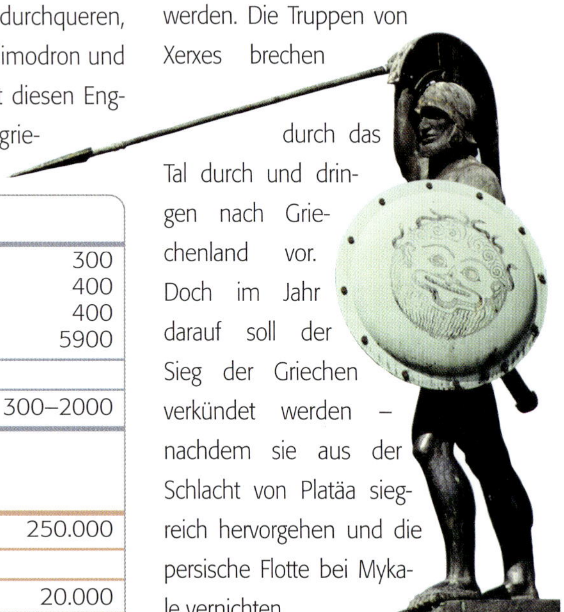

Das Denkmal, das beim Thermopylenpass aufgestellt wurde. Es zeigt König Leonidas von Sparta. Der Opfermut der Spartaner ermöglichte es den restlichen Truppen des Bundes, etwa 7000 Mann, sich in Sicherheit zu bringen und in ganz Griechenland Alarm zu schlagen.

Spartaner
Persische Angriffe
Persisches Lager

STREITKRÄFTE

▶ GRIECHEN	
SPARTANER	300
KORINTHER	400
THEBANER	400
ANDERE	5900
VERLUSTE	
GEFALLENE	300–2000

▶ PERSER	
INFANTERIE/KAVALLERIE	250.000
VERLUSTE	
GEFALLENE	20.000

SCHLACHTEN

SALAMIS
23. Sept. 480 v. Chr.

Trieren: Griechen: 300 – Perser: 800
Griechische Hopliten: 17.000 – Perser: 200.000

Nach der Schlacht bei den Thermopylen liegt die von Ariabignes, dem Bruder von König Xerxes, befehligte persische Flotte vor der Insel Salamis vor Anker, die sich in griechischer Hand befindet. Ihr gegenüber steht das Geschwader des Bundes unter dem Kommando des Strategen Themistokles zur Schlacht bereit. Ariabignes rückt mit einer Übermacht an Streitkräften gegen die Meerenge zwischen Salamis und Attika vor. Doch um das Festland zu erreichen, müssen die Perser der Biegung der Passage folgen. In dieser Enge stauen sich die persischen Schiffe. Dadurch gewinnen die griechischen Trieren Raum. Die Kommandanten der Perser folgern daraus, dass die Griechen den Kampf scheuen. Darüber hinaus verfügen die Perser über größere und schwerere Schiffe, die sich – anders als die wendigen griechischen – in drei Reihen aufzustellen versuchen. Die Griechen bilden kleine Gruppen, die genug Spielraum haben, um die feindlichen Schiffe zu rammen oder zu entern. Gegen Mittag wird die See unruhig und bringt die persische Flotte durcheinander. Diese ist gezwungen, mit großen Verlusten, darunter auch Ariabignes, den Rückzug anzutreten. Für den Augenblick ist die Invasion abgewehrt, Xerxes kehrt um.

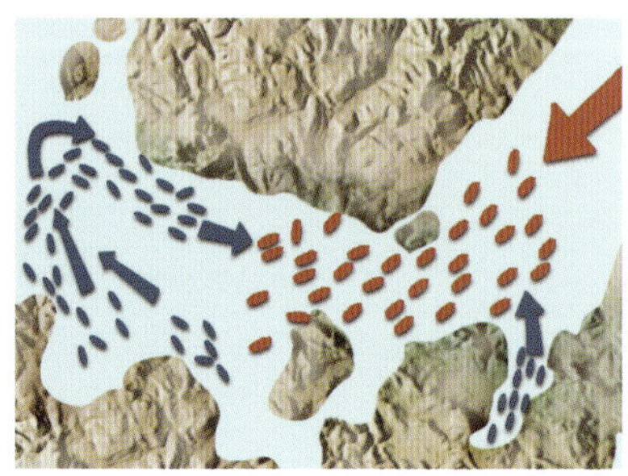

Griechen Perser

Plataä

479 v.Chr.

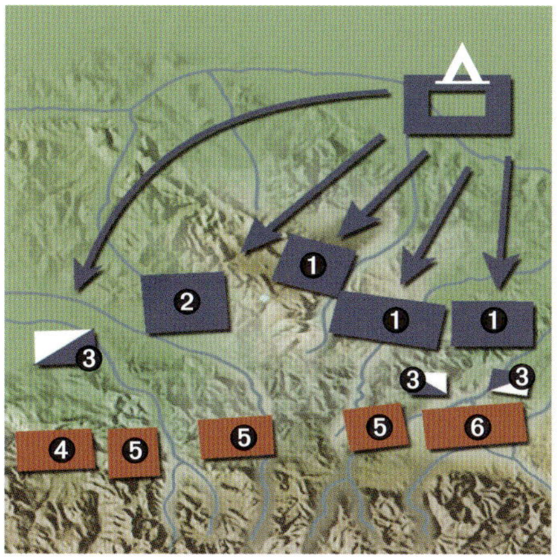

Am 25. oder 26. September findet in der Ebene von Plataä der letzte Akt der griechisch-persischen Kriege statt. In einer Landschlacht mit Kämpfen Mann gegen Mann beweisen die griechischen Hopliten – trotz ihrer zahlenmäßigen Unterlegenheit – ihre Dominanz. Sie schlagen die Perser und zwingen sie, griechischen Boden für immer zu verlassen.

Rechts: Griechen und Perser bei Plataä. Die persische Kavallerie schneidet die Nachschublinien ab und macht eine Wasserquelle unbrauchbar. So werden die Griechen zum Kampf gezwungen.

- Griechen
- Perser
- ❶ Perser
- ❷ Griechisch-persische Truppen
- ❸ Persische Kavallerie
- Δ Lager
- ❹ Athener
- ❺ Hellenischer Bund
- ❻ Spartaner

Nach der Niederlage von Salamis kehrt Xerxes mit der Hälfte seiner Armee nach Asien zurück. In Griechenland lässt er Mardonios zurück, der mit einem 50.000 Mann starken Heer Attika erneut bedroht. Zur Unterstützung Athens senden die Städte des Peloponnes ihre Truppen, die vom Spartaner Pausanias angeführt werden.

Die entscheidende Schlacht findet bei Plataä in Böotien statt. Das flache Gelände scheint ideal für Angriffe der persischen Kavallerie. Die Griechen und die Spartaner nehmen links bzw. rechts Aufstellung, während sich in der Mitte Tausende von aus Korinth und anderen Städten stammende Hopliten sammeln. Es ist das größte hellenistische Heer, das bis zu diesem Zeitpunkt in der Geschichte der Stadtstaaten zusammengestellt wurde.

Mardonios sendet die Perser gegen die Spartaner, die Meder gegen das Zentrum der griechischen Linien und die griechisch-persischen Truppen gegen die Athener. Mit Ausnahme von Plataä kämpfen alle Städte Böotiens inklusive Theben auf der Seite der Invasoren.

Der Kampf beginnt, als die Griechen ihr Lager zu verlassen scheinen; Mardonios befiehlt seiner Kavallerie und Teilen der Infanterie, den Feind zu verfolgen.

Die Spartaner sind die Ersten, die Gefahr laufen, überrannt zu werden. Sie fordern die Athener auf, einzugreifen, diese sind jedoch, nachdem sie eine Anhöhe erklommen haben, durch die griechischen Truppen des Mardonios von ihren Verbündeten abgeschnitten.

Die Krieger aus Sparta und Tegea stehen unter dem Beschuss der von großen Schilden aus Binsenmatten geschützten feindlichen Bogenschützen. Doch es gelingt ihnen, sich wieder an der näher kommenden Schlacht zu beteiligen und die Perser auseinander zu treiben, da sie besser ausgebildet und bewaffnet sind. Etwa 1000 ausgesuchte Reiter unter dem Befehl von Mardonios leisten lange Widerstand und töten viele Spartaner, doch dann werden sie niedergeworfen und Mardonios selbst fällt im Kampf.

Die an der Schlacht beteiligten Perser ziehen sich in ihr Feldlager zurück, während der Rest in Richtung Hellespont flieht. Die Spartaner greifen das Feldlager an, das jedoch von den Athenern eingenommen wird. Die überlebenden Perser werden hingemetzelt, die führende Schicht von Theben wird zuerst nach Korinth verschleppt und dann hingerichtet.

STREITKRÄFTE

▶ GRIECHISCHES BÜNDNIS	
HOPLITEN	38.700
VERLUSTE	
GEFALLENE	759

▶ PERSER UND VERBÜNDETE	
INFANTERIE UND KAVALLERIE	50.000
VERLUSTE	
GEFALLENE	10.000

Leuktra

371 v.Chr.

Eine neue Ausrüstung der Phalanx und eine neue Schlachtordnung führen dazu, dass am 6. Juli die Thebaner unter Epaminondas einen glänzenden Sieg über die Spartaner erringen, die jahrhundertelang die besten Krieger Griechenlands waren. Die Schlacht endet mit einer vernichtenden Niederlage, die den Untergang Spartas einläutet.

Seit der Schlacht von Delos (424 v. Chr.) haben die Thebaner die Anzahl an Hopliten in jeder Reihe der Phalanx erhöht und die 16 Reihen von früher wachsen bei Leuktra bis auf 50 an. Epaminondas verstärkt eine Flanke seiner Armee, um tief in die feindlichen Reihen vorzustoßen.

Als Antwort auf die Erhebung Thebens gegen die von Sparta eingesetzte Marionettenregierung, welche die Städte Böotiens kontrollierte, entsendet Sparta seinen König Kleombrotos mit einem Heer von etwa 11.000 Mann in die Region. Am 6. Juli werden sie in der Ebene von Leuktra von 9000 Thebanern erwartet. Ihre Offiziere plädieren angesichts der zahlenmäßigen Unterlegenheit und der an Sicherheit grenzenden Wahrscheinlichkeit eingekesselt zu werden, sich zurückzuziehen. Doch ihr Feldherr Epaminondas hat sich bereits eine Taktik zurechtgelegt, um die Lakonier zu schlagen.

Kleombrotos' Männer nehmen im Halbkreis Aufstellung, dessen Scheitelpunkt dem Feind zugewandt ist. Die Spartaner stehen an der rechten Seite. Doch Epaminondas überrascht die Spartaner, indem er seine Truppen schräg und ohne rechte Flanke anordnet. Kleombrotos versucht sein Heer dieser Situation anzupassen, doch die thebanische Kavallerie rückt rasch näher und gewinnt die Oberhand über die spartanische. Diese stiftet durch ihren Rückzug Verwirrung bei der eigenen Infanterie.

Inzwischen schwenkt die thebanische Kavallerie nach rechts, damit die eigenen Phalangen eingreifen können. Sie bestehen aus 50 Reihen, im Gegensatz zu den zwölf des Feindes. Sie greifen den Halbkreis sowohl in der Mitte als auch rechts an, links werden sie von der »Heiligen Schar« (der thebanischen Eliteeinheit) unterstützt. Die Spartaner weichen zurück und werden unter großen Verlusten in die Flucht geschlagen.

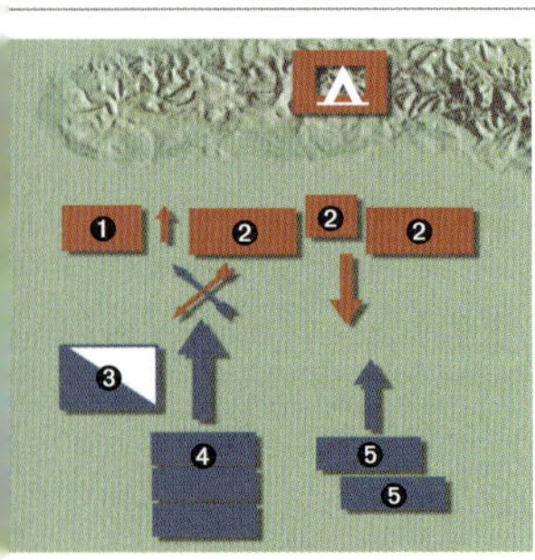

371 v.Chr. LEUKTRA

Anfangsphase
- ❶ Spartaner
- ❷ Verbündete
- ❸ Thebanische Kavallerie
- ❹ »Heilige Schar«
- ❺ Verbündete Thebens
- Λ Spartanisches Lager

STREITKRÄFTE

▶ THEBANER UND VERBÜNDETE	
HOPLITEN	6500
»HEILIGE SCHAR«	300
LEICHTE INFANTERIE	1200
KAVALLERIE	1000
VERLUSTE	
GEFALLENE	300

▶ SPARTANER UND VERBÜNDETE	
SPARTANER	2300
KAVALLERIE	1000
PELOPONNESIER	7500
VERLUSTE	
GEFALLENE	1000

HINTERGRÜNDE

SPARTA – ein Militärstaat

Durch die auf Lykurg – dem sagenhaften spartanischen Gesetzgeber – zurückgehende Verfassung aus dem 9. Jh. wird die Stadt am Peloponnes ein Militärstaat. Das spartanische Heer, das als der wirksamste Militärapparat Hellas' betrachtet wird, ist eine direkte Konsequenz der sozialen Strukturen der Stadt. Beschränktes politisches Mitspracherecht der Bürger vereint sich hier mit der Pflicht und dem Recht, in einem ganz besonderen Heer zu dienen. Männer, die volles Bürgerrecht genießen (die »Spartaner«), werden im Alter von sieben Jahren ihren Familien entrissen und in militärischen Gemeinschaften erzogen. Dort lehrt man sie, dass es besser sei zu sterben, als zurückzuweichen oder sich in Kriegsgefangenschaft zu begeben. Der Eintritt in das Heer erfolgt mit 20 Jahren und den Soldaten sind handwerkliche Arbeiten oder geschäftliche Aktivitäten untersagt. Ihre Einnahmequelle besteht aus dem Besitz von Land, das von »Heloten« bestellt wird. Heloten sind Spartaner oder Sklaven, die nicht über die vollen politischen und sozialen, geschweige denn militärischen Bürgerrechte verfügen. Zentrales Element des spartanischen Heeresmodells ist die Ausbildung, die auf die Entwicklung eines starken Korpsgeistes und einen Zusammenhalt bis in die kleinste Einheit abzielt. Das erlaubt der spartanischen Armee Manöver und Aktionen, die für eine nicht so ausgesuchte Kriegsmacht undenkbar sind. Das Kommando liegt in den Händen des »Polemarcos«, des Kriegsherrn. Bricht ein Konflikt aus, führt einer der beiden Könige den Feldzug an, während das Staatsoberhaupt die verbleibenden Truppen befehligt und die Heimat verteidigt.

Chäronea

338 v.Chr.

Die von Philipp II. von Makedonien gewonnene Schlacht gegen das von Athen angeführte hellenistische Bündnis zeigt bereits jene Charakteristik, die den Vorteil der Kriegsführung von Alexander dem Großen ausmachen wird: Infanterie und Kavallerie gehen aufeinander abgestimmt vor. Die eine stellt den Amboss, die andere den Hammer dar, die den Feind zerschmettern.

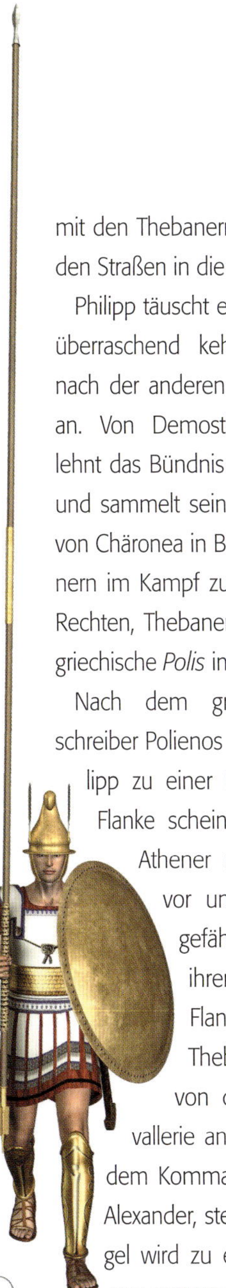

Ein mit Schild und Sarissa bewaffneter makedonischer Infanterist. Diese typisch makedonische Lanze stammt vom Balkan und ist mit einer kleineren Spitze als die griechische ausgestattet. Dadurch eignet sie sich besser dazu, die Rüstung des Feindes zu durchstoßen.

Im Jahr 338 v. Chr. will Athen jene Städte sanktionieren, die Makedonien unterstützen und des Frevels beschuldigt werden. Der athenische Redner Demosthenes erreicht einen Bund mit Theben und die Unterstützung durch die Flotte.

König Philipp II. von Makedonien überschreitet die Grenze, erobert Elatea und Kitinios und bedroht Theben. In der Umgebung von Theben kommen Soldaten aus Athen an, die zusammen mit den Thebanern Philipps Vormarsch auf den Straßen in die Berge blockieren.

Philipp täuscht einen Rückzug vor, macht überraschend kehrt, erobert eine Stadt nach der anderen und bietet den Frieden an. Von Demosthenes dazu überredet, lehnt das Bündnis das Friedensangebot ab und sammelt seine Truppen in der Ebene von Chäronea in Böotien, um den Makedonern im Kampf zu begegnen: Athener zur Rechten, Thebaner zur Linken und andere griechische *Polis* im Zentrum.

Nach dem griechischen Geschichtsschreiber Polienos (2. Jh. n. Chr.) greift Philipp zu einer List: er lässt die rechte Flanke scheinbar zurückweichen. Die Athener stoßen beinahe untätig vor und hinterlassen so eine gefährliche Lücke zwischen ihrer zu weit vorgepreschten Flanke und der rechten der Thebaner, die nun ihrerseits von der makedonischen Kavallerie angegriffen wird, die unter dem Kommando von Philipps Sohn, Alexander, steht. Der thebanische Flügel wird zu einem langsamen Rückzug gezwungen. Die Athener scheinen währenddessen mit Mühe die Oberhand zu bewahren, doch – immer noch im Vormarsch begriffen – haben sie jetzt hinter sich keine Rückzugsmöglichkeit mehr offen. Inzwischen schlägt die Kavallerie Alexanders das thebanische Heer (inklusive der »Heiligen Schar«, die fast zur Gänze aufgerieben wird) und schließt den Rest des Feindes ein.

Die antimakedonische Allianz ist zerschlagen. Philipp verzichtet darauf, Athen einzunehmen.

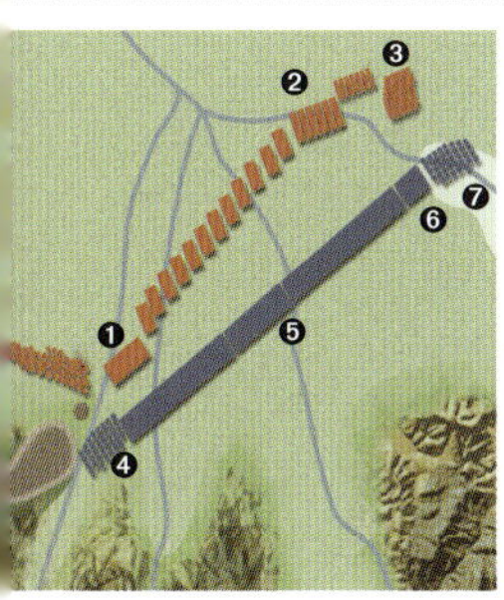

Anfangsphase
- ❶ Philipp
- ❷ Alexander
- ❸ Leichte Kavallerie
- ❹ Athener
- ❺ Griechische *Polis*
- ❻ Thebaner
- ❼ »Heilige Schar«

STREITKRÄFTE

▶ GRIECHISCHES BÜNDNIS	
THEBANER	11.700
THEBANISCHE »HEILIGE SCHAR«	300
ATHENER	9000
ANDERE VERBÜNDETE	9000
LEICHTE INFANTERIE	5000
VERLUSTE	
THEBANER	10.000
THEBANISCHE »HEILIGE SCHAR«	254
GEFALLENE ATHENER	1000
GEFANGENE ATHENER	2000

▶ MAKEDONER	
INFANTERIE	30.000
KAVALLERIE	2000

HINTERGRÜNDE

DAS HEER PHILIPPS II.

Die erste Neuerung, die Philipp II. einführte, war ein »Berufsheer« mit ausgebildeten und bezahlten Soldaten (das Geld stammte aus dem Gold einiger Bergwerke). Er verdoppelte die Angehörigen der Phalangen (8192 mit 5–6 m langen Lanzen bewaffnete Soldaten). An den Flanken wurden diese durch die Kavallerie und die *Hypaspistai* (»die durch Schilde Geschützten«) gesichert. Diese Phalangen waren zwar langsamer, doch tödlich bei Frontalangriffen. Die Kavallerie stellt das wichtigste Element der neuen makedonischen Armee dar: die *Hetairoi* (die »Kameraden«) sind mit Schwert, Schild und Speer bewaffnet und nehmen in Vierecken zu rund 300 Einheiten Aufstellung. Anfangs greifen sie in einer Formation an, die wie ein umgekehrter Kegel aussieht (breite Vorhut, schmale Nachhut), doch danach setzen sie den Angriff in der »Diamanten«-Formation fort, einem wirksamen Mittel, um in die feindlichen Linien einzudringen.

Das Personal für die logistische Versorgung der Truppen wird drastisch dezimiert. Jeder Soldat muss neben seinen Waffen auch noch die Nahrungsrationen für zehn Tage mittragen und ist darauf trainiert, 20 km am Tag zu marschieren (die Kavallerie schafft sogar 60 km).

Eine weitere Neuerung ist der Eilmarsch, der es dem Heer ermöglicht, überraschend aufzutauchen. Dadurch bricht Philipp mit den herkömmlichen Regeln für zwei Streitparteien, die sich auf dem Schlachtfeld treffen. Neu entstehen auch Belagerungs- und Wurfmaschinen, die Philipp einführt, indem er auf Ideen und Techniken der Karthager, Perser und Assyrer zurückgreift.

Issos

333 v.Chr.

Nach dem ersten Sieg über den Großkönig von Persien in der Schlacht am Granikos gelingt Alexander bei Issos ein neuerlicher Triumph. Dort übernimmt die Kavallerie den Hauptpart in einem Kampf, dem sich die Makedoner in klarer zahlenmäßiger Unterlegenheit stellen. Während die linke Flanke unterzugehen droht, greift Alexander mit den »Kameraden« zu Pferde entscheidend ins Geschehen ein.

Im Jahr 334 v. Chr. marschiert Alexander der Große in das Persische Reich ein, das bereits ein Jahr zuvor von einem verdienten General von Philipp II. von Makedonien, dem Vater Alexanders, angegriffen worden war.

Der junge makedonische Heerführer dringt vom Norden in Asien ein und erringt einen großartigen Sieg am Granikos in Kleinasien, südlich von Troja. Nach diesem ersten Erfolg kommt Alexander schnell voran und stößt weder auf nennenswerten Widerstand noch auf einen herzlichen Empfang seitens der vom persischen Joch befreiten hellenischen Städte Kleinasiens. In etwa zehn Monaten hat er das gesamte Gebiet durchkreuzt, das der heutigen Türkei entspricht. Noch bleibt das Herz des Perserreiches mit seinen Städten Susa, Persepolis und Ekbatana unberührt.

Als er Nachricht davon erhält, dass Alexander wegen einer Erkrankung in Tar-

UNIFORMEN

STREITMÄCHTE MIT DIVERGIERENDER ZUKUNFT

Pietro di Cortona (1596–1669), *Die Schlacht von Alexander gegen Darius* (Rom, Kapitolinische Pinakothek). Gerühmt für sein militärisches Genie, auf dem Schlachtfeld unbesiegt, wurde Alexander auch für außergewöhnliche Massaker an Soldaten und Zivilisten bekannt.

sus (an der südlichen Küste Kleinasiens) festsitzt, beschließt der persische Großkönig Darius III. Kodomannos, den Feind in einer einzigen Entscheidungsschlacht niederzuwerfen und marschiert ihm mit einer Streitmacht entgegen, die laut zeitgenössischen Militärhistorikern 150.000 Mann erreichte.

Als er bereits seine Lager in Sochi in Assyrien (später Antiochia) aufgeschlagen hat, zieht der Großkönig nach Kilikien, weil er fürchtet, der Feind könnte ihm entkommen. Er erreicht die Stadt Issos (das heutige Iskenderun in der Südtürkei), wo die Makedoner vorübergehend einen Stützpunkt mit Lazaretten errichtet haben. Die Perser greifen Issos an und metzeln die verwundeten Griechen nieder (leichter Verwundeten werden die Hände abgehackt, um dann zu Alexander zurückgeschickt zu werden).

➤ BESCHAFFENHEIT DES SCHLACHTFELDS

Angesichts des feindlichen Übergewichts möchte Alexander die Auswahl des Geländes der Begegnung selbst treffen.

Als ideal erscheint ein beschränktes Areal, das geografisch durch Flüsse, Berge oder gar das Meer begrenzt wird. Auf solch einem Gelände wären die persischen Heerscharen zwangsweise eingeengt und verlören an Bewegungsfreiheit, weil sie genötigt würden, in kleinen »Wellen« anzugreifen, von denen keine dem Gegner überlegen ist.

WAFFEN

DIE KAVALLERIE ALEXANDERS

Herzstück der Kavallerie Alexanders ist die von einem Ilarca kommandierte Schwadron zu 200 Mann (*Ile*), die in vier Gruppen (*Tetrarchiai*) von 50 Mann unterteilt wird, die jede von einem Tetrarca befehligt werden.

Dem Ilarca folgt wahrscheinlich ein Trompeter, der die Befehle per Signal an die Tetrarchiai weitergibt, und ein *Hyperetes* (wortwörtlich »Diener«), der ihn bei der Führung der Schwadron unterstützt.

Die übliche taktische Formation einer Tetrarchiai ist der Keil, ein von Philipp II. erdachtes Schema: Der Tetrarca befindet sich an der Spitze des Keils, während die älteren Reiter in der Mitte oder an den Enden der aus 13 Reitern gebildeten Grundlinie aufgestellt sind. In Schlachtordnung halten die vier Keile genug Abstand, um die Manöver der anderen nicht zu behindern. Charakteristisch für die Kavallerie Alexanders ist es, schräg – und nicht frontal – anzugreifen, um Verwirrung zu stiften und zu verhindern, dass sie an der rechten Seite vom Feind umgangen wird. Einheiten der leichten Kavallerie im Inneren jeder Schwadron vereiteln eventuelle Versuche der feindlichen Kavallerie, die rechte Flanke der eigenen anzugreifen und provozieren so die Isolation derselben. Beim Versuch, sich vom Keil zu befreien, entfernt sich die feindliche Kavallerie von der Hauptfront der eigenen Linien und wird schließlich durch den Vorstoß der von Alexander selbst geführten schweren Kavallerie aufgerieben.

Marmorbüste Alexanders des Großen aus dem 3./2. Jh. v. Chr.

STREITKRÄFTE

PERSISCHE ÜBERLEGENHEIT

▶ PERSER

PERSISCHE INFANTERIE	70.000
GRIECHISCHE SÖLDNER	30.000
KAVALLERIE	50.000

▶ MAKEDONER

INFANTERIE UND KAVALLERIE	40.000

Issos 333 v.Chr.

Der Großkönig
Nach persischer Tradition nimmt der Herrscher in der Mitte seines Heeres Aufstellung, damit ihn seine eigenen Einheiten sehen können, wenn er Befehle für die Schlacht erteilt.

Der Zusammenbruch der persischen Armee
Obwohl sie gegenüber der Kavallerie Parmenions überlegen sind, brechen das Zentrum und die linke Flanke Darius' unter dem Angriff Alexanders zusammen. Die persischen Heerscharen suchen ihr Heil in der Flucht.

Anfangsphase Begegnung am Fluss Pinaros

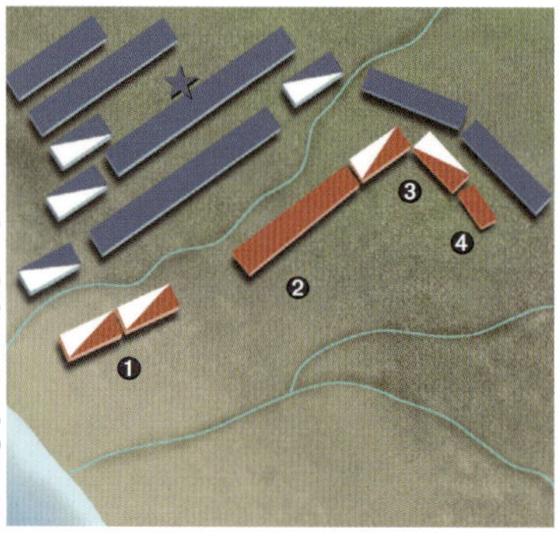

Mittlere Phase Angriff auf das Zentrum von Darius' Heer

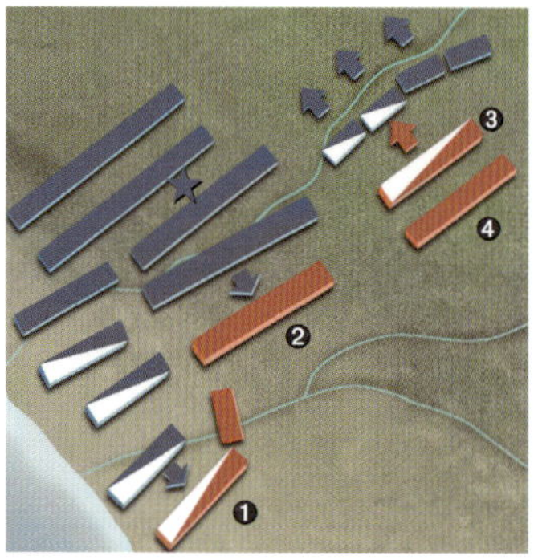

Schlussphase Der Angriff Alexanders

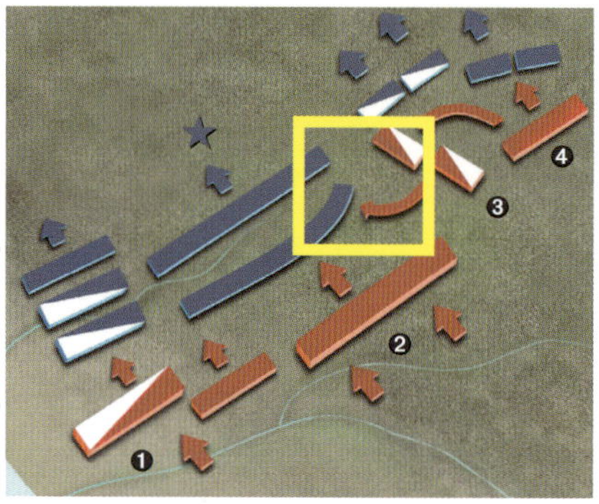

Die Hauptphasen der Schlacht bei Issos

- Perser und Verbündete
- Persische Kavallerie
- ★ Darius
- Makedoner und Verbündete
- Makedonische Kavallerie
- ❶ Kavallerie von Parmenion
- ❷ Phalanx
- ❸ Kavallerie von Alexander
- ❹ Griechische Söldner

Die Schildträger
Die zwischen den Fußsoldaten und der Kavallerie postierten *Hypaspistai* schirmen die Phalanx an den Flanken ab; sie sind überwiegend mit dem griechischen Schild und der Lanze der Hopliten bewaffnet.

Hammer und Amboss
Beim gemeinsamen Vorgehen der Phalanx und der Kavallerie (wie Hammer und Amboss) leisten die mit der Sarissa, einer 5–6 m langen Lanze, ausgestatteten Fußsoldaten (*Pezhetairoi*, »Kameraden zu Fuß«) erbitterten Widerstand. Dadurch kann die Kavallerie den Gegner schwächen und zum entscheidenden Schlag ausholen.

337 v. Chr. Ermordung Philipps II. von Makedonien; Alexander ist der neue Herrscher des Makedonischen Reiches • **334 (Mai)** Das griechisch-makedonische Heer Alexanders geht am Hellespont an Land; **(Juni)** Alexander siegt am Granikos in Kleinasien • **333 (November)** Die Makedoner erobern die Städte Chios und Mytilene. Sieg Alexanders über die persischen Truppen von Darius III. Kodomannos • **332 (Jänner–Juli)** Belagerung von Tyrus und **(September–November)** Besetzung von Gaza; **(Dezember)** Eroberung Ägyptens • **331 (1. Oktober)** Makedonischer Sieg bei Gaugamela und Flucht von Darius III. • **330 (Jänner–Mai)** Eroberung Mesopotamiens und Babylons; Eroberung von Persepolis; **(Mai)** Tod Darius' • **326 (Mai)** Sieg Alexanders über König Porus am Hydaspes; **(Sommer)** das Heer Alexanders beginnt den Rückzug Richtung Westen • **323 (April/Mai)** Einzug in Babylon; **(10. Juni)** Alexander der Große stirbt im Alter von 33 Jahren.

Issos 333 v.Chr.

In der Schlacht bleiben zwischen 50.000 und 100.000 Perser und 20.000 griechische Söldner tot zurück. Man hat berechnet, dass die makedonischen Truppen zu einem gewissen Zeitpunkt des Kampfes rund 300 Feinde pro Minute töteten.

Das Mosaik der Schlacht von Issos aus der Casa del Fauno in Pompeji stammt etwa aus dem Jahr 100 v. Chr. und wurde am 24. Oktober 1831 gefunden.

Zu Beginn des Feldzugs zählt man, so der Geschichtsschreiber Diodor, 1800 Hetairoi *(Kameraden), während die anderen Schwadronen der Kavallerie in der Heimat zurückbleiben. Die Aufstellung besteht aus acht Schwadronen, von denen die königliche Schwadron (*Basilike Ile*) den Stolz der Truppe darstellt. Es handelt sich um die von Alexander selbst kommandierte Abteilung, die in der Schlacht stets in vorderster Linie kämpft. Im Unterschied zu den anderen Schwadronen besteht sie normalerweise aus 200 Reitern, verfügt über eigenes Versorgungspersonal und kann bis zu 400 »Kameraden« umfassen.*

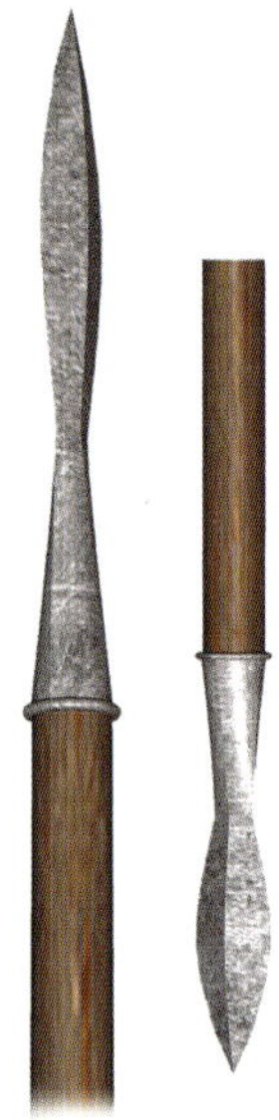

Abbildung der beiden Lanzenspitzen des *Xyston*, der Waffe der makedonischen Kavallerie. Die Kavallerie Alexanders verfügte über Aufklärungseinheiten, die *Prodromoi* (ursprünglich vier thrakische Schwadronen der leichten Kavallerie des königlichen Heeres).

Ein Gelände mit solchen Eigenschaften findet Alexander, nachdem der Feind in Überzahl beim heutigen Pass Belen Aufstellung genommen hat.

➤ SCHNELLE MAKEDONER UND LANGSAME PERSER

Unbeeindruckt von der zahlenmäßigen Überlegenheit und der drohenden Gefahr, keine Rückzugsmöglichkeit zu haben, prescht Alexander gegen Darius vor, der ihn am rechten Ufer des Pinaros erwartet.

Doch es kommt anders als erwartet. Die Perser sitzen in der Falle, oder zumindest leidet ihre Bewegungsfreiheit sehr, eingekeilt, wie sie zwischen Bergen, Meer und Fluss sind.

Von einem Streitwagen in der zweiten Linie seiner Garde aus befehligt Darius die Seinen. Der zentrale Kern seiner Kräfte besteht aus griechischen Hopliten, Söldnern, flankiert von der Infanterie und ausgesuchten persischen Fußsoldaten (»Cardaci«), während der rechte Flügel, der dem Syrischen Golf näher ist, von der Kavallerie gebildet wird. Der aus persischen Infanteristen bestehende linke Flügel befindet sich auf den Hügeln jenseits des Pinaros – zu weit, um dem rechten Flügel der Makedoner in den Rücken fallen zu können.

Die am weitesten vorgerückten Einheiten sind die Bogenschützen, welche den Auftrag haben, die gefürchtete Kavallerie Alexanders »aufzuweichen«, der dann im Nahkampf die Cardaci und berittene Truppen den Todesstoß versetzen sollen.

Der makedonische König begreift die Lage im Nu und reagiert, indem er zum Teil auf gewohnte Methoden zurückgreift, zum Teil die Gunst der Stunde nützt. Die zentralen Einheiten der Phalangen, die Kavallerie an den Flügeln (Alexander führt die Reiterei zur Rechten, Parmenion die griechischen und thessalischen Reiter zur Linken an) und eine gemischte Abteilung aus Berittenen und leichter Infanterie sollen Angriffe der Perser verhindern, die auf den Höhen liegen und von hinten angreifen könnten.

Rechts: ein Helm der makedonischen Phalanx

Rechts unten: eine Szene aus dem Film *Alexander* (2004) von Oliver Stone. Man sieht die Schlacht am Hydaspes.

Die Strategie Alexanders beschränkt sich nicht darauf, den Feind zu besiegen, sondern zielt darauf ab – ganz wie es ihn sein Vater Philipp II. gelehrt hat – ihn zu vernichten, um ihn dafür zu bestrafen, das mächtige Makedonische Reich herausgefordert zu haben. Jede von Alexander geschlagene Schlacht sorgte für Tausende Tote in den Reihen des Feindes. Das wäre einige Jahrzehnte zuvor noch undenkbar gewesen. Zum Beispiel wurde in der Schlacht am Granikos das persische Heer vernichtet und zwischen 15.000 und 18.000 griechische Söldner wurden getötet (2000 wurden in Ketten nach Makedonien geschickt): das waren mehr griechische Gefallene als in den Schlachten von Marathon, Salamis und Platäa zusammen.

GEGEN DARIUS UND GEGEN PORUS

Von den vielen Eroberungen Alexanders seien hier drei Schlachten herausgehoben, die von seinem militärischen Genie zeugen.

GRANIKOS, 334 v. Chr.

(Perser: 10.000 und 100.000 Infanteristen und griechische Söldner – Makedoner und Verbündete: 18.100)

Das ist die erste Begegnung zwischen Alexander und Darius. Alexander ist vor Troja an Land gegangen und die Perser erwarteten ihn am Ufer des nahen Flusses Granikos. Alexander marschiert dem Großkönig mit seinen Phalangen entgegen, deren Flügel die Kavallerie bildet (der rechte untersteht seinem direkten Kommando). Mit einem Angriff, einem Ablenkungsmanöver, zerstreut er die persischen Truppen und überquert den Fluss. Alexander, der an vorderster Linie kämpft, provoziert einen wahren Pfeilhagel und riskiert so mehrmals sein eigenes Leben (man erzählt, er hätte einige Satrapen [persische Statthalter] getötet, wenngleich es einem, Mithridates, gelungen sei, ihn zu verwunden). Darius III. rettet sich durch Rückzug, doch der Weg nach Persien ist offen. Die griechischen Städte unter persischer Herrschaft erklären ihre Unabhängigkeit.

GAUGAMELA, 1. Oktober 331 v. Chr.

(Perser: rund 200.000 – Makedoner und Verbündete: 47.000)

Mit 40.000 Fußsoldaten und 7000 Reitern darf es Alexander nicht wagen, den in gewaltiger Überzahl angetretenen Feind, dessen Frontlinie so breit ist, dass man sie nicht überschauen kann, von der Seite her anzugreifen. Darüber hinaus verfügt Darius über Elefanten, 150 Streitwagen (Sichelwagen) und schwer gepanzerte Reiter (die Panzerreiter vom Jaxartes). Im Norden von Arbela teilt Alexander seine Armee in zwei Gruppen: in der ersten bildet die Infanterie das Zentrum (Hopliten der Phalangen und Hypaspistai sowie agrianische Speerwerfer und kretische und makedonische Bogenschützen) mit der Kavallerie an den Flügeln. In der zweiten Gruppe, die sich im Hintergrund hält, halten zwei Abteilungen der Kavallerie und der Infanterie großen Abstand zueinander, sogar mehr als die äußeren Ränder der ersten Gruppe. Die eine Frontlinie macht die Hälfte der anderen aus. Um eine Umfassung zu verhindern, wirft Alexander seinen rechten Flügel gegen das persische Zentrum und dringt tief in die feindlichen Linien ein, obwohl die vom persischen Herrscher nach vor geschickten Panzerreiter und die baktrische Kavallerie erbitterten Widerstand leisten. Die feindlichen Flügel rücken ohne nennenswerte Gegenwehr vor, bis sie die Vorräte in der Etappe erreichen und diese plündern. Darius glaubt, dass die Einkesselung geglückt sei, doch der Makedoner, der sich des Schutzes durch die Flügel der zweiten Gruppe bewusst ist, setzt den Kampf fort und schickt Wellen frischer Truppen aufs Feld. Schließlich wird der rechte Flügel der Perser überrannt. Was die Streitwagen betrifft, erleiden sie durch die gegnerischen Speerwerfer und Stürze hohe Verluste. Dann lässt die erste Reihe der Phalanx die Überlebenden durch und die zweite kann sie mühelos aufreiben.

Wie bei Issos flieht Darius, lässt den Staatsschatz zurück und verursacht die Auflösung seines Heeres. Mehrere zehntausend Gefallene sind zu beklagen, die meisten davon werden auf der Flucht getötet. In wenigen Monaten werden alle Reichsstädte erobert: Babylon, Ekbatana und Persepolis, das sogar niedergebrannt wird.

HYDASPES, 326 v. Chr.

Inder: 300 Elefanten, 30.000 Infanteristen, 4000 Reiter – Makedoner: 34.000, 5000 verbündete Inder)

Alexander steht an der Grenze zu Indien, wo Porus regiert, der sich mit 4000 Reitern, etwa 30.000 Infanteristen und 300 Elefanten am Ufer des Hydaspes verschanzt hat. Wegen zahlreicher Entlassungen sehen sich die Griechen gezwungen, Tausende Asiaten zu rekrutieren. Eine stürmische Nacht wird ausgenutzt, um den Fluss zu beobachten. Am nächsten Morgen wird ein Angriff der Kavallerie Porus' auf den Brückenkopf von makedonischen Veteranen mit Leichtigkeit zurückgeschlagen. Größere Schwierigkeiten bereitet das Eingreifen der Elefanten, denn diese können die in der zweiten Linie aufgestellte Phalanx durchbrechen, doch die Kavallerie formiert sich neu, asiatische Verstärkung trifft ein und die Inder sind vernichtend geschlagen.

Issos 333 v.Chr.

INTERNET
- at.wikipedia.org/wiki/Alexander_der_Große
- www.livius.org/aj-al/alexander/alexander00.html
- www.pothos.org
- www.ancientbattles.com/Issus/Issus.htm

Alexander stürmt mit solcher Wucht und Schnelligkeit gegen den linken Flügel der Perser vor, dass die Hypaspistai (mit Schilden bewaffnete Infanteristen, deren Aufgabe der seitliche Schutz der Phalanx ist) zurückbleiben und eine gefährliche Lücke entsteht, in welche die griechisch-persische Infanterie vorzudringen versucht.

➤ DIE NIEDERLAGE DER PERSER

Die Phalanx kann sich halten, während Alexanders Kavallerie einen großen Bogen reitet und die Zentren der Söldner-Hopliten und der Leibgarde Darius' angreift.

Der linke Flügel der Kavallerie unter dem Kommando von Parmenion läuft Gefahr, überrannt zu werden und muss den Rückzug antreten. Die Söldner-Hopliten im Dienste des Großkönigs geben unter dem Angriff von Alexanders Kavallerie und der makedonischen Phalanx jedoch nach.

Das persische Heer zerbröckelt und flüchtet in Panik und Verwirrung. Die Makedoner verfolgen sie und richten ein Blutbad unter den Feinden an. Auch der Großkönig flieht mit seinem Streitwagen und dann zu Pferd in unwegsames Gelände.

Die Herrschaft Darius' nähert sich dem Ende, das im Oktober 331 feststeht, als die Makedoner die Perser in der Schlacht bei Gaugamela besiegen. Das ist die Geburtsstunde des Weltreiches von Alexander dem Großen, einem Reich von scheinbar unendlicher Ausdehnung.

Dem Historiker Victor Davis Hanson nach töteten die Truppen Alexanders zwischen 334 und 324 v. Chr. 250.000 Zivilisten bei ihren Feldzügen. Tyrus ist das grausamste Beispiel: Quellen sprechen von 7000–8000 in den Straßen erschlagenen Einwohnern, 2000 gekreuzigten Männern und vielleicht 2000–3000 in die Sklaverei verschleppten Frauen und Kindern.

SCHLACHTEN

DIE BELAGERUNG VON TYRUS
Jänner–Juli 332 v. Chr.

Alexander der Große, der bei Issos den persischen Herrscher besiegt hat, stößt nun gegen jene Häfen vor, über die Letzterer noch im Mittelmeer verfügt. Wenn auch ohne große Flotte, erreicht er Tyrus, eine von den Persern beherrschte phönizische Stadt, die zum Teil auf dem Festland des heutigen Libanon liegt, deren Festung sich jedoch auf einer 45 m hohen Insel 700 m vor der Küste befindet, die von zahlreichen Schiffen in zwei Häfen im Norden und Süden bewacht wird. Ohne Schwierigkeiten erobert Alexander die Küstenstadt, und um die Insel anzugreifen, lässt er einen künstlichen Damm aus Zedernholz und den Steinen zerstörter Häuser anlegen. Der Deich ist 700 m lang und 60 m breit – für die damalige Zeit ein Kolossalbau, der nur langsam vorangeht. Zum Schutz des Baus fungieren zwei durch eine Plattform miteinander verbundene Schiffe, auf der 50 m hohe Türme mit Wurfmaschinen und Hunderte von Bogenschützen untergebracht sind. Die Verteidiger setzen die beiden Schiffe in Brand, indem sie ein »Feuerschiff« einsetzen, das von zwei Trieren gezogen wird, doch die Makedoner bauen ihre Schiffe wieder neu. Anschließend stellt Alexander im nahe gelegenen Sidon – einem phönizischen Hafen, der sich aber freiwillig dem makedonischen König ergibt – eine Flotte aus 224 Schiffen zusammen, die von Zypern (bis zu diesem Zeitpunkt mit dem persischen Herrscher verbündet), aus Kilikien, von Rhodos, aus Lykien und anderen Häfen im östlichen Mittelmeer stammen und 4000 Hopliten an Bord haben. Doch Tyrus nimmt den Kampf nicht auf. Die phönizischen Trieren bilden an den Hafenmündungen solide Verteidigungssperren, verhindern einen Durchbruch und ziehen sich dann ins Innere zurück, wobei sie dicke Sperrketten zurücklassen. Der künstliche Damm hat beinahe die Stadtmauern der Insel erreicht, als man ihn mit glühendem Sand beschießt und die Hopliten von der Besatzung von Haken ergriffen und unter den Augen ihrer Kameraden hingeschlachtet werden. Doch die Rammböcke Alexanders krachen an jener Stelle in die Mauern und an anderen Punkten versuchen Rammschiffe die Wehranlagen zu durchbrechen. Schließlich gehen die Hopliten an den geschlagenen Breschen mit Hilfe von Rampen an Land und in der Festung entbrennt ein Kampf Mann gegen Mann. 8000 Einwohner von Tyrus sterben im Kampf, 2000 werden nach der Kapitulation gehängt, 30.000 versklavt. Die Insel wird ein makedonischer Stützpunkt und das Reich von Darius verliert damit den Zugang zum Mittelmeer.

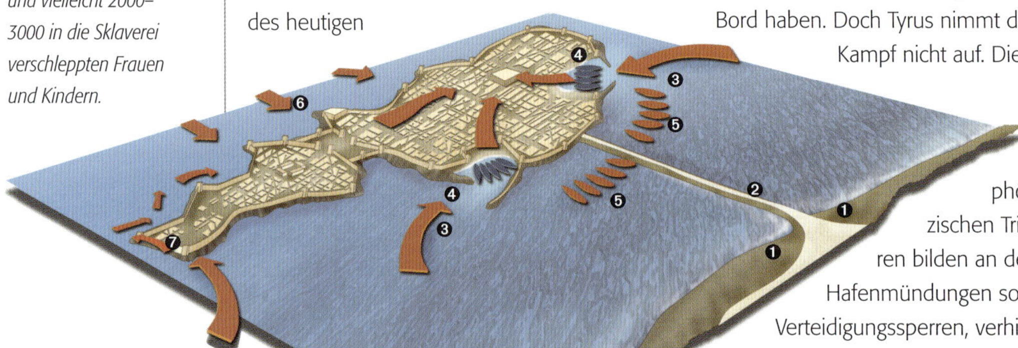

❶ Das alte Tyrus
❷ Von Alexander errichtete Dämme
❸ Phönizische und zypriotische Flotten sperren den Hafen der Stadt
❹ Die Flotte von Tyrus zur Verteidigung der Stadt
❺ Auf Schiffen montierte Belagerungsmaschinen
❻ Ablenkungsangriff mit auf Schiffen montierten Belagerungsmaschinen
❼ Bresche in den Mauern, um in die Stadt einzudringen

Kaudinische Pässe

321 v.Chr.

Zwischen 341 und 290 v. Chr. führt Rom drei lange Kriege gegen die Samniter, einem alten italischen Volk, das im Apennin in Kampanien lebt. Über das gebirgige Gelände sind Festungen und Abwehranlagen verstreut, die eine ganzheitliche Verteidigung des Gebietes ermöglichen. Ein dichtes Netz an Verbindungswegen und Saumpfaden erlaubt den Samnitern rasche Ortswechsel, Kontrolle über Feindbewegungen, den heimlichen Rückzug aus angegriffenen Bollwerken und deren Rückeroberung zu einem günstigen Zeitpunkt. So wird der Gegner verwirrt und zermürbt.

Im Zweiten Samniterkrieg beschlossen die Römer, ihren Feinden in den Rücken zu fallen. Ein Heer von etwa 20.000 Mann unter dem Kommando der Konsuln Spurius Postumius Albinus und Titus Veturius Calvinus marschiert gegen Beneventum (heute Benevento), das tief im Land der Samniter liegt. Auf dem Weg zu diesem Ziel muss man allerdings die Kaudinischen Pässe überqueren. Die Formation der Legionen ist auf den Kampf auf dem

Dieses Gefecht zeugt davon, wie ineffektiv die strenge hoplitische Struktur der römischen Legionen abseits ebener Flächen ist. Der demütigende Ausgang dieser Schlacht hinterlässt tiefe Narben bei den Römern, die daraus ihre Lektion lernen und den Manipel einführen, der auch in schwierigem Gelände flexibel operieren kann.

Grabfresko in Nola (330 v. Chr.) mit Reitern und Kriegern. Obwohl sie mit dem *Kardiophylax* (einem metallenen Brustpanzer) ausgestattet sind, bevorzugen die eine offene Feldschlacht vermeidenden Samniter leichte Bewaffnung, deren Grundlage vor allem der Wurfspeer bildet.

offenen Feld ausgerichtet und hat in diesem hügeligen Terrain, das die Soldaten nur streng in Reih und Glied durchqueren können, einem Hinterhalt nichts entgegenzusetzen.

Es gibt keine detaillierte Schilderung über die Schlacht – die von den Römern, in Anbetracht der Unmöglichkeit, den Pass zu überwinden, als schmerzhafter Rückzug ohne Verluste dargestellt wird –, doch kann man davon ausgehen, dass es sich um einen erbitterten Kampf mit vielen Gefallenen bei den Angreifern handelte.

Die Auseinandersetzung blieb wegen der Art und Weise in Erinnerung, wie die Samniter die gefangenen Römer behandeln. Sie töteten sie nicht, um Vergeltungsmaßnahmen seitens Roms zu vermeiden, sie geben ihnen ihre Waffen nicht zurück, um vor dem Feind nicht als schwach zu gelten, doch sie demütigen sie, indem sie sie zwingen, unter drei zusammengebundenen Lanzen durchzugehen. Die Waffen werden von den Samnitern beschlagnahmt, die auch 600 Geiseln nehmen. Im darauf folgenden Friedensvertrag muss Rom die beiden eroberten Städte Fregellae und Luceria (heute Lucera) abtreten.

Die bei den Kaudinischen Pässen gelernte Lektion, sowie die Erfahrungen aus den langen Samniterkriegen überhaupt, dienten den Römern dazu, wichtige Veränderungen an der Struktur der Legion vorzunehmen. Die streng rechteckige Formation wird in viele kleinere Einheiten (Manipel) aufgeteilt, wodurch die Truppen auch abseits der Ebenen beweglicher werden. Ein fortschrittliches Unternehmen zu jener Zeit, in der man auch die Kampfkraft des einzelnen Soldaten wieder entdeckt, die wahrscheinlich bei der Gründung des römischen Heeres eine große Rolle gespielt hat.

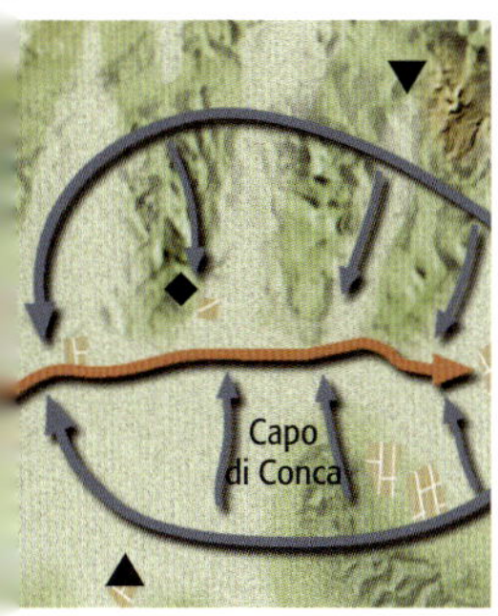

Römer
Samniter
◆ Kaudinische Pässe
▲ Monte Guglielmo (435 m)
▼ Monte Tairano (729 m)

STREITKRÄFTE

▶ SAMNITER	
KRIEGER	KEINE ANGABEN
VERLUSTE	
VERWUNDETE UND GEFALLENE	KEINE ANGABEN

▶ RÖMER	
INFANTERIE	20.000
VERLUSTE	
GEFANGENE	600

Cannae

216 v.Chr.

Die verlustreichste Demütigung, die die Römer jemals auf einem Schlachtfeld hinnehmen mussten, ereignete sich in einer Ebene bei Cannae in Apulien. Die zahlenmäßige Überlegenheit des römischen Heeres reichte nicht aus, um die Schlacht zu gewinnen. Mit großem militärischem Geschick gelingt Hannibal eine Einkesselung, aus der es für die Legionen keinen Ausweg gibt.

Trotz der im Ersten Punischen Krieg (264–241 v. Chr.) erlittenen Niederlage gegen Rom dringt Karthago in einem massiven Eroberungsfeldzug auf der Iberischen Halbinsel bis zum Ebro vor. Ziel ist die Vorherrschaft im Mittelmeer.

211 v. Chr. übernimmt Hannibal Barkas das Kommando über die Armee, die sein Vater Hamilkar neu strukturiert hat. 220 v. Chr. erobern die Karthager die romfreundliche Stadt Sagunt und Rom sieht sich zum Handeln gezwungen: So beginnt der Zweite Punische Krieg.

218 v. Chr. bricht in Spanien ein Heer aus 40.000 Soldaten, mehreren tausend Bundesgenossen und 80 Elefanten zu einem Feldzug auf. Nach einem Marsch von dreieinhalb Monaten erreichen immerhin 26.000 Mann und 37 Elefanten Italien.

UNIFORMEN

DIE BESTEN HEERE IHRER ZEIT

Die römische Legion bestand aus 1600 *Velites,* zehn Manipel mit 140 *Hastaten,* zehn Manipel der *Principes* und zehn Manipel der *Triarier* (deren Manipel umfasste jeweils 60 Mann). Jeder Manipel hat einen *Signifer* (Bannerträger), der das Feldzeichen trägt.

Rekonstruktion der typischen *Panoplia* eines Konsuls oder Prokonsuls zur Zeit des Krieges gegen Hannibal.

Neben der numidischen Kavallerie findet man auch iberische Reiter, die mit einem kleinen Schutzschild und der *Falcata*, einem einschneidigen Kurzschwert, bewaffnet sind.

Der iberische Infanterist verfügt über einen – dem ovalen römischen *Scutum* ähnlichen – Schild und die *Falcata.*

Miniatur aus einer Handschrift aus dem 15. Jh. mit einer Schlacht zwischen Römern und Karthagern (Paris, Louvre). Nach Cannae wurden in Rom 8000 Sklaven und 6000 Sträflinge freigelassen und bewaffnet, um bei der Verteidigung gegen eventuelle karthagische Angriffe mitzuwirken.

➤ HANNIBAL DURCHQUERT DIE ITALIENISCHE HALBINSEL

Hannibals Absichten zielen weniger darauf ab, die römische Macht zu zerschmettern, als sie einzuschränken und dadurch die Abspaltung der unterworfenen italischen Bevölkerung, die das römische Joch nicht dulden will, zu provozieren. Der erste Versuch der Römer, ihn aufzuhalten, scheitert am Ticinus (heute Ticino). Die Karthager, denen sich auch gallische Krieger angeschlossen haben, siegen auch an der Trebia (heute Trebbia) und am Trasimenischen See (Lago Trasimeno).

Auf seinem Vormarsch über die Halbinsel steht Hannibal bereits vor Rom, hat aber nicht vor, die Stadt zu erobern. Er möchte sie vielmehr politisch isolieren und die italischen Völker zu Gunsten der Karthager mobilisieren. Er stößt weiter nach Süden und gegen die Adria vor, während Fabius Maximus in Rom vier Legionen zu seiner Verfolgung entsendet.

Im Frühjahr 216 befindet sich die karthagische Armee in Apulien. Dort wird sie von den römischen Konsuln Terentius Varro und Ämilius Paullus mit 76.000 Mann eingeholt. Sie stehen 50.000 Streitern Hannibals gegenüber, der Tausende von Soldaten aus der antirömisch eingestellten Einwohnerschaft rekrutieren konnte und über eine zahlenmäßig überlegene Kavallerie verfügt.

Die Römer wenden sich nach Süden, die Karthager nach Norden. Keines der beiden Heere muss im Gegenlicht der

WAFFEN

DER KRIEGSELEFANT

Die Idee, Elefanten im Krieg einzusetzen, kam aus dem Orient nach Europa. Diese sind dank ihrer Körpermasse und ihrer mäßigen Geschwindigkeit, die immerhin höher ist als die angreifender Streitwagen, eine verlässliche »Durchbruchswaffe«. Außerdem kann er im »Sattel«, der mehr einer kleinen Festung gleicht, mehr transportieren als ein bewaffneter Krieger.
Die Perser haben Elefanten gegen Alexander eingesetzt, und die Syrer wurden zu Experten der Elefantenausbildung. Die Römer – die vor diesem unbekannten »lukanischen Ochsen«, den sie erstmals im Heer von Pyrrhus, dem König von Epiros, sehen, Reißaus nehmen –, lernen diese Waffe zu neutralisieren, indem sie die Tiere mit Feuerbränden und lauten Trompetenklängen erschrecken. Sie entwickeln eine Technik, die den Abteilungen der Legionen schnelle Stellungswechsel ermöglicht, um den fürchterlichen Angriffen der Elefanten auszuweichen. Es war das Heer von Pyrrhus, das die Elefanten erstmals nach Italien brachte, als sie die Dickhäuter überraschenderweise in der Schlacht bei Heraklea (280 v. Chr.) einsetzten.
Die wenigen, die mit Hannibal in Italien ankamen, dürften in diesem Feldzug keine große Rolle gespielt haben, sieht man von der Schlacht an der Trebia ab, nach der die letzten in der Kälte des Winters umkamen. Die Römer begegneten den Elefanten später auch während der Kriege im Nahen Osten zur Eroberung Syriens.

Ein Teller aus dem 3. Jh. v. Chr., auf dem ein Kriegselefant abgebildet ist.

STREITKRÄFTE

RÖMISCHE ÜBERLEGENHEIT

▶ RÖMER UND VERBÜNDETE

SCHWERE INFANTERIE	55.000
LEICHTE INFANTERIE	15.000
KAVALLERIE	6000
VERLUSTE	
GEFALLENE	52.000
GEFANGENE	19.300

▶ KARTHAGER UND VERBÜNDETE

SCHWERE INFANTERIE	28.500
LEICHTE INFANTERIE	11.500
KAVALLERIE	10.000
VERLUSTE	
GEFALLENE	5700

Cannae 216 v.Chr.

Hasdrubal greift an
Die Karthager eröffnen den Kampf mit einem Kavallerieangriff des Bruders von Hannibal, der die keltischen und iberischen Reiter gegen die rechte Flanke der Römer führt. Der Schlag ist gewaltig. Es gelingt ihm, die rechte Flanke des Gegners zu vernichten, was für den endgültigen Sieg entscheidend ist.

Anfangsphase Angriff der punischen Kavallerie

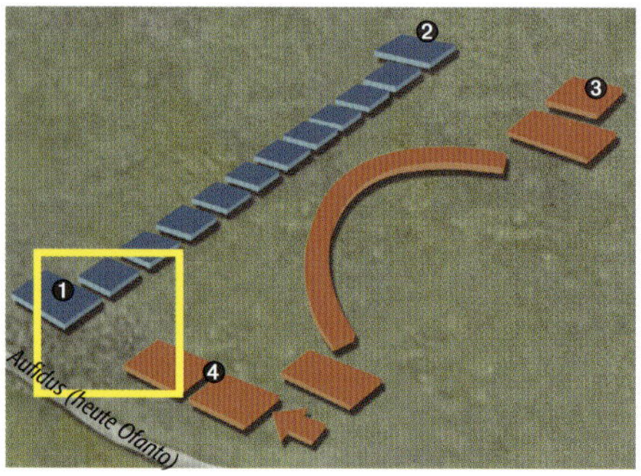

Mittlere Phase Römischer Vorstoß auf das Zentrum

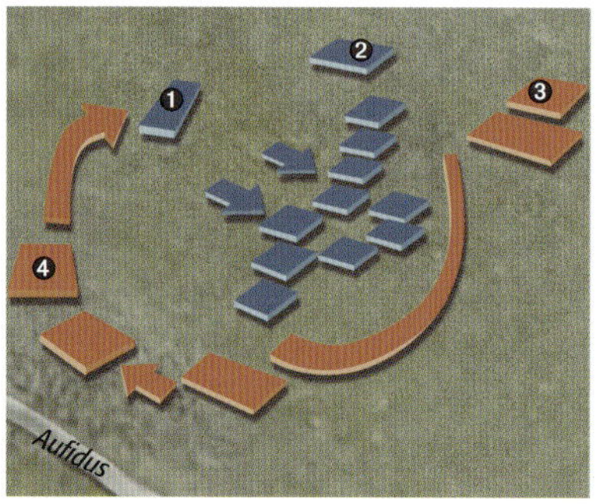

Schlussphase Die Römer sind eingeschlossen

Die Hauptphasen der Schlacht bei Cannae

- Römer und Verbündete
- Karthager und Verbündete

❶ Kavallerie des Konsuls Paullus
❷ Kavallerie des Konsuls Varro
❸ Numidische Kavallerie
❹ Keltische und iberische Kavallerie

Die Konsularischen Legionen
In vorderster Linie stehen die *Velites,* die aus den jüngsten (und ärmsten) Soldaten gebildete Infanterie, die den Feind zu Beginn des Gefechts beschäftigt. Dahinter folgen die *Hastaten* (Speerträger), die *Principes* (mit Lanzen bewaffnet) und zuletzt die *Triarier,* Veteranen, die nach der Anfangsphase des Gefechts durch *Velites* verstärkt werden. Zu jeder Legion gehören 300 Reiter in zehn Schwadronen.

264 v. Chr. Der Erste Punische Krieg hat begonnen. • **260** Römischer Sieg bei Mylae • **241** Römischer Sieg bei den Ägadischen Inseln; Karthago verliert Sizilien; Ende des Ersten Punischen Krieges • **253** Karthago breitet sich auf der Iberischen Halbinsel aus • **219** Die Karthager erobern Sagunt; Beginn des Zweiten Punischen Krieges • **218** Die Karthager fallen in Italien ein; Hannibal siegt bei den Flüssen Ticinus und Trebia • **217** Die Karthager siegen am Trasimenischen See; Diktatur des Quintus Fabius Maximus • **216** Römische Niederlage bei Cannae; Hannibal in Capua • **215** Philipp V. von Makedonien schließt mit Hannibal ein Bündnis gegen Rom • **211** Die Römer erobern Capua • **210** Die Karthager verlassen Sizilien • Niederlage und Tod Hasdrubals am Metaurus • **205** Frieden zwischen Rom und Philipp V.

Cannae 216 v.Chr.

Das bunt zusammengewürfelte Heer, das Hannibal folgt, umfasst auch keltische (aus Gallia Cisalpina) und iberische Truppen, die bei Cannae den zentralen Kern der Infanterie bilden. Mit dabei sind auch Schleuderer von den Balearen, die bei Kampfbeginn zum Einsatz kommen. Sie verfügen jeweils über drei Lanzenschleudern für unterschiedliche Distanzen.

Sonne kämpfen, doch bläst der Wind den Legionen Staubwolken entgegen.

Beide Parteien sammeln die Kavallerieabteilungen an den eigenen Flügeln und die Infanterie im Zentrum. Das Gelände wird vom Aufidus (heute Ofanto) begrenzt. Die karthagische Infanterie formiert sich allerdings zu einem Keil, der aus voneinander unabhängigen Truppenteilen besteht. An der Spitze dieses Keils stehen die Leichtbewaffneten. Die Römer nehmen indessen in dicht geschlossenen Rechtecken Aufstellung. Ihre vorderste Linie wird zusätzlich noch von Velites gedeckt.

Bei Cannae nehmen keine Elefanten mehr an der Schlacht teil. Bei der Überquerung des Flusses Reno in der Romagna geraten die Dickhäuter auf einer schwankenden Pontonbrücke in Panik und stürzen in die Fluten und reißen zahlreiche Mannschaften mit in den Tod.

Fresko aus dem 16. Jh., das Jacopo Ripanda zugeschrieben wird. Es zeigt Hannibal in Italien (Rom, Kapitolinische Museen).

➤ DIE WENDIGKEIT DER KARTHAGER UND DAS DESASTER ROMS

Die römische Kavallerie am rechten Flügel, die von Ämilius Paullus geführt wird, ist nicht so stark wie die linke der Verbündeten (in deren Mitte Varro die Schlacht anführt). Auf der Gegenseite startet Hannibal mit numidischen Speerträgern einen Angriff, wobei 6000 seiner Männer den 2000 Reitern des Konsuls Ämilius Paullus gegenüberstehen. Schnell sind die Römer geschlagen und vernichtet. Die Numidier umgehen das römische Heer und fallen der Kavallerie von Varro in den Rücken. Mit wenig Verlusten in den eigenen Reihen haben die Karthager die gesamte römische Reiterei vernichtet.

In der Zwischenzeit scheint die römische Infanterie die Oberhand über den karthagischen »Keil« zu gewinnen, der zuerst abflacht und dann sogar hohl wird. In diesem Abschnitt kämpfen Libyer und Gallier, an ihren Flanken befinden sich zwei Abteilungen schwerer Infanterie aus Afrika, die sich im Schutz des Geländes verbergen. Als sich die leichten Heeresteile wieder ins Geschehen werfen, können die – wie die alten Phalangen kompakt formierten und kaum beweglichen – Legionen nach stundenlangen Bemühungen in die feindlichen Reihen einbrechen. Sie leiden unter der Hitze und dem Gewicht ihrer Rüstungen. Nun aber sammeln sich die afrikanischen Infanteristen mit neuer Energie zum Angriff auf die Flanken der römischen Manipel, die zu dicht zusammengedrängt sind, um schnelle Verteidigungsmanöver auszuführen.

Die Katastrophe ist perfekt: Die Karthager wüten unter dem eingeschlossenen Feind, dessen zurückgezogene Abteilungen nicht zu Hilfe eilen können, ohne das tödliche Gedränge noch zu verstärken. Trotz des großen Sieges rückt Hannibal klugerweise nicht nach Rom vor, da dies einen Marsch von fünf Tagen bedeuten würde und die Stadt von zahlenmäßig überlegenen Kräften gesichert wird; er hofft, dass die Niederlage zur Abspaltung der mit Rom verbündeten Völker führt. Die mächtige Stadt soll isoliert werden. Doch die Hoffnungen erfüllen sich nicht.

Die Karthager bleiben noch 13 Jahre auf italienischem Boden, doch inzwischen bereiten die Römer den Gegenschlag vor.

INTERNET
• www.barca.fsnet.co.uk/index.htm
• digilander.libero.it/roccadicanne
• www.roman-empire.net/army/army.html

Rechts: ein *Gladius*, das Kurzschwert, die Hauptwaffe der römischen Infanterie.

Ein *Princeps* der römischen Legionen. Wie der *Triarius* trägt er einen schweren Harnisch (rund 15 kg) und wie der *Hastatus* ist er mit einem leichten und einem schwereren *Pilum* (Lanze) bewaffnet.

SCHLACHTEN

ANDERE SCHLACHTEN IN ITALIEN

Was den Feldzug Hannibals auf der Apenninenhalbinsel betrifft, müssen noch vier weitere entscheidende Schlachten hervorgehoben werden.

TICINUS, 218 v. Chr.
(Karthager: 26.000 Mann – Römer: 36.000)

Kaum hat das Heer Hannibals Italien erreicht, als dessen Kavallerie am Zusammenfluss von Po und Ticinus mit der des Konsuls Cornelius Scipio zusammentrifft. Die bei den Karthagern dienenden Numidier greifen auch die römische Infanterie an und drohen sie zu umfassen. Die Fußsoldaten halten dem Ansturm nicht stand und fliehen. Der verwundete Cornelius Scipio entkommt mit Mühe und flüchtet zusammen mit den Überlebenden in die befestigte Stadt Placentia (heute Piacenza). 200 Reiter und 2000 gallische Infanteristen, die zuvor Rom gedient haben, reihen sich in das Heer der Karthager ein. Dieser Sieg ermutigt Hannibal, weiter in die Poebene vorzudringen.

TREBIA, Ende Dezember 218 v. Chr.
(Karthager: 30.000 Mann – Römer: 40.000)

Nach der Überquerung des Ticinus stößt Hannibal bis zur Trebia vor, einem weiteren Zufluss des Po. In der Nähe lagert das Heer der römischen Konsuln Scipio und Sempronius Longus. Hannibal provoziert die Römer, indem er einer Patrouille leichter Reiter befiehlt, einen Angriff vorzutäuschen. Die Römer antworten mit einem Gegenangriff der Velites und der Kavallerie von Sempronius. Diese überqueren den Fluss und nähern sich dem karthagischen Heer, das mit einigen Elefanten in der vordersten Linie, einer Linie Infanterie und zwei aus der Kavallerie gebildeten Flügeln direkt dahinter Aufstellung genommen hat. Die karthagische Kavallerie zerschlägt gemeinsam mit den Elefanten die römische, die Infanterielegionen, die in drei Reihen formiert sind, halten jedoch stand. Dann aktiviert Hannibal zwei im Gelände im Hinterhalt liegende Abteilungen zu je 1000 Mann und greift die dritte Linie der Römer an und bezwingt sie. Indem sie einen Keil bilden, gelingt es der römischen Armee sich aus der Einkesselung zu befreien und sich nach Placentia zurückzuziehen, nachdem sie schwere Verluste erlitten hat. Als der Erfolg Hannibals bekannt wird, rücken die Römer nach Süden ab, während die Einwohner von Gallia Cisalpina sich gegen die römische Herrschaft erheben.

TRASIMENISCHER SEE, Juni 217 v. Chr.
(Karthager: 40.000 Mann – Römer: 25.000)

Eines nebeligen Morgens befinden sich Hannibal und sein Heer in Umbrien auf den Anhöhen, die sich über dem Nordufer des Trasimenischen Sees erheben. Auf der Straße, die dort entlangführt, marschieren die Truppen des Konsuls Gaius Flaminius. Als die Marschkolonne sich durch eine Engstelle zwischen See und Hügel durchzwängt, greift Hannibal frontal und an der linken Flanke an. Die Legionen finden nicht genug Raum vor, um sich zur Kampflinie zu formieren. Viele Römer, darunter auch Flaminius, werden getötet oder ertrinken im See. Ein anderes Heer, jenes des Konsuls Servilius Geminus, das in den Ablauf des Gefechts eingreifen hätte können, tut nichts, um das Schicksal abzuwenden. Hannibal, noch immer entschlossen, das Bündnis zwischen Rom und den anderen italischen Völkern zu brechen, kann sich Sympathien verschaffen, indem er deren Gefangene freilässt und nur 6000 Römer gefangen nimmt.
Die Karthager können ihren Feldzug Richtung Süden und Adria fortsetzen.

METAURUS, Juni 206 v. Chr.
(Karthager: 30.000 Mann – Römer: 40.000)

Hasdrubal, der Bruder Hannibals, hat ein Heer nach Italien geführt, das in der Lage ist, den in Süditalien lagernden Karthagern aus ihren Schwierigkeiten zu helfen, aber Rom nicht wirklich endgültig besiegen kann. Er muss mit seinem Bruder in den Marken zusammentreffen. Doch der Konsul Claudius Nero kommt ihm zuvor: er vereinigt sich mit den von Konsul Livius Salinator kommandierten Truppen, der Hasdrubal bereits gegenübersteht. Das Gleichgewicht der Kräfte ist wieder hergestellt. Hasdrubal will dem Rechnung tragen und sich im Dunkel der Nacht davonmachen. Doch im Tal des Metaurus (heute Metauro) wird das punische Heer – es besteht aus Afrikanern, Galliern und anderen Verbündeten – überrascht und vernichtet. Hasdrubal fällt im Kampf und sein Kopf wird in das Lager Hannibals geworfen. Das ist der Anfang vom Ende. Kurze Zeit später bringen die Römer den Krieg nach Afrika.

Zama

202 v.Chr.

Diese Schlacht läutet das Ende von Karthago und Hannibal ein. Der karthagische Feldherr begegnet Scipio, einem geschickten und einfallsreichen Strategen, der den Krieg nach Afrika trägt. Hannibal stellt einmal mehr sein strategisches Geschick unter Beweis, doch das Eingreifen der römisch-numidischen Kavallerie besiegelt den Ausgang der Begegnung.

Publius Cornelius Scipio, der Sohn jenes Konsuls, der Hannibal am Ticinus unterlag, analysierte die Kampftechnik des siegreichen Hannibal und führte bei den römischen Legionen neue Manöver ein, die in Spanien (208/07 v. Chr.) und in Afrika bei Campi Magni (203 v. Chr.) brauchbare Erfolge zeitigen, wo die Römer die karthagischen Truppen besiegt haben. Die taktische Neuheit besteht darin, dass die *Principes* und *Triaren* nicht mehr hinter den *Hastaten* zurückbleiben, sondern an deren Seite Aufstellung nehmen, wodurch die Front ausgedehnt und die an den Flanken ungedeckte feindliche Infanterie eingeschlossen wird.

Diese Taktik will Scipio in der Schlacht bei Zama anwenden, einem Ort, der nur fünf Tagesmärsche vor Karthago liegt.

Hannibal verfügt über rund 39.000 Soldaten. Auf vorgeschobenen Posten stehen 80 Elefanten, in der ersten Linie Söldner, dahinter Gallier, Ligurer und andere europäische Stämme. Ganz hinten befindet sich die stärkste verfügbare Reserve, Veteranen aus dem Krieg in Italien. Die Flügel bildet die Kavallerie mit 1500 Mann an jeder Seite.

Scipio steht mit rund 35.000 Mann gegenüber, die nach dem herkömmlichen System der Legionen in drei Linien Infanterie (*Hastaten, Principes* und *Triaren* und zuvorderst *Velites*) formiert sind. Darüber hinaus bildet die Kavallerie die Flügel, rechts die Numidier des afrikanischen Verbündeten Massinissa, links die Römer unter dem Kommando von Gaius Lelio.

Als Hannibal die Elefanten zum Angriff losschickt, öffnen die Römer – die diesen Zug vorausgesehen haben – ihre Reihen, um die Tiere durchzulassen. Von den Seiten her werden sie mit allen zur Verfügung stehenden Waffen attackiert. Der Lärm der Trompeten und Hörner erschreckt die Elefanten, die daraufhin scheuen: die Dickhäuter machen kehrt und trampeln zahlreiche Reiter aus den eigenen Reihen nieder.

Ein *Cornicen,* ein Hornist bei den Legionären, der sich in der Schlacht in der Nähe der Bannerträger aufhält. Mit Hornsignalen gibt er Kommandos an die Soldaten weiter, die den Signalen entsprechend ihre Manöver ausführen.

Beinahe gleichzeitig greift die Kavallerie von Massinissa und Lelio die Reiterei Hannibals an, die in die Flucht geschlagen und verfolgt wird. Die Gallier und Ligurer weichen unter dem Druck der römischen *Hastaten* zurück. Scipio stoppt seine Speerträger, die den Feind bereits verfolgen und formiert sie neu. Die erste Linie aus Söldnern und Afrikanern zermürben die *Hastaten* und ziehen sich an die Flanken zu den italischen Veteranen zurück, wodurch die karthagische Front in die Breite gezogen wird. Scipio ist gezwungen, seine Taktik vorwegzunehmen, die *Principes* und *Triaren* an die Seite der bereits ermüdeten *Hastaten* zu stellen, die gegen die erfahrenen und in dieser Schlacht noch unverbrauchten italischen Veteranen chancenlos sind. Doch die *Principes* und *Triaren* sind gewohnt, den Feind von der Seite her anzufallen: der Frontalangriff auf die Veteranen droht in einem Desaster zu enden und der Albtraum von Cannae lastet schwer auf den Römern …

Zu Scipios Glück kehren die Kavallerietruppen Massinissas und Lelios auf das Schlachtfeld zurück und greifen die Eliteabteilungen Hannibals von hinten an. Die Veteranen sitzen plötzlich in einer tödlichen Falle. Ohne Fluchtweg und ihrem Anführer bis zum bitteren Ende die Treue haltend, wird die »alte Garde« der Karthager vernichtet.

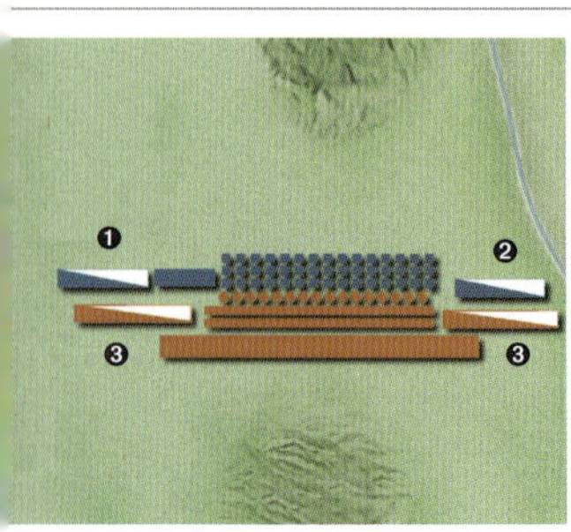

- Karthager
- Römer
- ❶ Kavallerie Massinassas
- ❷ Kavallerie Lelios
- ❸ Kavallerie
- Elefanten

STREITKRÄFTE

▶ RÖMER UND VERBÜNDETE	
RÖM./NUMID. INFANTERIE	29.000
RÖMISCHE KAVALLERIE	1500
NUMIDISCHE KAVALLERIE	4000
BERBER	600
VERLUSTE	
GEFALLENE	4000

▶ KARTHAGER U. VERBÜNDETE	
ITALISCHE VETERANEN	16.000
KARTHAG. INFANTERIE/SÖLDNER	20.000
KAVALLERIE	3000
ELEFANTEN	80
VERLUSTE	
GEFALLENE	20.000
GEFANGENE	10.000

Pydna

168 v.Chr.

Der 22. Juni bedeutet den endgültigen Untergang der makedonischen Phalangen. Sie werden von den beweglicheren römischen Legionen überrannt, die in einem etwa einstündigen Kampf die makedonischen Hopliten vernichten. Die Erben Alexanders des Großen unterwerfen sich der Herrschaft Roms, dessen Reich sich nun über den gesamten Mittelmeerraum erstreckt.

Nach dem Ersten Punischen Krieg befindet sich Rom in einem Zweifrontenkrieg mit Philipp V. von Makedonien und Syrien unter Antiochius III. Mit der Niederlage Philipps bei den Kynoskephalae (»Hundsköpfen«) 197 v. Chr. gegen die römischen Legionen wird die griechische Bevölkerung von der makedonischen Herrschaft befreit, doch als Perseus den Thron besteigt, kommt es zu neuen Spannungen zwischen den beiden Staaten. Makedonien mobilisiert 44.000 Mann, Rom entsendet 30.000, um das Reich von Perseus zu erobern.

Anfang Juni eröffnet der römische Heerführer Ämilius Paullus (ein Nachkomme des bei Cannae gefallenen Konsuls) die Kampfhandlungen durch einen Überfall auf das Feldlager von Perseus und einem Scheinangriff der römischen Flotte im Golf von Saloniki auf die Nachschublinien der Makedoner, während eine weitere Truppe von Nordwesten vorgeht.

Perseus weicht der römischen Verfolgung aus, wird aber nahe der Stadt Pydna, unweit des Olymps, abgefangen. Dort hat er sein Lager am Fluss Leukos aufgeschlagen. Paullus richtet sein Lager auf den Hügeln gegenüber des makedonischen ein.

Am Nachmittag des 22. Juni einigen sich beide Streitparteien auf einen Waffenstillstand, um sich mit Wasser zu versorgen, doch ein Missverständnis – möglicherweise ein durchgegangenes Pferd – führt zum Ausbruch der Schlacht. Perseus stellt zwei seiner Phalangen ins Zentrum, die Söldner zur Linken und die Kavallerie zur Rechten. Die Römer nehmen am Fuße der Hügel Aufstellung. Zwei Legionen der Italer rechts, die Kavallerie links, ein kleines Elefantenkorps bildet die rechte Nachhut. Zu Beginn haben die Phalangen die Oberhand über die Römer, deren rechter Flügel (der aus Latium rekrutiert wurde) versucht einen Gegenangriff, der jedoch unter dem Druck der Söldner von Perseus scheitert, die nun ihrerseits die Römer verfolgen.

Lucius Ämilius Paullus hat seine Mannen hinter den Hügeln postiert. Sie haben die Aufgabe, gegen die Phalangen vorzugehen, die sich bereits in kaum organisierte Kleingruppen aufzulösen beginnen, da sie nur auf ebenem Gelände zu kämpfen gelernt haben. Im Gegensatz dazu beginnen die Legionen – die auch in Manipel aufgeteilt kämpfen und am besten von der Seite her attackieren können – die Flanken des Heeres von Perseus anzugreifen. Währenddessen stürzen sich die Elefanteneinheiten auf die leichte Infanterie, gegen die sich nun auch der rechte Flügel formiert.

In einer Stunde, oder etwas mehr, verliert die makedonische Armee rund 70 Prozent ihrer Kräfte. Der gefangene Perseus wird nach Rom gebracht, wo er stirbt.

Der römische Sieg führt zum Untergang jenes Reiches, das unter Alexander dem Großen einst das größte der Antike war.

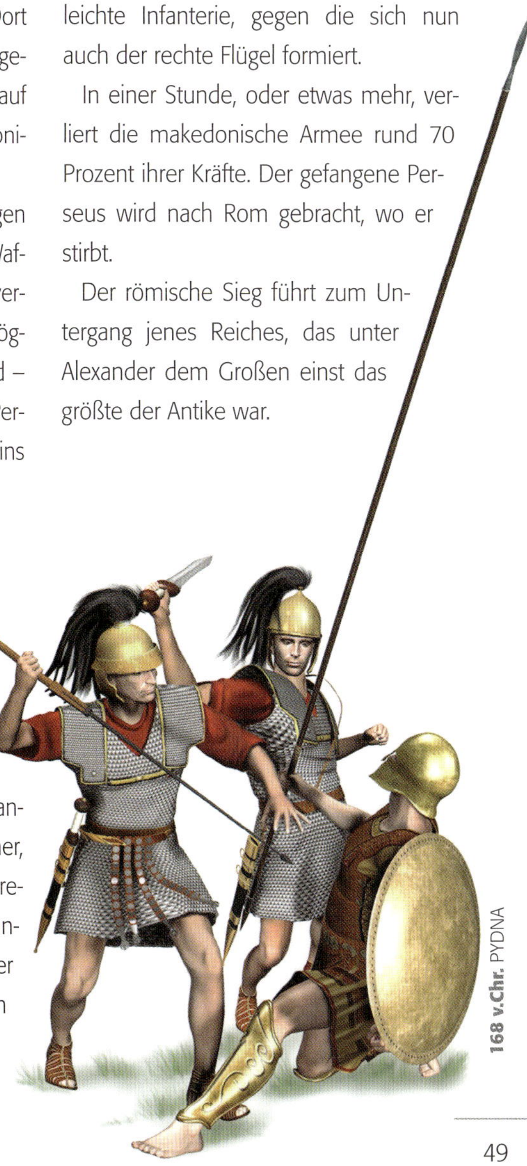

Kampf zwischen zwei Legionären und einem persischen Hopliten. Die Taktik der Legionen gegen die Phalangen besteht darin, dass die Legionäre die *Pila* aus geeigneter Distanz gegen die Hopliten schleudern, um deren Geschlossenheit aufzuweichen und dann mit dem Schwert zum Nahkampf überzugehen.

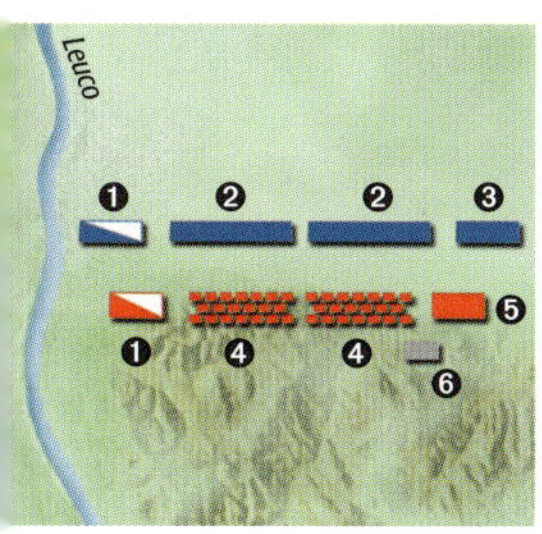

- Makedoner und Verbündete
- Römer und Verbündete
- ❶ Kavallerie
- ❷ Phalangen
- ❸ Söldner
- ❹ Legionen
- ❺ Italische Verbündete
- ❻ Elefanten

STREITKRÄFTE

▶ MAKEDONER	
INFANTERIE	40.000
KAVALLERIE	4000
VERLUSTE	
GEFALLENE	20.000
GEFANGENE	11.000

▶ RÖMER	
INFANTERIE UND KAVALLERIE	30.000
KRIEGSELEFANTEN	34
VERLUSTE	
GEFALLENE	100
VERWUNDETE	400

Alesia

52 v.Chr.

Mit der Einnahme von Alesia brachte Julius Caesar dank seiner Fähigkeiten den Eroberungskrieg der antiken Welt einen gehörigen Schritt nach vorne. Die Disziplin, die Vorbereitung und die Organisation seiner Truppen ermöglichte es dem römischen Feldherrn, den Bund der gallischen Stämme unter ihrem Anführer Vercingetorix ein für allemal zu bezwingen.

Der »Gallische Krieg«, eine der bekanntesten Mythen der Gründung des Römischen Reiches, ist ein Stück Politikgeschichte (Aufbau des Reiches und Ende der Republik), ein Stück Demographiegeschichte (*Divide et impera* bezüglich der Gallier und der »Barbaren« im Allgemeinen) und ein Stück Militärgeschichte. Wobei Letzteres nicht immer unbedingt wichtiger ist als die anderen Faktoren.

Schon sehr jung ins Militär eingetreten, bewies Gaius Julius Caesar (100–44 v. Chr.) bald sein strategisches Geschick, zuerst auf der Iberischen Halbinsel und nach einem Jahr als Konsul auch in jenem von den Römern besetzten Teil Galliens, das dem nordwestlichen Italien und der Provence entspricht.

Im Feldzug 58–52 v. Chr. eroberte er Helvetia, Teile Germaniens und ganz Gallien; er überquerte den Ärmelkanal, um in Britannien einzufallen, war jedoch gezwungen, nach Gallien zurückzukehren, weil es dort die Glutnester antirömischer

HINTERGRÜNDE

DIE RÖMISCHE BEFESTIGUNGSANLAGE UM ALESIA

Die Römer bemühten sich, die Geländeform auszunutzen, um sicherzugehen, dass die Befestigungsanlage Alesia komplett umschloss, ohne die eigene Verteidigung zu vernachlässigen.

Das Gelände vor den Gräben ist übersät mit »Tribuli« (Eisenspitzen), mit zugespitzten Pflöcken und Pflöcken in Gruben, die mit Zweigen und Blättern abgedeckt werden. Das Verteidigungssystem zielt darauf ab, die Gallier aufzuhalten und den in erhöhter Position hinter Palisaden und Türmen verschanzten Römern ein Ziel zu bieten.

Die Römer heben Wassergräben aus, um sich gegen die Angriffe der feindlichen Reiterei zu schützen. Ein weiterer Graben befindet sich dahinter bei den mächtigen Bastionen (4 m hoch) der befestigten Umgehungsstraße.

Die Palisaden sind alle 25 m durch Türme unterbrochen. In 23 Schanzen dienen ebenso viele Garnisonen als Basis für die Legionen.

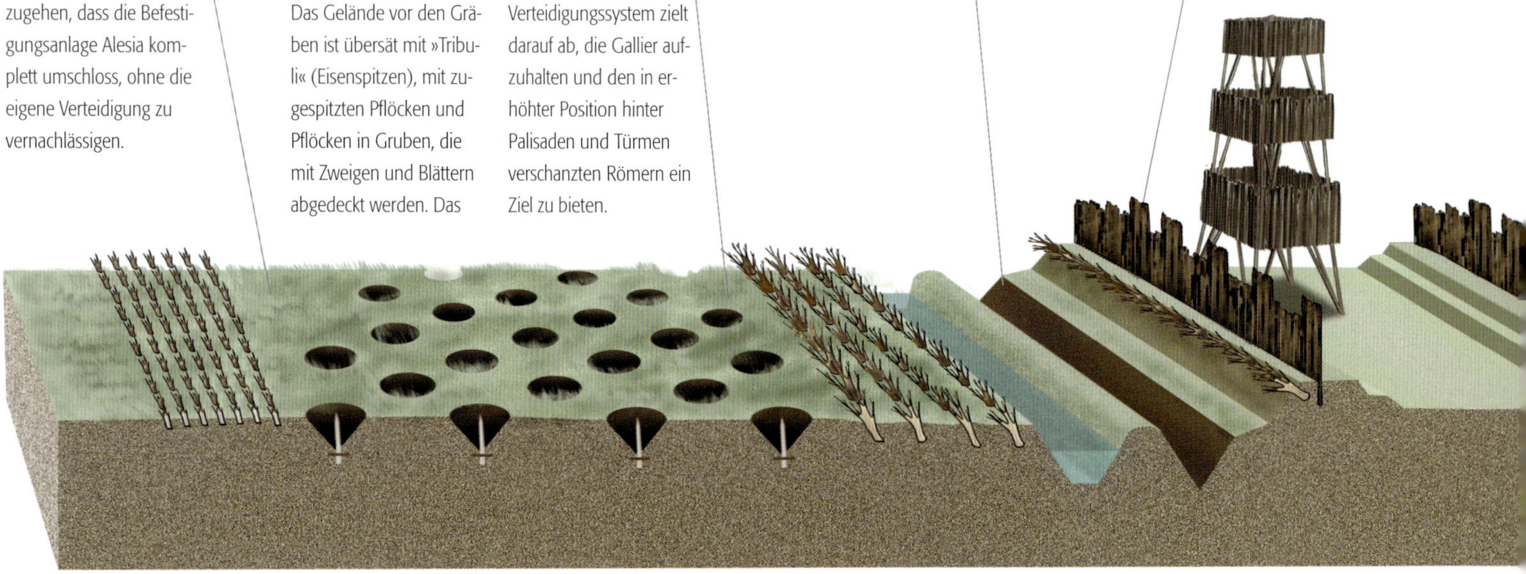

Dieser Holzschnitt zeigt einen Kampf zwischen Galliern und Römern. Der Feldzug gestaltet sich auch wegen der Taktik der »verbrannten Erde« schwierig. Die gallische Bevölkerung wendet sie oft an, wie z. B. die Bituriger, die an einem einzigen Tag 20 ihrer eigenen Dörfer zerstörten.

Revolten zu löschen galt. Außerdem musste er nach Rom zurück, um den Anfeindungen seiner Gegner im Senat und seines früheren Triumviratspartners Pompejus zu begegnen. Die Gallier nutzten diese Gelegenheit, um sich unter der Führung von Vercingetorix, dem Oberhaupt des Stammes der Arverner, zu vereinigen und einen Aufstand anzuzetteln.

➤ DIE RÖMER VERFOLGEN VERCINGETORIX

Wieder zurück in Gallien schlägt Caesar die Revolte von *Cenabum* (Orléans) nieder. Vercingetorix zieht weiter nach Süden und versucht mit Guerillataktik und verbrannter Erde die Römer zu isolieren. Der Feldzug beginnt im Winter, als es

HINTERGRÜNDE

DIE BELAGERUNG ZU CAESARS ZEITEN

Eine Stadt kann durch eine Blockade belagert werden, die jegliche Kommunikation mit außen unterbindet und zum Ausbruch von Hungersnot führt (die *Obsidio*). Andererseits kann man auch versuchen, sie durch einen schnell vorgetragenen Angriff einzunehmen (die *Repentina Oppugnatio*), wenn das Ziel nicht allzu groß ist. Ebenso ist ein sorgfältig vorbereiteter Angriff möglich (die *Longiqua Oppugnatio*). Die Blockade umfasst den Einschluss der Stadt durch Befestigungen, hinter denen sich das römische Heer verschanzt. Dort ist es durch einen äußeren Verteidigungsring vor Überraschungsangriffen geschützt, wie in Alesia. Bei der *Repentina* füllt man die Gräben vor den feindlichen Mauern mit Reisig oder Erde. Man nähert sich den Mauern in so genannten »Mäusen«, das sind Unterstände auf Rädern. Die Legionäre marschieren mit über den Köpfen erhobenen Schilden zum Schutz vor Wurfgeschossen der Belagerten. Dann rennt man die Tore ein, schlägt Breschen oder erklettert die Mauern. Bei der *Longiqua* verwendet man Katapulte, Rammböcke, Türme, »Plutei« (massive Schutzwände auf Rädern), hölzerne Schutzdächer für die Sturmböcke und »Vineae« (große Schirmdächer) sowie Haken, mit denen die Mauerkronen eingerissen werden.

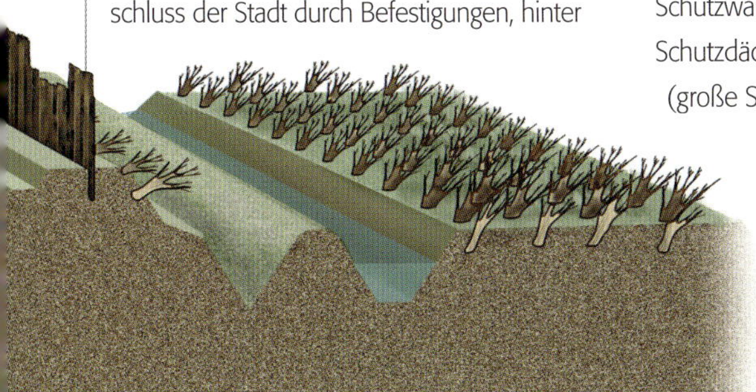

STREITKRÄFTE

GALLISCHE ÜBERLEGENHEIT

▶ RÖMER

LEGIONEN UND KAVALLERIE	60.000

▶ GALLIER

KRIEGER IN ALESIA	95.000
ENTSATZHEER*	258.000

* DARUNTER 8000 REITER

Rechts: der »Krater von Alesia« aus Alise-Sainte-Reine, Mitte des 1. Jh. v. Chr. (Saint-Germain-en-Laye, Musée des Antiquités Nationales).

Alesia 52 v.Chr.

Die Art der Belagerung

Die Römer wechseln beim Belagerungskrieg Phasen des Abwartens mit Angriffsphasen ab. Während Caesar bei der Belagerung von Avaricum einen direkten Angriff plante, ist die Belagerung Alesias (wegen der Geländebeschaffenheit) über weite Strecken passiv, um den Feind auszuhungern.

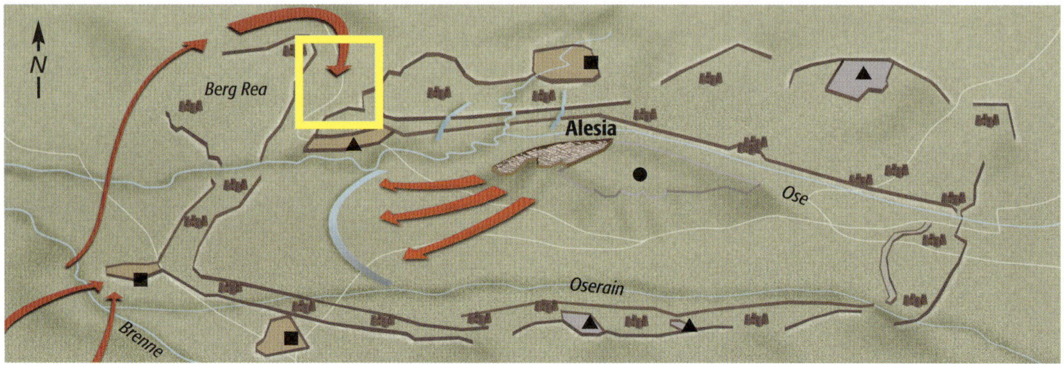

Der gallische Angriff vom Berg Rea aus

Die Hauptphasen der Belagerung von Alesia

Römer
- Festungen
- ▲ Lager der Infanterie
- ■ Lager der Kavallerie

- Gallier
- ● Lager von Vercingetorix

Hoffnungslos
Es gibt zwei Hauptgründe dafür, dass die Gallier trotz ihrer gewaltigen Übermacht verlieren: Das Heer besteht aus kaum erfahrenen Männern, die aus aktuellem Anlass rekrutiert wurden, und es gibt keine eigentliche Strategie, die für die Begegnung mit einem Heer wie dem römischen notwendig ist.

69 v. Chr. Caesar ist als Quästor in Hispania Ulteriore • **68** Nach dem Tod seiner Ehefrau Cornelia heiratet er Pompea, die Nichte Sillas • **63** Pontifex Maximus • **61** Caesar übernimmt die Regierung über Hispania Ulteriore • **60** Er kehrt nach Rom zurück und einigt sich mit Crassus und Pompejus (Erstes Triumvirat) • **59** Caesar wird zum Konsul gewählt • **58** Er bricht nach Gallien (G. Cisalpina und G. Narbonensis) auf, wo er das Gebiet des heutigen Frankreich erobert • **52** Fall von Alesia; Kapitulation von Vercingetorix, Ende des gallischen Aufstands • **49** Überquerung des Rubikon; Caesar verfolgt und besiegt die Truppen von Pompejus in Spanien • **48** (9. August) Sieg über Pompejus bei Pharsalos; er wird für ein Jahr zum Diktator ernannt • **48/47** Ägyptischer Feldzug; Caesar schlägt den Aufstand nieder und setzt Kleopatra VII. auf dem Thron ein • **46** Caesar ist für zehn Jahre Diktator • **45** (17. März) Sieg über die Nachfahren von Pompejus bei Munda in Spanien • **44** Diktator auf Lebenszeit (*dictator perpetuus*) und *Imperator*; Caesar wird von Verschwörern ermordet; der Senat übernimmt die Staatsführung.

Alesia 52 v.Chr.

Am Tag nach der vernichtenden Niederlage bietet Vercingetorix den Römern sein eigenes Leben oder die Unterwerfung in Gefangenschaft an. Caesar akzeptiert die Kapitulation und nimmt den gallischen Führer gefangen. Er wird beim Siegeszug in Rom vorgeführt.

Caesar ist in einen scharlachroten Mantel gehüllt, weil er gut sichtbar und für seine Truppen ein Bezugspunkt sein möchte.

Bei den Galliern haben nur die Edelleute ähnliche Waffen wie die Römer: Rüstung und ein langes Schwert. Die für diesen Krieg rekrutierten Bürger haben Schwert und Lanze, verfügen aber vermutlich nicht über Rüstungen und Helme. Die Reiter sind mit langen Lanzen und Schwertern ausgerüstet.

Oben: Lionel Royer (1852–1926), *Die Kapitulation von Vercingetorix* (Le Puy-En-Velay, Musée Crozatier). Nebenan: François Ehrmann (1833–1910), *Vercingetorix ruft die Gallier zur Verteidigung Alesias auf* (Clermont Ferrand, Musée d'Art Roger Quilot).

schwierig ist, für Nachschub zu sorgen. Die Taktik des Feindes zwingt die Römer Vorsorge zu treffen. Im März des Jahres 52 v. Chr. erobern die Römer nach 27-tägiger Belagerung die befestigte Stadt *Avaricum* (Bourges). Gergovia – Hauptstadt der Auvergne und Hochburg von Vercingetorix – widersteht der Belagerung und Caesar muss von der Stadt ablassen und sich in *Lutetia* mit den Truppen seines Stellvertreters Titus Labienus vereinigen. Im Sommer brechen die Römer wieder nach Süden auf, um Vercingetorix zu verfolgen.

Der gallische Führer befehligt 80.000 Fußsoldaten und 15.000 Reiter. Er hat sich in Alesia verschanzt – dem heutigen Alise-Sainte Reine in der Nähe von Dijon, das sich am Zusammenfluss von Ose und Oserain auf einer ovalen Hochebene in 150 m Höhe auf dem Mont Auxois befindet. Dort hat er die Verteidigungsanlagen durch zwei tiefe Gräben verbessert, die zusammen mit den Flüssen am Rande der Hochebene ein Viereck bilden. Außerdem hat er sich mit großen Mengen an Vorräten eingedeckt. Sein Plan sieht vor, mindestens einen Monat lang Widerstand zu leisten und die Römer dazu zu zwingen, neue Vorräte heranzuschaffen. So will er auf das gallische Entsatzheer warten.

Sich der zahlenmäßigen Unterlegenheit seiner Truppen bewusst, kommt Caesar aus Dijon nach Alesia und erkennt, dass er hier nicht wie in *Avaricum* angreifen kann. Darum richtet er sieben Feldlager auf den Anhöhen ein und umschließt die Stadt mit einem Gegenwall mit zahlreichen Schanzen, die mit Wachen besetzt werden.

Nach einer Blitzattacke seiner Reiterei entscheidet sich Vercingetorix dafür, sie dem Entsatzheer entgegenzuschicken und in der Zwischenzeit die Vorräte zu rationieren.

Caesar durchschaut die Absichten der Gallier – nämlich von zwei Seiten anzugreifen und die Römer so selbst in einen Belagerungszustand zu versetzen. Ende des Sommers lässt er daher einen dritten rund 20 km langen Graben um die eigenen Anlagen ausheben.

➤ DER LETZTE VERZWEIFELTE VERSUCH DER GALLIER

Das Entsatzheer kommt im Herbst an. Beinahe 250.000 Gallier überwinden den langen äußeren Graben mit Leitern und Sandsäcken, die die Fallen im Gelände »dämpfen« oder neutralisieren.

Vercingetorix unternimmt derart heftige Ausfälle, dass Caesar auf die jenseits des Rheins angeworbene germanische Kaval-

lerie zurückgreifen muss, um den Angriff abzuwehren. Die Gallier greifen auch bei Nacht an, doch der Hagel an Pfeilen und Lanzen und die tödlichen Fallen im Gelände zwingen sie zum Rückzug.

Vercingetorix wird bald klar, dass er seine Strategie ändern muss. Um die römischen Kräfte einzuschätzen, sendet er Kundschafter aus, die entdecken, dass der Hürdenwall im Nordwesten, beim Mont Rea, nicht geschlossen ist.

60.000 Mann des Entsatzheeres umschließen den Berg in der Nacht und bleiben dort in Wartestellung. Am folgenden Tag greifen die Gallier von drei Seiten an: Vercingetorix startet einen Ausfall aus Alesia, andere Heeresteile attackieren vom Mont Rea und aus der Ebene im Westen.

Angesichts der Zuspitzung der Lage entscheidet sich Caesar für einen Angriff

▶ RÖMER

INFANTERIE UND KAVALLERIE	35.000
VERLUSTE	
GEFALLENE	20.000
GEFANGENE	10.000

▶ PARTHER

KAVALLERIE	10.000

CARRHÄ
9./10. Juni 53 v. Chr.

In den Jahren des Triumvirats mit Caesar und Pompejus führt Crassus einen Feldzug gegen das Königreich der Parther, der stärksten Militärmacht im heutigen Syrien am Euphrat. Die militärische Operation soll zu einem Desaster werden, denn diesmal endet die Auseinandersetzung zwischen Rom und dem Orient mit einer schweren Niederlage der Römer.

Crassus, der aus dem Triumvirat hervorstechen möchte, ignoriert die Warnungen feindlicher Abtrünniger ebenso wie die Aufforderung seiner Offiziere, die Pläne für den Einmarsch in Mesopotamien zu überdenken. Schließlich bedenkt er auch nicht, dass in seinen Heeresteilen kaum erfahrene Rekruten dienen.

Den Römern entgegengeschickt wird das Heer des Generals Surena; es besteht aus berittenen Bogenschützen (die *Hippotoxotai*) sowie aus Panzerreitern. Die berittenen Bogenschützen kämpfen den Panzerreitern den Weg frei. Die Kavallerie von Surena greift Crassus bei Carrhä an, als sich die römische Infanterie im Karree formiert und außen von Teilen der Kavallerie und Leichtbewaffneten gedeckt wird. Die Römer antworten mit einem Ausfall der leichten Infanterie, werden aber von einem Pfeilhagel zurückgeworfen.

Der Sohn von Crassus, Publius, greift mit der Kavallerie an, damit das Heer die *Testudo* (Schildkröte) bilden kann. Ein gewagtes Manöver, denn die Reihen müssen sich zurückziehen, damit die Legionäre (mit den rechteckigen Schilden zum Schutz der Seiten) nach außen und die Offiziere (mit den ovalen Schilden über den Köpfen als Schutz vor Geschossen) nach innen rücken können, während die *Hippotoxotai* zum Angriff übergehen.

Publius verfolgt die feindlichen Bogenschützen, die die Römer vor die Panzerreiter führen. Die römischen Reiter sind isoliert, umzingelt und werden niedergemacht.

Crassus bricht zur Verfolgung des Feindes in die Berge Armeniens auf, der Weg führt durch die Halbwüste und er hat nicht genügend Vorräte mit sich. Bei Sinnaca greifen die Parther an. Sie haben den Kopf von Publius auf einer Lanze und schlagen mit ihren Panzerreitern die römischen Kohorten vernichtend.

Mit Einbruch der Nacht unterbrechen die Parther die Angriffe, doch am nächsten Tag sehen sich die Römer ohne Ausweg einem unbesiegbaren Gegner ausgeliefert. Die Parther scheinen die Aufgabe der Römer zu akzeptieren, doch als Crassus Surena gegenübertritt, wird er getötet. Nur wenige hundert Legionäre überleben.

Alesia 52 v.Chr.

INTERNET
- www.antiqvitas.it/approfondimenti/assedio.1.htm
- www.unrv.com/fall-republic/siege-of-alesia.php
- www.livius.org/caa-can/caesar/caesar_t21.html
- www.unrv.com/fall-republic/battle-of-carrhae.php
- heraklia.fws1.com/battles/pharsalus/

Der typische Helm der römischen Legionäre.

aus zwei Richtungen mit Labienus beim Mont Rea und ihm selbst in der Ebene vor der feindlichen Front. Dem römischen Konsul gelingt es, die Gallier aufzuhalten. Nachdem er seine Kräfte zusammengezogen hat, zieht er gegen das Lager im Norden. Die römische Reiterei gelangt in den Rücken des Feindes, Panik befällt die Gallier, die flüchten oder niedergemacht werden.

Trotz der zahlenmäßigen Unterlegenheit endet die Belagerung mit der Kapitulation von Vercingetorix. Caesar lässt die Gallier frei, die den Stämmen der Arverner und Edui angehören, aus den Reihen der anderen nimmt er jedoch einen Sklaven für jeden Soldaten ungeachtet seines Ranges. Gallien wurde römisches Gebiet.

▶ POMPEJUS

INFANTERIE	45.000
KAVALLERIE	7000
VERLUSTE	
GEFALLENE	6000

▶ CAESAR

INFANTERIE	22.200
KAVALLERIE	1000
VERLUSTE	
GEFALLENE	1200

PHARSALOS
9. August 48 v. Chr.

Mit dem Sieg über Pompejus bei Pharsalos in den Jahren des Bürgerkriegs festigte Caesar seinen Ruf als großer Stratege.

Nach seinem siegreichen Feldzug in Gallien entschließt sich Caesar nach Rom zurückzukehren, um den Erfolg politisch zu nutzen. Doch er muss sich mit Pompejus – dem Partner von Caesar und Crassus in den Jahren des Triumvirats – und dem Senat messen, die seinem Aufstieg negativ gegenüberstehen. Der Senat fordert ihn auf, nach Rom zu kommen und das Kommando über die Legionen abzugeben, doch Caesar überschreitet mit einer Legion den Rubikon, der die Grenze zwischen Gallia Cisalpina und Italien darstellt. Jenseits dieses Flusses ist Caesar die Ausübung der Befehlsgewalt untersagt – der Bürgerkrieg bricht aus. Pompejus und die Senatoren fliehen über die Adria. Caesar begibt sich nach Spanien, wo er die Legionen niederkämpft, die Pompejus die Treue halten. Dann schifft er sich nach Dyrrhachium (Durrësi, Albanien) ein, wo Pompejus sich aufhält. Er belagert die Stadt, kann sie jedoch nicht einnehmen. Pompejus kann die Stadt verlassen und zieht nach Thessalien, wo er Caesar zur Entscheidungsschlacht zwingen möchte. Caesar schlägt sein Feldlager am Nordufer des Flusses Epineos auf, Pompejus seines weiter nordwestlich auf dem Berg Dogandzis. Beide Heere beobachten einander längere Zeit, dann bricht Caesar sein Lager ab, um auf der Suche nach Vorräten weiter nach Norden zu ziehen. Zur gleichen Zeit kommen die Truppen von Pompejus ins Tal herab. Caesar kehrt um und macht sich zum Kampf bereit. Pompejus stellt 600 Reiter an der Rechten nahe beim Fluss. Seine Fußsoldaten bilden in Kohorten drei Linien. Links nehmen die restlichen Reiter, dahinter die Bogenschützen und die Schleuderer Aufstellung. Die Aufgabe der Reiterei ist es, die gegenüberliegende Flanke Caesars zu umgehen und den Feind in den Fluss zu treiben. Auch Caesar formiert seine Kohorten in drei Linien mit der Kavallerie an der Rechten. Er durchschaut jedoch die Absichten von Pompejus und verstärkt den Rücken seiner Reiterei mit einem Kontingent an Infanteristen, die durch die davor stehenden Einheiten vom Feind nicht gesehen werden können. Caesar ist überzeugt, dass Pompejus von dieser Seite her angreifen wird. Caesar eröffnet die Schlacht durch das Vorrücken seiner beiden zentralen Linien, die nach einer Pause den Kampf aufnehmen. Pompejus lässt seine Kavallerie gegen die rechte Flanke Caesars vorrücken. Durch die »getarnte« Nachhut wird sie zurückgeworfen. Die Bogenschützen und Schleuderer von Pompejus bleiben ungedeckt und werden von Caesars Veteranen in die Flucht geschlagen oder getötet. Die Veteranen dringen in das Zentrum und in die nun offene linke Flanke von Pompejus vor. Pompejus verlässt in Panik das Schlachtfeld, während sein Heer ins Feldlager flüchtet, das eingeschlossen wird. Ohne Vorräte und Wasser ergeben sich die Truppen von Pompejus am nächsten Morgen. Von nun an beginnt der unvergleichliche politische Aufstieg Caesars, der erst im Jahr 44 v. Chr. endet, als er von Verschwörern ermordet wird.

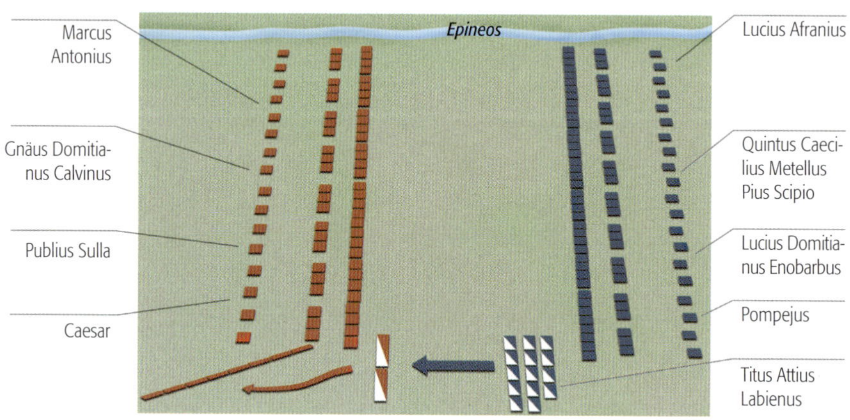

Hauptphasen der Schlacht
- Caesar
- Pompejus

Teutoburger Wald

9 n.Chr.

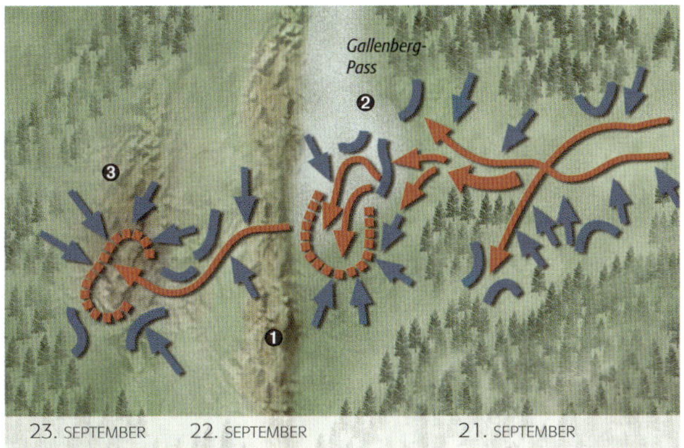

Die Schlacht auf einem Gemälde des Deutschen Friedrich Gunkel aus dem Jahr 1862. Der für den Hinterhalt errichtete Erdwall erstreckt sich über 500 m parallel zur Marschrichtung des römischen Heeres. Die ersten Angriffe beginnen etwa 12 km vom engsten Punkt des Talkessels entfernt. Es ist ein folgenschwerer Leichtsinn von Varus, keine Kundschafter als Vorhut zu entsenden, was für die Märsche römischer Legionen durch unbekanntes Terrain sonst die obligate Vorgehensweise ist.

Marschroute von Varus' Legionen
Lager
Angriffe der Germanen
Barrieren der Germanen

❶ Gebirgskamm
❷ Sumpf
❸ Gebirgskamm

Die größte Niederlage des Römischen Reiches ereignet sich durch einen Hinterhalt. Die Germanen unter Arminius nutzen perfekt die natürliche Umgebung, in der die römische Kriegsmaschinerie nichts ausrichten kann: zwischen Pfaden, Wäldern und Sümpfen gefangen werden drei Legionen aufgerieben.

Die Ausdehnung Roms erstreckt sich auch auf Germanien, das von halbnomadischen Kriegerstämmen bewohnt ist. Die Herrschaft über dieses Gebiet wird durch Kaiser Augustus an Publius Quinctilius Varus (Statthalter) übertragen, der die Einwohner schikanös behandelt. Oft flackern Aufstände auf, doch Varus rechnet damit, die Ruhe mit Hilfe des Cheruskerfürsten Arminius wiederherzustellen, der mit Rom verbündet ist. Dieser nutzt jedoch die Unzufriedenheit der Germanen aus, um einen tödlichen Hinterhalt für die Römer vorzubereiten.

Nachdem sie den x-ten Aufstand niedergeschlagen haben, marschieren zwischen 21. und 23. September drei Legionen unter dem Kommando von Varus selbst von Norden kommend in das Winterlager von Aliso. Im Teutoburger Wald (in Niedersachsen bei Kalkriese) gingen sie in die Falle.

Die Legionen XVII, XVIII und XIX dringen bei der Verfolgung von Arminius in dicht bewaldetes Gelände ein; dann verschwindet der Cheruskerfürst, der sich zu den kampfbereiten Germanen begibt. Die Heerschar von Varus ist mehrere Kilometer lang und vom Gelände beengt. Sie gehen in Marschformation vor: die von Germanen gebildeten Hilfstruppen an der Spitze, zwei Legionen, die Trosse und die dritte Legion in der letzten Kolonne.

Der erste Kampftag beginnt, als der Zug eine Enge erreicht. Die Legionen sind Guerillaüberfällen von der Seite her, einem Frontalangriff der feindlichen Reiterei und einem Unwetter ausgesetzt. Am Gallenbergpass versuchen die Römer einen Durchbruch, werden aber zurückgedrängt und erreichen ein Sumpfgebiet, eine natürliche Falle. Die Überlebenden (die Legionen wurden bereits stark dezimiert) flüchten bis zum nächsten Morgen in die Wälder. Auf Befehl von Arminius lassen die Angriffe nach.

Am zweiten Tag richtet die germanische Reiterei ein Blutbad unter den Römern an, von denen nicht mehr als 3000 noch kampffähig sind. Sie erreichen den Eggekamm, wo sie eiligst ein Feldlager errichten.

Vom letzten Kampftag ist nur bekannt, dass die Germanen den Feind vernichten. Varus selbst stirbt (vermutlich durch Selbstmord), wenige Überlebende erreichen das Kastell Aliso, viele ergeben sich und werden – römischen Erzählungen nach – gefoltert und den germanischen Göttern geopfert. Die Feldzeichen der Römer werden nie wieder gefunden.

STREITKRÄFTE

▶ RÖMER	
INFANTERIE	18.000
KAVALLERIE	900
HILFSTRUPPEN	8000–10.000
VERLUSTE	
GEFALLENE	BEINAHE ALLE

▶ GERMANEN	
INFANTERIE UND KAVALLERIE	25.000–35.000

Jerusalem

70

In Palästina sieht sich Rom mit einem Volk konfrontiert, das auch nach der »offiziellen« Unterwerfung nicht nachgibt und den Kampf gegen die Sieger unermüdlich fortsetzt. Der jüdische Widerstand bedeutet für die Legionen harte Kämpfe und Demütigungen, doch die römische Reaktion fällt sowohl auf politischer als auch auf militärischer Ebene furchtbar aus.

Die Vorherrschaft der Römer in Judäa reicht bis ins Jahr 63 v. Chr. zurück, als Pompejus zur Zeit der Republik ein Reich errichtet, das während des Imperiums unter Kaiser Augustus an die Provinz Syrien angeschlossen wird.

Das Verhältnis zwischen der jüdischen Gemeinde und der römischen Macht ist immer noch sehr angespannt – bis es im Jahr 66 n. Chr. zu einer gewaltsamen Erhebung gegen den habgierigen römischen Prokurator Gessius Florus kommt, der die ihm unterstellte Bevölkerung verachtet. Der Aufstand greift auf ganz Palästina über und trifft die Römer vollkommen unvorbereitet und endet mit deren Überwältigung. Angezettelt wurde er von den Zeloten, orthodoxen Hebräern, die die römische Macht nicht anerkennen und gewaltsam das Königreich Israel wiederherstellen wollen, in dem nur ihr Gott regieren darf.

Rom, das sich nach dem Tod Neros und der Aufeinanderfolge von vier Kai-

WAFFEN

DIE WICHTIGSTEN BELAGERUNGSWAFFEN DER RÖMER

Der Rammbock (*Testudo arietaria*) ist die entscheidende Sturmwaffe, um die feindlichen Verteidigungswälle zu zerstören. Er besteht aus einem schweren Balken, der in einer Art »Hütte« schwebend befestigt ist. Zum Schutz der Männer ist der Rammbock mit Tierhäuten oder Eisenplatten bedeckt. Vorne am Balken befindet sich ein eiserner Widderkopf sowie eine kleinere Spitze (*Terebus*), um einzelne Steine aus der Bresche zu lösen.

Der Onager (*Onager*) ist das größte Katapult, das die Römer bei Belagerungen verwenden. Der Name kommt von einem Wildesel, der gewaltige Tritte austeilt. Bei der Belagerung setzt man ihn zum Zertrümmern und Niederreißen der Mauern ein, seine Wirkung ist aber auch auf dem Schlachtfeld fürchterlich, wenn besonders dichte feindliche Reihen auftauchen. Werden die Legionen verlagert, wird er abgebaut und auf einem von Zugtieren bewegten Wagen transportiert. Es braucht nicht weniger als zehn Männer ihn zu bedienen und seine Reichweite beträgt maximal 300 m.

Die Balliste (*Ballista*), ein kleineres Katapult, schießt Pfeile mit verschiedenen Eisenspitzen ab. Wie der »Skorpion« und die »Wagenballiste« (weitere Typen von Wurfmaschinen) kann sie relativ leicht von einem Ort an einen anderen versetzt werden, da sie nicht die Ausmaße des Onager hat. Sie kommt auch in der Schlacht zum Einsatz, wo sie zum Schutz der Fußsoldaten an den Flanken aufgestellt wird.

Detail vom Titusbogen in Rom, auf dem die jüdische Menora in einem Triumphzug als Kriegstrophäe mitgeführt wird.

Aus dem Metall aus dem Tempel ließ Vespasian Münzen mit der Aufschrift *Iudeo Capta* (Judäa eingenommen) prägen.

sern in einem Jahr unter dem Imperator Vespasian wieder stabilisiert hat, erlangt um das Jahr 70 wieder die Kontrolle über große Teile Judäas. Mit der Eroberung von Jerusalem wird Vespasians Sohn Titus beauftragt, der über vier Legionen und eine große Anzahl an Kriegsmaschinen verfügt.

Die Stadt wird von den Zeloten des Johannes Ben Levi und Eleasar, von Einheiten aus Idumäa (dem südlichen, noch nicht unter die Herrschaft Roms gefallenen Teil Judäas) und nicht weniger als 10.000 Kriegern von Simon Ben Jonas aus Galiläa verteidigt.

Schnell ist die Lage der Stadt kritisch, nicht nur wegen der völligen Uneinigkeit der Kommandanten, die den Römern gegenüberstehen, sondern auch weil Jerusalem voller Pilger aus der gesamten Umgebung ist, die das Fest der Hasmonäer feiern wollen, das trotz des Kriegszustandes nicht verschoben wird.

➤ DIE BELAGERUNG UND DER FALL JERUSALEMS

Im April des Jahres 70 n. Chr. schließen die Römer die Stadt völlig ein, die nur von Norden und Westen angegriffen werden kann, da sie auf den anderen Seiten durch Schluchten geschützt ist.

Die Legionen X, XII und XV beziehen zusammen mit den Hilfstruppen in jenen Abschnitten Stellung, wo die Wurfmaschinen ihre größte Wirkung entfalten können. Die X. Legion lagert beim Ölberg.

DIE STRATEGIE DES JÜDISCHEN AUFSTANDS

Ein wichtiges Merkmal des jüdischen Widerstands – und eine Neuheit bei allen von Rom unterworfenen Völkern – ist, dass der Kampf gegen die Besatzungsmacht auch nach der Aufgabe der öffentlichen Strukturen des besiegten Standes anhält. Der hebräische Widerstand greift auf jegliche Kampfmethode zurück, wobei man verschiedene Komponenten nützt. Besonders die monotheistische religiöse Komponente birgt ein authentisches Gefühl der nationalen Identität, in der sich die Gemeinde erkennt und sie für eine Art totalen Krieg bereit macht: von der passiven Resistenz gegen die Autorität bis zu öffentlichen Kundgebungen; von der Aggression gegen Repräsentanten des Kaisers bis zu Überfällen auf Arsenale, Garnisonen und römische Truppen; von der Korruption gegenüber den Gouverneuren bis zur Flucht von Partisanen in die Berge und in die Wüste; von der Entführung von Angehörigen der gehobenen Klassen, um Lösegeld zu erhalten oder die Befreiung politischer Gefangener zu erreichen bis zur Ermordung von Römern oder jüdischen Kollaborateuren.

Die Hebräer geben sich der Illusion hin, dass ihnen die Parther folgen werden, doch zu dieser Zeit ist die parthische Macht in der Defensive und nutzt die jüdische Bewegung gegen die römische Herrschaft zu ihrem eigenen Vorteil.

Auf den hartnäckigen Widerstand der Juden reagieren die Römer mit äußerster Härte, sodass dieses Volk als einziges riskiert, tatsächlich von Rom ausgelöscht zu werden.

Rechts: Porträt von Josephus Flavius. Er war unter den Anführern des jüdischen Aufstands 66 n. Chr. und wechselte dann auf die Seite der Römer. Sein Buch *Der jüdische Krieg* ist ein detaillierter Bericht über den Konflikt zwischen Römern und Juden.

GLEICHGEWICHT DER AUFSTELLUNGEN

▶ JUDEN*

KRIEGER SIMONS	10.000
VERBÜNDETE AUS IDUMÄA	5000
ZELOTEN VON JOHANNES	8400

▶ RÖMER

VIER LEGIONEN	30.000/40.000

* NACH JOSEPHUS FLAVIUS

Jerusalem 70

Die dunklen Geschosse
Die erste Beschießung zeitigt geringe Erfolge. Weil die Wurfgeschosse weiße und gut sichtbare Steine sind, schlagen die jüdischen Wachen jedes Mal Alarm, wenn sie angeflogen kommen. Daher färben sie die Römer dunkel, damit sie weniger leicht auszumachen sind.

Die schwächste Mauer
Titus wählt die Ringmauer der Neustadt als Angriffsziel, weil sie schwächer ist als die anderen beiden Ringe.

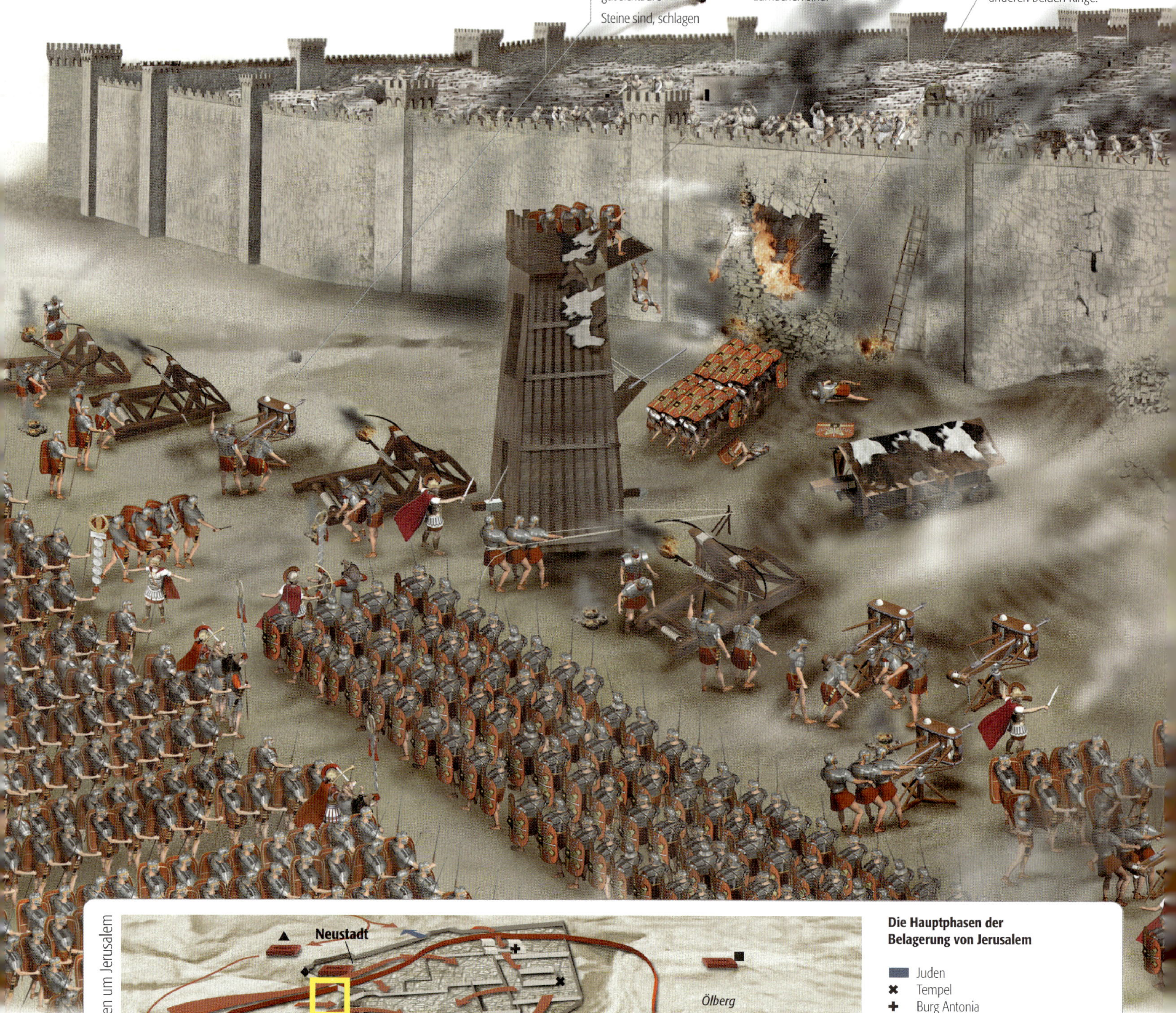

Die Legionen um Jerusalem

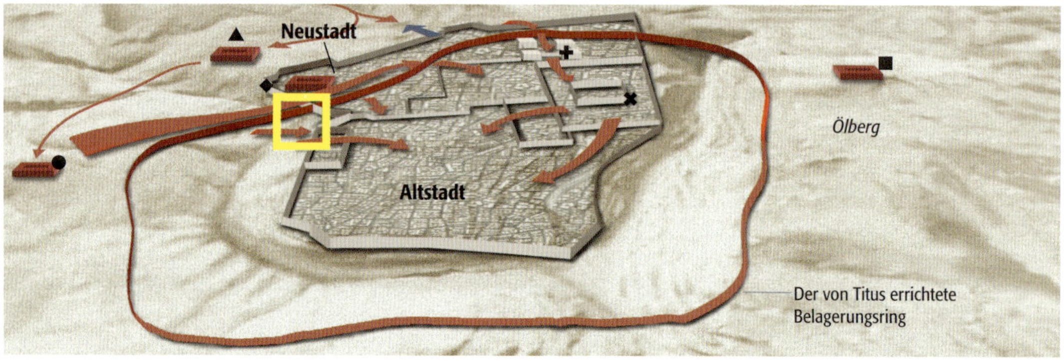

Die Hauptphasen der Belagerung von Jerusalem

- ▬ Juden
- ✖ Tempel
- ✚ Burg Antonia
- ▬ Römer
- ● Lager der V. Legion
- ■ Lager der X. Legion
- ▲ 1. Lager von Titus und der XV. und XII. Legion
- ◆ 2. Lager von Titus und der XV. und XII. Legion

Verteidigungswaffen
Die Juden auf den Mauern verfügen über einige »Skorpione« und Ballisten, die sie von der Legion *XII Fulminata* während des Feldzugs 66 n. Chr. erbeutet haben. Um die schweren Stöße der römischen Rammböcke zu dämpfen, lassen die Belagerten große Strohsäcke herab und versuchen sie zwischen die Mauern und die Rammböcke zu schieben.

Der Anfang vom Ende
Nach dem römischen »Kriegsgesetz« hat ein belagertes Volk die Möglichkeit sich zu ergeben, bevor der erste Rammstoß gegen die Mauern erfolgt. Danach gibt es keinen Weg zurück mehr.

63 v. Chr. Pompejus erobert Jerusalem, erlegt der Stadt Tributzahlungen auf und schändet den Tempel. Palästina wird dem römischen Imperium einverleibt • **54 v. Chr.** Der Tempel wird erneut von Marcus Licinius Crassus geschändet • **6 n. Chr.** Die Bewegung der Zeloten entsteht • **26–36** Pontius Pilatus wird Statthalter • **37–41** Caligula versucht den Tempel durch das Aufstellen einer Statue des Kaisers zu schänden • **66–74** Jüdische Revolte: die Zeloten erheben sich gegen den Prokurator Gessius Florus • **66** Feldzug des syrischen Statthalters Cestius Gallus gegen Jerusalem, von dem er mit großen Verlusten zurückkehrt • **68 (22. Dezember)** Vespasian wird Kaiser; er übergibt seinem Sohn Titus das Kommando über die römischen Truppen in Judäa • **70 (April)** Titus schließt Jerusalem ein; **(August)** Eroberung und Zerstörung der Stadt und des Tempels; **(10. August)** die Legionen ziehen ein • **73** Einnahme der Festung Masada • **115/16** Jüdische Revolte während der Regierung Trajans • **132–135** Jüdische Revolte während der Regierung Hadrians.

Jerusalem 70

INTERNET
- www.livius.org/ja-jn/jewish_wars/jwar04.html
- www.historynet.com/mhq/blromansiege/
- www.preteristarchive.com/JewishWars/gs-siege.html
- www.homolaicus.com/storia/antica/giudaismo/fine_guerra.htm

Nach 15 Tagen gelingt es den Römern, die dritte Ringmauer zu durchbrechen und die Neustadt (Bezetha) zu erobern. Die Juden müssen sich zurückziehen. Die Römer zerstören die Altstadt und lagern dort. Nach weiteren vier Tagen fällt auch die zweite Mauer, wo nun die Gräben unter der Ringmauer aufgefüllt werden. Die Truppen von Titus bauen vier Rampen vor der Festung Antonia in der Nähe des Tempels, doch die Juden zerstören sie. Titus isoliert die Stadt durch einen Damm mit einem Umfang von 7 km. Er lässt zwei weitere Rampen nahe der Burg Antonia errichten.

Nach mehreren erfolglosen Angriffen dringen die Römer in den Tempel ein und setzen ihn in Brand. Nach 18 Tagen der Vorbereitung greifen sie die Altstadt an und zwingen die Verteidiger zur Aufgabe.

Am 10. August zieht Titus in Jerusalem ein, das weiter zerstört wird, während man die Überlebenden grausam niedermetzelt oder versklavt. Johannes fällt in lebenslange Gefangenschaft, Simon wird zum Tode verurteilt.

Von der ansehnlichen Stadtfestung bleiben lediglich drei Türme und ein Mauerteil über. Titus schifft sich nach Caesarea ein, um mit den Gefangenen und reicher Kriegsbeute nach Rom zurückzukehren. Die Römer können sich nun an die Planung zur Eroberung der letzten Festungen der Aufständischen machen.

▶ »SYRISCHE« JUDEN

EINWOHNER DER FESTUNG*	1000
VERLUSTE	
GEFALLENE*	995

▶ RÖMER

RÖMER	8000–9000

* GESCHÄTZTE ZAHLEN

Von Herodes dem Großen errichtet, ist die Festung ursprünglich eine königliche Residenz. Als die Rammböcke der *Fraetensis* die Mauern der Trutzburg durchstoßen, treffen sie auf einen genialen »Stoßdämpfer« aus Balken, Trümmern und Erde. Auf Befehl von Flavius Silva wird die Konstruktion in Brand gesteckt.

MASADA 73 n. Chr.

Im Zusammenhang mit dem jüdischen Krieg muss man auch an die dramatische Eroberung von Masada erinnern, die letzte Festung, die in römische Hände fiel.

Nach der Einnahme von Jerusalem und der Hochburgen Herodium und Machärus ist im Jahr 73 nur noch eine Festung in den Händen der jüdischen Rebellen verblieben: Masada. Nahe am Toten Meer liegt sie auf einem 500 m hohen Hügel mit abgeflachter Spitze und steilen Hängen. Das Gelände ist fruchtbar, es gibt ausreichend Zisternen und die Lagerräume sind voll mit Lebensmitteln. In den Waffenkammern finden sich Waffen für mehr als 10.000 Mann, und man verfügt über Metalle, um weitere herzustellen. Die Festung wird von der radikalen jüdischen Gemeinde der »Syrer« bewohnt, etwa 1000 Einwohner unter der Führung von Eleasar. Gegen sie marschiert die Legion *X Fraetensis* unter dem Kommando von Flavius Silva auf. Er lässt die Festung unter der Hochebene mit einer Mauer umschließen, um sie zu isolieren, und mittels eines Erdwalls baut er eine schräge Ebene, über die er die Burg erreichen will. Über diese Rampe wird ein Turm auf Rädern hinauftransportiert, der mit Metallplatten gepanzert, 25 m breit und hoch sowie mit Katapulten bestückt ist, die die Verteidiger in die Deckung zwingen. Auch ein Rammbock zum Durchstoßen der Mauern gelangt über die Rampe nach oben. Das Schicksal der Belagerten ist besiegelt und Eleasar fordert die Seinen zum Selbstmord auf, bevor sie dem Feind als Gefangene – oder gar Sklaven – in die Hände fallen. Die Gemeinschaft beschließt, dass zehn von ihnen alle anderen erstechen und anschließend sich selbst umbringen. Der letzte Überlebende zündet alle Wertsachen an, bevor er das Schwert gegen sich selbst richtet, lässt aber die Lebensmittelvorräte unangetastet: die Römer sollen wissen, dass der kollektive Selbstmord nicht aus Hunger geschah. Am Morgen danach erklimmen die Legionäre die Rampe und dringen in die brennende Festung ein. Sie finden zwei lebende Frauen vor, die dem Blutbad entronnen sind und auch ihre Kinder gerettet haben.

Adrianopel

378

Am 9. August erlitt das römische Heer in der Ebene von Adrianopel in Thrakien eine schwere Niederlage gegen die Barbaren. Die römisch-byzantinischen Legionen werden durch das Geschick und die Stärke der schweren ostgotischen Kavallerie auseinander getrieben. Das Zeitalter der Fußsoldaten endet, das der Reiterei bricht an.

Ein ostgotischer Reiter. Die Reiterei wirkte so verheerend, dass das römische Heer beinahe seine gesamte Führungsspitze verlor. Außer dem Kaiser verloren noch zwei Generale, 35 Tribunen, viele Kommandeure der Kohorten und fast alle Kommandeure der Kavallerie ihr Leben.

Bereits in der Mitte des 4. Jh. siedelt sich im Inneren des Römischen Ostreiches das Volk der Westgoten an. Als sie von den korrupten Römern schikaniert werden, verbünden sie sich mit den Ostgoten unter Alateos und Safraces, die in das Reich eingedrungen sind und die kaiserlichen Truppen bei Marcianopolis (dem heutigen Devna) geschlagen haben. Kaiser Valens organisiert 377 einen Feldzug, den er dem General Sebastianus überträgt. Dieser ist ein Gegner einer offenen Schlacht mit den Goten, die seiner Meinung nach nur durch Guerillaaktionen geschwächt werden können.

Während die Ostgoten die Gegend plündern, kampiert der Westgotenfürst Fritigern bei Adrianopel (dem heutigen Edirne) ganz nach gotischem Brauch: die Wagen in seinem Gefolge werden ringförmig um die Zelte postiert, sodass sie eine Verteidigungsanlage bilden (*Lager*).

Entgegen der Vorschläge von Sebastianus beabsichtigt Valens in die Schlacht zu ziehen, ohne sich der militärischen Unterstützung von Gratian – sein Neffe und Kaiser des Westens – zu versichern, da er die Goten für überbewertet hält.

Nach drei Tagesmärschen wird das Lager der Goten bei Adrianopel in einer weitläufigen Lichtung entdeckt. Am 9. August 378 greift Valens an. Die Römer sammeln sich: der rechte Flügel der Kavallerie ist schnell in vorderster Linie mit einer dicht gereihten Verstärkung durch die Infanterie. Etwas weiter zurück wartet der linke Flügel.

Zwei Vorschläge zur Waffenruhe seitens Fritigern (der Zeit gewinnen möchte) werden zurückgewiesen. Ein dritter, um die Freilassung eines Gefangenen zu erbitten, wird von Valens nur deshalb angenommen, damit er seine Streitkräfte ausbreiten kann. Doch die Situation eskaliert: ein Offizier begibt sich zu den Goten und seine Eskorte aus spanischen Bogenschützen schießt unerklärlicherweise Pfeile gegen das Lager ab. Das verursacht einen Ausbruch der gotischen Fußsoldaten, während von der nahen Anhöhe die ostgotische Reiterei herangaloppiert und den Feind attackiert, der sich immer noch formiert.

Die römisch-byzantinische Kavallerie am rechten Flügel hält den Angriffen stand und dringt teilweise auf die linke Seite vor. Ohne die Unterstützung der Infanterie können sie dem Gegner aber keine relevanten Schäden zufügen.

Die ostgotischen Reiter brechen in die rechte Flanke der Byzantiner ein und versprengen die Fußsoldaten von Valens. Unfähig, sich neu zu organisieren, werden sie eingeschlossen und massakriert. Die Fußsoldaten von Fritigern verlassen nun das Lager, um den Kampf aufzunehmen. Valens und seine Reserve werden von den Goten eingeholt und überrannt. Der Kaiser des Ostens, so erzählt man, wird verwundet in einem Versteck gefunden, das die Goten umzingeln und in Brand setzen.

Römer
Römische Kavallerie
Westgoten
Ostgotische Kavallerie
Westgotische Wagen, die das *Lager* bilden

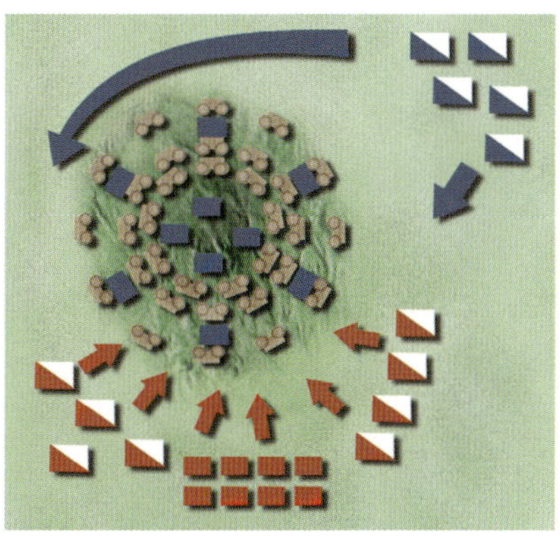

STREITKRÄFTE

▶ GOTEN	
INFANTERIE	30.000
KAVALLERIE	20.000
VERLUSTE	
GEFALLENE	WENIGE TAUSEND

▶ RÖMER	
INFANTERIE	30.000
KAVALLERIE	10.000
VERLUSTE	
GEFALLENE	25.000

2 Das goldene Zeitalter der Kavallerie

451 **Katalaunische Felder**
624 **Badr**
717 **Konstantinopel**
732 **Poitiers**
778 **Roncevaux**
1014 **Clontarf**
1066 **Hastings**
1071 **Mantzikert**
1099 **Jerusalem**
1176 **Legnano**
1212 **Las Navas de Tolosa**
1214 **Bouvines**
1223 **Kalka**
1415 **Azincourt**

Die rund 1000 Jahre, die es dauert, bis die moderne Gesellschaft entsteht, sind keine »dunkle Epoche« in der Geschichte der Menschheit. In Asien entstehen zu dieser Zeit Reiche, die eine ungeahnte Ausdehnung und Überlegenheit erreichen, auch auf militärischem Gebiet.

In Europa und im Mittelmeerraum wird zwar das Weströmische Reich im 5. Jh. n. Chr. offiziell als untergegangen erklärt, doch in Byzanz lebt die andere Hälfte des Reiches weiter. Mit Konstantinopel als Hauptstadt ist es vom militärischen Standpunkt gesehen das mächtigste im mediterranen Bereich: seine Flotte ist die gewaltigste und sein Heer hat seine Lektionen von Rom gelernt – doch auch von den Barbaren, die bei Adrianopel siegreich waren. An seinen Grenzen stehen gut ausgebildete, organisierte Kräfte, die über ein zentrales System bewaffnet und versorgt werden. Die militärischen Führungskräfte entwickeln und formulieren taktische, strategische, logistische, sanitäre, informative und kommunikative Vorgehensweisen. Die Flottenverbände und die Landstreitkräfte wissen, wie man eng zusammenarbeitet. Die Bewaffnung des einzelnen Kriegers ist reichhaltig und vielfältig: Kettenhemden und Rüstung, Helm, Schwert, Lanze, Bogen, Knüppel und Streitäxte, die oft auch gemeinsam eingesetzt werden. Eine gefürchtete Waffe, deren Geheimnis die Grenzen des Reiches für Jahrhunderte nicht verlässt, ist das »griechische Feuer«, eine brennbare Mixtur, die mit Wasser nicht gelöscht werden kann. Und vor allem verfügen die byzantinischen Streitkräfte über Disziplin und das Wissen um ihre Staatszugehörigkeit, wodurch sie den Aufgeboten überlegen sind,

die für einen kurzen Überfallskrieg aus verschiedenen Familienclans zusammengewürfelt wurden. Zur selben Zeit kann man in Westeuropa kaum etwas Ähnliches beobachten. Hier hat die Macht, das Kommunikationssystem, ein »zentrales« Militärkommando, Mühe sich zu behaupten. Ein Herrscher, wenn es ihm glückt, als solcher anerkannt zu werden, spricht seinen besten Kriegern Ländereien und Autorität fernab des Regierungssitzes zu. Im Gegenzug fordert er Treue und die Bereitschaft zur Verteidigung seines Herrschaftsbereiches ein. Es ist der Feudalismus, in dessen Symbolwelt der Status eines Kriegers als eigene Klasse in Erscheinung treten muss. In der Gedankenwelt der edlen Reiterei des Mittelalters verschmelzen Krieger und Ritter zu einer persönlichen Einheit, die reich genug ist, um sich und der eigenen Familie einen befestigten Wohnsitz (die Burg) zu errichten, Pferde zu kaufen und zu unterhalten sowie Leute zu bezahlen, mit denen man dem König oder anderen Höhergestellten bei jedem Ruf zu den Waffen zu Hilfe eilen kann. Daraus entsteht das Bild des Ritters als Mann, der von frühester Jugend an für den Kampf geschult wird, ein Mann mit Waffen und einer immer schwereren Rüstung. Diese theoretische Vorstellung entspricht der Realität nicht ganz, die auch in jenen Zeiten große Milizheere an Fußsoldaten kennt, die oft nur bei Notwendigkeit zusammengestellt werden. Sicher ist, dass das klassische Bild – und auch die Realität – der feudalen Schlachten aus Kämpfen zwischen Ritterheeren besteht, die oft auch in Duellen ausgetragen werden. Bei bestimmten Anlässen, wie der Kampf der Feudalherren gegen Städte, die nach Unabhängigkeit streben, er-

langt die Infanterie wieder Bedeutung. Sie setzt sich aus Stadtbewohnern und Bürgern, doch auch aus der Land- und Bergbevölkerung zusammen. Bisweilen sind ihre Angehörigen auf eine einzelne Waffe spezialisiert (zum Beispiel die italienische Armbrust, der gallische Bogen, die Schweizer Hellebarde, die flämische Pike), die es ihnen erlauben, den geharnischten Rittern auf Augenhöhe zu begegnen – nicht zuletzt, weil sie sich durch ihre Ausbildung zu disziplinierten Einheiten formieren können. Das 14. und 15. Jh. kennt verheerende Niederlagen von Ritterheeren, vor allem der französischen und burgundischen, auch wenn ihre Protagonisten versuchen, Abhilfe zu schaffen, indem sie mit noch schwereren Rüstungen dem Feind zu Fuß gegenübertreten. Die tödlichen Treffer von Armbrustgeschossen, die Geschwindigkeit eines Bogenschusses, die Geschlossenheit eines wahren Waldes an Hellebarden oder anderer Langwaffen behalten die Oberhand gegenüber den noblen und feudalen Einzelkämpfen. Gegen Ende des »Hundertjährigen Krieges« befreit nicht die französische Ritterschaft das eigene Land von der englischen Besatzung, sondern die Artillerie mit dem Schießpulver, das wahrscheinlich aus dem Orient kommt (der auch auf diesem Gebiet fortschrittlicher ist) und von den Europäern aufgegriffen worden ist. In den Belagerungskriegen werden die Burgen der Feudalherren und Könige zerstört und die Reihen der Bogenschützen in ein heilloses Durcheinander getrieben.

Mit Einführung der Feuerwaffen eröffnet sich ein neues Kapitel der Kriegsgeschichte, das den Ablauf von Schlachten revolutioniert.

Katalaunische Felder

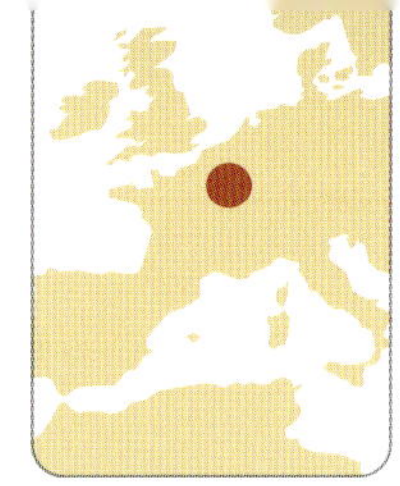

451

Zwischen 20. Juni und 27. September werden Attilas Horden bei Châlons-sur-Marne aufgehalten. Es ist wahrscheinlich die erste große nachrömische europäische Schlacht: im kaiserlichen Heer befinden sich massenweise Barbaren und die Legionen der römischen Militärtradition sind nur noch Erinnerung.

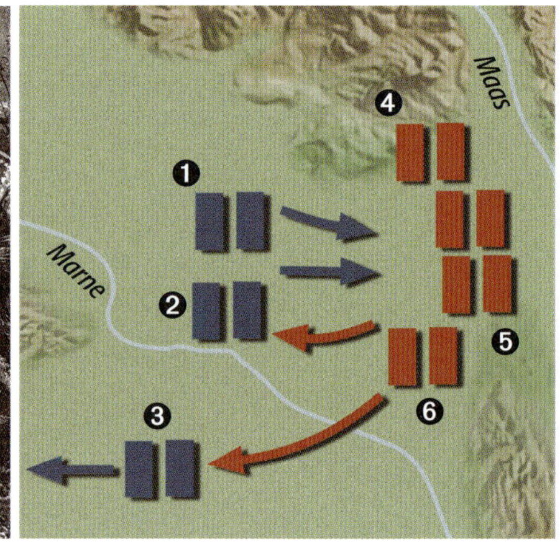

Attila führt die Hunnen in der Schlacht bei den Katalaunischen Feldern in einen Hinterhalt von Adolphe de Neuville. Theoderich I., der König der Westgoten und Verbündeter von Flavius Aetius, stirbt auf dem Schlachtfeld.

Zur Mitte des 5. Jh. ist das Römische Reich zwar noch nicht untergegangen, doch die Barbareneinfälle haben seine territoriale Integrität schwer angegriffen. Unter den Völkern, die in das Reich eindringen, sind die Hunnen – ein nomadischer Reiterstamm mit mongolischen Wurzeln. Sie haben Kaiser Theodosius II. gezwungen, ihnen einen jährlichen Tribut zu zahlen, den südöstlichen Teil Europas erobert und machen sich nun daran, in Gallien einzufallen.

Im Frühjahr des Jahres 451 überquert der Hunnenkönig Attila, gefolgt von etwa 30.000 Hunnen und anderen verbündeten Völkern, den Rhein. Die Front dieses Vormarsches ist breit: der linke Flügel rückt gegen die Mosel, das Zentrum gegen Paris und Orléans und der rechte Flügel gegen Arras vor.

Im Mai beginnen die Hunnen mit der Belagerung von Orléans, und zu dieser Zeit brechen die kaiserlichen Truppen von General Flavius Aetius auf, um sich ihnen entgegenzustellen.

Gerade als der endgültige Angriff auf Orléans unmittelbar bevorsteht, zieht sich Attila nach Norden zurück und beordert auch seine Flügel zu sich. Um seinen Rückzug zu decken, lässt er verbündete Gepiden an der Seine zurück, die jedoch in einem nächtlichen Angriff von den Truppen von Aetius vernichtet werden.

Attila wartet nahe dem heutigen Châlons-sur-Marne im Nordosten von Paris in einer Ebene, wo die Marne rechts von ihm liegt, auf die Imperialen. Er kommandiert das Zentrum, während sich links die Gepiden und andere Alliierte unter Ardarich und rechts die Ostgoten unter König Valamirus sammeln.

Aetius bezieht mit den Franken und Burgundern am rechten Flügel Stellung, die verbündeten Westgoten unter König Theoderich an der Rechten, das Zentrum bilden die Alanen unter Sangibanus (in Wirklichkeit werden sie von Aetius und Theoderich befehligt, weil sie ihn für nicht vertrauenswürdig halten).

Den Kampf beginnt der rechte Flügel Attilas, die den Westgoten Theoderichs vergeblich eine Anhöhe abzuringen versuchen. Attila sendet daraufhin Verstärkung zur Unterstützung der Ostgoten nach rechts und befiehlt den Angriff auf das Zentrum mit den Alanen, die – entgegen den Befürchtungen von Aetius – tapfer kämpfen. Ihr Widerstand ermöglicht es Aetius, die Gepiden abzuriegeln und Theoderich kann die gegenüberstehenden Ostgoten zurückdrängen und dann Attila direkt angreifen, der isoliert im Zentrum zurückbleibt. Er gibt den Befehl, sich in das von Bogenschützen verteidigte Lager zurückzuziehen. Aetius möchte das hunnische Lager angreifen, gibt diesen Plan aber wieder auf, da die Westgoten zu weit entfernt sind, die unverlässliche und gefährliche Verbündete sind. Es gelingt ihm, sich nach Süden durchzukämpfen.

Attila wagt es nicht, diese Schwäche des römischen Heeres für sich zu nutzen und zieht es vor, über den Rhein zurückzuweichen. Durch diese Handlung ist für ihn die Gelegenheit, den Westen des Römischen Imperiums zu erobern, ein für allemal verloren.

Hunnen und Verbündete
❶ Gepiden (Ardarich)
❷ Hunnen (Attila)
❸ Ostgoten (Valamirus)

Römer und Verbündete
❹ Römer (Aetius)
❺ Alanen (Sangibanus)
❻ Westgoten (Theoderich)

STREITKRÄFTE

▶ RÖMER UND VERBÜNDETE	
INFANTERIE UND KAVALLERIE	50.000
▶ HUNNEN UND VERBÜNDETE	
INFANTERIE UND KAVALLERIE	30.000–100.000

Badr

624

Auseinandersetzungen, wenn nicht Kriege, sind Teil der religiösen Geschichte der Völker. 622 n. Chr., dem Jahr der Hedschra, verlässt Mohammed zusammen mit einigen getreuen Glaubensbrüdern Mekka und begibt sich nach Jathrib, das den Namen Medina erhält, was im Arabischen »Stadt« (des Propheten) bedeutet.

Die Notwendigkeit, die Gemeinde zu ernähren sowie die bereits sichtbaren Kontraste zwischen Moslems und Anhängern der polytheistischen Religionen münden in Konfrontationen.

Die Karawane von Abu Sufjan, einem Stammesoberhaupt der Omaijaden, trägt die Folgen. Seine 900 Mann geraten mit 300 Mohammedanern aneinander.

Nachdem er erkennt, das Mohammeds Truppe besser ausgerüstet ist, kehrt Abu Sufjan um und organisiert einen Feldzug. Er hält sich in Badr, 25 km südwestlich von Mekka auf, doch genau dort beginnt der Kampf.

Arabische Krieger auf einer Miniatur aus dem 13. Jh. Im Verlauf von etwa 100 Jahren erschaffen die Araber unter Ausnutzung der Krisen im Byzantinischen und im Persischen Reich ein Imperium, obwohl sie über keine innovative Kriegstechnik verfügen.

Drei Krieger Sufjans nähern sich den Mohammedanern und fordern sie heraus. Diese Herausforderung nehmen Mohammeds Neffe Hamsa und sein Schwiegersohn Ali an, die auch siegreich daraus hervorgehen. Weitere Begegnungen finden statt, aus denen das eigentliche Gefecht entsteht.

Obwohl die Truppen des Propheten nummerisch nur ein Drittel der gegnerischen ausmachen, können sie den müden und durstigen Gegner besiegen.

Der Sieg von Badr weiht Mohammed nicht nur zum religiösen Führer, sondern weist ihn auch als wahrhaft charismatische Erscheinung aus.

▶ MEKKANER

SOLDATEN	900

▶ MOSLEMS

SOLDATEN	300

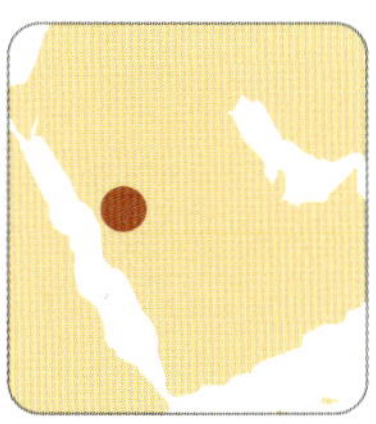

Konstantinopel

717

Mit Entstehung des Islam breiten sich die Araber über ihre Heimatländer hinaus aus. Sie erobern Syrien und Persien und nehmen Alexandria in Ägypten ein. Mit einer Flotte ausgerüstet, greifen sie Schiffe aus Konstantinopel, die ägäischen Inseln und die Hauptstadt des Byzantinischen Reiches selbst an.

Im Juli 717 startet ein von Maslam, dem Bruder von Suleiman (Kalif von

Diese byzantinische Miniatur zeigt einen Angriff mit dem »griechischen Feuer«. Nur mit Sand, Urin und Essig kann man versuchen, die Flammen einzudämmen oder zu löschen.

Damaskus), geführter Feldzug mit einer Flotte und einem mächtigen Heer, um Konstantinopel zu erobern. Ein Teil des Heeres lagert bei Adrianopel, um möglichen Angriffen der Bulgaren, den Nachbarn der Byzantiner, entgegenzutreten, der andere belagert die Hauptstadt. Die Flotte blockiert den Bosporus und die Dardanellen: die Stadt ist abgeschnitten.

Im Hafen Konstantinopels liegen jedoch zahlreiche Schiffe, die mit Rohren ausgestattet sind, aus denen man entflammte und haftende Brennstoffe über mehrere Meter abfeuern kann: das ist das in Europa bekannte »griechische Feuer«.

Kaiser Leo III. der Isaurier, der vom Wetter begünstigt wird (drei Monate lang bedeckt Schnee die Belagerungszone), wirft die Eindringlinge zurück, indem er ihre Flotte und ihr Heer vernichtet. Er bezieht die Bulgaren mit ein, die im Jahr darauf mit einer Verstärkung von 22.000 Mann die Araber zum Rückzug zwingen.

Der erste große islamische Expansionsversuch gerät ins Stocken: Europa ist gerettet, bleibt jedoch jahrhundertelang isoliert und in sich geschlossen.

▶ BYZANTINER

SOLDATEN	KEINE ANGABEN
SCHIFFE	KEINE ANGABEN

▶ ARABER

SOLDATEN	160.000
SCHIFFE	1800

Poitiers

732

Die Expansionsbestrebungen der Araber, die von der Iberischen Halbinsel aus aufgebrochen sind, um den europäischen Kontinent zu erobern, zerplatzen nahe der Stadt Tours: der arabischen Taktik, in deren Mittelpunkt Reitereiangriffe stehen, setzen die Franken Karl Martells eine geordnete und eiserne Verteidigung entgegen.

Eugène Delacroix, *Die Schlacht von Poitiers*, 1830 (Paris, Louvre). Franken und Araber verfügen über keinerlei logistischen Nachschub in ihrem Gefolge. Sie ziehen durch das gleiche Land, um sich an dem zu bedienen, was sie brauchen.

Unten: Die Miniatur »Paradies« aus einer Ausgabe der *Göttlichen Komödie* aus dem 14. Jh.: Karl Martell, dem andere Seelen folgen (Oxford, Bodleian Library).

Im Jahr 711 erobern die Araber von Nordafrika aus die Iberische Halbinsel. Sechs Jahre später überschreitet ein islamisches Heer unter der Führung des Statthalters in Spanien, Abd er-Rahman, die Pyrenäen und fällt in Frankreich ein. Die Armee nimmt Aquitanien ein, nachdem sie Herzog Eudo, den Neffen des Majordomus Karl Martell, besiegt haben. Dieser begibt sich zum Herrscher nach Paris, um ein Heer zusammenzustellen, mit dem er die neue muslimische Gefahr zurückdrängen will.

732 marschiert das, heute auf 30.000 Mann geschätzte, Frankenheer Richtung Tours, wo man auf Abd er-Rahman treffen wird. Dessen Unternehmungen in Frankreich waren ein einziger Raubzug, weshalb seine leicht bewaffneten und berittenen Soldaten daher langsam und schwer bepackt sind.

Auf der anderen Seite verfügen die gut bewaffneten Franken nur über wenige Pferde, doch müssen sie kein Gepäck und keine Wagen mitziehen, die ihren Marsch verlangsamen würden. Um ihre Vorräte aufzufüllen, nehmen sie, was sie vor Ort finden.

Abd er-Rahman lagert in der Nähe von Poitiers, im Süden von Tours. Eine Woche lang beobachten einander beide Heere, während die Araber ihre Beute in Sicherheit bringen.

Es gibt keine genauen Aufzeichnungen über die Schlacht, doch ein anonymer Spanier bestätigt, dass die mit Lanzen und Krummschwertern bewaffneten Araber wahrscheinlich am 10. Oktober den Kampf eröffnen, indem sie ihre Massen nach vorne werfen. Die Franken verteidigen sich zu Karrees formiert, »eine Schar hart wie Eis«. Die Mannen von Karl Martell sind mit schweren Schwertern, Wurfspießen, Streitäxten und einem kleinen Wurfbeil (der »Franziska«) bewaffnet. Die fruchtlosen Attacken der Araber werden so lange zurückgeworfen, bis Herzog Eudo den richtigen Moment für den fränkischen Gegenangriff nutzt.

Laut der Quellen der Muslime verbreitet sich unter den Invasoren die Kunde, dass das Feld, wo die Beute versteckt ist, von den Franken geplündert zu werden droht. Deshalb verlassen große Teile der Reiterei das Schlachtfeld, um die Reichtümer in Sicherheit zu bringen. In der Nacht ziehen die Araber mit einem Teil ihrer Beute ab. Im Morgengrauen erreichen die Franken das verlassene feindliche Lager.

Alles an Poitiers ist unsicher. Alles, was als sichere Dokumentation betrachtet werden kann, ist lückenhaft. Alles was damit in Verbindung steht, ist in den Nebel des »Kampfes der Kulturen« eingehüllt.

Was wir wissen, ist, dass nie wieder ein moslemisches Heer in Frankreich eingedrungen ist und dass die europäischen Heere ihre Kavallerie nach und nach verbessert haben.

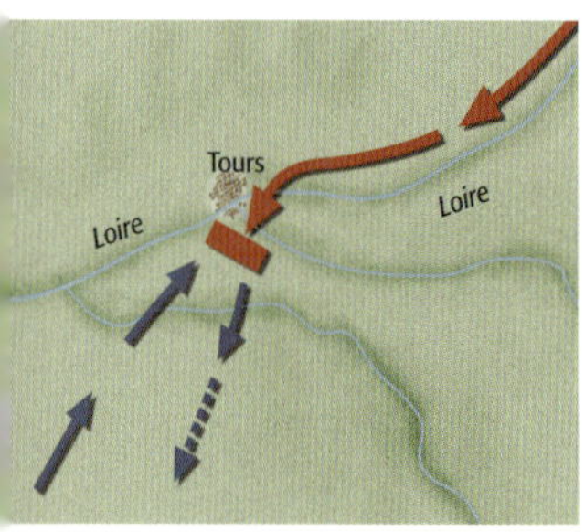

Araber
Franken

STREITKRÄFTE

▶ ARABER	
INFANTERIE U. KAVALLERIE	20.000/80.000
▶ FRANKEN	
INFANTERIE U. KAVALLERIE	30.000

Roncevaux

778

Die »Schlacht« von Roncevaux war wahrscheinlich nicht mehr als ein baskischer Hinterhalt (keinesfalls ein moslemischer, wie es das *Rolandslied* überliefert), der zum Schaden des königlichen Heeres durchgeführt wird. Doch das Epos stellt diesen Zwischenfall in den heroischen Kontext einer Schlacht zwischen christlichen Franken und moslemischen Arabern aus Spanien.

Der Frankenkönig Karl der Große unternimmt zahlreiche Feldzüge gegen die jenseits der Pyrenäen ansässigen Araber und kann sogar einen kleinen Brückenkopf in Spanien errichten. Für diese militärischen Operationen muss er die Täler durchqueren, die von den Wascones (Basken) bewohnt werden, die, obwohl christianisiert, auf dieses Eindringen reagieren, weil sie ihre Unabhängigkeit gefährdet sehen.

Aus der französischen Handschrift *Geschichte der Kaiser* (14. Jh.), die Schlacht von Roncevaux. Die französischen Reiter sind in kleinen Einheiten (*Scarae*), die vielleicht 300–400 Mann umfassen, und in Eliteeinheiten (*Scholae*) organisiert.

Eine Marschkolonne, die nach Beendigung eines erfolgreichen Feldzugs gegen die Moslems nach Frankreich zurückkehrt, wird – während sie ein Tal durchquert – von Basken mit Pfeilen, Wurfspießen und absichtlich ausgelösten Steinschlägen heftig attackiert. Diesem brutalen Angriff haben die fränkischen Ritter recht wenig entgegenzusetzen, obwohl sie mit guten Schwertern, Harnischen aus Leder und Metall und Lanzen ausgerüstet sind. Der Zug wird ausgeraubt und während des blutigen Überfalls lassen zahlreiche Offiziere und Beamte Karls des Großen ihr Leben, darunter auch Roland, der Markgraf der Bretagne.

▶ FRANKEN

INFANTERIE	KEINE ANGABEN
KAVALLERIE	KEINE ANGABEN

▶ BASKEN

GUERILLAKÄMPFER	KEINE ANGABEN

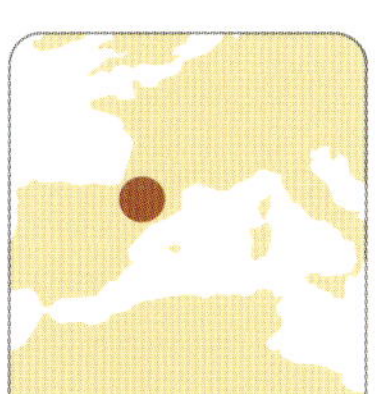

Clontarf

1014

Hierbei handelt es sich um eine weitere, geschichtlich mehr oder weniger gesicherte Schlacht bzw. um eine Auseinandersetzung aus den Anfangszeiten nationaler oder religiöser Identitäten.

Ende 10. und Anfang 11. Jh. taucht im teilweise von dänischen Wikingern besetzten Irland die Figur des Brian Boru auf, der nach dem Sieg über die Eindringlinge bei Glenmama (999) zum König des Landes wird. Neue Konflikte zwischen Iren und Wikingern – die die Küstenstädte besetzen und hohe Steuern einheben – führen 1014 zu weiteren Konfrontationen, die am 23. April in der Schlacht von Clontarf bei Dublin ihren Höhepunkt finden.

Die Iren stellen sich gegen das Heer von Sygtrygg »Seidenbart« (Anführer der Wikinger von Dublin), zu dem auch Wikinger von der Isle of Man, den Orkneyinseln und Iren aus Leinster gehören.

Die Krieger von Brian (unter dem Kommando seines Sohnes Murchad) schlagen am Nachmittag die Wikinger von Brodir, dem Herrn der Isle of Man, in die Flucht. Im Zentrum behalten jedoch die Invasoren die Oberhand, bis ihr Anführer Sigurd, Herr der Orkneyinseln, fällt. Bald weichen auch die Truppen an den Flanken von Sygtrygg und flüchten nach Dublin, werden aber von den Männern Malachis, einem ehemaligen irischen König, gestellt und vernichtet. Brian wird von Brodir getötet, als er unweit der Front für den Sieg betet, Murchad fällt gegen Ende der Schlacht, dann auch Sigurd und Brodir.

Aus Dublin stammendes Geld der Wikinger von 997, dort haben sie die erste Münzprägestelle Irlands eingerichtet.

Irland beginnt in kleine Königreiche zu zerfallen, während die Herrschaft der Wikinger im nordwestlichen Europa ihrem Ende entgegensieht. 1066 wird Wilhelm der Eroberer (der von den Wikingern abstammt) das Königreich England erobern.

▶ IREN

SOLDATEN	7400

▶ WIKINGER UND VERBÜNDETE

SOLDATEN	7000

Hastings

1066

Als zentrales Ereignis für die Geburt der nationalen Identität der Briten, war die Schlacht von Hastings der »unvermeidliche« Sieg der schweren adeligen Ritterschaft und der normannischen Bogenschützen über die einfachen Fußsoldaten. Doch in Wahrheit spielten viele andere Faktoren eine Rolle. Alles Übrige verdankt man dem glücklichen Prozess der »Erfindung einer Tradition«.

Um 1066 ist die Normandie ein Herzogtum, das von Wilhelm, dem Cousin des englischen Königs Eduard dem Bekenner, regiert wird und von den Normannen gegründet wurde, die direkte Nachkommen der Wikinger sind.

Als am 5. Jänner 1066 der sterbende König Eduard den Grafen von Wessex, Harold, zu seinem Nachfolger bestimmt, gerät Wilhelm in Rage, da er selbst Anspruch auf die englische Krone erhebt. Er beschließt mit dem Segen Papst Alexanders II., Harold den Krieg zu erklären.

Harolds Heer besteht aus einer starken Infanterie, einem leichten Milizheer, dessen Angehörige aus den Reihen des Adels (*Fyrd*) rekrutiert werden, die zwei Monate Dienst leisten müssen. Weiters gehören der Armee die zahlenmäßig schwachen, doch gefürchteten *Housecarles* an – die königliche Garde, die mit langstieligen Streitäxten bewaffnet sind.

Als Harold die Absichten Wilhelms erkennt, versammelt er die *Fyrd* und versetzt sie bis Ende des Sommers in Alarmbereitschaft. Am 8. September, zur Erntezeit, entlässt er sie wieder – die südliche Küste Englands bleibt unbewacht.

➤ DIE UNERWARTETE INVASION DER WIKINGER

In den folgenden Tagen zwingt ein Schlüsselereignis Harold, seine Pläne zu überdenken. Sein rebellischer Bruder Tostig und Harold Hardrada, König von Norwegen und Anwärter auf den englischen Thron, landen an der nordöstlichen Küste des Landes. Harold stellt eine Armee zusammen und es gelingt ihm, die Wikinger am 25. September bei Stamford

UNIFORMEN

KRIEGER IM VERGLEICH

Die Sachsen verwenden einen runden Schild aus Holz, dessen Bretter miteinander verleimt oder vernagelt sind. An der Außenseite kann er mit Leder überzogen sein, der Rand ist entweder mit Leder, Eisen oder Bronze verstärkt.

Lanze und Schwert sind die Hauptwaffen der Normannen. Die Lanze ist ca. 2,5 m lang, ihre Spitze ist entweder dreieckig oder blattförmig.

Die Hauptwaffe der Sachsen ist im Unterschied zu den Normannen eine Axt mit breiter Klinge (25 cm) und einem rund 90 cm langen Stiel. Führt man sie mit beiden Händen, ist ihre Wirkung verheerend, allerdings ist der Krieger dem Feind dann schutzlos ausgeliefert, da er keinen Schild benutzen kann.

Während einzelne Krieger immer noch runde Schilde verwenden, stehen den Reitern und großen Teilen der Fußsoldaten unten spitz zulaufende zur Verfügung. Zu jener Zeit betrachtet man diese Schilde als die besten Verteidigungswaffen für die Reiterabteilungen: sie schützten den Reiter, und wenn man sie horizontal hält, kann man auch die Seite des Pferdes decken.

Auf diesem Ausschnitt aus dem Wandteppich von Bayeux schneidet ein Normanne dem gefallenen König Harold die Beine ab.

Die Letzten, die fallen, sind die Housecarles, *hervorragende Krieger und die Leibgarde des englischen Königs.*

Bridge in der Nähe von York zu schlagen. Noch während der Siegesfeiern informiert ein Bote den König, dass Wilhelm 500 km weiter südlich mit 7500 Normannen und 2000 Pferden gelandet ist. Zu jener Zeit stellt dies ein beeindruckendes Invasionsheer dar.

Gyrth und Leofwin, die Brüder Harolds, raten dazu, Wilhelm die Versorgungswege abzuschneiden, doch der König glaubt, den Erfolg von Stamford Bridge wiederholen zu können und erreicht die Küste im Eilmarsch mit Truppen, die alles andere als ausgeruht sind. Am 13. Oktober lagert er auf dem Hügel Senlac in der Nähe von Hastings, wo er auf Wilhelm trifft. Am Vormittag des 14. Oktober formieren sich beide Heere.

WAFFEN

DIE KAVALLERIE DER NORMANNEN

In den zwei Jahrhunderten sesshaften Lebens im Norden Frankreichs sind die Normannen Experten im Kampf zu Pferde geworden. Deshalb können sie es sich erlauben, sich mit schweren Kettenhemden mit -hauben und Beinschienen aus demselben Material zu rüsten; dazu kam ein mandelförmiger, unten spitz zulaufender Schild. Als Angriffswaffe gab es ein Schwert, das sich sowohl als Stich- als auch als Hiebwaffe eignete sowie eine hölzerne, 2,5 m lange Lanze mit Eisenspitze. Nicht zu vergessen die mit Eisen beschlagenen Keulen und Streitäxte. Die Angriffstaktik der Reiterei bestand noch nicht darin, die geballte Kraft gegen den Feind zu werfen. Sie ritten alle zusammen mitten ins Gewühl, um dann in vielen kleinen Gruppen individuelle Gefechte auszutragen. Ihre Kameraden zu Fuß verfügen ebenfalls über Schwerter, kürzere Lanzen, Streitäxte und Bögen, in deren Handhabung sie sehr geübt sind. Der normannische Bogen ist aus Holz und 1,5 m lang. Die Infanterie bildet die erste Linie, um die Reiter dann vorbeizulassen.

STREITKRÄFTE

AUSGEGLICHENE AUFSTELLUNGEN

▶ NORMANNEN

INFANTERIE UND KAVALLERIE	7500
SCHIFFE	800

▶ SACHSEN

HOUSECARLES	2000
FYRDMEN	2000–5000

Hastings 1066

Der Zusammenbruch der Sachsen und das Ende Harolds Als die Sachsen zurückzuweichen beginnen, öffnen sich die Lücken, die den Normannen den Einbruch ermöglichen. König Harold wird bis zuletzt von 500 *Housecarles* beschützt. Er wird von einem Pfeil am Auge verwundet, dann stellen ihn vier Ritter Wilhelms und töten ihn.

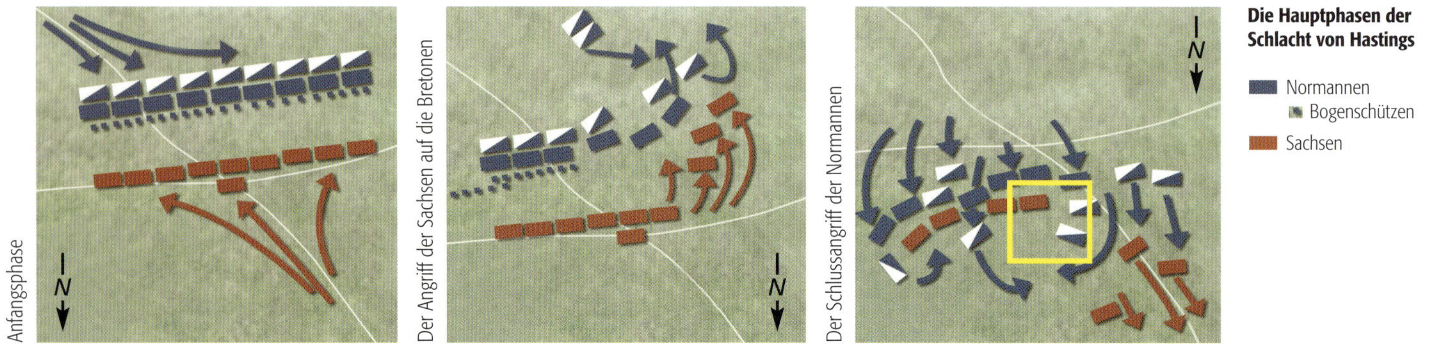

Der normannische Angriff Wilhelm muss frontal angreifen, da die Flanken des Sachsenheeres durch dichte Wälder geschützt sind. Die Schlacht dauert rund zehn Stunden und lässt 4000 Gefallene auf dem Feld zurück.

Die Tücken des Geländes Bei der Verfolgung der flüchtenden Sachsen in der Dämmerung stürzen einige hundert normannische Reiter in eine Schlucht, deren Ränder durch die Vegetation verdeckt sind. Dieser Verlust ändert jedoch nichts am Ausgang der Schlacht.

1042 Eduard der Bekenner kehrt aus dem Exil zurück und wird König von England • **1047** Wilhelm siegt über normannische Rebellen bei Valès-Dunes • **1060** Der König von Frankreich, Heinrich, stirbt • **1066 (5. Jänner)** Tod Eduards; **(6. Jänner)** Bestattung Eduards und Krönung Harolds • **1066 (Mai)** Angriff Tostigs an der Ostküste Englands; zurückgeworfen begibt er sich nach Schottland; **(September)**; die Wikinger von Tostig und Harold Hardrada überqueren abermals den Fluss Humber in England; **(25. September)** Harold siegt bei Stamford Bridge, Tostig und Hardrada fallen; **(28. September)** Wilhelms Invasionsheer landet in Pevensey; **(1. Oktober)** Harold bricht gegen Süden auf; **(6.–11. Oktober)** Harolds Heer bereitet sich in London vor; **(14. Oktober)** die Normannen siegen bei Hastings, Harold und seine Brüder Gryth und Leofwin fallen; **(25. Dezember)** Wilhelm wird in der Kathedrale von Westminster in London gekrönt • **1068** Erster Besuch König Wilhelms in York • **1085/86** Verfassung des *Domesday Book,* einem Reichsgrundbuch • **1087** Tod Wilhelms.

Hastings 1066

Die normannische Reiterei greift in Gruppen zu 25–50 Rittern in Keilformation an. Zuerst reiten alle im Trab, um die Pferde nicht zu ermüden. Erst wenn sie direkt vor dem Feind sind, fallen sie in Galopp.

INTERNET
- www.battle1066.com/intro.shtml
- www.bbc.co.uk/history/war/normans/hastings_01.shtml
- www.fordham.edu/halsall/source/1066malmesbury.html

Die normannischen Bogenschützen eröffnen den Kampf. Es gibt aber auch Armbrustschützen und vermutlich auch Schleuderer. Harold hat nur wenige Bogenschützen zur Verfügung: Viele sind in den Schlachten von Fulford und Stamford Bridge gefallen oder haben keine Pferde, um Harold nach Süden zu folgen.

Ausschnitt aus dem Wandteppich von Bayeux, der den Angriff der normannischen Reiterei auf die Sachsen darstellt.

➤ DIE SCHLACHT, DIE DAS SCHICKSAL ENGLANDS BESTIMMT

Die Sachsen bilden auf dem Hügel eine halbkreisförmige Front von 400 m. Harold ist überzeugt, dass der Abhang ein Hindernis für die normannischen Reiter darstellt.

Die Normannen haben drei Kavalleriekorps formiert, Wilhelm und seine Lehnsherren im Zentrum, die Bretonen links, die Flamen und Franken rechts. In den ersten beiden Reihen steht ein »Schleier« aus Bogenschützen und leichter Infanterie. Der Plan der Normannen besteht darin, dass die Bogenschützen einen Angriff zur Bedeckung der Infanterie starten, die eine Bresche in die feindliche Aufstellung schlagen sollen. Das Eingreifen der Reiterei soll dann die entscheidende Wende bringen.

Um 11 Uhr beginnen die Fußsoldaten den Hügel zu erklimmen, doch der Pfeilhagel zur Deckung zeigt wenig Wirkung, da die meisten an der »Mauer« aus Schilden stecken bleiben. Kaum haben sie den Gipfel des Hügels erreicht, hageln Lanzen, Beile und Steine auf die Fußsoldaten nieder. Der normannische Herzog sieht sich gezwungen, seine Reiterei einzusetzen, die jedoch nicht die erhoffte Unterstützung ist, da sie bergauf angreifen muss und der Widerstand der Sachsen heftig ist.

Die Bretonen Wilhelms an der linken Flanke sind die Ersten, die zurückweichen, und viele *Fyrdmen* stürmen los, um die in Auflösung begriffenen Feinde zu verfolgen. Der Tod von Harolds Bruder blockiert den Gegenangriff der Sachsen, der den endgültigen Durchbruch hätte bringen müssen. Die Verluste der Sachsen sind jedenfalls groß, und um die Lücken zu schließen, beordert der König viele Soldaten von der linken auf die rechte Seite, wodurch die Front allerdings stark geschwächt wird.

Schon hört man das Gerücht, Wilhelm sei gefallen, doch der Herzog stellt sich gut sichtbar für die Seinen an die Spitze der Kavallerie, um die *Fyrdmen* aufzureiben, die sich unklugerweise zu weit nach vorn gewagt haben. Wilhelm hat seine Reiter in Gruppen zu 25–50 Mann unterteilt, die nach einem wilden Angriff einen Rückzug vortäuschen, um die *Fyrdmen* zu verfolgen. In dem Moment, da die Reiter die Richtung zu ihrer Verfolgung geändert haben, sind sie auch schon niedergemacht.

Im Licht des zu Ende gehenden Tages gibt Wilhelm den Bogenschützen den Befehl, ihre Pfeile in hohem Bogen abzuschießen, damit sie die Schilde der Sachsen überfliegen. Der Hagel an Pfeilen, der auf den Feind niedergeht, ist tödlich. Die Normannen drücken die Linien des Sachsenheeres ein, das zu zerbröckeln beginnt.

In dieser Phase erblickt Wilhelm seinen Widersacher Harold unter der königlichen Standarte und erteilt vier seiner Ritter den Befehl, ihn »auszulöschen«. Der bereits durch einen Pfeil am Auge verwundete Sachsenkönig ist unfähig sich zu verteidigen, wird gestellt und getötet.

Harold unterliegt und stirbt deshalb, weil er die Normannen und vor allem ihre Reiterei unterschätzt hat. Doch die gleichzeitige Invasion der Wikinger ist ein wesentlicher Punkt für den endgültigen Sieg Wilhelms, der so zum König von England wird – die Geburtsstunde von Großbritannien.

Die Normannen beginnen einen regelrechten Wettlauf gegen die Zeit, um die Schlacht zu beenden: Während sich die Reihen in den Truppen Wilhelms lichten, könnte die Armee Harolds Verstärkung erhalten. Der König von England ist von London aufgebrochen, ohne abzuwarten, dass sich seine Bogenschützen sammeln, vielleicht weil er beabsichtigt, die Normannen aufzuhalten und auf Verstärkung zu warten.

Mantzikert

1071

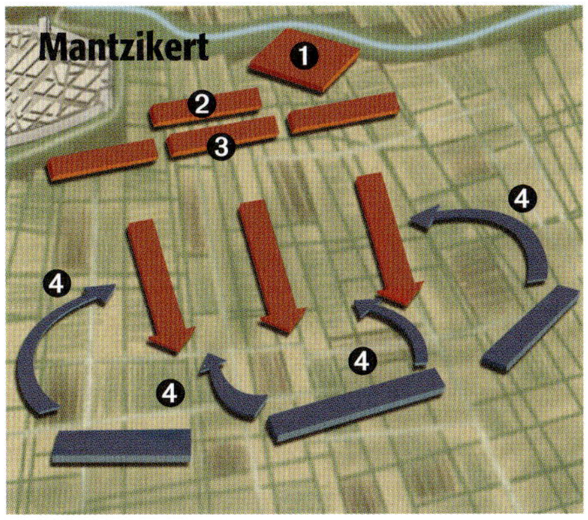

Auf dieser byzantinischen Miniatur aus dem 15. Jh. verfolgen die Ritter von Byzanz die muselmanischen Krieger. Nach dem byzantinischen Geschichtsschreiber Michael Attaliates »kam das kaiserliche Heer mit 1000 Wagen und 10.000 Stück Vieh nur langsam voran«.

Byzantiner
❶ Lager
❷ Reserve
❸ Kaiser

Türken
❹ Angriffe (und anschließende Rückzüge) der Bogenschützen

Die Schlacht, die Ende August in der Südtürkei geschlagen wird, ist ein Beispiel für den Sieg, der auf der Schnelligkeit von berittenen Nomadenkriegern gegenüber einer besser ausgebildeten, aber langsameren Infanterie beruht. Die Byzantiner werden durch Täuschung und den Verrat seitens einiger Höherrangiger ihres Heeres geschlagen.

Im 16. Jh. sieht sich das Byzantinische Reich erneut durch den Islam bedroht: die aus der Mongolei stammenden seldschukischen Türken, die in Persien einen Staat mit der Hauptstadt Bagdad gegründet haben, erobern 1068 die byzantinischen Gebiete Georgien und Armenien.

Als die Türken unter Alp Arslan die Stadt Mantzikert in Armenien einnehmen, macht Byzanz mobil: ein gemischtes Heer aus kaiserlichen Truppen und Söldnern wird aufgestellt. Diese Truppen sind jedoch sehr unverlässlich, da es den Söldnern einerseits an Disziplin fehlt, andererseits sich viele byzantinische Offiziere mit der Kaiserin Eudokia verschwören, um ihren Gemahl, Romanos IV., zu stürzen.

Über die Rückeroberung Mantzikerts hinaus hat es der Kaiser auf die Stadt Khilat abgesehen, von der aus er nach Persien einmarschieren will. Als Alp Arslan in Syrien ein Heer zusammenstellt, um dem byzantinischen Feind zu begegnen, erkämpft Romanos Mantzikert zurück. Die fränkischen Söldner unter Roussel de Bailleul (der möglicherweise auch in die Verschwörung gegen Romanos verstrickt ist) könnten Khilat einnehmen, ziehen sich jedoch nach Nordwesten zurück und erlauben den Türken so, die Stadt in Besitz zu nehmen.

Obwohl Khilat nun in feindlicher Hand ist, glaubt Romanos fest daran, dass er die Türken (die in der Mehrzahl aus leichter Reiterei bestehen) mit seinen Panzerreitern besiegen kann.

Vergeblich verhandeln die beiden Führer über einen Frieden, die Schlacht beginnt: Die byzantinischen Panzerreiter und die schwere Infanterie formieren Rechtecke, um den Angriffen der feindlichen Kavallerie und der berittenen Bogenschützen Widerstand zu leisten. Ihre Absicht ist es, sich anschließend in ein für sie vorteilhaftes Gelände zurückzuziehen. Stattdessen lichten die türkischen Pfeile die Reihen der kaiserlichen Reiterei, von der die petschenegischen und kipziakischen Söldner desertieren. Trotzdem erteilt Romanos den Befehl zum Vorstoß, während die Türken vortäuschen, sich hinter ihr eigenes Feldlager zurückzuziehen.

Bei Sonnenuntergang steht Romanos vor der schweren Wahl, weiter »ins Leere« vorzustoßen oder umzukehren. Er erteilt den Befehl zum Rückzug ins Lager, doch nun greifen die Türken in voller Wucht an.

Beim Befehl, die Reihen zu schließen und zu reagieren, gehorchen nur die Linien, die dem Feind am nächsten sind. Die anderen weichen zurück, flüchten und desertieren (wie die Truppen des Edelmanns Andronikos Ducas, der wahrscheinlich mit Romanos IV. feindlich gegenüberstehenden Gruppen in Verbindung steht). Das byzantinische Heer wird aufgerieben, Romanos selbst gerät in Gefangenschaft. Nun fällt Anatolien in türkische Hände.

STREITKRÄFTE

▶ TÜRKEN	
KAVALLERIE UND BERITTENE BOGENSCHÜTZEN	40.000
▶ BYZANTINER	
INFANTERIE UND KAVALLERIE	40.000

Jerusalem

1099

Zwischen 9. Juni und 18. Juli stellt die Eroberung Jerusalems den Epilog zum Ersten Kreuzzug dar. Nach vergeblichen ersten Versuchen greift das christliche Heer auf »herkömmlichem« Weg an und bedient sich des militärischen Ingenieurwesens: Katapulte und Belagerungstürme brechen den moslemischen Widerstand und die Eroberung der Stadt glückt.

In der zweiten Hälfte des 11. Jh. zeichnet sich in Europa der Erste Kreuzzug ab, um den Bitten aus dem von den Türken bedrohten Byzanz nachzukommen, die Verkehrswege in den Orient offen zu halten und um das von Moslems besetzte Jerusalem zu befreien, wo sich das Heilige Grab befindet. Es ist ein vom Papst abgesegneter Religionskrieg, der von Beginn an ein Wirrwarr an Freiwilligen anzieht und 1097 zu einem regelrechten Feldzug unter Führung von Gottfried von Bouillon wird.

Nach verschiedenen Eroberungen im Libanon und Syrien erreichen die Kreuzritter 1099 Jerusalem. Das Lager befindet sich in einem trockenen Gelände in der prallen Sonne, wo die wenigen Brunnen von den Verteidigern (fatimidische Ägypter unter dem Kommando von Emir Iftikhar) vergiftet wurden und es kein Holz gibt, um Belagerungsgerät zu bauen. Zwei Versuche, die Stadt nur mit den persönlichen Waffen der Ritter und Fußsoldaten anzugreifen (7. und 13. Juni), werden von den Belagerten zurückgeschlagen.

Zeitgenössische Miniatur, auf der man ein Katapult und einen Belagerungsturm erkennt. Gottfried von Bouillon, Herzog von Lothringen, ist am Marientor; Raimund, Graf von Toulouse, greift das Tempelberg-Tor an.

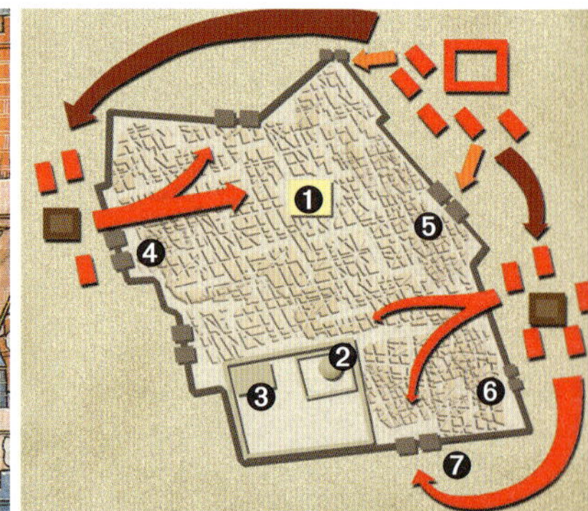

- Bewegungen der Kreuzritter im Juni
- Bewegungen der Kreuzritter im Juli
- Gescheiterte Angriffe
- Belagerungstürme
- Feldlager der Kreuzritter

❶ Heiliges Grab
❷ Felsendom
❸ Tempel des Salomon
❹ Tor des Tempelbergs
❺ Tor des hl. Stephan
❻ Tor der hl. Maria
❼ Josaphattor

Das Christenheer kann erst ab 17. Juni mit dem Bau von Belagerungstürmen und Katapulten beginnen, als die Brüder Promo und Guglielmo Ebriaco in Joppe anlegen, genuesische Konstrukteure von Wurfmaschinen (die beiden Galeeren, mit denen sie gekommen sind, werden zerlegt, um an das nötige Holz zu gelangen).

Wegen des bevorstehenden Einsatzes von Kriegsmaschinen versuchen die Moslems einige Ausfälle, um den Bau zu verhindern. Doch Mitte Juli beginnen die Kreuzfahrer die Mauern der Heiligen Stadt mit Steinen, brennbarem Material und Pfeilen zu bestürmen. Türme und »Katzen« (robuste Unterstände auf Rädern, mit denen sich die Infanteristen vorwärts bewegen) gleiten über die Gräben, die von den Belagerern mit Erde zugeschüttet wurden, und werden dann an die Mauer gerückt.

Der Angriff erfolgt beim Tor des Tempelbergs und beim Marientor und die Kreuzfahrer dringen in die Stadt ein. Trotz der Aufforderung vieler christlicher Führer, sich auf die Einnahme der Stadt zu beschränken, begehen die Kreuzritter schwere Verbrechen an den Arabern, den Juden und Angehörigen anderer Konfessionen.

STREITKRÄFTE

▶ MOSLEMS	
WACHGARNISON	20.000

▶ KREUZRITTER	
INFANTERIE	10.000
KAVALLERIE	1250

Legnano

1176

Am 29. Mai werden die kaiserlichen Truppen von Friedrich Barbarossa von einem Bündnis mehrerer lombardischer Städte, die mehr Autonomie beanspruchen, geschlagen. Die dreifache Verteidigungslinie der lombardischen Infanterie droht unter dem Druck der feindlichen Kavallerie bereits zurückzuweichen, doch die Verstärkung der »Rebellen« trifft genau zum richtigen Zeitpunkt ein.

Massimo D'Azeglio, *Der Kriegswagen,* 1831 (Turin, Galleria civica d'arte moderna e contemporanea). Viele deutsche Ritter, die von den lombardischen Fußsoldaten aus dem Sattel gehoben werden, können sich wegen des Gewichts ihrer eisernen Rüstungen nicht verteidigen.

Sicher wissen wir nur recht wenig von jenem Tag, an dem Friedrich Barbarossa – der seit 1154 gegen viele lombardische Städte kämpft, die nach größerer Autonomie streben – besiegt wird. Es passiert im Verlauf des vierten Feldzuges (1176) zur Niederschlagung der Revolte und ihm gegenüber stehen die Streitkräfte eines Bundes von zwölf Städten, der von Papst Alexander VI. unterstützt wird.

Am Morgen des 29. Mai baut Barbarossa seine Zelte bei Carimate (im Süden von Varese) ab, um seine Verbündeten zu erreichen und dann die Eroberung Mailands in Angriff zu nehmen. Das Heer der aufständischen Städte marschiert inzwischen gegen Legnano.

Die Kaiserlichen – vielleicht 20.000 Mann, zusammengesetzt aus Deutschen und kaisertreuen Lombarden – begegnen etwa um 9 Uhr einem lombardischen Spähtrupp, der sie unvermutet angreift, bevor er von rund 300 deutschen Rittern in die Flucht geschlagen wird. Der Kaiser entschließt sich zum Kampf.

Die flüchtende lombardische Kavallerie hält auf das eigene, bereits nahe Heer zu, um sich mit den ankommenden Kaisergegnern zu vereinen und zu formieren. Die Mailänder Infanterie sammelt sich in der Nähe des Schauplatzes des ersten Gefechts vom Morgen um den »Kriegswagen« (ein Ochsenkarren, der die Embleme der Stadt trägt) und bereitet sich auf die Schlacht vor, die mit einem Angriff der deutschen Reiterei beginnt. Die Fußsoldaten des Lombardischen Bundes bilden drei Reihen rund um den »Kriegswagen«, doch schon bald wird der starke Druck der Angriffe der Kaiserlichen spürbar. Und genau im kritischsten Moment – so will es der Mythos – trifft die Verstärkung ein, die den Feind von der Flanke her angreift. Der Fahnenträger der Deutschen fällt und sogar das Pferd des Kaisers wird getroffen.

Die Kaiserlichen flüchten in Panik nach Pavia, wo sie sich neu formieren, auch wenn sie die Niederlage nicht mehr gutmachen können, als Barbarossa sie erreicht.

Die Niederlage zwingt den Kaiser zu einer sechsjährigen Waffenruhe mit dem Lombardischen Bund und 1183 zur Anerkennung der Autonomie der Bündnisstädte im Frieden von Konstanz.

Aus militärischer Sicht ist dieser Tag wenig bedeutsam und wird von den großen internationalen Nachschlagewerken der Militärgeschichte ignoriert. Doch vom italienischen historisch-politischen Standpunkt aus betrachtet, stoppte dieser Sieg das Eindringen nach Italien. Im 19. Jh., in der Zeit des nationalen Risorgimento (italienische Einheitsbewegung) wird Legnano zu einem Symbol im Kampf gegen die österreichische Macht auf der Apenninenhalbinsel.

Kaiserliche
Lombardischer Bund
❶ Kriegswagen
❷ Infanterie
❸ Verstärkung

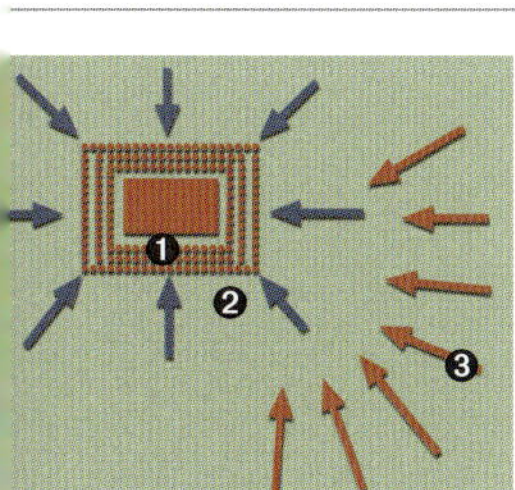

STREITKRÄFTE

▶ KAISERLICHE	
INFANTERIE	17.000 – 18.000
KAVALLERIE	2000 – 3000

▶ LOMBARDISCHE LIGA	
INFANTERIE	18.500
KAVALLERIE	1500

Las Navas de Tolosa

1212

Zu leichte Bewaffnung und schlechte Vorbereitung des gesamten Heeres bescheren Emir an-Nasir eine Niederlage gegen das Bündnis von Alfons VIII. Die Kavallerie führt die Christen zu einem historischen Sieg, der den Beginn des Untergangs der arabischen Herrschaft in Spanien einläutet.

Ein Gemälde aus dem 19. Jh. von Franz Van Halen, das die Schlacht darstellt. Der Erzbischof von Narbone – im Gefolge des Feldzuges von Alfons VIII. – berichtet, dass am Ende der Schlacht im feindlichen Lager ein Vorrat an Pfeilen gefunden wurde, dass 2000 Zugtiere nicht ausreichten, sie abzutransportieren.

Im 11. und 12. Jh. betreiben Kastilien und andere christliche Königreiche Spaniens die *Reconquista:* die Rückeroberung der ab 711 von den Mauren besetzten Iberischen Halbinsel.

Auf Betreiben Papst Innozenz III. verbündete sich der kastilische König Alfons VIII. 1212 mit Peter II. von Aragón und Sancho VII. von Navarra, und mit der Unterstützung, die er aus Portugal, Frankreich und Österreich erhielt, unternimmt er einen Feldzug und marschiert von Toledo gegen die Gebiete des Almohadenreiches (Südspanien, das unter dem Zepter des berberischen Emir Muhammad an-Nasir steht). Der Kampf findet am 16. Juli in Las Navas de Tolosa bei Jaén statt.

Beide Heere verfügen über gepanzerte Pferde, Armbruster, Bogenschützen und Schleuderer und sind mit Lanzen sowie zweischneidigen Schwertern bewaffnet. Auf Seiten des Emirs kämpft außerdem noch leichte Kavallerie, mit Lanzen und Bögen bewaffnet. Sie kann schnell bewegt werden und Verwirrung in die feindlichen Linien bringen.

Die Armee der Moslems ist zahlenmäßig weit überlegen und in ihren Reihen finden sich auch Freiwillige, die sich aus der Einwohnerschaft rekrutieren, sowie schwer bewaffnete Farbige.

Der Emir beobachtet das Schlachtfeld von einem Hügel aus, wo man eigens dafür eine Festung errichtet hat.

Die christlichen Truppen eröffnen die Schlacht mit einem Frontalangriff, gefolgt von einem über die Flügel mit Unterstützung der Kavallerie, die den Gegner einschließen soll. Zu Mittag ist das Zentrum der Moslems zerschlagen. Der linke Flügel, der hauptsächlich aus Berbern besteht, wird von der Flanke her durch eine baskische Einheit umfasst und in die Flucht geschlagen. Übrig bleibt nur ein Trupp nubischer Lanzenträger, die noch eine Weile weiterkämpfen, bevor auch sie bezwungen sind.

Die Moslems ziehen sich in ihr Lager zurück, und eine Offensive der christlichen Nachhut verursacht den endgültigen Zusammenbruch der Almohaden. Die Leibgarde des Emirs wird niedergemetzelt, und dem Emir selbst bleibt nichts übrig als die Flucht nach Sevilla. Die entmutigten Moslems ergreifen ebenfalls die Flucht und lassen ihre Waffen zurück.

Die im Feldlager der Moslems gefundene Beute bremst den Schwung der weiteren Verfolgung seitens der Christen, doch diese Niederlage kündigt das Ende der Almohadenherrschaft in Spanien an.

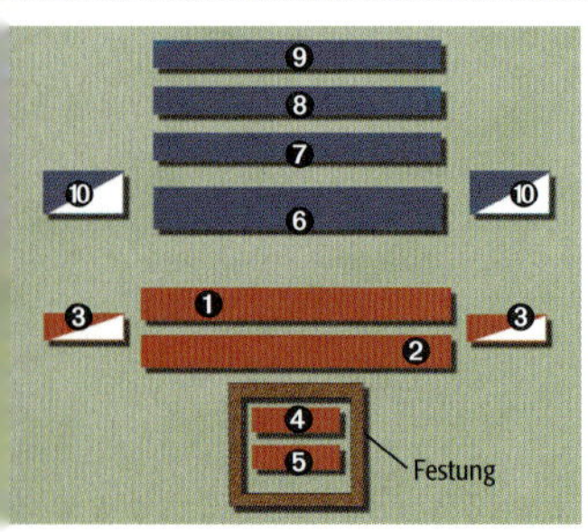

Moslems
❶ Leichte Infanterie
❷ Infanterie
❸ Kavallerie
❹ Almohadische Truppen und Verbündete
❺ An-Nasir

Christen
❻ Diego López de Haro, Graf von Biskaya (die besten Soldaten und Einheiten der nördlichen Pyrenäen)
❼ Peter II. (von Aragón)
❽ Sancho VII. (narravesische Truppen)
❾ Alfons VIII.
❿ Kavallerie (Hospitaliter und Templer aus Uclés und Calatrava)

STREITKRÄFTE

▶ **CHRISTEN**	
INFANTERIE UND KAVALLERIE	60.000–80.000
▶ **MOSLEMS**	
INFANTERIE UND KAVALLERIE	100.000–150.000

Bouvines

1214

Die zahlenmäßige Überlegenheit der kaiserlichen Infanterie konnte gegen die französische Kavallerie nichts ausrichten, diese war besser ausgerüstet und ausgebildet und hauptverantwortlich für den Sieg über Otto IV. Die vernichtende Niederlage des Reiches wird noch durch die Flucht des Kaisers und die Erbeutung der Feldzeichen abgerundet, die nach Paris gebracht wurden.

Zu Beginn des 13. Jh. erleidet das Heilige Römische Reich eine Krise: Otto IV. von Braunschweig wird von Papst Innozenz III. exkommuniziert, der den König von Sizilien, Friedrich II., als Kandidat für den Thron unterstützt, sich in Italien mit den Guelfen, mit zahlreichen deutschen Fürsten und mit dem französischen Königreich Philipps II. verbündet. Otto verfügt über einige deutsche Gefolgsleute und ist mit dem englischen König Johann ohne Land verbündet, der mit Frankreich um die normannischen Besitzungen und Aquitanien kämpft. Die Engländer und die Kaiserlichen greifen Frankreich über zwei Fronten an: die Engländer bei La Rochelle und die Deutschen von Flandern aus. Nachdem die Engländer in Aquitanien zurückgedrängt sind, begegnet Philipp dem Bündnis bei Bouvines, unweit von Lille.

Am Morgen des 27. Juli greift Otto überraschend die feindliche Nachhut an – in der Hoffnung, dass der Schlag so ausgeht, dass er seine Kräfte nicht zur Schlacht aufstellen muss – wird aber zurückgeworfen. Die Franzosen nehmen Aufstellung und zwingen den Kaiser, es ihnen gleich zu tun.

Die Franzosen unter Guèrin di Senlis und Graf Saint-Pol lassen 150 Reiter gegen die flämische Infanterie los, während der Herzog von Bologna die Einheiten des flämischen Grafen Ferrant attackiert, die gefangen genommen werden. Die Pikeniere im Zentrum der Kaiserlichen kämpfen mit der französischen Kavallerie und können Philipp II. aus dem Sattel heben, was aber ohne Folgen bleibt, denn sie werden überrannt. An der Linken erkennt die französische Kavallerie, dass die rechte Flanke der Deutschen als Reserve für das eigene Zentrum in den Stellungen geblieben ist. Die Reiter greifen an und nehmen den Kommandeur Wilhelm, Herzog von Salisbury, gefangen, während Hugo de Boves, ein weiterer kaiserlicher Befehlshaber, die Flucht ergreift.

An der rechten Flanke muss die Söldner-Kavallerie von Otto IV., die von Renaud de Damartin befehligt wird, nach langen Kämpfen kapitulieren, während im Zentrum die kaiserliche Kavallerie aus Sachsen und Brabant von der französischen Reiterei besiegt wird, die nun auch noch den Kaiser in die Flucht schlägt. Die letzten kaiserlichen Truppen, die kapitulieren, sind die an der rechten Flanke unter dem »Verräter« Rinaldo von Bologna.

Die Niederlage des Kaisers ist eine auf allen Linien: die Franzosen nehmen viele kaisertreue Edelleute gefangen und erbeuten die Feldzeichen Ottos. Der Legende nach soll am selben Tag Frankreich als geeinter Feudalstaat entstanden sein. Das Heilige Römische Reich wurde geschwächt und England unter König Johann bereitete die *Magna Charta* vor und schränkte die Macht des Herrschers ein. Aus militärischer Sicht setzte sich die Kavallerie gegenüber der Infanterie durch.

Eine zeitgenössische Miniatur von der Schlacht von Bouvines. Philipp II. von Frankreich ist der Erste von links. Die Heere stehen sich auf einer Linie von rund 1,8 km gegenüber. Nach einem misslungenen Überraschungsangriff sammeln sich die zur Schlacht gezwungenen Kaiserlichen (und stehen gegen die Sonne). Otto IV. stehen deutsche und flämische Pikeniere zur Verfügung, die als die besten in Europa gelten.

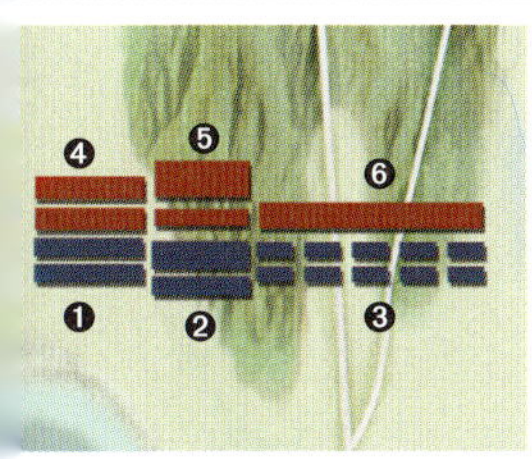

- Franzosen
- ❶ Ostfranzösische Einheiten
- ❷ Philipp II. Augustus
- ❸ Guèrin di Senlis
- Kaiserliche
- ❹ Rinaldo von Bologna
- ❺ Otto IV.
- ❻ Ferrant, Graf von Flandern

STREITKRÄFTE

▶ FRANZOSEN	
INFANTERIE	20.000
KAVALLERIE	5000
VERLUSTE	
GEFALLENE (WAHRSCHEINLICH)	1000

▶ KAISERLICHE U. VERBÜNDETE	
DEUTSCHE UND FLÄMISCHE INFANTERIE	30.000
KAVALLERIE UND BOGENSCHÜTZEN	6000
VERLUSTE	
GEFALLENE	1000
GEFANGENE	9000

Kalka

1223

Am Fluss Kalka, in der Nähe der Dnjepr-Mündung in der südlichen Ukraine, trifft die von General Subedei geführte mongolische Vorhut von Dschingis Khan auf die Truppen einiger russischer Fürsten. Ungeachtet ihrer zahlenmäßigen Unterlegenheit erringen die Mongolen einen großen Sieg, der ihnen die Tore für ihren Vormarsch nach Europa öffnet.

Im 13. Jh. ist Russland nur ein Bruchteil des Imperiums, das es unter den Zaren einmal werden soll. Eigentlich ist es ein Bündnis zwischen drei Fürsten, die die Autorität des Herrschers in Kiew anerkennen, doch eher als einen übergeordneten Beamten denn als unumschränkten Monarchen.

Im Osten ihres Staatsgebietes nähern sich die Mongolen, die früher als kleine Stämme verstreut lebten, aber heute von Dschingis Khan angeführt werden – ein Stammesfürst, der zum »Obersten Herrn« des Steppenvolkes geworden ist. Er hat seinen Einflussbereich gewaltig erweitert, von der Mongolei bis China und Persien. Nun kommt er immer näher an das slawische Europa und Bulgarien heran und hat mit seinem Heer schon die Wolga überquert.

1221 erreicht ein Teil seines gewaltigen Heeres unter dem Kommando von General Subedei Bahadur russisches Gebiet. Dieser hat nach und nach die kau-

HINTERGRÜNDE

DAS REICH DER MONGOLEN

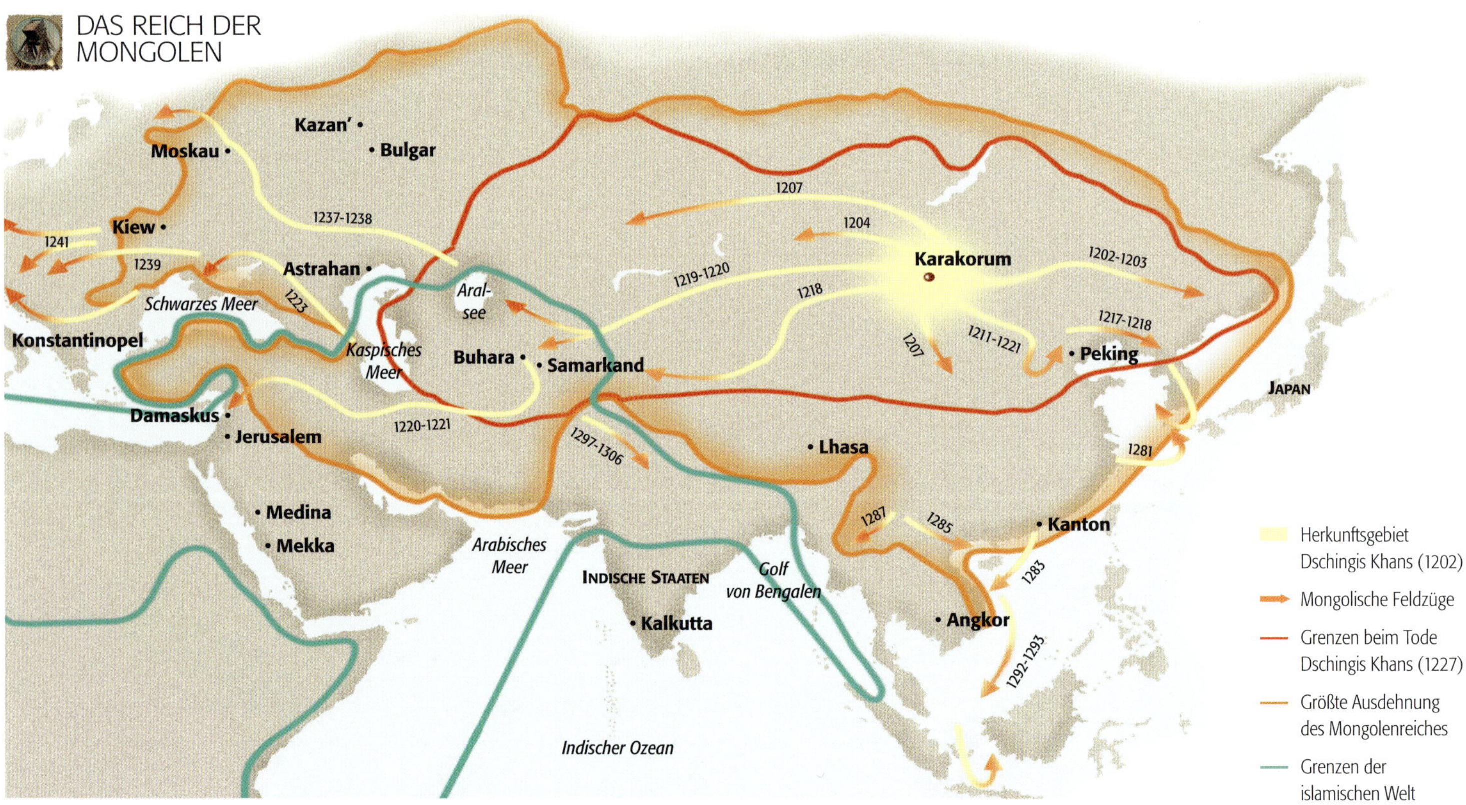

Indische Darstellung (16. Jh.) der Belagerung einer chinesischen Stadt. Als unheimlich schnelle Reiter sind die Horden Dschingis Khans in der Lage, 200 km an einem Tag zurückzulegen, ohne ein einziges Mal zu lagern.

kasischen Völker niedergekämpft und steht nun im unteren Donbecken.

Besonders der Führer der komanischen Türken, Kotian, mahnt ein Bündnis ein, das versuchen könnte, dem mongolischen Heer Einhalt zu gebieten. Er ist mit Mtislav, dem Fürsten von Galizien, verwandt, an den er sich um Hilfe wendet. Mtislav verbündet sich mit den Fürsten von Smolensk, Kiew und Tschernigov, und im Mai 1223 vereinigen sie sich mit Kotian am unteren Lauf des Dnjepr.

Die fünf verbündeten Armeen mit 80.000 Mann scheinen die 20.000 Mongolen der Vorhut von Subedei einzuschüchtern, die sich neun Tage lang bis zu den Ufern eines Nebenflusses des Dnestr, der Kalka, zurückziehen.

Bei ihrer Verfolgung haben sich die Galizier und die Türken von ihren Bündnispartnern abgesetzt. Trotzdem sind sie zahlenmäßig dem Feind ebenbürtig oder leicht unterlegen. Alle sind beritten und gut ausgerüstet.

Hingegen besitzen unter den Männern Mtislavs nur die reichsten über ein Reittier, Helm, Harnisch und einen Metallschild. Die anderen sind leichte Infanteristen, allerdings wenig beweglich und kaum für koordinierte Manöver geschult: leichte Beute für die Mongolen, die sehr schnell angreifen, aus sicherer Distanz ihre Pfeile abschießen und dann zurückweichen, um sich für den nächsten Angriff zu formieren. An der Kalka passiert genau das.

WAFFEN

DIE WAFFEN DER MONGOLEN

Nach dem, was Giovanni da Pian del Carpine berichtet – ein Missionar, der den Mongolen in den Jahren der Schlacht von Kalka folgte und sie studierte –, verfügten die Mongolen über zwei Arten von Bogen, einen kurzen und einen langen. Sie verwendeten leichte Pfeile mit kleiner Spitze für Weitschüsse und schwerere mit breiterer Spitze für Nahkämpfe. Die schweren Reiter hatten eine Lanze mit Widerhaken, um den Gegner aus dem Sattel zu heben, einen Schild, bisweilen eine Keule und Krummsäbel, die sie von den Türken kopiert haben. Die leichten Reiter haben ein Schwert, Bogen und manchmal Wurfspieße. Die Krieger haben leichte Streitäxte, Lassos aus Pferdehaar und Werkzeug, um die Waffen in Schuss zu halten (wie Bogensehnen oder Pfeilspitzen). Das Material der Ausrüstung ist sehr unterschiedlich: von Schuppenpanzern über Kettenhemden bis zu gegerbtem Leder. Bei Belagerungen verwenden die Mongolen Schleudern, ähnlich denen, wie sie in Europa erst nach dem 12. Jh. verwendet werden. Sie funktionieren mit einem Gegengewicht wie die Katapulte des 13. und 14. Jh., die von vielen Männern gleichzeitig bedient werden müssen. Große Ausführungen können 40 kg schwere Wurfgeschosse etwa 500 m weit schleudern.

Rekonstruktion eines mongolischen Belagerungsturms.

STREITKRÄFTE

RUSSISCHE ÜBERLEGENHEIT

▶ RUSSEN UND VERBÜNDETE	
SOLDATEN	80.000

▶ MONGOLEN	
REITER	20.000

Kalka 1223

Einigermaßen für den Kampf motiviert, warten die Galizier standhaft den feindlichen Angriff ab (Männer und Pferde sind eher kleinwüchsig), bis die Mongolen wenden. Noch bevor die Russen und die Türken mit ihnen die Klingen kreuzen können, prasselt aus 50 m Entfernung ein Pfeilhagel auf sie herunter. Mangels geeigneter Waffen können sie dem nichts entgegensetzen.

Ein mongolischer Panzerreiter. Im Heer Dschingis Khans befinden sich auch berittene Bogenschützen, die ausgesprochen leicht bewaffnet sind, um höchstmögliche Bewegungsfreiheit zu haben.

➤ DER MONGOLISCHE ANGRIFF AUF DAS GALIZISCHE LAGER

Den völlig überraschten Führern gelingt es nicht, ihre Soldaten neu zu formieren, die verwirrt und in Panik sind, da greifen die mongolischen Reiter von neuem an. Als sich das Dröhnen der Hufe der zweiten Angriffswelle nähert, gibt es erneut ein Gemetzel unter den Männern von Mtislav und Kotian, diesmal auch Mann gegen Mann mit Kurzwaffen und Lanzen. Das Gefecht zerfällt, wie bei beinahe allen Schlachten dieser Zeit, in sehr viele Einzelkämpfe. Dann, so die spärlichen russischen Quellen, erreicht die mongolische Welle das nicht weit dahinter liegende galizische Feldlager. Dort hat sich Mtislav verschanzt, der sich mit den wenigen ihm verbliebenen Männern und dem Mut der Verzweiflung zur Wehr setzt. Er geht so weit, die mongolischen Unterhändler töten zu lassen, die ihm eine ehrenvolle Kapitulation anbieten.

Die Verbündeten aus Kiew und Tschernigov sind immer noch drei Tagesmärsche entfernt, und es macht keinen Sinn, noch drei Tage Widerstand zu

Ein Rennen auf Leben und Tod
Die Russen fliehen in alle Richtungen; die Einheiten, denen es gelingt, die Flotte im Dnjepr zu erreichen, gehören zu den wenigen, die das Gefecht heil überstehen. Um den Verfolgern den Weg zu versperren, versenken sie die Schiffe, die sie nicht benutzen.

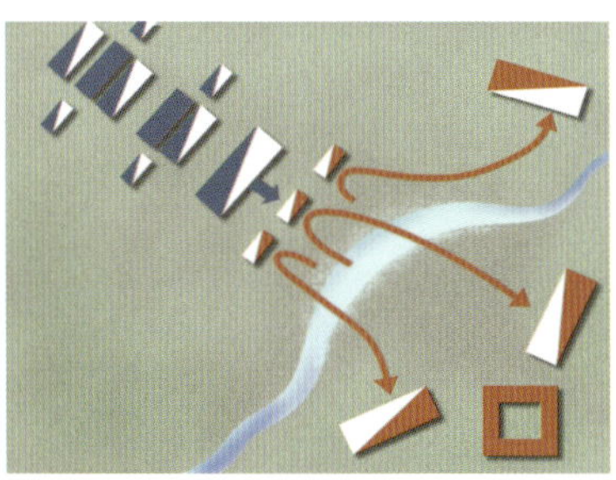

Morgen Der russische Angriff

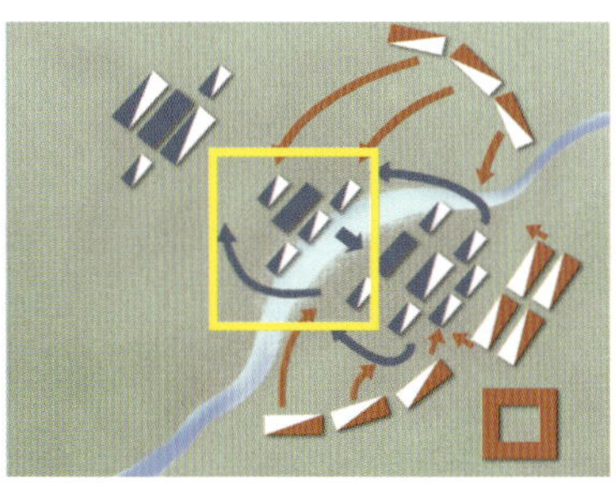

Mittag Der mongolische Gegenschlag

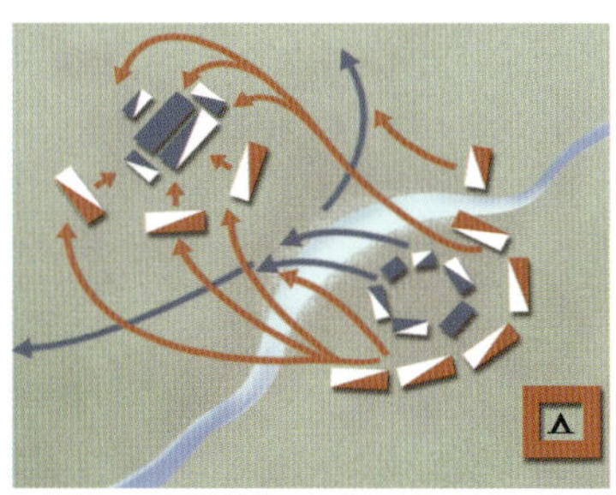

Nachmittag Der russische Zusammenbruch

Russen und Verbündete
Mongolen
Λ Feldlager der Mongolen

Der Gegenangriff
Die Wildheit des mongolischen Angriffs lässt die Verbündeten der Russen verzagen. Als sie fliehen, reißen sie die Einheiten der Galizier und jene aus Tschernigov mit, die sich nun nicht für den Kampf formieren können.

INTERNET

- members.cox.net/houseargent/mongols.html
- www.accd.edu/sac/history/keller/Mongols/empsub2.html
- www.coldsiberia.org/webdoc3.htm
- www.fsmitha.com/h3/h11mon.htm

Ein russischer Ritter. Bei der russischen Kavallerie kann man zu jener Zeit häufig die Verwendung von Helmen mit Visier und Halsberge beobachten.

leisten, damit sie ihm zu Hilfe eilen können. Als er das Lager eingenommen hat, sorgt Subedei für die Tötung Mtislavs, indem er ihn in einen Teppich einwickeln und ersticken lässt – eine Todesart, die die Mongolen einem respektierten Feind angedeihen lassen, weil so sein Blut nicht die Erde berührt. Die wenigen Entkommenen überbringen die Botschaft von diesem Desaster dem Fürsten von Kiew und seinen Verbündeten, die nichts anderes tun können, als sich schnell in ihre eigenen Städte zurückzuziehen.

➤ DER MONGOLISCHE STURM FEGT RICHTUNG WESTEN

Subedei und sein engster Verbündeter, Chepe, sind mit diesem ersten Ergebnis zufrieden und nutzen die Gelegenheit nicht, um die drei anderen Heere aufzureiben. Sie wenden sich nach einer kurzen Ruhepause nach Westen. Sie erobern und plündern Soldaja am Schwarzen Meer, eine Kolonie der Republik Genua, die halb Europa mit Pelzwaren und Sklaven versorgt. Monate nach der Schlacht an der Kalka unternehmen sie eine Reihe von Raubzügen entlang der Wolga, schwenken nach Bulgarien, das damals noch islamisch ist, um dann endgültig den Weg Richtung Osten, in das Kernland Dschingis Khans, einzuschlagen.

1237, zehn Jahre nach dem Tod Dschingis Khans, dringt erneut ein Heer unter der Führung seines Enkels Batu in Russland ein, das daraufhin 250 Jahre unter mongolischer Herrschaft bleibt.

SCHLACHTEN

DIE BELAGERUNG VON SAMARKAND

Im Jahr 1219 steht Dschingis Khan in Begleitung chinesischer Techniker, die Experten für Belagerungen und schwere Waffen sind (von den Mongolen bis vor kurzem völlig ignoriert), an den Grenzen von Khorasan, einem Reich, das sich von Afghanistan bis zum Persischen Golf erstreckt. Dschingis selbst oder seine Generale nehmen durch List oder Gewalt eine Stadt nach der anderen ein. Das reiche und kultivierte Buhara wird derart verwüstet, dass es sich Jahrzehnte nicht mehr erholt. Bald werden die unbesiegbaren Horden Samarkand erreicht haben, das noch reicher als Buhara ist. Es verdankt seinem Wohlstand dem Handel, ist militärisch stark und imposant: erst kürzlich erneuerte Bastionen, eine Garnison mit seldschukischen türkischen Söldnern, Waffenschmieden und große Vorräte an Lebensmitteln. Dschingis Khan blockiert Samarkand mit seiner Vorhut, um der Reserve Zeit zu geben, um aufzuschließen. Dann zwingt er Tausende Gefangene, sich als Mongolen zu verkleiden und gegen die Stadtmauern zu marschieren. Die Türken gehen in die Falle – sie greifen an und werden hinterrücks von den richtigen Mongolen überrascht. Die Stadt muss sich ergeben, als die Türken zu den Feinden überlaufen. Eine Delegation der Stadtherren erscheint vor Dschingis Khan. Sie bitten um das Leben der Bürger als Austausch dafür, dass sie die Stadt verlassen. 50.000 Bürger gehen frei, nachdem sie ein Lösegeld bezahlt haben. Die wenigen, die sich weigern, werden getötet, ebenso wie die türkische Garnison, die sich für den Verrat der Stadt entschieden hat.

Azincourt

1415

Der Mythos von der Unbesiegbarkeit der schweren Kavallerie wurde bei Azincourt zerstört, als die Engländer – in klarer zahlenmäßiger Unterlegenheit – das französische Heer besiegten. Die absolut wichtigsten Kräfte der Schlacht sind die Bogenschützen von Heinrich V., die mit tödlicher Präzision die Truppen des Königs von Frankreich aufreiben.

Zwischen 1337 und 1453 bekämpfen einander Frankreich und England im »Hundertjährigen Krieg«, ein Konflikt, der dynastische und politische Wurzeln hat. Nach dem Tod von König Philipp dem Schönen (Philipp IV.) folgen ihm seine Söhne Ludwig X., Philipp V. und Karl IV. nach, die alle ohne direkten männlichen Nachkommen bleiben. Eine Versammlung aus Baronen und Bischöfen spricht die Krone daher Philipp VI., einem Neffen Philipps des Schönen, zu und schließt damit die Töchter der vorangegangenen Könige aus. Eine ist Isabella, die Tochter Philipps des Schönen, die aber auch die Gemahlin von Eduard II., König von England, ist.

England versucht durch seinen Einfluss einige Städte in Flandern und in der Bretagne zu sichern, und 1337 bricht der Konflikt aus. Als Antwort auf den Versuch Philipps VI., die englischen Lehnsherrn in Aquitanien zu entführen, ruft sich der Sohn Isabellas, Eduard III. von England, zum König von Frankreich aus.

UNIFORMEN

WAFFEN UND AUSRÜSTUNG DER KAVALLERIE

Ein Ritter braucht eine richtige Mannschaft, um sich und seinem Pferd die Rüstung anzulegen. Für gewöhnlich stehen ihm zwei Pferde für die Schlacht und ein Packpferd, das die Ausrüstung trägt, zur Verfügung. Dazu kommen noch einige Bedienstete.

Der schwerste und unbequemste Teil der Rüstung ist der Helm, der im Kampf oft abgelegt wird, um mehr Bewegungsfreiheit zu erlangen.

Ein Schwert italienischen Typs aus dem 15. Jh.: es ist einfach und funktionell. Seine Länge beträgt etwa 1 m und es wird von allen Heeresteilen verwendet. Zu den begehrtesten Schwertern gehören jene aus Bordeaux.

Das Gewicht einer Rüstung liegt bei 28–35 kg, das entspricht dem normalen Marschgepäck beim Militär. Das Gewicht verteilt sich gut über den Körper und hindert den Ritter nicht daran, aufs Pferd zu steigen (anders als im Film *Heinrich V.* mit Laurence Olivier aus dem Jahr 1944, in dem die Ritter mit einem Flaschenzug in den Sattel gehievt werden).

Kupferstich der Schlacht von Azincourt. Der französische Historiker Françoise Autrand hat berechnet, dass etwa ein Drittel der 1400 wichtigsten Edelleute Frankreichs in der Schlacht fielen oder als Gefangene gegen Lösegeld freigekauft wurden.

In der Anfangsphase des Krieges stehen die Sterne mit den Siegen bei Crécy (1346), Poitiers (1356) und der Einnahme von Calais (1347) für England günstig. In der zweiten Phase (1369–1380) gelingt es Frankreich, beinahe alle verlorenen Gebiete wieder zurückzugewinnen. Doch der Wahnsinn König Karls VI. und der 1407 ausbrechende Bürgerkrieg ermöglichen es den Engländern unter Heinrich V. 1415 erneut in Frankreich einzudringen.

➤ DIE INVASION IN FRANKREICH

Am 11. August landet Heinrich V. bei Harfleur. Sein Heer ist 15.000 Mann stark. Nach einem zweieinhalb Monate dauernden Feldzug, während dem auch die Ruhr ausbricht, zählt es rund 6000 »Überlebende«. Die Engländer plündern und hinterlassen eine Spur der Verwüstung, während sie nach Calais vorrücken. Doch französische Truppen sperren bei Azincourt die Straße.

Kommandeur der Franzosen ist Charles d'Albret, Oberbefehlshaber des französischen Heeres, der über ein Vierfaches der englischen Truppenstärke verfügt, der jedoch bald einen ersten schweren taktischen Fehler begeht, indem er einen Großteil seiner Truppen auf einem schmalen Streifen zwischen zwei Wälder einkeilt.

Heinrich V. kommt am 24. Oktober 1415 an, lagert für eine Nacht und stellt am nächsten Morgen seine Soldaten zur Schlacht auf.

WAFFEN

DER TÖDLICHE ENGLISCHE BOGEN

Der Bogen ist eine Waffe, die beinahe so alt ist wie die Menschheit selbst. Doch erfährt er nach 1000 n. Chr. einige Veränderungen. Nach der Eroberung Englands durch die Normannen, die eine kürzere, schwächere Version als ihre Vorfahren, die Wikinger, verwenden, sind es die Gallier, große Jäger und Krieger, die eine neue Art Bogen einführen. Aus gutem, ungeschliffenem Ulmenholz gefertigt, wird er mit großer Sorgfalt behandelt (man schützt ihn vor Feuchtigkeit und entspannt die Sehne, wenn der Bogen nicht gebraucht wird). Er ist eine »Waffe für Arme«, die man leicht herstellen kann – anders als das Schwert, das den Reichen vorbehalten bleibt.

Die Größe des Bogens – meist entspricht sie der Körpergröße des Schützen oder überragt ihn ein wenig – sorgt für eine Reichweite von 200 m. Die Durchschlagskraft eines abgeschossenen Pfeils reicht aus, um ein eisernes Kettenhemd zu durchdringen, wie es die Ritter (das Rückgrat der mittelalterlichen Armeen) vom 9. bis zum 13. Jh. tragen. Als Kriegswaffe kommt der Bogen erstmals im 13. Jh. gegen die Schotten zum Einsatz. Der Langbogen (auf Englisch *Longbow*) verhilft den Bogenschützen wieder dazu, die Vorrangstellung im Kampf einzunehmen, die ihnen von der stärkeren (allerdings zeitaufwändigeren) Armbrust abgelaufen worden war (Berechnungen zufolge kann man mit dem Bogen in derselben Zeit viermal so viele Pfeile abschießen wie mit einer Armbrust).

STREITKRÄFTE

FRANZÖSISCHE ÜBERLEGENHEIT

▶ FRANZOSEN

INFANTERIE	11.000
KAVALLERIE	12.000
BOGEN- UND ARMBRUSTSCHÜTZEN	4000
VERLUSTE	
GEFALLENE	10.000
GEFANGENE*	1500

▶ ENGLÄNDER

INFANTERIE UND KAVALLERIE	1000
BOGENSCHÜTZEN	5000
VERLUSTE	
GEFALLENE	1600

* BEINAHE ALLE NACH DER SCHLACHT GETÖTET

Azincourt 1415

Tödliche Gefahr
Spitze Pfähle, zwischen denen genügend freier Raum für die englischen Bogenschützen liegt, um schnelle Stellungswechsel vorzunehmen, stellen ein tödliches Hindernis für die französische Kavallerie dar.

Ein natürlicher Feind
Die französische Kavallerie kann die englische nicht einkreisen, weil sie vom Wald gedeckt wird.

Dem Tode nah
Eduard, Herzog von York, der Onkel Heinrichs V., stirbt durch einen Hieb auf den Kopf (anderen Versionen zufolge erstickt er unter vielen Leichen); Humphrey, Herzog von Gloucester, wird verwundet und vermutlich vom König gerettet. Auch drei Schildträger des Herrschers fallen.

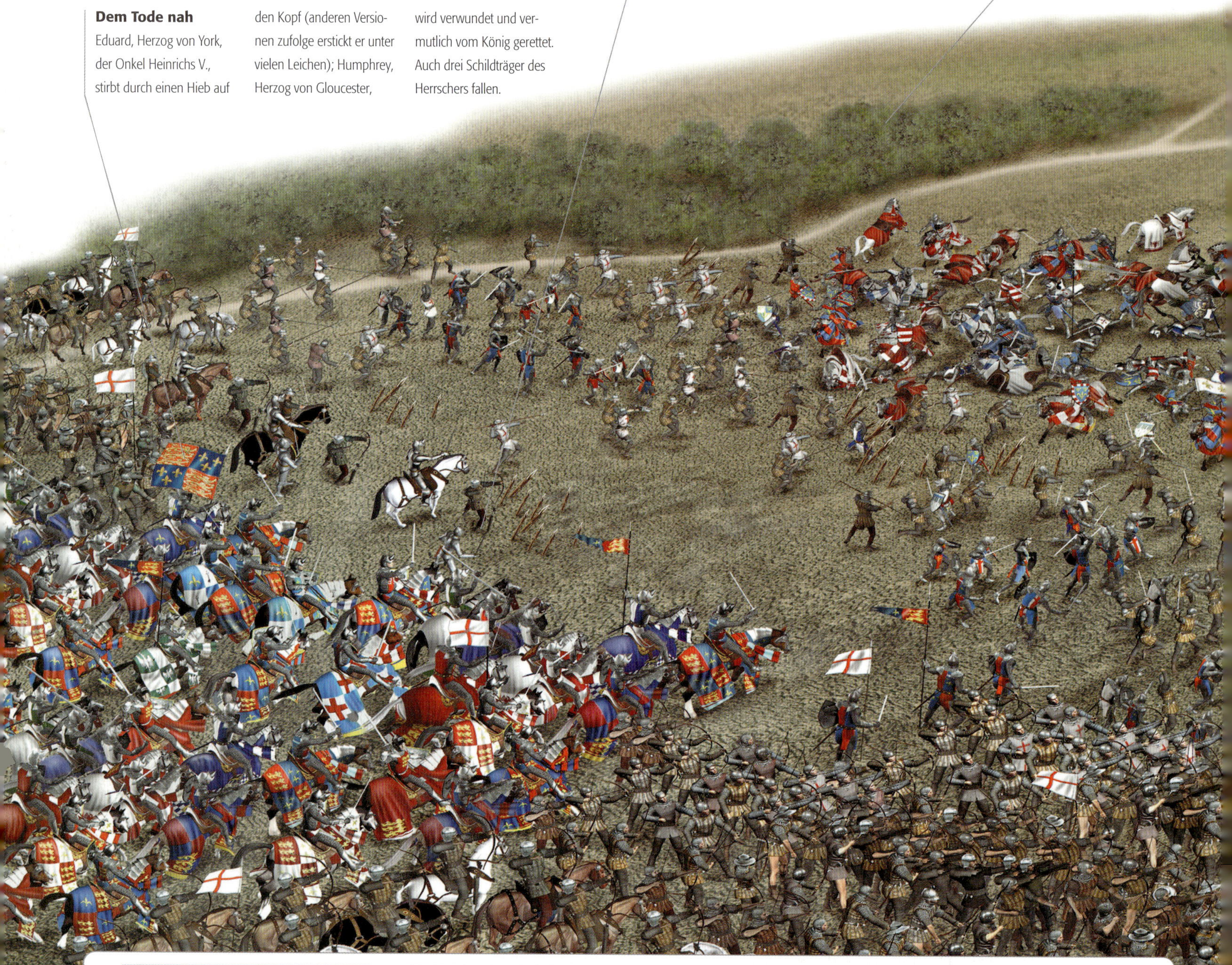

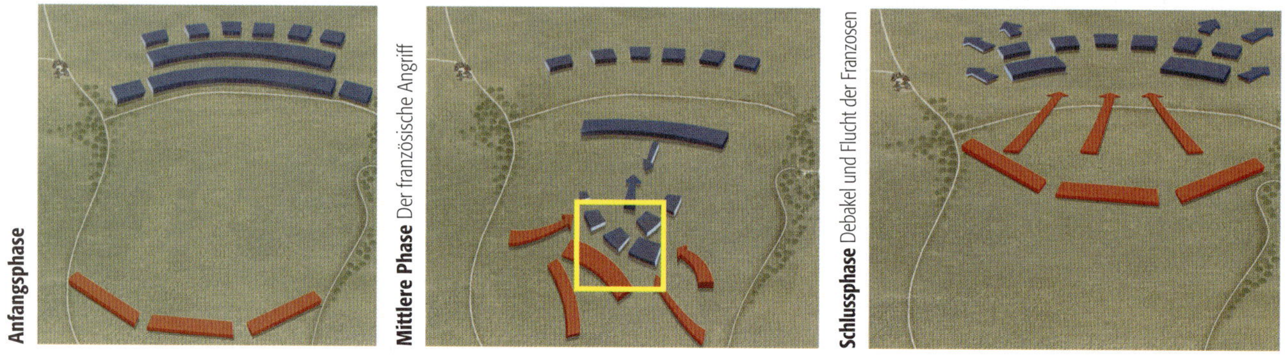

Die Hauptphasen der Schlacht von Azincourt

Das französische Kommando
In der Schlacht gefallen: Charles d'Albret, David di Rambures, Jacques de Dampierre und Guichard Dauphin. In feindlichen Händen: Charles, Herzog von Orléans, Arthure de Richemont (1423 befreit), Jean de Boucicault und Jean de Bourbon (entweder 1421 oder 1433 in England gestorben).

1337 Eduard III. von England erklärt sich zum König von Frankreich; der »Hundertjährige Krieg« beginnt • **1339** Die Engländer landen in Frankreich • **1346** Englischer Sieg bei Crécy • **1347** Die Hochburg Calais wird von den Engländern erobert • **1348** Die schwarze Pest wütet in Europa • **1356** Englischer Sieg bei Maupertuis; Jean II. von Frankreich wird gefangen genommen • **1360** Frieden von Bretigny; Eduard verzichtet auf den französischen Thron und die Kontrolle über Flandern; der französische König verzichtet seinerseits auf die Herrschaft über Schottland • **1346** Karl V. wird König von Frankreich • **1380** Englische Besitzungen in Frankreich: Calais, Cherbourg, Bordeaux und Brest. Karl VI. wird König von Frankreich; der Bürgerkrieg zwischen den Häusern Burgund und Armagnac • **1415** Englischer Sieg bei Azincourt; Heinrich V. von England wird als legitimer Thronerbe Frankreichs anerkannt • **1429** Die Franzosen erobern Orléans und die Krone zurück; Karl VII. wird zum König von Frankreich gekrönt • **1431** Jeanne d'Arc wird auf dem Scheiterhaufen verbrannt • **1453** Mit Ausnahme eines Vorpostens in Calais ziehen die Engländer aus Frankreich ab.

Azincourt 1415

Heinrich V. inmitten der Truppen. Schwert, Helm und Sattel des Herrschers werden in der Westminster Abbey aufbewahrt. In der Schlacht wird dem König die Krone mit einem Beilhieb vom Kopf geschlagen.

Nach den Berichten des Chronisten Enguerrand de Monstrelet besteht die französische Vorhut aus 8000 Rittern und 4000 Bogen- und Armbrustschützen. Andere Einheiten haben genau definierte Aufgaben wie beispielsweise die Bekämpfung der gefürchteten englischen Bogenschützen.

➤ DIE FRANZÖSISCHE NIEDERLAGE

Am Morgen des 25. kommt Bewegung in die englischen Linien und die Bogenschützen in vorderster Linie nähern sich dem Feind bis auf etwa 230 m. Jeder von ihnen rammt einen Pfahl mit der Spitze nach oben in den Boden und dann schießen sie ihre Pfeile in hohem Bogen ab. Die Franzosen antworten mit einem Angriff der Kavallerie von Wilhelm von Saveuse (dem die erste Linie der Fußsoldaten folgt), dessen Absicht, die Bogenschützen niederzurennen allerdings zum Scheitern verurteilt ist: er wird nicht nur durch das morastige Gelände aufgehalten, er führt auch zu wenige Ritter – viele noch dazu nicht auf ihrer Position –, weil sie vom Angriff der Engländer überrascht wurden.

Jene Ritter, die bis zu den Bogenschützen durchdringen, sehen die zugespitzten Pfähle zu spät und reiten ins Verderben. Außerdem versperren verwundete und konfuse (und daher nicht zu führende) französische Reiter auf der Flucht den Infanterieeinheiten den Weg. Die Franzosen erleben ein totales Desaster.

Sie versuchen einen zweiten Angriff über drei Kolonnen, werden aber bald durch Flüchtende und die vielen toten Männer und Pferde in ihren Bewegungsmöglichkeiten behindert und sind dem englischen Pfeilhagel und der Kavallerie Heinrichs V. ausgesetzt. Die Truppen Karls V. können von den eigenen Bogenschützen keine Unterstützung erwarten. Nicht nur, dass deren Abschussgeschwindigkeit langsamer ist als die der Engländer, sie befinden sich obendrein noch im Hintergrund an einer Stelle, von der aus sie nicht in die Schlacht eingreifen können. Als die Franzosen den Feind erreichen, ist die Lage bereits ziemlich verzwickt. Zwar haben die Engländer einige Verluste zu verzeichnen, doch es gelingt ihnen auch den zweiten Angriff der Franzosen abzuwehren, die entweder niedergemetzelt werden oder heillos die Flucht ergreifen. Eine entscheidende Rolle spielt dabei das sumpfige Gebiet und das Chaos in den feindlichen Linien.

Die aus Reitern bestehende, noch intakte französische Nachhut könnte noch eingreifen, angesichts der Katastrophe

Jeder Bogenschütze verfügt über bis zu 48 Pfeile – im Durchschnitt werden zwischen zehn und zwölf in der Minute abgeschossen – sowie eine Streitaxt, ein Schwert und einen Dolch. Anders als jene mit viereckiger Spitze, können die von den Engländern bei Azincourt verwendeten Pfeile (deren Spitzen etwa 11,4 x 1,27 cm messen) Rüstungen und Kettenhemden (oder ein Eichenbrett mit einer Stärke von 12 cm) durchdringen.

Durch den Zusammenbruch der Franzosen fallen den Engländern Tausende Gefangene in die Hände. Doch aus Angst, von der feindlichen Übermacht eingekesselt zu werden, während er in das feindliche Lager eindringt und das königliche Gewand und die Krone raubt, lässt Heinrich V. alle Gefangenen mit Ausnahme der Adeligen, für die man Lösegeld verlangen kann, töten.

Eine Miniatur, die die Schlacht von Azincourt darstellt (London, Victoria and Albert Museum). Frankreich befreit sich durch die von Jeanne d'Arc geführte Rückeroberung (1453), durch die es die eigenen Ländereien wieder in seinen Besitz bringt – mit Ausnahme von Calais, das bis 1558 ein englischer Vorposten bleibt.

INTERNET
- www.azincourt-medieval.com
- www.azincourt-alliance.org.uk
- www.biography.ms/Battle_of_Agincourt.html
- www.fact-index.com/b/ba/battle_of_agincourt.html

entscheidet sie sich jedoch anders und rückt überstürzt ab.

Frankreich verliert etwa 10.000 Mann und muss 1500 Gefangene in den Händen des Feindes zurücklassen. Dagegen stehen 1600 gefallene Engländer.

Auch ein dritter verzweifelter Angriff der Grafen von Marle und Fauquembergues wird abgewehrt. Sie und jene, die ihnen in diese extreme Schlappe gefolgt sind, lassen ihr Leben auf dem Schlachtfeld.

Als Folge dieser Niederlage verliert Karl VI. den französischen Thron: einige Jahre lang regiert Heinrich V. über England und Frankreich. Doch bei seinem Tod (1422) wird die Nachfolgefrage erneut vom Konflikt zwischen England und Frankreich überschattet.

VON CALAIS BIS ORLÉANS

Aus dem Gesamtbild des »Hundertjährigen Krieges« sollte man zumindest noch drei weitere Schlachten hervorheben, die für den langen Kampf zwischen England und Frankreich bezeichnend sind.

Karl VII., der Orléans und die Krone zurückerobert, auf einem Porträt von Jean Fouquet (1415–1460), Paris, Louvre.

Jeanne d'Arc auf einem Fresko von Jules Lenepveu (1819–1898), Paris, Panthéon.

CALAIS

Die am Ärmelkanal gelegene Stadt Calais wird im August 1346 von Eduard III. nach dem Sieg bei Crécy belagert. Der französische König Philipp VI. eilt mit einem starken Heer der Stadt zu Hilfe und es gelingt ihm, eine von den Besatzern gehaltene Festung einzunehmen. Eine französische Delegation wird in das englische Feldlager entsandt, um den Feind zur Schlacht herauszufordern. Eduard hat mit an Land gezogenen Schiffen eine der zwei Zufahrtstraßen zu der Stadt in den Dünen versperrt und liegt dort mit Bombarden, Armbrust- und Bogenschützen. Am zweiten Zugangsweg, der über die Brücke von Nieulay und an unwegsamen Sümpfen und Mooren vorbei führt, steht der Graf von Derby mit vielen Rittern und Bogenschützen. Die Delegation muss erkennen, dass die englischen Stellungen unangreifbar sind und berichtet dies dem König. Der befiehlt, das Lager abzubrechen. Während des Rückzugs verlieren sie noch ihre Wagen, Pferde, Vorräte und Gefangene an die Engländer. Der Verteidiger von Calais, Jean de Vienne, übergibt Eduard den Schlüssel der Stadt und erreicht so die Verschonung der Leben aller Einwohner. Die Belagerung endet 1347.

MAUPERTUIS

1335 dringt nach siebenjähriger Waffenruhe neuerlich ein Heer unter Führung von Eduard, Prinz von Wales, ein. Der so genannte »Schwarze Prinz« verwüstet das Gebiet rund um die Loire. Der französische König Johann II. holt ihn, in der Absicht ihn zu überraschen und zu überfallen, ein, als er sich gerade nach Bordeaux bei Poitiers zurückziehen will.

Der Schwarze Prinz verschanzt sich mit 6000 Reitern, Bogenschützen und Fußsoldaten auf einer Anhöhe mit unregelmäßigem Verlauf und dichter Vegetation gegenüber dem Dorf Maupertuis. Die Franzosen sind zahlenmäßig in etwa ebenbürtig, wenngleich einige Chronisten von 50.000 Mann sprechen. Sie greifen mit einer sehr schmalen Front in drei Wellen *(Batailles)* an, während sich König Johann mit einer Reserve zurückzieht.

Eine Vorhut, die den Angriff auf die Anhöhe wagt, wird von den versteckten englischen Bogenschützen aufgerieben. Die erste Welle besteht aus Rittern zu Fuß, die wegen der Flüchtenden nur schwer vorankommt, und als sie von der Seite her angegriffen werden, müssen sie sich ihren Weg zurückkämpfen. Die zweite Truppenabteilung erreicht das Schlachtfeld gar nicht. König Johann erwartet den Feind zu Fuß, inmitten seiner Ritter. Er kämpft an vorderster Front, muss sich aber schließlich geschlagen geben und wird gefangen genommen.

ORLÉANS

Gegen Ende 1428 spricht alles gegen den französischen König: sein Land wurde beinahe gänzlich von den Engländern erobert, die behaupten, ihr König Heinrich VI. – damals noch ein Kind – habe Anspruch auf die französische Krone. Eine Gruppe französischer Adliger favorisiert den Sohn Karls VI., der als Karl VII. gekrönt werden soll, der dem Feind im Augenblick scheinbar aber kaum etwas entgegenzusetzen hat.

Eine der wenigen großen französischen Städte, die noch nicht vom englischen Heer eingenommen wurde, ist Orléans, das im Oktober 1428 belagert und mit allen Mitteln angegriffen wird, wozu auch Artillerie gehört, seit das Schießpulver Anwendung findet.

Am Hof von Karl VII. spricht die junge Tochter eines Gutsbesitzers (Jeanne d'Arc) vor, die behauptet, von Gott berufen zu sein. Sie erbittet vom König ein eigenes Entsatzheer. Die Helfer treffen Ende April 1429 unter den Stadtmauern von Orléans ein, um sich mit den seit sieben Monaten belagerten Verteidigern zu vereinen. Die Vorräte der Stadt werden aufgefüllt, die Garnison fasst neuen Mut und unter der Führung von Jeanne (1920 heilig gesprochen) unternehmen sie zahlreiche blutige Ausfälle, die die Engländer und ihre Verbündeten stark dezimieren. Die Belagerung wird am 8. Mai aufgehoben. Karl wird zum König gekrönt und bald darauf beendet Frankreich den Krieg mit England erfolgreich.

3 Stehende Heere und neue Strategien

1453 **Konstantinopel**
1521 **Tenochtitlán**
1525 **Pavia**
1532 **Cajamarca**
1571 **Lepanto**
1588 **Unbesiegbare Armada**
1631 **Breitenfeld**
1645 **Naseby**
1683 **Wien**
1704 **Blenheim**
1746 **Culloden**
1757 **Rossbach**
1775 **Bunker Hill**
1792 **Valmy**
1800 **Marengo**
1805 **Trafalgar**
1812 **Borodino**
1815 **Waterloo**
1822 **Pichincha**
1824 **Ayacucho**

Um die außergewöhnlichen Veränderungen zu beschreiben, die das moderne Zeitalter mit sich bringt, spricht man von der »militärischen Revolution«. Dieser Ausdruck soll die ungewöhnlichen Veränderungen veranschaulichen, die zwischen der Einführung ständig unter Waffen stehender Kräfte (mit allem, was dies an Ausgaben, Ausrüstung und an gesellschaftlichen Auswirkungen mit sich bringt) und dem Pendant der Französischen Revolution, der Einführung der allgemeinen Wehrpflicht und den napoleonischen Kriegen stattfanden.

1494, als Karl VIII. in Italien einfällt, sind die Adeligen in seinem Gefolge zwar Feudalherren, doch den größten Teil seines Heeres bezahlt der König aus seiner Tasche. Und dieses Heer betrachtet man als das erste moderne, da Kavallerie, Infanterie und Artillerie gleichzeitig nebeneinander bestehen und sich auf die verschiedenen Situationen, denen sie im Krieg begegnen, abzustimmen scheinen.

Ab diesem Zeitpunkt gibt es unzählige Weiterentwicklungen. Mehrmals nimmt Frankreich Schweizer Infanteristen langfristig in Dienst, die mit ihren Piken trotzdem unabänderlich an der Rechteckformation der Antike festhalten. Ganz anders als die deutschen Landsknechte, die von der Reiterei unterstützt werden. Leichte Feuerwaffen setzen sich vor der schweren Artillerie durch, die schwer zu handhaben, aber gut geeignet für Belagerungen sind, die immer noch in der Art des Mittelalters vonstatten gehen. Im Spanien des »Tercio« werden die Pikeniere zugunsten der Arkebusiere und Musketiere auf ein Minimum beschränkt, zur Infanterie wird einer von zwölf Untertanen eingezogen, der dann in fortwährender

Ausbildung steht: das erste Berufsheer dieser Tage. Der Einsatz solcher kompakter aber flexibler Formationen beraubt auch die Kavallerie ihrer entscheidenden Funktion. Geschosse, die eine Rüstung auf 250 m durchschlagen können, vereiteln jeden herkömmlichen Angriff. Auch die Ritter müssen sich mit Feuerwaffen rüsten und kämpfen jahrhundertelang im Schritttempo. Zu Beginn des 17. Jh. revolutioniert ein Herrscher Waffen und Taktik: Gustav Adolf von Schweden. Er macht die Kanonen leichter, lässt die Infanterie nicht in Rechtecken, sondern in aufeinander folgenden Reihen aufstellen und verhilft der mit Hiebwaffen ausgerüsteten Reiterei zu neuerlichem Glanz. Um das zu erreichen, führt er eine zwingende und verlängerte Ausbildung bei seinen Truppen ein, die zu einem außergewöhnlichen Kriegsmittel werden. An seinem Beispiel orientieren sich die europäischen Heere bis zur Französischen Revolution. Die Schlachten des 17. und 18. Jh. werden von Infanteristenheeren geschlagen, deren Simultanfeuer aus Tausenden von – dank vorgefertigter Kartuschen – leicht nachzuladenden Musketen stammt. Sie werden, wenn auch weniger entschieden, von einer leicht bewaffneten oder ungepanzerten Kavallerie unterstützt, die auf ihre Schnelligkeit und Schlagkraft vertraut, zuletzt auch auf ihre Schusswaffen. Die Pike verschwindet, um Angriffen aber wirksam begegnen zu können, erfindet man das Bajonett, das auf das Gewehr aufgepflanzt wird.

Eine weitere Erneuerung liegt im Verschwinden der Söldner. Noch im »Dreißigjährigen Krieg« sieht man Heere, die von »Auftragnehmern« angeführt werden, die unabhängig ihrer Nationalität oder Religionszu-

gehörigkeit dem dienen, der am meisten zahlt. Dann am Vorabend des 18. Jh., zur Hochblüte der absoluten Monarchie, rekrutieren viele Königreiche nach »schwedischer Art«. Sie werben Untertanen an, die sich ganzjährig als Soldaten betrachten, sich ausbilden und führen lassen und Befehle diszipliniert ausführen. Es handelt sich um Berufssoldaten im Rahmen stehender, also nicht nur bei Bedarf einberufener Heere.

Die Französische Revolution und Napoleon bringen all dies auf den Höhepunkt: mit Gesetz von Jourdan wird die »Masseneinberufung« aller Franzosen verordnet. Das ermöglicht die Bildung von Divisionen und Korps, Heeresteile, die über alle Spezialisten verfügen und selbst isoliert noch autonom kämpfen können. Die Artillerie auf dem Feld wird immer beweglicher und kämpft in Batterien. Zu den Füsilieren und Reitern gesellen sich Jäger oder Tirailleurs, und Husaren, die einzeln und aus eigener Initiative operieren. Auf dem Schlachtfeld wird die Aufstellung in dünnen Reihen durch jene in Kolonnen ersetzt.

Die »militärische Revolution« reicht für Napoleon nicht aus, seine Position zu festigen, obwohl er Schlachten von sogar heute noch kolossalen Ausmaßen gewinnt. Doch am Ende verliert er den Krieg. Die Außergewöhnlichkeit dieser militärischen Veränderungen jedoch, die Hand in Hand mit wirtschaftlichen (die bereits fortschrittliche Industrie) und sozialen (Nationalismus) Umgestaltungen gehen, befördert den Alten Kontinent wieder an jenen Platz in der Geschichte, über den der große Militärtheoretiker Carl von Clausewitz in seiner Schrift Vom Kriege philosophiert.

Konstantinopel

1453

Im Februar und März holen die türkischen Kräfte zum letzten Schlag gegen Konstantinopel aus. Nach hartnäckiger Verteidigung bezwingen der massive Einsatz der Artillerie und die erstaunlichen Leistungen der Militärtechniker die byzantinische Stadt und führen dazu, dass der Halbmond über dem Alten Kontinent aufgeht.

Zu Mitte des 15. Jh. ist von dem, was einst das Oströmische und danach das Byzantinische Reich war, nur noch jene Halbinsel geblieben, auf der die Hauptstadt (heute Istanbul) liegt. Sie gerät von allen Seiten durch die unglaubliche Ausdehnung des türkischen Reiches in Bedrängnis. 1452 hat Sultan Mohammed II. Festungen entlang des Bosporus errichten lassen, die jeglichen Verkehr mit den christlichen Städten unterbinden. Zum Kommandanten der byzantinischen Festung wurde der Genueser Giovanni Giustiniani ernannt, der sich durch sein Geschick bei der Verteidigung von durch Mauern bewehrten Städten in Europa einen Namen gemacht hat.

Die Byzantiner sind auf die Belagerung vorbereitet, weil sie Lebensmittel und Vorräte aller Art angehäuft haben. Der Hafen wurde durch eine gewaltige Kette gesperrt, die von Holzflößen an der Wasseroberfläche gehalten wird. So besteht für die türkischen Schiffe keine Möglichkeit, die Stadt aus der Nähe anzugreifen. Der Sultan wendet jedoch seine gesamte Ingenieurskunst auf, um dieses Hindernis zu überwinden, und am 22. April zeigen sich die türkischen Schiffe vor der Stadt.

Ein Angebot zur Kapitulation wird vom byzantinischen Kaiser Konstantin XI. entschieden zurückgewiesen.

Die Türken lagern an der östlichen Seite der Stadtmauer, und zwischen 7. und 18. April schießt schwere Artillerie große Breschen in die Mauern, durch die ausge-

Von den 37.000–42.000 sind nur 6000–7000 Berufssoldaten. Konstantinopel ist in verschiedene Bezirke unterteilt, die bewaffnete Einheiten stellen (deren Kommandant der *Demarchos* ist), die von den Offizieren des Reiches geführt werden.

Die türkischen Reiter sind besser ausgebildet: während der Belagerung kämpfen sie ausgesprochen erfolgreich zu Fuß.

STREITKRÄFTE

TÜRKISCHE ÜBERLEGENHEIT

▶ BYZANTINER UND VERBÜNDETE

BYZANTINER	5000–6000
GENUESER	700
PÄPSTLICHE KNAPPEN	200
SPANISCHE SÖLDNER	EINIGE HUNDERT
KRIEGSSCHIFFE	26
VERLUSTE	
GEFALLENE BÜRGER	4000
GEFANGENE	25.000

▶ TÜRKEN UND VERBÜNDETE

JANITSCHAREN	10.000
BASCI-BUZUK	20.000
INFANTERIE UND KAVALLERIE	EINIGE TAUSEND
BOMBARDEN	12–13
MITTLERE KANONEN	24–50
KLEINE KANONEN	ZAHLREICHE
SCHIFFE	120
VERLUSTE	
UNBEKANNT	

Die Türken brauchen drei Angriffswellen, um durch die Bresche zu gelangen, die wegen ihrer Enge von den Belagerten gut verteidigt werden kann. Die erste Welle erfolgt durch die *Basci-Buzuk* (Truppen von geringem militärischem Wert), die zweite anatolische durch Infanteristen und die dritte durch die Janitscharen (rekrutierte junge Christen, die islamisiert und auf hohem Niveau ausgebildet wurden). Die an den ersten beiden Angriffen beteiligten Truppen werden aufs Spiel gesetzt, um den Feind zu ermüden und ihn seine Munition verfeuern zu lassen.

Über die Jahrhunderte verstärkt und umgebaut, ist der alte Kern der Mauer erhalten. Die 20 km lange Anlage bietet der Artillerie wenig Angriffsfläche – ein wesentliches Detail der Belagerung. Die Flotte im Goldenen Horn zählt 26 Schiffe (zehn griechische und 16 genuesische oder venezianische).

suchte Infanterieabteilungen massiv, aber erfolglos einzudringen versuchen.

Am 7. Mai gehen 25.000 Mann zum Angriff über, doch nach drei Stunden wütender Gefechte ziehen sie sich zurück. Am 12. Mai wird ein zweiter Angriff in der Nähe des Stadtteils Blachernae von der Garde Konstantins zurückgeworfen.

Der Sultan möchte die Stadtmauern unterminieren, indem er unterirdische Stollen anlegen lässt, doch die Byzantiner können alle 14 Versuche abwehren – nicht zuletzt auch wegen der Anwesenheit des deutschen Artillerieexperten und Militärtechnikers Johannes Grant in der Stadt.

Daraufhin versuchen die Türken die Stadt mit einem Belagerungsturm beim Charisiustor anzugreifen, aber bei einem kühnen Ausfall gelingt es den Byzantinern ihn in Brand zu setzen. Die Stadt leidet bereits an Hunger und der Sultan befiehlt den Angriff beim Tor des hl. Romanus, der der letzte sein sollte; drei Angriffswellen, für die die Christen letztendlich bezahlen müssen.

Als eine Geheimtür entdeckt wird, stürmen sie die Angreifer. Das Gerücht geht um, Giustiniani sei schwer verwundet. In den Straßen wird verzweifelt gekämpft, ein Mann steht Hunderten gegenüber. Die ausgeblutete und eingenommene Stadt soll bis zum heutigen Tag türkisch bleiben.

Die Festungen am Bosporus

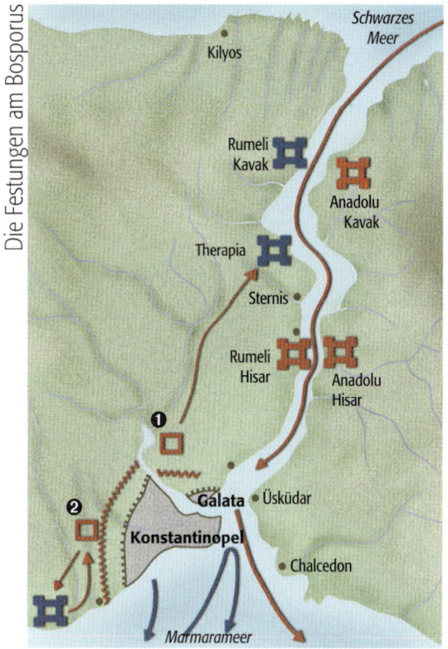

Am 22. April werden mit einer technischen Meisterleistung 70 türkische Schiffe mittels eingefetteter Holzbalken vom Ufer über die Hügel von Galata bis zum Wasser des Flusses transportiert, der sie in das Goldene Horn bringt: die Türken stehen vor den Toren Konstantinopels.

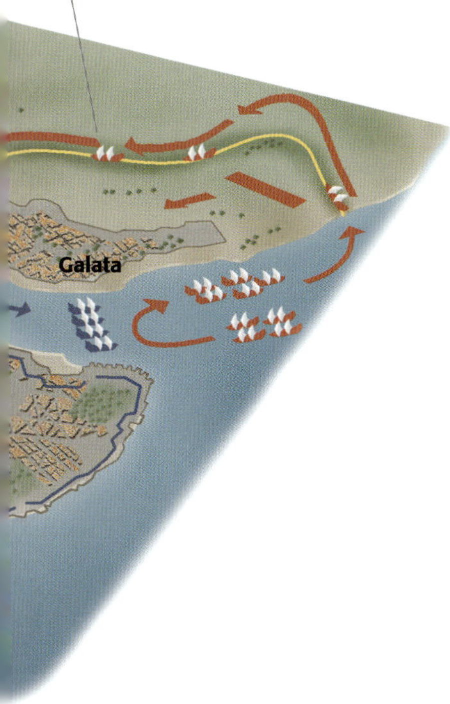

WAFFEN

DIE BOMBARDEN VON URBAN

Kurz vor der Belagerung von Konstantinopel steht ein Christ aus Ungarn, oder vielleicht Sachsen oder Transsilvanien namens Urban im Dienste des Kaisers von Byzanz. Er desertiert und bietet seine Dienste dem Sultan an. Er ist Kanonengießer und Mohammed bittet ihn, eine Bombarde anzufertigen, um ein Loch in die gewaltigen Stadtmauern zu schießen. Der Deserteur braucht drei Monate, bis er eine Waffe angefertigt hat, der keine Mauer standhält.

Bei der Vorführung versenkt die Kanone beinahe ein weit entferntes europäisches Schiff. Mit dieser Leistung zufrieden, gibt der Sultan eine doppelt so große Kanone in Auftrag. Urban stellt daher eine riesige bronzene Bombarde her (sie kann bis zu 600 kg schwere Geschosse mit einem Kaliber von über 800 mm abfeuern), für deren Transport und feuerbereite Aufstellung 60 Ochsen und 400 Mann benötigt werden. Gebaut und ausprobiert wird sie in Adrianopel. Ihr Donnern ist kilometerweit zu hören und die gewaltige Steinkugel fliegt 1,5 km weit und gräbt sich 2 m tief in die Erde ein. Nachdem sie in der Nähe des Tors des hl. Romanus vor den Mauern Konstantinopels in Stellung gebracht wurde, explodiert sie am zweiten Tag der Belagerung.

Rekonstruktion einer türkischen Kanone, wie sie bei der Belagerung Konstantinopels zum Einsatz kam.

Das Trommelfeuer erhöht sich merklich mit dem Bau einer Brücke über das Goldene Horn in der Nähe von Blachernae, um den Nachschub für die türkischen Batterien zu erleichtern.

Tenochtitlán

1521

Zwischen 26. Mai und 13. August erobern die Spanier die Hauptstadt des Aztekenreiches. Die Feuerwaffen und die Pferde der Conquistadores – für die Einwohner unbekannte »Kreaturen« – spielen die Hauptrollen in einer Schlacht, die ein neues Kapitel in der Geschichte Europas und der Neuen Welt eröffnen.

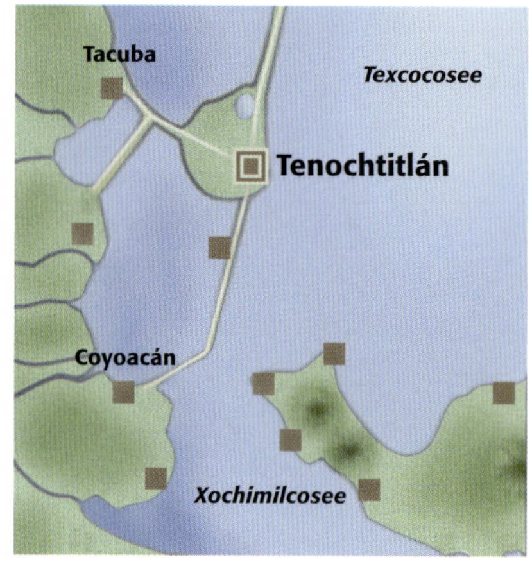

Im Jahr 1519 landet eine Schar Spanier unter der Führung von Hernán Cortés an der Küste Mexikos und erreicht nach weniger als einem Monat Tenochtitlán, die monumentale Stadt, die an einem See auf der zentralen Hochebene des Landes liegt. Im Dezember 1520 bricht der spätere *Conquistador* von Mexiko, der einige Monate zuvor durch die Kämpfe nach dem Tod des Herrschers Montezuma gezwungen war, die Stadt zu verlassen, zur Eroberung der Hauptstadt des Reiches (eine Konföderation von Staaten und Völkern mit etwa 20 Millionen Untertanen, einer Ausdehnung von 50.000 km² und großem Reichtum an Edelmetallen) auf; er zählt auf die Unterstützung der Bevölkerung, der die aztekische Vormacht unerträglich ist.

Cortés führt weniger als 1000 Spanier und 50.000 Tlaxcalteken mit sich, hat vor allem aber Feuerwaffen und Pferde zur Verfügung, die einen Feind zu Tode erschrecken, der bis vor zwei Jahren nichts von ihrer Existenz gewusst hat.

Außerdem lässt er 13 Brigantinen mit Ruder und Segeln bauen, die jede mit ei-

Kampf zwischen einem *Conquistador* und einem aztekischen Krieger. Die Azteken ziehen es vor, ihre Gegner gefangen zu nehmen, statt sie zu töten, um sie ihren Göttern als Opfer darzubringen. Die Spanier haben in diesem Kampf dank ihrer stählernen Schwerter, der Rüstungen, ihrer Angriffe zu Pferde und nicht zuletzt wegen ihrer Feuerwaffen die Oberhand.

STREITKRÄFTE

ÜBERLEGENHEIT DER AZTEKEN

▶ AZTEKEN

KRIEGER	VIELE TAUSEND
VERLUSTE	
GEFALLENE*	15.000

▶ SPANIER UND VERBÜNDETE

SPANISCHE INFANTERISTEN	700
VERBÜNDETE TLAXCALTEKEN	50.000
ARMBRUSTSCHÜTZEN UND ARKEBUSIERE	118
KAVALLERIE	86
BRIGANTINEN	13

* NUR AM 13. AUGUST

Die Straßen, die vom Ufer in die Stadt führen, sind an mehreren Stellen zerstört, sodass die Spanier gezwungen sind, Brücken zu errichten. Doch die Brigantinen von Cortés finden einen Zugang zu den Kanälen.

Unter starkem Beschuss können die Armbrustschützen an Land gehen und einen der städtischen Tempel angreifen. Als sie feststellen, dass sie in der Minderzahl sind, ziehen sie sich eilends zurück.

Die bis zum Letzten entschlossenen Belagerten versuchen angesichts der wenigen, mit »Wunderwaffen« ausgerüsteten Gegner, die nahen Städte in den Kampf gegen die Spanier mit einzubeziehen. Einer Abteilung, die von den Verbündeten der Spanier, den Tlaxcalteken angeführt wird, gelingt es aber, weitere Verbündete für Cortés zu gewinnen.

Nachdem die Spanier in Tacuba und Coyoacán das Aquädukt zerstört haben, das Tenochtitlán mit Wasser versorgt (26. Mai), werden die spanischen Brigantinen am 31. Mai von den Azteken beschossen und ziehen sich zurück. Kaum kommt Wind auf, gehen die Spanier mit Kanonenschüssen zum Gegenangriff über, vernichten mit Leichtigkeit die aztekischen Boote und erlangen die Kontrolle über den gesamten See.

ner Kanone und 25 mit Armbrüsten und Arkebusen bewaffneten Soldaten ausgerüstet sind, die den Hauptkern des Angriffs bilden.

Die Flotte unterstützt jene Truppen, die am Ufer der Insel angreifen und viele aztekische Kriegskanus zerstören. Die Belagerung zieht sich über zwei Monate hin. Es gibt blutige Ausfälle, Spanier werden gefangen genommen und weithin sichtbar auf den Pyramiden geopfert, und Tlaxcalteken kämpfen gegen Krieger unter der Führung des aztekischen Edelmanns Cuauhtemoc.

Als es endlich gelingt, die Stadttore einzurennen, müssen sich die Angreifer Straße für Straße durch die Stadt kämpfen, in der sich noch rund 15.000 Verteidiger befinden und in der Hunger und Durst bereits Tausende Opfer gefordert haben. Die Waffen, über die die Spanier verfügen, ermöglichen Cortés den Sieg und richten unter der Einwohnerschaft ein Blutbad an. In der eroberten Stadt zählt man Zehntausende Tote und durch die von den *Conquistadores* eingeschleppten Krankheiten sollen es noch viel mehr werden.

Mexiko wird die reichste Kolonie Madrids und es trägt mit seinen Edelmetallen dazu bei, dass Spanien das mächtigste Reich des 16. Jh. wird.

Oben: Ein Faksimile aus dem Jahr 1892 von einem Bild von *Lienzo de Tlaxcala* um etwa 1550 (private Sammlung), das die Schlacht von Tenochtitlán darstellt. Der aztekische Herrscher kämpft gegen Cortés: Montezuma, der 1520 in der ersten Schlacht von Tenochtitlán stirbt; sein Bruder Cuitalahuac stirbt an den Pocken und Cuauhtemoc, der Schwiegersohn von Montezuma.

HINTERGRÜNDE

DER AZTEKISCHE KRIEGER

Obwohl die Azteken auf zahlreichen Gebieten ihre fortschrittliche Kultur unter Beweis stellen, haben sie nie gelernt, Metall (das es in ihrem Land im Überfluss gibt) so geschickt zu bearbeiten, wie beispielsweise die Griechen der vorhomerischen Zeit oder die nordischen Völker und die Kelten in Europa. Ihre Waffen sind zur Zeit der Landung von Cortés hölzerne Schwerter, deren Schneiden mit Obsidian besetzt sind, Wurfspeere mit Steinspitzen, Pfeil und Bogen, Blasrohre und Steinschleudern. Die Helme sind meist aus Holz und haben die Formen von Tierköpfen, während die Schilde aus geflochtenen Binsen und am Rand mit Federn geschmückt sind. Oft sind sie mit Abbildungen von Tieren bemalt, die jene Kräfte symbolisieren, die sich auf den Krieger übertragen sollen. Der Krieger selbst, vor allem wenn er der gehobenen Klasse angehört, trägt ein Baumwollkleid und darüber eines aus bunten Federn. Die Azteken haben nie versucht, diese Ausrüstungsgegenstände zu verbessern, die noch von der gleichen Art sind wie die ihrer Ahnen. Allerdings überflügeln sie ihre Vorfahren bei der Ausbildung, der Organisation und bei der Taktik. Wie in Sparta wird der Krieger schon von Kindesbeinen an in einer Militärschule (*Telpochalli*) ausgebildet. Rekrutiert werden die Soldaten aus den vier Stadtteilen von Tenochtitlán, die sich durch ihre Wappen voneinander unterscheiden. Die Krieger verständigen sich auf dem Schlachtfeld untereinander durch Pfeif- oder Trommelsignale und sie schüchtern den Feind durch den ohrenbetäubenden Lärm ein, den sie vor Kampfbeginn schlagen.

Pavia

1525

Der Vormarsch der Franzosen unter Franz I. zur Erlangung der Kontrolle über Süditalien kommt bei Pavia zum Stillstand. Der hartnäckige Widerstand der Truppen von Karl V. und ein nächtlicher »Blitzangriff« der Kaiserlichen überraschen die Franzosen, die schwer geschlagen und zu einem verlustreichen Rückzug gezwungen werden. Nun ist die spanische Herrschaft in Italien vollkommen.

Der Beginn der Schlacht mit dem Einbruch der Kaiserlichen. Den König von Frankreich sieht man im Vordergrund auf dem Pferd mit dem Brustgeschirr mit den Lilien Frankreichs. Rechts drei kaiserliche Infanteristen in weißen Hemden, dem Gewand der Truppen von Lannoy, mit dem man sie in der Nacht erkennen kann; flämischer Wandteppich, 16. Jh. (Neapel, Museo di Capodimonte).

Die Bedeutung der Schlacht von Pavia ist eine epochale: Das Aufkommen der Feuerwaffen auf dem Schlachtfeld (vor allem die der Kaiserlichen) bedeutet das Ende der (französischen) Kavallerie, bis vor kurzem noch als Elitetruppe jedes Heeres betrachtet. So endet das Mittelalter und die Neuzeit beginnt.

Am 26. Oktober 1524 dringt Franz I., König von Frankreich, in die Lombardei ein, erobert Mailand und besetzt Pavia, wo 6000 kaiserliche Soldaten stationiert sind. Frankreich und das Heilige Römische Reich, besser gesagt, Spanien streiten um die Vorherrschaft in Italien.

Am 1. November beginnen die Franzosen Pavia mit Kanonen zu beschießen. Im Westen der Stadt nimmt das Heer Aufstellung, im Osten die Kavallerie und die Schweizer Söldner. Man versucht durch eine Bresche in der Mauer einzudringen, doch ein breiter innerer Graben und der Beschuss durch Arkebusiere, die gut unter den spanischen Kräften verteilt stehen, bringt den Angriff ins Stocken. Die Franzosen müssen auf herkömmliche Belagerungsmethoden zurückgreifen: ein starrer Ring aus Bewaffneten, der verhindert, dass Nachschub die Stadt erreicht.

Am 2. Februar 1525 lagern ein 22.000 Mann starkes kaiserliches Kontingent unter dem Kommando des Vizekönigs von Neapel, Charles de Lannoy, sowie ein vom Franzosen Ferdinand d'Avalos, Markgraf von Pescara, befehligtes Korps Landsknechte östlich von Pavia. Die Franzosen beginnen mit dem Bau von Befestigungen gegen die Truppen von Lannoy.

In der Nacht vom 23./24. Februar führt Lannoy seine Truppen außen herum, um die Franzosen im Morgengrauen in ihrem Lager bei der Burg Mirabello zu überraschen. Den Kaiserlichen gelingt es, eine Öffnung in die Befestigung zu schlagen und in das Lager einzudringen. Zur gleichen Zeit glückt es der Garnison von Pavia, in einem Ausfall den südlichen Teil des Parks zu erobern.

Franz I. reagiert und hat Zeit, seine Kräfte zu formieren. Kaum hat der die Seinen neu und zum endgültigen Schlag aufgestellt, treten die kaiserlichen Arkebusiere in Aktion und erobern das Vorland von Mirabello.

Die französische Kavallerie holt mit Franz I. an der Spitze zum Gegenangriff aus, doch in der Hitze des Gefechts wird sie von der kaiserlichen Infanterie isoliert und aufgerieben. Der König von Frankreich gerät in Gefangenschaft.

Die Niederlage der Franzosen ist vernichtend. Die Lombardei bleibt für die folgenden zwei Jahrhunderte in spanischer Hand.

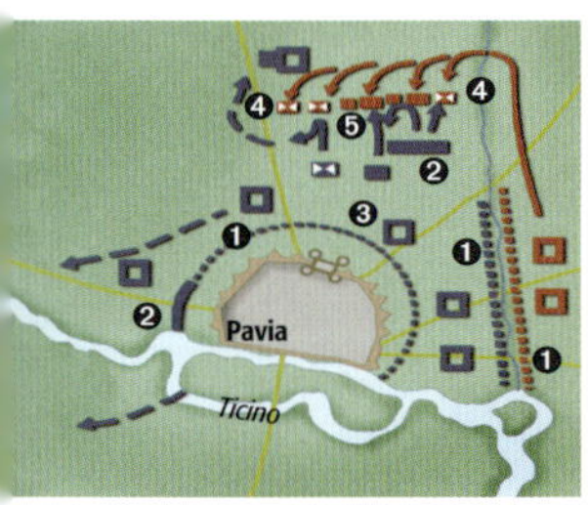

Franzosen
Kaiserliche
Lager
❶ Gräben ❷ Artillerie
❸ Feldlager der Franzosen
❹ Infanterie und Arkebusiere
❺ Landsknechte

STREITKRÄFTE

▶ FRANZOSEN U. VERBÜNDETE	
FRANZÖSISCHE INFANTERIE	15.000
SCHWERE FRANZ. KAVALLERIE	5000
DEUTSCHE LANDSKNECHTE	4000
SCHWEIZER	3000
VERLUSTE	
GEFALLENE	6000–10.000

▶ KAISERLICHE U. VERBÜNDETE	
GARNISON VON PAVIA	6000
KONTINGENT VON LANNOY	22.000
LEICHTE ARKEBUSIERE	3000
VERLUSTE	
GEFALLENE	1000

Cajamarca

1532

Wie schon die Azteken vor ihnen, werden auch die Inkas in den Anden von den Conquistadores unterworfen. Am 16. November massakriert eine Hand voll Männer mit Pferden und Feuerwaffen Tausende Inkas, Adelige wie Krieger. Ihr König wird gefangen genommen. Das »Sonnenreich« wird spanische Kolonie.

Bei der Eroberung Zentralamerikas und der Zerstörung des Aztekenreiches erfahren die Spanier von der Existenz eines riesigen, überaus reichen Imperiums, das im Hinterland im Osten liegen soll. Ein Expeditionsheer unter Francisco Pizarro, dem Cousin von Cortés, bricht auf, um es zu finden und in Besitz zu nehmen.

Im Frühjahr 1532 landen die Spanier in Peru und im September brechen sie in die Anden auf.

Dieser Stich zeigt die Gefangennahme Atahualpas durch Pizarro. Als die Spanier Cajamarca erreichen, ist die Festung leer, doch nach Schätzung der spanischen Kundschafter lagern in den umliegenden Hügeln rund 30.000 indianische Krieger.

Über das ausgedehnte Reich der Inkas mit seiner Hauptstadt Cuzco, das sich über 3200 km erstreckt, herrscht König Atahualpa, der gerade einen Krieg um die Herrschaft gegen seinen Bruder Huáscar gewonnen hat.

Der Herrscher, der sich zur Zeit gerade in der Fesung Cajamarca (1000 km nördlich der Hauptstadt) aufhält, hört von Pizarro und entscheidet sich für einen Angriff. Mit 100 Fußsoldaten, 67 Berittenen und zwei Kanonen erreicht der spanische Eroberer im November Cajamarca. Atahualpa lässt ausrichten, dass er die Spanier am nächsten Morgen, dem 16. November, aufsuchen würde. Pizarro bereitet einen Hinterhalt im Zentrum der Stadt vor: Infanteristen mit Schusswaffen lauern hinter den dem Hauptplatz zugewandten Fenstern, Reiter im Harnisch säumen die Straßen dorthin und auf einer Festung in der Nähe stehen die Kanonen bereit (zusammen mit drei Trommlern, die das Signal zum Angriff geben).

Tags darauf halten 6000 Mann, die dem Brauch entsprechend unbewaffnet sind, mit ihrem König in der Mitte auf dem Hauptplatz Einzug. Der König ruht auf einer Liege inmitten einer Auswahl seiner Adeligen.

Spanische Chronisten berichten, dass der Kaplan Pizarros, Vicente de Valverde, eine Bibel zu Atahualpa tragen ließ, die dieser mit den Worten: »Ich höre kein einziges Wort Gottes« zu Boden schleudert.

Das ist – laut den spanischen Quellen – der Auftakt für den von Pizarro angeordneten Überraschungsangriff. Die Inkas erstarren angesichts der brutalen Reaktion der Spanier, die systematisch Adelige und Krieger der Inkas abschlachten. Atahualpa wird gefangen gesetzt und nach dem Kriegskodex der Inkas bedingt dies die sofortige Einstellung der Kampfhandlungen.

Der Inkaherrscher wird später von den Spaniern der Ermordung Huáscars bezichtigt und hingerichtet. Das »Sonnenreich« existiert nicht mehr, und ab 1541 wird Peru eine spanische Kolonie.

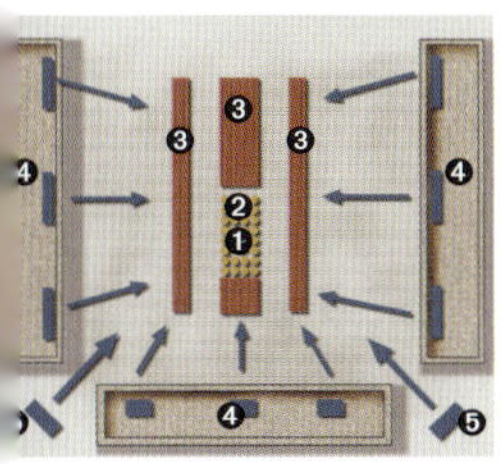

Inkas
❶ Atahualpa
❷ Edelleute
❸ Krieger
Spanier
❹ Infanterie
❺ Kavallerie

STREITKRÄFTE

▶ SPANIER	
INFANTERIE	100
KAVALLERIE	67
KANONEN	2

▶ INKAS	
INFANTERIE	6000
VERLUSTE	
GEFALLENE	BEINAHE ALLE

Lepanto

1571

Die größte Seeschlacht des 16. Jh. ereignete sich in griechischen Gewässern, im Golf von Patras. Es steht viel auf dem Spiel: die Vorherrschaft im Mittelmeer. Die kriegerischen Handlungen werden als »Kampf der Kulturen« verkauft. Die Schlacht bremst die Ambitionen des Sultans, auf lange Sicht schadet sie jedoch auch den siegreichen Christen.

Nach der Einnahme Konstantinopels 1453 erfährt das Osmanische Reich ein Jahrhundert der unaufhaltsamen Ausdehnungen sowie Siege gegen die – oftmals untereinander uneinigen – christlichen europäischen Staaten zur See und zu Lande. Das Imperium ist riesig und es verfügt über eine mächtige Flotte, die sich der Seeräuberei widmet.

1570 scheitert der von Papst Pius V. unterstützte Versuch, eine Allianz zwischen den im Mittelmeer präsenten wichtigsten Mächten zu schaffen. Zypern fällt nach einer mehrmonatigen Belagerung: ein Teil bleibt bis ins 20. Jh. türkisch. Dies trägt dazu bei, dass 1571 über alle Unstimmigkeiten und Zweifel hinweg die Heilige Liga zwischen Spanien, Venedig, Genua, Malta, dem Herzogtum Savoyen, der Toskana und dem Kirchenstaat gebildet wird. Die Allianz verfügt über 212 Kriegsschiffe, in der Mehrzahl Rudergaleeren sowie einige Galeassen.

HINTERGRÜNDE

1500–1600: EIN JAHRHUNDERT DER KRIEGE UM DIE VORHERRSCHAFT IM MITTELMEER

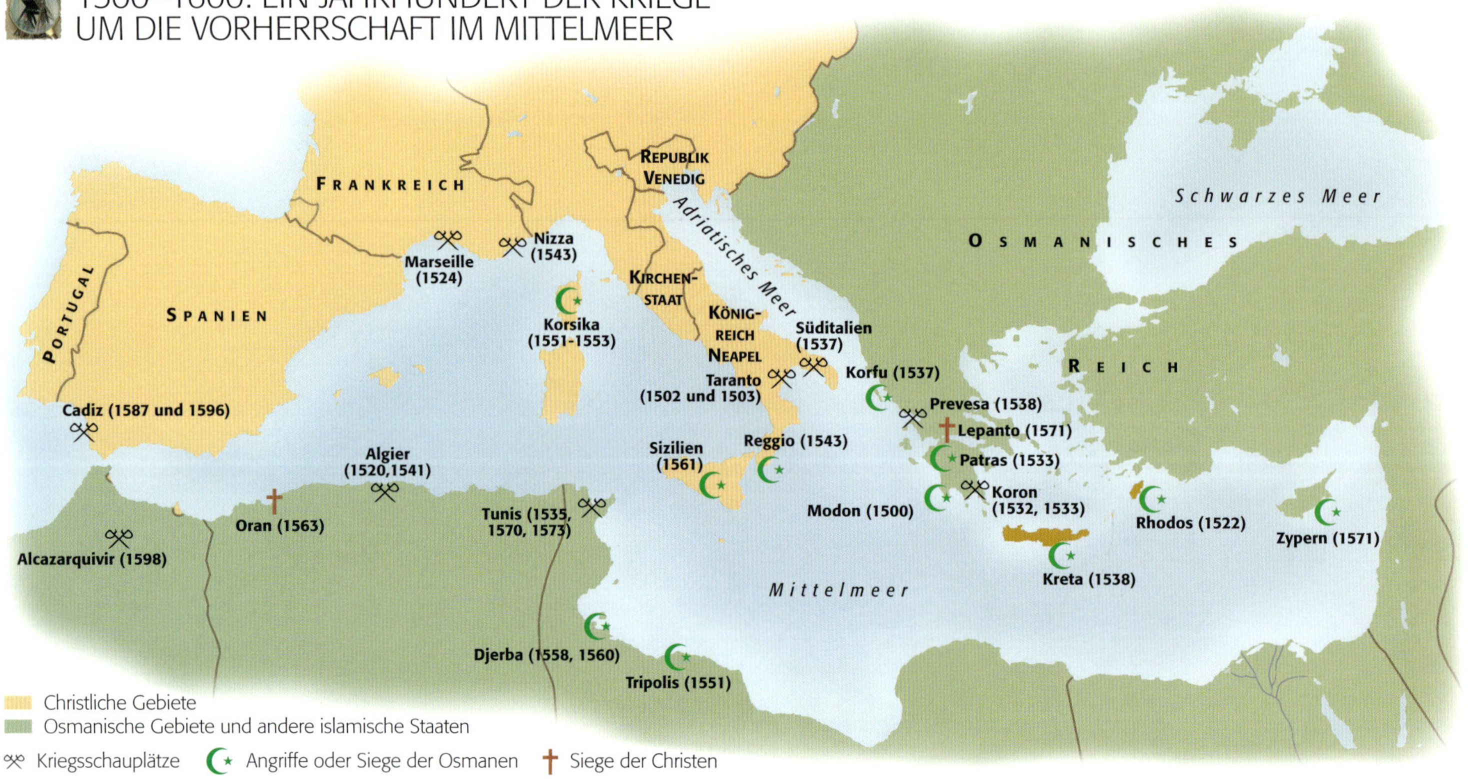

Ausschnitt aus einem Gemälde aus der Schule Tintorettos, das die Schlacht bei Lepanto darstellt. Fernand Braudel (1902–1985) schätzte, dass sich 400–600 Galeeren im Mittelmeer befanden. Bis zu 90 Prozent müssen an der Schlacht teilgenommen haben.

➤ DIE MOBILISIERUNG DER HEILIGEN ALLIANZ

Dieses Geschwader sammelt sich bei Messina unter dem Kommando des Ritters Don Juan d'Austria, dem unehelichen Sohn von Karl V. Man will den Feind überraschen, der Informationen zufolge in Lepanto (Nafpaktos) im Golf von Patras steht.

Die türkische Flotte ist zahlenmäßig über-, ihre Artillerie hingegen unterlegen. Den Kriegern stehen mit Ausnahme der Janitscharen für Fernschüsse nur Pfeil und Bogen zur Verfügung.

Beide Flotten wollen die Schlacht eröffnen (die türkische hat sogar die explizite Order des Sultans erhalten), unterschätzen aber jeweils die Stärke des anderen.

WAFFEN

MODERNE GALEEREN UND GALEASSEN

Äußerlich der mittelalterlichen Galeere ähnlich, unterscheidet sich die moderne Version durch ihre Bewaffnung und die Verwendung. Nachdem die ersten Feuerwaffen, Bombarden und Kanonen, an Bord genommen wurden, wird dieser Schiffstyp im 15. Jh. standardisiert. Im Bug befinden sich fünf Kanonen von kleinerem Kaliber als jene in der Schiffsmitte – die »Corsiero« genannt werden, weil sie entlang des Mittelgangs (italienisch »Corsia«) aufgefädelt stehen, der mitten durch die beidseitig angebrachten Ruderbänke führt. Schlachten werden mit Schüssen aus diesen schweren Geschützen eröffnet, bevor die Infanteristen an Bord zu schießen beginnen. Eine Seeschlacht kann aber auch auf »antike« Weise enden, indem sich der Rammsporn über der Wasserlinie in das feindliche Schiff bohrt und als Enterbrücke dient, bevor die Nahkämpfe Mann gegen Mann beginnen. Die Galeere wird noch bis zur Ära Napoleons im Mittelmeer kreuzen, wenn auch nur im Verband kleinerer Flotten. Die Galeasse ist hingegen eine absolute Neuheit, die es als Kriegsschiff eigentlich nur im 16. Jh. gibt. Sie ist so groß wie ein Dreimaster, verfügt über bis zu 50 schwere Ruder (die von Sklaven bedient und von fünf bis sieben Ruderaufsehern geführt werden), 36 große Kanonen in einem hölzernen Turm am Bug und Dutzende weitere, kleinere an den Seiten. Sie stellen eine exzellente Kombination aus Stärke und Windunabhängigkeit dar und weisen ansehnliche Geschwindigkeit und Wendigkeit auf.

Eine Galeasse, wie sie bei Lepanto eingesetzt wurde.

STREITKRÄFTE

TÜRKISCHE ÜBERLEGENHEIT

▶ TÜRKEN

GALEEREN	216
GALEASSEN	64
FUSTEN	64
VERLUSTE	
GALEEREN	200
GEFALLENE UND VERWUNDETE	30.000
GEFANGENE	3000
BEFREITE SKLAVEN	15.000

▶ CHRISTEN

GALEEREN*	206
GALEASSEN	6
VERLUSTE	
GALEEREN	10
GEFALLENE	7500
VERWUNDETE	20.000

* OHNE DIE NACHFOLGENDE RESERVE

Lepanto 1571

»Versorgung«
Die Angriffslinie der Heiligen Liga besteht aus Fusten und Brigantinen, die ohne Unterbrechung kreuzen, um jene Schiffe mit Bewaffneten zu versorgen, die im Kampf in Schwierigkeiten geraten sind.

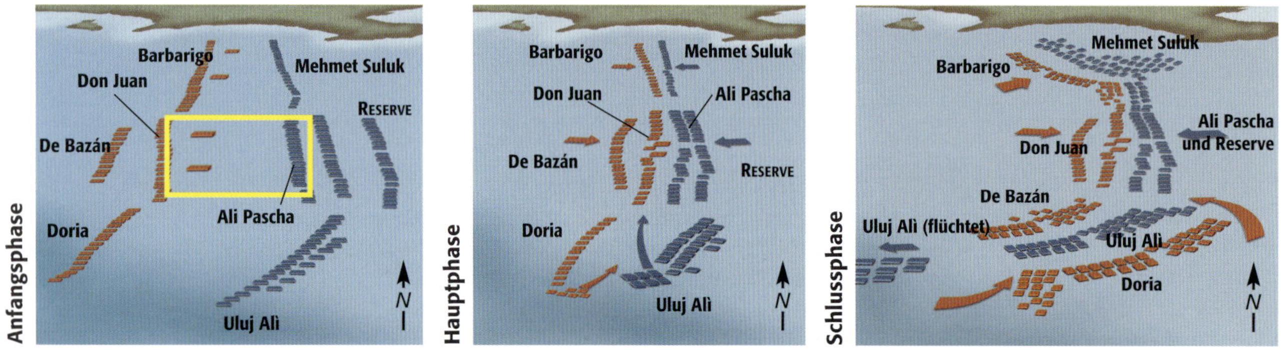

Die Hauptphasen der Schlacht von Lepanto
Türken
Christen

Die »Panzerschiffe« Bei dieser venezianischen Erfindung handelt es sich um umgebaute Handelsgaleeren, die etwa 47 m lang und 8 m breit sind. Am Bug befindet sich ein Turm aus Holz, der mit schweren Kanonen bestückt ist. An den Seiten und im Bug sind noch mehr Geschütze kleineren Kalibers verteilt. Die Schiffe haben eine beachtliche Feuerkraft und sind ziemlich leicht.

Die türkische Strategie Ali Pascha, der sehr wohl weiß, dass die feindlichen Galeeren den seinen überlegen sind und über größere Feuerkraft verfügen, hat die Absicht, die Flanken der christlichen Flotte zu umgehen. Dabei verlässt er sich auf seine eigene Vertrautheit mit den seichten Stellen zu seiner Rechten und auf die Fähigkeiten von Uluj Ali zu seiner Linken.

1566–1568 Krieg zwischen dem Osmanischen und dem Heiligen Römischen Reich • **1570 (Februar)** Das Osmanische Reich erklärt der Republik Venedig den Krieg; **(9. September)** Eroberung von Nicosia; **(14. September)** die christliche Flotte bricht nach Zypern auf; **(18. September)** türkischer Angriff auf den Hafen von Famagosta (Zypern) • **1571 (25. Mai)** Gründung der Heiligen Liga; Formata Medium **(4. August)** Famagosta kapituliert; die Garnison und ihr Kommandant werden niedergemetzelt; **(8. August)** die türkische Flotte richtet in Lepanto einen Stützpunkt ein; **(16. September)** die Flotte der Heiligen Liga legt in Messina ab; **(27. September)** die Flotte ist auf Korfu; **(7. Oktober)** Schlacht bei Lepanto • **1573** Die Republik Venedig und das Osmanische Reich schließen Frieden • **1577** Waffenstillstand zwischen Spanien und dem Osmanischen Reich.

Lepanto 1571

Die Flotte unter dem Kommando von Don Juan d’Austria erreicht am 7. Oktober Lepanto, doch schon am Abend zuvor haben die von Ali Pascha befehligten Kräfte – nachdem sie erfahren haben, dass der Feind in der Nähe liegt – die Anker gelichtet und nehmen um 9.30 Uhr ihre Schlachtaufstellung ein.

Die Flotte der Moslems formiert sich nach herkömmlicher Art zu einem hohlen Halbkreis, der – durch entsprechende Manöver – es ermöglichen soll, die Flanken des Feindes zu umfassen.

Die linke Flanke der türkischen Flotte verursacht erhebliche Verluste auf Seiten der Venezianer unter Barbarigo, bevor sie an die Küste gedrängt und vernichtet wird.

Das Gefecht zwischen dem Admiralschiff *Real* von Juan d’Austria und der *Sultana* von Ali Pascha gipfelt darin, dass das türkische Schiff von den Christen nach zwei Versuchen geentert wird.

An der rechten Flanke von Doria meutern 15 venezianische Galeeren, die die Schlacht verlassen. Nur das rasche Eingreifen der christlichen Reserveflotte verhindert ein Eindringen der Schiffe von Uluj Ali.

Ignazio Dati (1536–1586), *Die Insel Korfu und die Schlacht bei Lepanto*, Ausschnitt (Vatikan, Vatikanische Museen).

Links: Zeichnung eines spanischen Sprengkörpers, der auf die feindlichen Schiffe geschleudert wird. Der Behälter ist mit einer brennbaren Mischung gefüllt und mit mehreren Lunten versehen, die vor dem Abschuss gezündet werden.

➤ SCHLACHT DER GIGANTEN

Die Buge mit den Kanonen weisen nach Westen. Ali Pascha befindet sich mit etwa 95 Einheiten im Zentrum, die Flanke bilden die 62 Schiffe des gefürchteten Seeräubers Mehmet Suluk, den die christlichen Seefahrer, die das Pech hatten, seine Wege zu kreuzen, »Schirokko« nennen. Den rechten Flügel bilden schließlich 93 Schiffe, die von einem ehemaligen Christen befehligt werden, der im Krieg und bei den Überfällen an der Küste Angst und Schrecken verbreitet: Uluj Ali Pascha. Außerdem gibt es noch eine Reserve von acht Galeeren, 64 Fusten und 22 Galeassen, deren Anführer der Gouverneur von Tripolis, Dragut, ein weiterer grausamer Pirat, ist. Diese Befehlshaber sind die besten, die dem Sultan zur Verfügung stehen.

Gegenüber formiert die christliche Flotte zu Beginn ebenfalls einen zentralen Körper unter dem Kommando von Don Juan d’Austria (62 Galeeren) mit zwei Flügeln, einem linken venezianischen unter Agostino Barbarigo (53) und einem rechten genuesischen aus 53 Schiffen unter dem Befehl von Gian Andrea Doria. Auch hier gibt es eine Reserve, die aus den 38 Galeeren von Don Alvaro de Bazán besteht.

Etwas hinter der ersten Linie haben die Venezianer jedoch ihre entscheidende Waffe versteckt: die Galeassen, sechs Schiffe, die zwar auch durch Ruderer bewegt werden, aber verglichen mit den Galeeren viel größer und mit stärkeren Kanonen bewaffnet sind. Ein einziges dieser Schiffe, so schätzt man, kann es mit bis zu zehn herkömmlichen Galeeren auf einmal aufnehmen. Sie sind paarweise aufgestellt: zwei hinter dem Zentrum,

INTERNET

- www.angelfire.com/ga4/guilmartin.com/Lepanto.html
- www.absoluteastronomy.com/encyclopedia/b/ba/battle_of_lepanto_(1571).htm
- www.giustiniani.info/lepanto.html

zwei hinter der linken und zwei hinter der rechten Flanke.

Zu Beginn rücken die Türken, begünstigt durch den Schirokko, gegen die Christen vor, deren Ruderer mit dem Gegenwind zu kämpfen haben. Gegen Mittag dreht die Brise aber und bläht von Westen her die Segel der Schiffe von Don Juan d'Austria.

Vier Galeassen mit ihren großkalibrigen Kanonen verursachen die ersten Verluste bei den Moslems und bremsen die Reaktion von Ali Pascha. Der rechte Flügel der Türken unter Mehmet »Schirokko« nähert sich immer der wohlbekannten Küste entlang und umgeht die ihm gegenüberliegende Flanke der Venezianer. Acht venezianische Galeeren werden versenkt und Barbarigo selbst wird von einem Pfeil im Auge getroffen und fällt. Die Reaktion seiner Flotte fällt darauf so heftig aus, dass das türkische Admiralschiff geentert und Mehmet gefangen genommen wird. Die seichten Stellen nehmen der Rechten aber den letzten Schwung.

Das Geschwader von Uluj Ali Pascha versucht ein symmetrisches Manöver: sie kreisen links, wo das Wasser tiefer ist, die Genueser ein. Doria befiehlt, dass die Buge gegen die Angreifer gedreht werden. Dadurch wird er aber im Zentrum isoliert und die Reserve greift ein, um ihn zu retten.

Der Hauptkörper der Flotte unter dem Kommando von Don Juan ist intakt und behält die Oberhand über das Zentrum von Ali Pascha. Das Admiralitätsbanner, ein in Mekka mit Koranversen in Gold besticktes weißes Seidentuch, wird eingeholt. Dieser Anblick entmutigt Uluj Ali Pascha mit seinem linken Flügel, der in einem Sturmangriff auf die Genuesen und die Reserve von Bazán 20 Galeeren und das Admiralitätsbanner der Malteser Ritter erbeutet hat. Nun ist er gezwungen seine Beute zurückzulassen und zu flüchten.

Die Christen versäumen die Gelegenheit, die türkische Kriegsflotte geschlossen zu verfolgen und sie zu vernichten. Heute weiß man, dass das Osmanische Reich seit Lepanto nie wieder eine so große Anzahl an Schiffen stellen konnte. So schwindet die türkische Vorherrschaft im Mittelmeer.

➤ EIN ZWEISCHNEIDIGER SIEG

All dies darf einen dennoch nicht an einen Sieg auf allen Linien glauben lassen. In den Jahren nach der Schlacht bei Lepanto erobern die Türken Kreta: obwohl sie zur See besiegt wurden, haben sie keine Gebietsverluste hinnehmen müssen, während die Staaten der Heiligen Allianz für den Sieg finanziell bluten.

Auf der anderen Seite beginnt in Europa der Mythos von der Unbesiegbarkeit der Türken zu schwinden und es zeigt sich, dass Küstenplünderungen und Grenzstreitigkeiten für die riesigen aber veralteten türkischen Kriegerhorden immer weniger erfolgreich verlaufen.

Kein Mitglied der Heiligen Liga kann auf lange Sicht Vorteile aus diesem Sieg ziehen. Vom Mittelalter bis ins 16. Jh. und darüber hinaus gelangt der Handel jenseits des Atlantiks zu Reichtum. Aus militärischer Sicht sind die siegreichen Galeeren und Galeassen von 1571 über kurz oder lang überholt. Der Seekrieg findet in den folgenden Jahrhunderten seine Meister in anderen Schiffen und in Frankreich, England sowie den Niederlanden – und nicht unter den Siegern von Lepanto.

Links im Bild: Don Juan, der päpstliche Feldherr Marco Antonio Colonna und der Venezianer Sebastiano Venier.

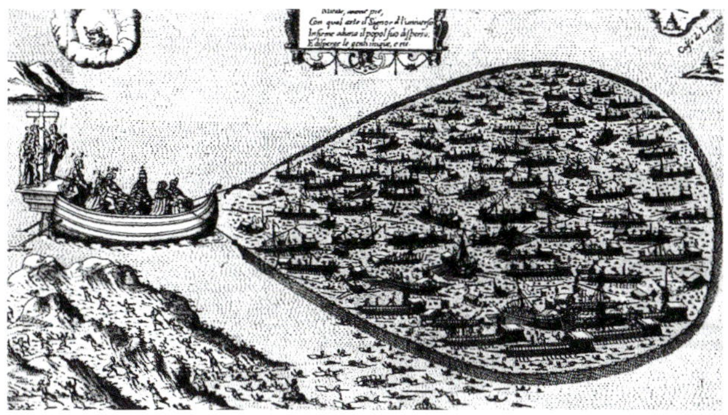

Ein allegorischer Holzschnitt: Der Papst hat mit seinen spanischen und venezianischen Verbündeten die osmanische Flotte im Netz gefangen.

Unbesiegbare Armada

1588

Das Vorhaben Philipps II. von Spanien, England zu erobern, setzte die größte Kriegsflotte voraus, die die Welt jemals gesehen hat: die »Unbesiegbare Armada«. Abgesehen vom Misserfolg der Spanier, konstruiert England aus dem Scheitern des Plans eine seiner größten nationalen Heldenepen. Schlechtes Wetter und eine unsichere Route erledigten die meiste Arbeit für die Royal Navy.

Im Sommer 1588 münden die Spannungen zwischen Spanien unter Philipp II. und England unter Elisabeth I. in die Bereitschaft zum offenen Kampf. Ausgelöst wurden sie, weil die Flotte von Madrid im Atlantik, in der Karibischen See und bei Cadiz von englischen Korsaren angegriffen wurde. In der Folge leistete London den zu dieser Zeit in spanischem Besitz befindlichen Niederlanden Hilfe. Von seinen erfahrensten Offizieren beraten, akzeptiert Philipp den Plan des Grafen von Santa Cruz (die englische Flotte aus dem Ärmelkanal vertreiben und mit 300 großen und 200 kleineren Kriegs- sowie 40 Transportschiffen ein Heer nach Dover übersetzen) mit jenem des Herzogs von Parma (34.000 Soldaten mit Hilfe von Tausenden kleinen Schiffen nach England bringen), während die Kämpfe mit den aufständischen Holländern und Flamen sowie den Engländern, die sie kräftig unterstützen, in vollem Gang sind. Der König entscheidet sich für den Einsatz einer weniger großen Flotte, deren Heer sich aus Spaniern, Italienern und Angehörigen anderer Staaten zusammensetzt, die Madrid untertan sind.

Spanien und Portugal, die in jener Zeit zu Madrid gehören, haben diese Seestreitkräfte von langer Hand vorbereitet und in ganz Europa eingekauft: Kanonen aus Deutschland und Italien, Getreide aus Sardinien sowie weitere Schiffe aus Genua und Ragusa (Dubrovnik) und aus den Hansestädten.

Schließlich steht ein mächtiges Geschwader von 130 Schiffen, darunter Galeonen, große und schwere Karacken, kleinere, wendigere Pinassen, einige

HINTERGRÜNDE

DIE ROUTE (DIE ODYSSEE) DER »ARMADA«

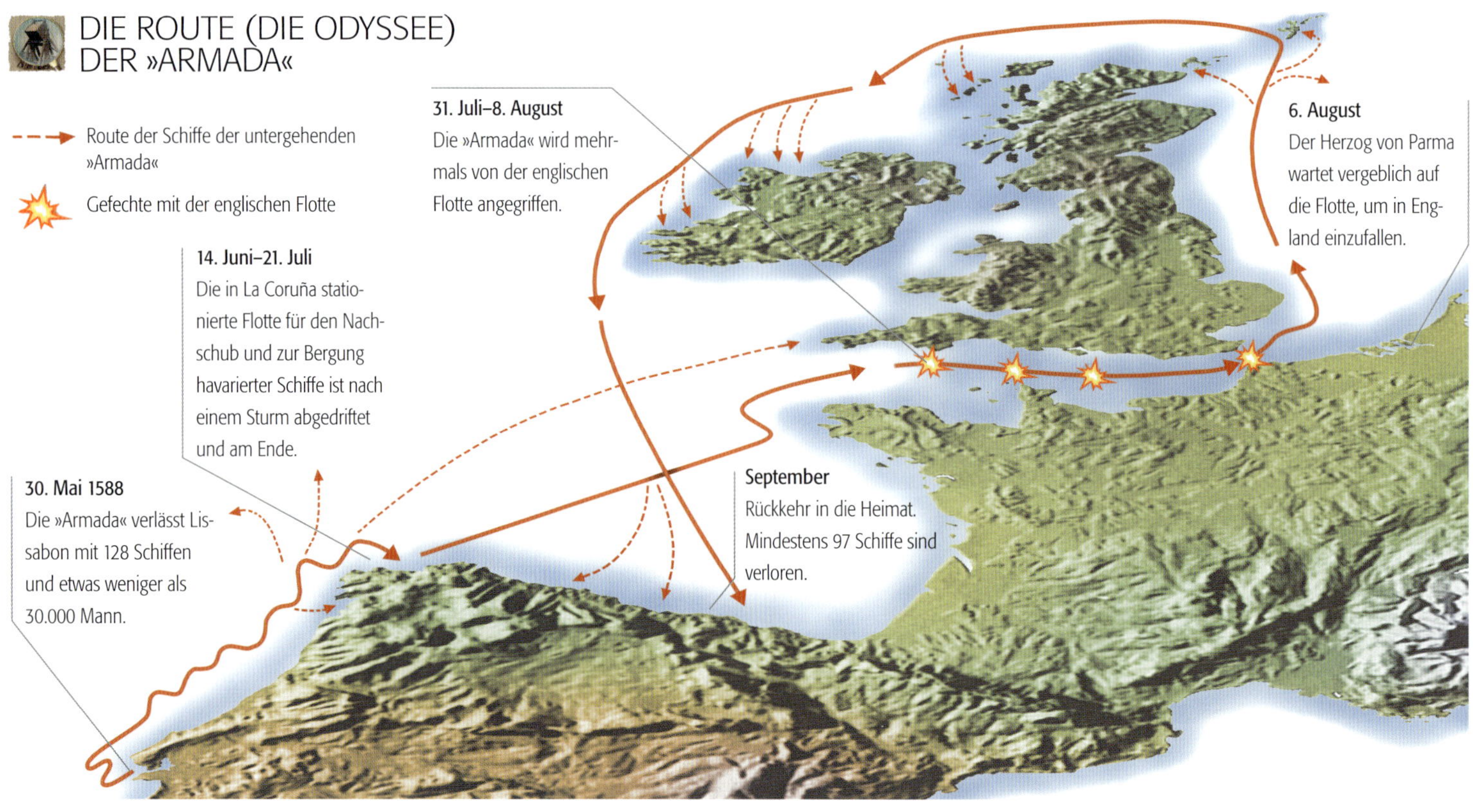

Ein zeitgenössisches Gemälde, das den Angriff der englischen Flotte, links, auf die Armada zeigt. Trotzdem schafft es die spanische Flotte unversehrt bis zu den Orkneyinseln. Dann erfasst sie ein Unwetter.

Galeeren und riesige Galeassen mit Rudern und Segeln, wie sie 17 Jahre zuvor von den Venezianern bei Lepanto eingeführt wurden. Bald erhält sie den Namen die »Unbesiegbare Armada«, zu deren Kommandant wird ein Offizier des Heeres, der noch nie zur See gefahren ist, ernannt: der Herzog von Medina Sidonia.

Unter dem Oberkommando von Lord Charles Howard wurden in England vier Geschwader (die anderen drei unter Francis Drake, John Hawkins und Martin Frobisher) mit insgesamt 200 Schiffen zusammengestellt. Um feindliche Landungen zu verhindern, wurden die Bürger der Städte am Ärmelkanal bewaffnet.

BEWAFFNUNG

GALEONEN, KARACKEN UND PINASSEN

Ende des Mittelalters gibt es zwei Arten von Kriegsschiffen: die Kogge, ein nicht besonders großer, aber wendiger Segler, und die Galeere mit dem schmalen Rumpf, die auch mit Rudern ausgestattet ist.

Im 15. Jh. wurden sie zuerst durch die Karacke abgelöst. Dieses Segelschiff war viel größer, verfügte über vier Masten mit rechteckigen und dreieckigen Segeln, und mit Aufkommen der Feuerwaffen wurden dutzende Kanonen auf ihr untergebracht. Auf die Türme in Bug und Heck verteilt, sogar in den Mastkörben angebracht, erhöhten die Geschütze das Gewicht des Schiffs, veränderten den Schwerpunkt, was nicht nur die Geschwindigkeit verminderte, sondern auch die Balance gefährdete. Zur Mitte des 16. Jh. ging man dazu über, die Platz raubenden Aufbauten zu entfernen und wenigstens die schweren Kanonen auf Brücken an Deck zu verlagern. So entstand die dank der Weiterentwicklung von Segeln und Steuerung schnelle und wendige Galeone. Im Unterschied zu den Engländern machen sich die Spanier diese Neuerungen nicht zunutze. Sie bleiben dem alten Seegefecht treu, das aus Längsseitsgehen und Entern besteht. Die Pinasse ist hingegen ein zierliches und schnelles, leichter bewaffnetes Schiff, das sich für Aufklärungsfahrten, den Transport von Depeschen und kleinere Gefechte eignet – ein wenig wie die Korvette und die Fregatte des 18. und 19. Jh. im Vergleich zum Dampfschiff oder der Kreuzer im Vergleich zum Panzerkreuzer.

Die *Revenge* von Drake, die zusammen mit der *Triumph* und der *Victory* die *San Juan de Portugal* unter Beschuss nimmt.

STREITKRÄFTE

ENGLISCHE ÜBERLEGENHEIT

▶ SPANIER

GALEONEN	20
BEWAFFNETE HANDELSSCHIFFE	47
TRANSPORTSCHIFFE	21
GALEASSEN	4
GALEEREN	4
ANDERE SCHIFFE	32

▶ ENGLÄNDER

KRIEGSSCHIFFE*	83
GALEEREN	1
ANDERE SCHIFFE	172

* VON UNTERSCHIEDLICHER TONNAGE

Unbesiegbare Armada 1588

»Laterale« Schäden
Gegen Ende der Schlacht ereignen sich ein Zusammenstoß zweier Schiffe des andalusischen Geschwaders und eine Explosion an Bord der *San Salvador* des spanischen Vizeadmirals, der von den Engländern gefangen genommen wird.

Im vollen Bewusstsein der Gefahr hat England im Frühjahr vergeblich versucht, die Flotte Madrids in spanischen Gewässern zu provozieren: nun liegt der Ball bei Spanien.

Die Schiffe der »Armada« laufen zwischen 28. Mai und Anfang Juni aus. Am 29. Juli werden sie im Ärmelkanal auf der Höhe von Lizard Point in Cornwall gesichtet. Daraufhin schreiten die Engländer zur Tat: die Geschwader von Howard und Drake legen von Plymouth ab und schaffen es in der Nacht von 30. auf 31. Juli sich an die Fersen der »Armada« zu heften, um sie bei Portland Bill anzugreifen.

➤ DAS GEFECHT BEI PORTLAND BILL

Es handelt sich um das erste Gefecht zwischen Segelschiffen mit großen Artillerieeinheiten an Bord. Bei Lepanto standen einander beinahe nur Ruderschiffe gegenüber, die über wenige Kanonen (mit Ausnahme der Galeassen), hauptsächlich im Bug, verfügen. Daher können weder Howard noch Medina Sidonia auf eine erprobte Taktik zurückgreifen. Sie müssen improvisieren. Die Spanier formieren ihre Schiffe zu einem hohlen Halbkreis, die Engländer ihre zu einem Rechteck.

Kaum hat die Schlacht begonnen, steuert Howard mit der *Ark Royal* auf das rechte »Horn« des Halbkreises zu, wo er die Admiralität unter den majestätischen Karacken vermutet. Die großen Schiffe der anderen drei Geschwader folgen ihm. Nun folgt ein heftiger Schusswechsel, der wegen des großen Abstands aber ohne Folgen bleibt. Den Vizeadmiral der »Armada«, Juan de Recalde auf der *Juan de Portugal,* erwarten Frobisher, Hawkins und Drake, um dessen Schiff zu entern. Doch die Gegner beschränken sich auf einen Beschuss aus sicherer Distanz, ohne Schäden anzurichten.

Im Gegenwind wird die »Armada« dazu gezwungen, sich ebenfalls rechteckig zu formieren. Dabei zeigt sich, dass ihre Schiffe viel schwerer zu manövrieren sind als die gegnerischen, deren Gewicht ohne große Achterdeckaufbauten und Geschütztürme leichter ist. Die Nacht beendet das Gefecht, bei dem es keinen Sieger gibt. Nur zwei spanische Schiffe wurden erbeutet – nicht viel für eine Schlacht, die in die Geschichte eingegangen ist.

➤ DIE »ARMADA« AUF DEM WEG INS VERDERBEN

Am 1. August treibt der Wind die »Armada« neuerlich nach Osten, die Kriegsschiffe bilden Spitze und Schluss, die Transportschiffe die Mitte.

Howard segelt mit seinem Geschwader an der Küste entlang. Er hat die Absicht, den Weg der Spanier zu kreuzen, umzukehren und sie im Rücken anzugreifen. Also greift er die spanische Nachhut an, die von Admiral Martín di Bertendona befehligt wird. Die beiden Geschwader feuern einige Breitseiten ab, bleiben aber unbeschädigt.

In der Nähe attackieren die vier Galeassen unter dem Kommando von Hugo de Moncada, die dank ihrer Ruder nicht auf den Wind angewiesen sind, ei-

Die Phasen der Schlacht bei Portland Bill

■ »Unbesiegbare Armada«
■ Die englische Flotte

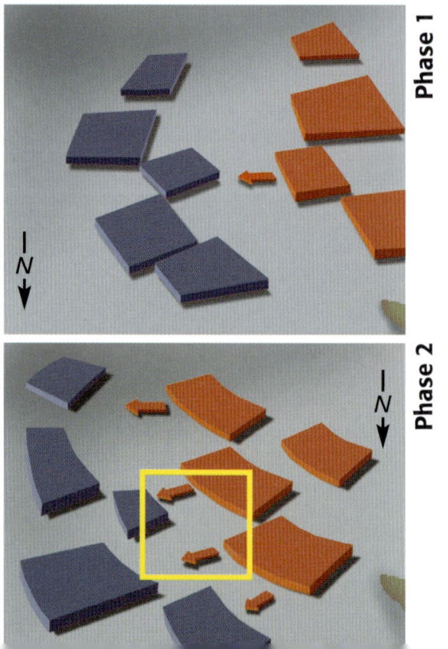

Der englische Angriff
Das vom Oberbefehlshaber der englischen Flotte, Charles Howard of Effingham, befehligte Geschwader greift die Nachhut der Spanier mit Unterstützung der Schiffe von Drake, Frobisher und Hawkins an.

Die Taktik der Engländer besteht darin, den Feind aus einer sicheren Distanz heraus zu beschießen, damit die zahlenmäßig überlegenen spanischen Truppen auf deren Schiffen nicht versuchen können, sie zu entern.

INTERNET
- www.rain.org/~karpeles/armadadis.html
- www.tudorplace.com.ar/Documents/defeat_of_the_armada.htm
- www.arsbellica.it/pagine/moderna/Armada/Armada.html

nige Schiffe von Frobisher. Wegen der gefährlichen Klippen kann er jedoch kein Risiko eingehen. Also muss Medina Sidonia ihm zu Hilfe eilen. Seine *San Martín* holt die Segel ein, um den Gegner zu entern, doch die englischen Galeonen drehen (die Segel weiterhin gesetzt) bei und eröffnen das Feuer. Nach einer Stunde eilen Medina Sidonia die Seinen zu Hilfe und der Tag geht ergebnislos zu Ende.

Tatsächlich sind die Spanier so nahe an der Meerenge von Calais, dass der Herzog von Parma sie mit seinen Männern überqueren könnte, würden die Engländer versuchen, die Spanier festzunageln.

Am 3. August findet ein kurzes Gefecht zwischen den Engländern und der spanischen Nachhut statt, danach pausieren beide Flotten für einige Tage, um sich neu zu formieren.

In der Nacht von 7. auf 8. August greifen die Engländer mit acht mit Brandsätzen bestückten Booten an. Nur einige spanische Schiffe werden beschädigt, doch zwingen die Engländer die »Armada« eiligst die Anker zu lichten, weil am Morgen des 9. Drake eine Attacke startet, noch bevor sie sich formieren kann. Einige weitere Schiffe von König Philipp werden beschädigt, eines versenkt und zwei laufen vor den Niederlanden auf Sandbänke auf.

In den folgenden Tagen wird die spanische Flotte vom Wind immer weiter nach Osten getrieben und ist weder in der Lage eine Schlacht zu eröffnen, noch die Küste zu erreichen, um Unterstützung von den flämischen Soldaten zu erhalten. Die einzige Möglichkeit besteht darin, die englische Flotte abzuschütteln und den langen Weg rund um die Britischen Inseln einzuschlagen, um nach Spanien zurückzukehren. Die Umsegelung wird zu einer Fahrt ins Verderben, dutzende Schiffe bleiben auf dem Ozean. Die Route und das Meer haben die »Armada« besiegt, nicht die Royal Navy, die es jedoch verstanden hat, den Feind vom Heimatboden fernzuhalten.

Die Niederlage der Spanier, die keineswegs jene Konsequenzen tragen müssen, die man ihnen später angedichtet hat (vielmehr sind die Schiffe Philipps und seiner Gefolgsleute bald wieder ersetzt), gibt England das Vertrauen in die eigene Marine zurück. Andere protestantische Streitkräfte fassen gegenüber den Katholiken Mut, die nun nicht mehr so unbesiegbar scheinen wie in den Jahren zuvor.

Breitenfeld

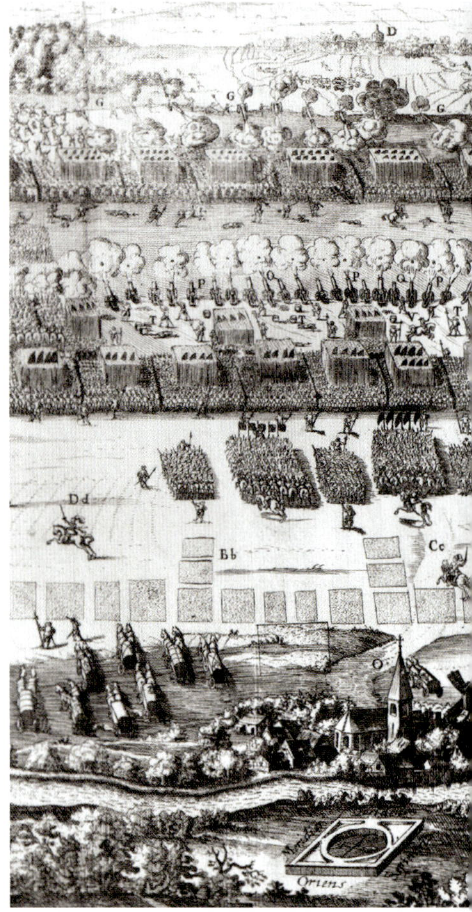

1631

Das militärische Verständnis und der innovative Geist des Königs von Schweden, Gustav Adolf, finden im Sieg in der Schlacht von Breitenfeld gegen die katholischen Kräfte während des »Dreißigjährigen Krieges« ihren Niederschlag. Durch ihre zielgerichtete Ausbildung und die extrem vielseitige Einsetzbarkeit aller Truppenteile revolutionieren die Schweden die Kriegsführung.

Der »Dreißigjährige Krieg« (1618–1648) ist ursprünglich ein europäischer Religionskrieg: die protestantischen Staaten (wie Schweden, Holland und einige deutsche Fürstentümer) gegen die großen katholischen Reiche (Spanien und seine Besitzungen sowie das Heilige Römische Reich der Habsburger). Frankreich schlägt sich auf die Seite der protestantischen Kräfte, um die Macht des Reiches zu brechen. Auslöser des Krieges ist die Revolte der Böhmen gegen die Einsetzung eines katholischen Herrschers an Stelle des lutherischen Pfalzgrafen Friedrich V.

Der Beginn des Krieges findet daher auch auf böhmischem Boden und in der Pfalz statt. Die kaiserliche Armee unter Führung von Graf Tilly marschiert nach Prag, schlägt die Protestanten unter dem Kommando von Christian von Anhalt-Bernberg in der Schlacht am Weißen Berg

WAFFEN

DAS KAISERLICHE *TERCIO*

Ursprünglich bedeutet *Tercio* in Spanisch »Regiment«, doch in diesem Fall handelt es sich um eine in den ersten drei Jahrzehnten des 15. Jh. und einem Großteil des 17. Jh. in Europa verbreitete militärische Formation. Sie besteht aus einem zentralen Kern von Pikenieren, der von Arkebusieren und Musketieren umgeben ist. Zur Zeit von Breitenfeld besteht diese Formation aus rund 1000 Mann. Kavallerieangriffe können ihr nichts anhaben, doch andererseits ist sie langsam, schwer zu bewegen und extrem verwundbar durch Artilleriefeuer.

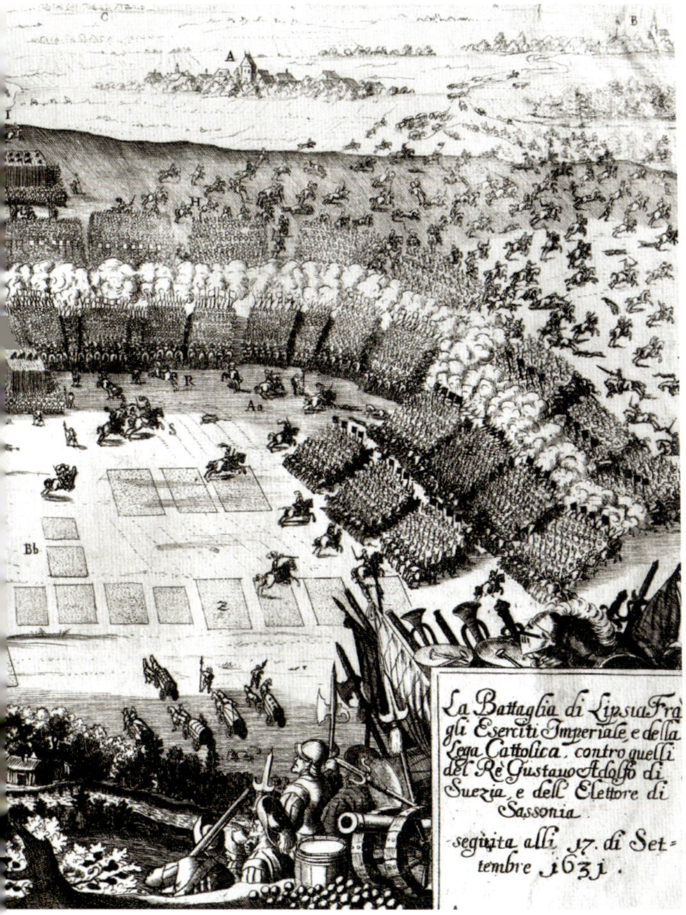

Dieser Stich zeigt die Schlacht von Breitenfeld. Der Sieg ist Gustav Adolf zuzuschreiben, der nicht nur einfach Reformen durchführte, sondern eine wirkliche Revolution auf militärischem Gebiet bewirkte.

am 8. November 1620 und nimmt die Stadt ein.

Die Tschechoslowakei sollte bis 1918 unter österreichischer Herrschaft bleiben.

In den folgenden Jahren bietet Dänemark dem Reich die Stirn, zieht sich 1629 nach schweren Niederlagen aber wieder zurück. Allerdings greifen nun die Protestanten in Form jenes Reiches ein, dessen Herrscher gut vorbereitet und auf dem Gebiet der Kriegsführung wahrhaft innovativ ist: Gustav Adolf.

➤ DIE MILITÄRISCHE REVOLUTION GUSTAV ADOLFS

In einer Ära, in der Heere zum großen Teil aus fremden Söldnern bestehen, die zumeist Hieb- und Stichwaffen benutzen, durch schwere Rüstungen behindert werden, deren Artillerie schwierig zu bedienen ist und deren Arkebusen ohne Stützen nicht abgefeuert werden können und bei deren Nachladen wertvolle Zeit vergeudet wird, verändert Gustav Adolf in seinem Staat alles. Als erster Souverän eines Nationalstaates führt er die Wehrpflicht ein und zieht Bürger ein, die auch wegen ihres Glaubens ein Zusammengehörigkeitsgefühl haben. Die Absicht des schwedischen Regenten ist es, ein professionelles Heer mit in den Provinzen bereits bestehenden Milizeinheiten zu vereinen. Dieses System tritt 1621 in Kraft und behauptet sich von Beginn an, auch wenn zuerst viele ausländische Kontingente gebraucht werden.

HINTERGRÜNDE

DIE GEGNER GUSTAV ADOLFS

Albrecht von Wallenstein (1583–1634) ist bei Ausbruch des »Dreißigjährigen Krieges« einer der wenigen böhmischen Adeligen, die dem katholischen Reich treu sind. Er zieht mit 40.000 Mann in den Krieg, die er aus eigener Tasche besoldet und mit denen er eine Reihe von Siegen über protestantische Deutsche, Böhmen und Dänen erringt. Von zahlreichen Anhängern der gemeinsamen Sache mit Soldaten ausgestattet, wird er von vielen katholischen Machthabern beneidet. Sie veranlassen, dass ihm 1630 das Oberkommando über die Kaiserlichen entzogen wird. Nach der Niederlage des Reiches, 1631 bei Breitenfeld, erhält er es wieder zurück. Im Jahr darauf besiegt er die Sachsen und drängt die Schweden zurück, obwohl er bei Lützen eine Niederlage erleidet. 1634 wird er des Verrats verdächtigt und von zwei verbündeten Obristen im Solde Ferdinands II. ermordet.

1630 übernimmt Jan Tilly (1559–1632) das Oberkommando über das kaiserliche Heer, der zuvor gegen die Türken in Ungarn gekämpft hat und 1605 zum Feldmarschall ernannt wurde. Von Beginn des Krieges an befehligt er die Katholische Liga und besiegt 1620 die Böhmen am Weißen Berg, erobert anschließend die Pfalz und bleibt in einigen Schlachten gegen die deutschen und dänischen Protestanten siegreich. Nach der Niederlage in Breitenfeld wird er aus Norddeutschland vertrieben, 1632 fällt er in Bayern beim Versuch, die Schweden an der Überquerung des Lech zu hindern.

Abbildung einer schwedischen Kanone, wie sie in Breitenfeld im Einsatz stand.

STREITKRÄFTE

SCHWEDEN UND SACHSEN IN DER ÜBERZAHL

▶ SCHWEDEN UND SACHSEN

SCHWEDEN	24.000
SACHSEN	18.000
SCHWERE ARTILLERIE	51

▶ KAISERLICHE

INFANTERIE	31.000
KANONEN	27

Breitenfeld 1631

Die schwedischen *Skvadron*
Gustav Adolf formiert seine Infanterie zu Brigaden, die in Bataillone (*Skvadron*) unterteilt und mit Kanonen ausgestattet sind. Bei Breitenfeld besteht das schwedische Zentrum unter dem Kommando der Generale Teuffel und Hepburn aus der vierten Brigade, die von weiteren drei in der zweiten Reihe gedeckt wird.

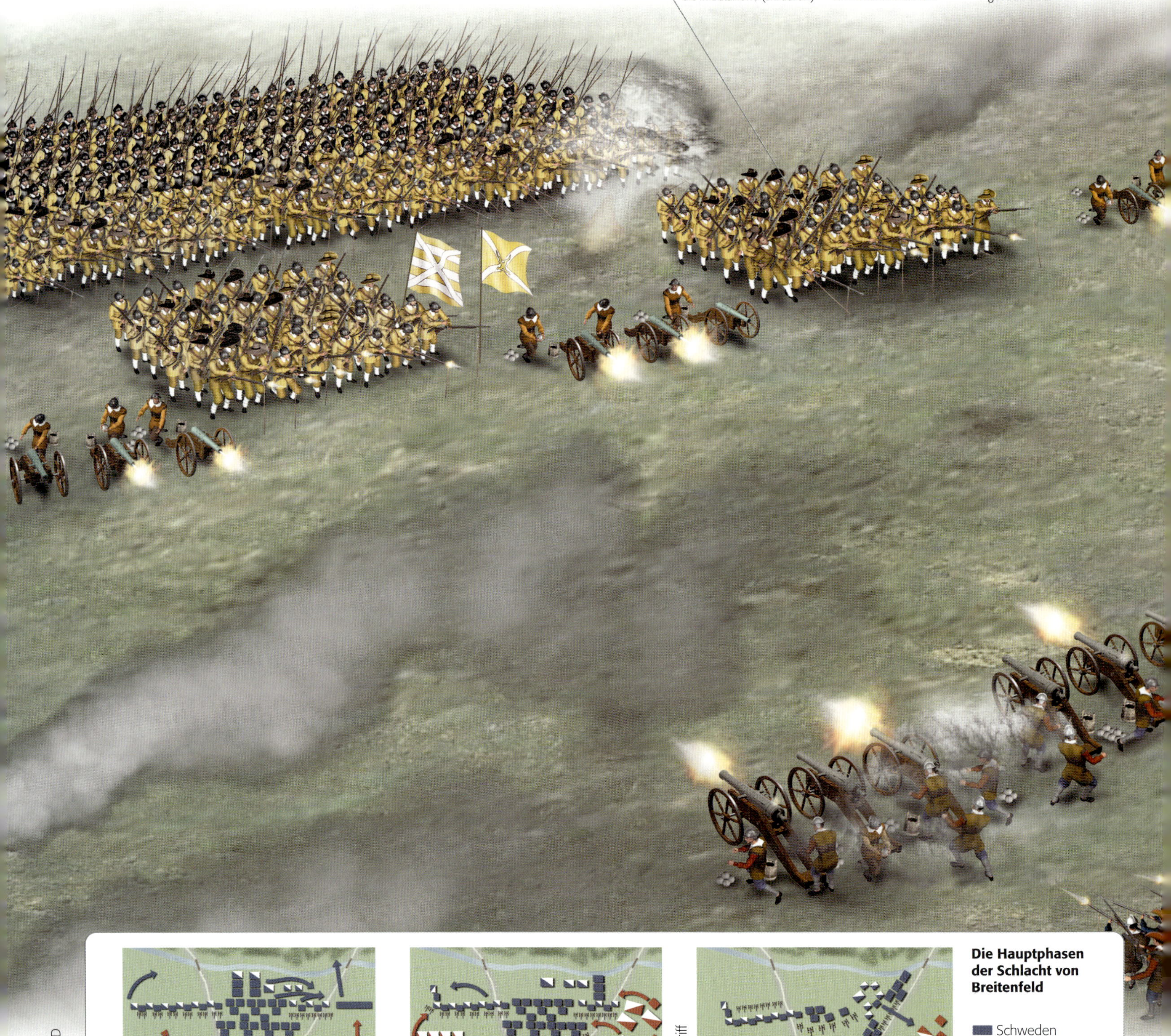

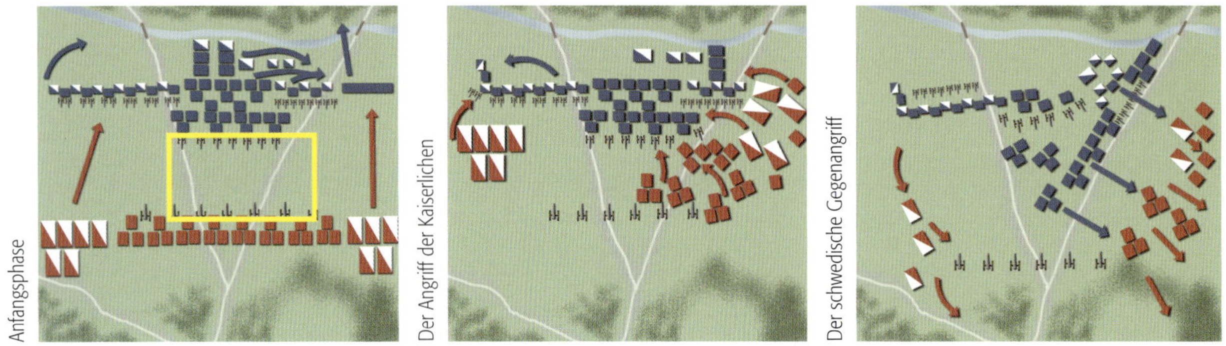

Die Hauptphasen der Schlacht von Breitenfeld

Schweden
Kaiserliche

Die säumigen Kaiserlichen
Langsamer als die Schweden, gelingt es den Kaiserlichen nur ein Drittel der Schussfrequenz ihrer Gegner zu erreichen. Um 12 Uhr beginnen beide Heere mit einem zweistündigen gegenseitigen Beschuss, bevor sie ihre jeweiligen Einheiten bewegen.

1618 (23. Mai) Mit dem Fenstersturz von Prag beginnt der »Dreißigjährige Krieg« • **1620 (8. November)** Die Kaiserlichen besiegen die böhmischen Aufständischen am Weißen Berg • **1621 (September)** Die Schweden erobern Riga • **1630 (6. Juli)** Gustav Adolf von Schweden landet in Peenemünde in Pommern • **1631 (20. Mai)** Tilly belagert Magdeburg; **(17. September)** die Schweden siegen am Weißen Berg • **1632 (17. November)** Die Schweden siegen bei Lützen; Gustav Adolf fällt in der Schlacht • **1635** Frieden von Prag. Abkommen zwischen Ferdinand II. und allen protestantischen Staaten des Reiches. Die Franzosen greifen gegen das Reich ein • **1638 (10. März)** Bernhard von Sachsen-Weimar besiegt die kaisertreuen Bayern • **1643 (19. Mai)** Der Fürst von Condé besiegt bei Rocroi das flämische Heer • **1648 (20. August)** Die Spanier unterliegen bei Lens den Franzosen • **(24. Oktober)** Westfälischer Frieden; Ende des Krieges.

Breitenfeld 1631

Sogar heute noch überrascht die Entscheidung des schwedischen Königs, nach dem Sieg bei Breitenfeld nicht nach Wien zu marschieren und die Habsburger zur Aufgabe zu zwingen, sondern stattdessen Tilly zu verfolgen.

Tilly schlägt seinen Generälen vor, die Ankunft der 15.000 Mann Reserve abzuwarten, die sich bereits auf dem Weg nach Breitenfeld befinden – doch Pappenheim möchte die Schweden herausfordern und zwingt die Kaiserlichen zum Kampf.

Die kaiserliche Kavallerie besteht aus gepanzerten Rittern und berittenen Arkebusieren. Sie bilden viereckige Marschkolonnen und haben eine spezielle Angriffstaktik: Die erste Reihe feuert und macht dann Platz für die zweite usw.

Ein Gemälde von J. J. Walter, das den Sieg Gustav Adolfs bei Breitenfeld darstellt. Im Unterschied zu diesem Bild erleidet der Schwedenkönig im polnischen Krieg (1620–1622, 1625–1629) so schwere Verletzungen, dass er die Rüstung nicht mehr anlegen kann.

Der schwedische König reformiert aber auch die Ausbildung. Während andere Heere eine Taktik verfolgen, die es ihnen erlaubt, schnell große Massen zu mobilisieren, die jedoch nicht für den Ernstfall ausgebildet wurden, ist sich Gustav Adolf bewusst, dass entsprechend vorbereitete Soldaten die Wirkung vervielfachen können.

Um die Pikeniere in der Infanterie zu unterstützen, erhöht er die Anzahl der Feuerwaffen (die inzwischen zum Standard der Kavallerie gehören). Es handelt sich dabei um leichte Musketen, die bereits mit vorgefertigten Kartuschen geladen werden. Rüstungen und Helme werden leichter, ebenso die Kanonen, deren Kaliberbandbreite derart reduziert wird, dass einzelne Geschütze von nur drei Männern oder einem einzelnen Pferd auf dem Feld bewegt werden können.

Eine weitere Neuheit ist die Einführung der überfallsartigen Attacke gegenüber Feinden, die nicht langsam und Schritt für Schritt, sondern nur mit einem unmittelbaren Angriff zermürbt werden können. Die Musketiere eröffnen den Kampf durch gleichzeitiges Abfeuern ihrer Waffen (aus diesem Grund wird die Formation auch von sechs auf drei Reihen reduziert) und werden anschließend von den Pikenieren mit ihren 6 m langen Lanzen beim Rückzug gedeckt.

Gustav Adolf unterteilt sein Heer in Brigaden, denen auch leichte Kanonen zugeteilt sind, die auf dem Schlachtfeld leicht und schnell von Hand oder mit einem Pferd bewegt werden können.

Die neue Art der Kriegsführung beinhaltet auch eine Reform der Kavallerie, deren ursprüngliche Aufgaben erweitert werden: die Reiter greifen mit Hiebwaffen an und werden dabei von Musketieren zu Fuß unterstützt.

➤ DIE SCHWEDISCHEN ERFOLGE IM KRIEG

Das Heer Gustav Adolfs landet in Pommern und wendet sich nach Süden. Auf dem Weg nach Wien stehen allerdings die Truppen Tillys, die Magdeburg besetzt haben und hinter den Mauern von Leipzig verschanzt auf die Schweden (und die mit ihnen verbündeten Sachsen) warten.

Am Morgen des 17. September 1631 stellt Tilly 17 *Tercios* vor der Stadt auf, die von einem Hügel aus Artillerieunterstützung haben und an den Flanken von den Reitern des Grafen von Pappenheim gedeckt werden.

Der Schwedenkönig postiert seine Infanterie und Kavallerie gegenüber dem Zentrum der Angreifer. Den rechten Flügel bilden die Schweden, den linken die Sachsen. Die Artillerie ist auf alle drei Abschnitte verteilt, wo die einzelnen Bataillone und Schwadronen aufgestellt sind. Der Kavallerie Pappenheims misslingt im Morgengrauen ein Angriff auf den rechten Flügel, während ein ähnliches Manöver gegen den schwankenden Frontabschnitt der Sachsen zur Folge hat, dass diese gut 25 km weit zurückgedrängt werden.

Die Schweden reagieren, indem sie zwei Regimenter im rechten Winkel aufstellen und die nicht von Verlusten be-

INTERNET
- www.pipeline.com/~cwa/Breitenfeld_Phase.htm
- members.tripod.com/Strv102r/gustaf_ii_adolf8.htm
- www.battletour.com/breitenfeld.php
- www.strategos.demon.co.uk/tywhome/Breitenfeld.htm

Abbildung der Schlacht am Weißen Berg.

Unten: Feldzeichen der blauen, grünen und gelben Regimenter der Schweden im »Dreißigjährigen Krieg«.

troffenen *Tercios* attackieren lassen. Die äußerst bewegliche und präzise Artillerie Gustav Adolfs neutralisiert die kaiserliche, während Pappenheims Reiterei nach sieben vergeblichen Angriffen gegen die Schweden buchstäblich verblutet. Nach zahlreichen Attacken mit Musketen und Arkebusen werden die überlegenen *Tercios* ohne Schwierigkeiten zerstreut.

Der schwer verwundete Graf Tilly rettet sich mit der Reiterei Pappenheims nach Leipzig und überlässt seine Artillerie dem Feind. Tausende Gefangene treten in schwedische Dienste ein.

Die katholische Niederlage ermutigt die bislang unentschiedenen protestantischen deutschen Adeligen. Die Sachsen erobern gegen Ende des Jahres Prag und die Schweden marschieren immer weiter nach Westen auf die französische Grenze zu. Erst der Tod Gustav Adolfs in der siegreichen Schlacht von Lützen bremst den schwedischen Vormarsch. Der Krieg verlagert sich nach Westen.

▶ SCHWEDEN	
INFANTERIE	11.500
KAVALLERIE	6500
SCHWERE GESCHÜTZE	26
LEICHTE GESCHÜTZE	40

▶ KAISERLICHE	
INFANTERIE UND KAVALLERIE	40.000
SCHWERE GESCHÜTZE	21

LÜTZEN 16. NOVEMBER 1632

Unter den vielen militärischen Abenteuern der Schweden im »Dreißigjährigen Krieg« muss jene Schlacht hervorgehoben werden, in der Gustav Adolf den Tod fand.

Albrecht von Wallenstein, böhmischer Edelmann und Oberbefehlshaber der kaiserlichen Truppen, schlägt sein Winterlager bei Leipzig auf, da er damit rechnet, dass Gustav Adolf nicht angreifen wird, bevor die mit ihm verbündeten Sachsen eintreffen. Doch am 16. November 1632 formiert der schwedische König seine Soldaten in zwei Reihen mit der Infanterie im Zentrum und der Artillerie in vorderster Linie. Als sich der Nebel gegen 11 Uhr lichtet, lässt er die Artillerie die dicht geschlossenen Reihen Wallensteins unter Beschuss nehmen, deren Formation sich an den spanischen *Tercios* orientiert. Vier Abteilungen sind kreuzförmig zu Rechtecken formiert, der Großteil der Kavallerie steht rechts, die Artillerie bildet die Front und die rechte Flanke nimmt eine Anhöhe ein. Nach der Vorbereitung durch die Artillerie greift die Infanterie das gegnerische Zentrum, die Kavallerie den linken Flügel der Kaiserlichen an. Die zweite Linie der deutschen Infanterie schließt ihre Gegner ein und Gustav Adolf bricht mit einer Hand voll Reiter in das feindliche Zentrum ein.

Dort stirbt der König im Kugelhagel der Deutschen. Auf Befehl Bernhards von Weimar greift die noch unverbrauchte Reserve wiederholt das Zentrum des Gegners an und bemächtigt sich der Kanonen der Kaiserlichen, die sofort gegen die feindliche Infanterie eingesetzt werden. In Anbetracht der vorgerückten Stunde zieht sich Wallenstein, der zudem noch die Hilfe der von Pappenheim kommandierten Verstärkung unterschätzt, mit seinen erschöpften Männern hinter die Mauern Leipzigs zurück. Einmal mehr haben die Schweden die deutlich überlegenen Kaiserlichen besiegt, allerdings ist der Tod ihres Königs ein Verlust, über den sie nicht hinwegkommen.

Naseby

1645

Am 14. Juni besiegen die Parlamentstruppen die Royalisten in einer Schlacht, die die Wende im englischen Bürgerkrieg anzeigt. Genau im richtigen Moment greift die Kavallerie von Oliver Cromwell ein, dessen Ironsides *die Parlamentarier vor dem Untergang bewahren.*

Ein *Ironside* der Parlamentarier. Zu Beginn des 17. Jh. statten viele europäische Heere ihre Regimenter mit neuen Einheiten aus. Dazu gehören auch Dragoner (Degen und Musketen), die sich auf Fußvolk und Reiterei verteilen. Während des englischen Bürgerkriegs verfügen beide Streitparteien über solche Abteilungen.

Im Jahr 1642 beginnt in England ein Bürgerkrieg, in dem Parlamentarier gegen König Charles I. Stuart zu Felde ziehen. Der Höhepunkt dieser Auseinandersetzung wird 1649 mit dem Prozess gegen den König und dessen Enthauptung erreicht. Bis 1658 ist England eine Republik unter der Führung von Oliver Cromwell.

Am 14. Juni 1645 bekämpfen einander die Truppen der Monarchisten und der Parlamentarier in der Nähe des Städtchens Naseby (130 km nordöstlich von London). Daraus wird eine Entscheidungsschlacht. Die Parlamentarier verfügen über die größere Truppenstärke, sind aber nicht so gut organisiert. Auch die Kavallerie der Parlamentarier ist zahlenmäßig überlegen, jedoch nicht auf dem gleichen Niveau wie die der Royalisten.

Die Monarchisten werden vom Neffen des Königs, Prinz Rupert, angeführt, der mutig und erfahren ist. Den Oberbefehl über die Parlamentarier hat Lord Thomas Fairfax.

Um 10 Uhr vormittags begegnen einander die beiden Heere in einem hügeligen Gelände. Entgegen den Vorschlägen der königlichen Ratgeber eröffnet Rupert das Gefecht mit einem Angriff auf die Parlamentarier. Diese antworten mit Musketenfeuer aus der zweiten Linie, die von Pikenieren gedeckt wird. Dragoner unter der Führung von Oberst John Okey starten Störaktionen, indem sie überraschend hinter den Mauern von Sulby Hedges zur Rechten des Royalistenheeres auftauchen.

Rupert, der die Kavallerie aufhalten muss, sammelt die Truppen und stürmt erfolgreich gegen die linke Flanke der

STREITKRÄFTE

ÜBERLEGENHEIT DER PARLAMENTARIER

▶ ROYALISTEN	
INFANTERIE	3500
KAVALLERIE	4000
VERLUSTE	
GEFALLENE	1000
GEFANGENE	5000
▶ PARLAMENTARIER	
INFANTERIE	7000
KAVALLERIE	6500
VERLUSTE	
GEFALLENE	1000

Oliver Cromwell bedient sich einer neuen Technik: Er verlängert die Attacken durch die Kavallerie, um die Infanterie zu unterstützen und den Feind fortlaufend anzugreifen. Nach dem ersten Vorstoß formiert sich die Reiterei neu und prescht immer wieder vor.

Royalisten
❶ Rupert
❷ Astley
❸ Langdale
❹ Reserve

Parlamentarier
❺ Okey
❻ Ireton
❼ Fairfax
❽ Cromwell

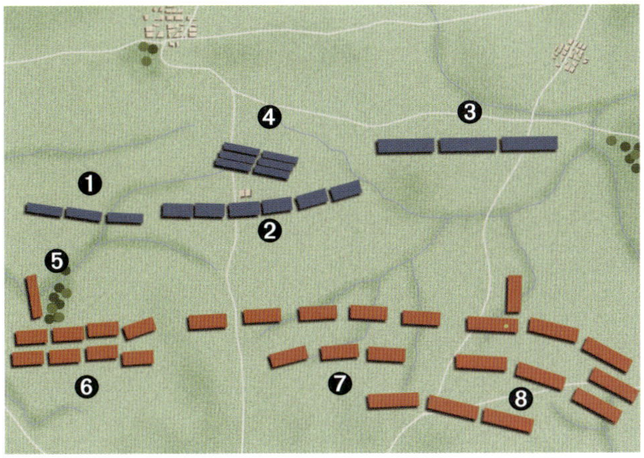

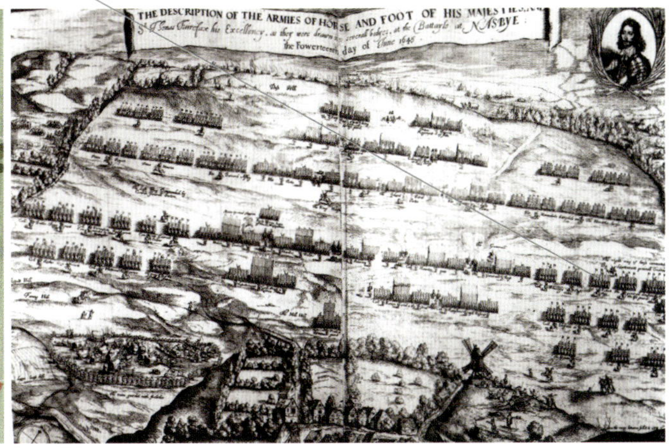

Dieser Stich zeigt Oliver Cromwell.

Oben rechts: Dieser Stich stellt die anfängliche Stellung der beiden Heere bei Naseby dar. Die Truppen der Parlamentarier sind im Vordergrund, ihre Gegner gegenüber.

Parlamentarier von Henry Ireton. Dessen Kavallerie ergreift die Flucht und wird von Rupert verfolgt, der dabei den Kampfschauplatz verlässt.

Inzwischen liefern sich die Zentren beider Heere ein schweres Gefecht, wobei Musketiere die Pikeniere bekämpfen. Die *Roundheads* (»Rundköpfe«, wie die Soldaten der Parlamentarier genannt werden) weichen zurück. Zwei Regimenter von Fairfax geben nach und werden zerstreut. Dadurch entsteht an ihrer eigenen Front eine gefährliche Lücke, die jedoch sofort von den Royalisten erobert wird. Zu diesem Zeitpunkt greifen die besseren Truppen der Parlamentarier ein, die in der zweiten Reihe stehen, und leisten Widerstand, bis die Kavallerie Cromwells rechts von den *Ironsides* eintrifft. Sie kann den Feind zuerst aufhalten und dann in die Flucht schlagen. Während einige *Ironsides* ihre Gegner verfolgen, greift ein Großteil von Cromwells Reiterei an, wobei sie von Okeys Dragonern unterstützt wird. Die Attacke richtet sich gegen die Flanke und den Rücken der royalistischen Infanterie von Lord Astley. Sie werden nach einem rund halbstündigen Kampf überrannt und vernichtend geschlagen.

König Charles könnte mit einem Reservekorps eingreifen, einer seiner Offiziere rät ihm aber davon ab und er entscheidet sich daher für den Rückzug. Durch die Gefangennahme von 5000 Soldaten durch die Truppen der Parlamentarier unter Fairfax wird die Niederlage der Royalisten noch gravierender.

HINTERGRÜNDE

DIE »NEW MODEL ARMY« CROMWELLS

Das englische Parlament gründet 1645 die »New Model Army«, ein Heer nach neuem Modell, um sich von den Truppen der Royalisten abzuheben, die größtenteils aus Aristokraten bestehen und vor allem für den Kampf zu Pferd gut ausgebildet sind. Dabei handelt es sich um ein Berufsheer, das von General Fairfax geführt wird. Cromwell befehligt die Kavallerie, die er bereits in der Schlacht von Marston Moor (1644) mit Erfolg zu führen verstanden hat. Rekrutierung und Laufbahn basieren auf militärischen Fähigkeiten und haben weniger mit Adelstiteln zu tun. Jeder Angehörige der unteren Klassen kann sich als Kommandeur einer Kompanie beweisen, wenn ihm ein Parlamentarier unterstellt ist. Die Einführung der »New Model Army« in England bestätigt die Bedeutung der militärischen Innovationen Gustav Adolfs. Den wichtigsten Bestandteil stellt die leichte Kavallerie dar, deren Angehörige mit einer Pistole, einem Degen und einer kurzen Muskete bewaffnet sind (die Rüstung bleibt auf Brust und Rücken beschränkt). Sie ist schnell, extrem beweglich und nutzt den Überraschungseffekt. Wenn sie auf dem Kampfplatz auftaucht, verfolgt sie diese Taktik: schnell zustoßen und zurückziehen. Die Angriffe erfolgen über die Flanken der royalistischen Truppenteile, während diese noch Aufstellung nehmen und Artillerie und Musketiere in Position bringen. Wenn sie sich auf dem Schlachtfeld sammeln, verlieren sie wertvolle Zeit. Die Infanterie lässt hingegen die Rüstungen und teilweise die Helme weg und bekleidet sich mit roten Jacken, die zweieinhalb Jahrhunderte lang das Erkennungszeichen englischer Soldaten werden.

Wien

1683

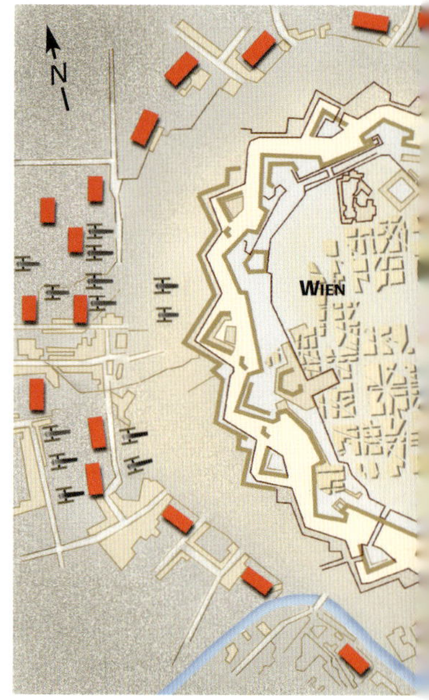

Am 7. Juli stehen die Türken des Großwesirs vor den Toren Wiens, der letzten Bastion des christlichen Abendlandes. Die Stadt wird von türkischen Kanonen beschossen, doch am 12. September macht das Eintreffen des Entsatzheeres unter dem Befehl des polnischen Königs die Belagerung zunichte. Eine Stadt durch Belagerung einzunehmen war noch nie einfach und die Hauptlast der Kampfhandlungen liegt bei der Kavallerie.

Ein berittener türkischer Edelmann und ein polnischer Husar mit Flügeln. Zum 18.000 Mann starken polnischen Kontingent gehören 3300 Husaren, die Eliteeinheit der Reiterei Sobjeskis. Ihre Bewaffnung besteht aus einer langen, leichten Lanze und einem Säbel. Ihr Einsatz erfolgt, bevor die anderen Einheiten auf den Plan treten und zielt darauf ab, die feindlichen Linien aufzubrechen.

Der letzte fehlgeschlagene osmanische Überfall ereignet sich in Wien. In der zweiten Hälfte des 17. Jh. beherrscht das bereits im Untergang begriffene Osmanische Reich die Balkanhalbinsel. Die Konflikte zwischen den wichtigsten westlichen Mächten begünstigen die Türken, die gegen Polen, Russland und Venedig Krieg geführt haben. 1664 haben die kaiserlichen Truppen unter dem Kommando von Raimondo Montecuccoli die Türken über die Raab zurückgedrängt, doch der neue Großwesir Kara Mustafà nimmt den Kampf erneut auf.

Die Invasion beginnt am 31. März 1683 in Adrianopel mit 160.000 Mann (davon 70.000 Ungarn). Die Ziele sind Wien, Prag, das Rheinland und sogar Rom.

Österreich findet in Johann III. Sobjeski von Polen einen militärischen Verbündeten. Die 24.000 Mann starke, eilig einberufene christliche Truppe wird von Karl von Lothringen angeführt. Der beschließt, 10.000 Mann in Wien zurückzulassen und mit dem anderen Teil seines Heeres die Ungarn in Schach zu halten.

Am 7. Juli trifft die gewaltige türkische Armee vor Wien ein. Kaiser Leopold von Habsburg verlässt die Hauptstadt und betraut Graf Rüdiger von Starhemberg mit der Verteidigung. Ab 14. Juli beginnen die Türken ihre Feldlager rund um die Stadt

STREITKRÄFTE

TÜRKISCHE ÜBERLEGENHEIT

▶ ÖSTERREICHER UND VERBÜNDETE

GARNISON VON WIEN	10.000
KANONEN	310
ENTSATZHEER	46.600

▶ TÜRKEN UND VERBÜNDETE*

SOLDATEN	70.000

* BEI DER BELAGERUNG EINGESETZT

Zu Beginn des Jahres 1683 werden die südliche und die südöstliche Stadtmauer von Georg Rimpler (ein deutscher Baumeister und Spezialist für Befestigungen) verstärkt. Obwohl die Eindringlinge über keine schwere Artillerie verfügen, stellen die Tunnels dennoch eine große Gefahr dar.

Der Schwerpunkt der türkischen Angriffe richtet sich gegen die Bastionen Burg und Löwel. Am 2. und 3. September fällt der Ravelin der Burg und am 9. wird ein Mauervorsprung und eine Seite der Bastion Löwel beschädigt. Doch drei Tage später trifft endlich das von Sobjeski geführte Entsatzheer ein.

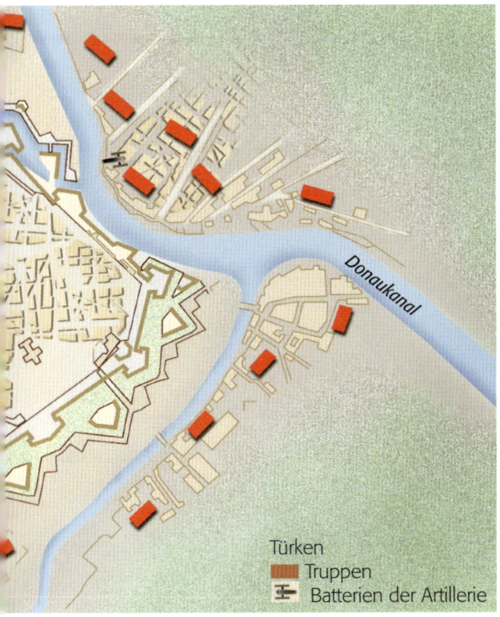

einzurichten. Die Janitscharen und die türkischen Elitetruppen postieren sich vor den stärksten Stellen der Stadtmauern, die anderen Truppenteile (aus Afrika und Asien) auf dem Laaerberg. Dann beginnt der Artilleriebeschuss aus vielen Kanonen, die jedoch allesamt nicht großkalibrig sind.

Karl von Lothringen besiegt unterdessen die Ungarn bei Pressburg, wendet sich dann wieder gegen Wien und erobert eine Brücke über die Donau. Mit seinen Panzerreitern drängt er 15.000 Türken zurück, die dabei 1000 Mann verlieren.

Weil ihm die Kanonade zu langwierig erscheint, lässt Kara Mustafà Gräben ausheben, um näher an die Stadt heranzukommen, sie zu blockieren und die Mauern mit Tunnels zu unterminieren. Die Wiener verteidigen sich mit den 310 Geschützen der Befestigungsanlage und unternehmen mehrere Ausfälle. Bei einem dieser Versuche werfen sich 30 Ritter auf 60 Gegner. Trotz der Verluste mehren sich die Angriffe und Hunger macht sich bei den Belagerten bemerkbar. Erst am 4. September erreicht die ersehnte Nachricht Wien: Karl von Lothringen hat mit 46.000 Mann (Österreicher, Deutsche, Polen, Schweden und Italiener) die Donau überquert.

Die Türken schicken ihm den Khan von Krim entgegen, doch die Verstärkung für die Wiener kommt am 9. September trotzdem an, gerade als die Türken eine Bresche in die Mauern geschlagen haben. Die zu Hilfe eilenden Truppen lagern auf dem Kahlenberg. Am 12. wenden sie sich gegen den Feind: die Polen links, die Deutschen rechts und die Österreicher im Zentrum. Sie tauchen hinter den ausgewählten türkischen Truppen auf, die sich plötzlich zwischen den Kanonen Wiens und den frisch angekommenen Streitkräften wiederfinden.

Karl greift zuerst an und erobert die Vorstadt Nußdorf. Ihm folgen drei italienische Panzerreiterschwadronen, die die *Spahis*, die türkische Reiterei, auseinander treiben. Johann III. dringt mit seinen Husaren weit in die feindlichen Linien ein, die Infanterie folgt ihm. Die Türken lassen ihr enormes Feldlager mit allen Vorräten zurück und ziehen sich in völliger Unordnung nach Belgrad zurück, wo sie endgültig unterliegen. Die Truppen des Sultans dringen nie wieder bis zu den Stadtmauern der Habsburgermetropole vor.

Franz Geffels, *Die Befreiung aus der Belagerung,* 1683 (Wien, Historisches Museum der Stadt).

Links: *Johann Sobjeski, der Sieger gegen die Türken vor den Toren Wiens,* Gemälde aus dem 19. Jh. von Jan Mateiko (Vatikan, Vatikanische Museen). In der zweiten Augusthälfte bricht Johann III. an der Spitze des polnischen Heeres auf, ohne die Ankunft des litauischen Kontingents abzuwarten. Bei Wien stoßen Österreicher und Deutsche dazu.

Blenheim

1704

Diese Schlacht hat zwei Auswirkungen: Frankreich muss sich vom Traum der Vorherrschaft in Europa verabschieden und England ist erneut die militärische Supermacht in der Alten Welt. Durch das kriegerische Geschick des Herzogs von Marlborough werden die Franzosen besiegt, die für die beste Armee Europas gehalten wurden.

Kolorierter zeitgenössischer Stich der Schlacht von Blenheim. Der französische Gegenangriff drohte die Pläne von Marlborough zunichte zu machen, doch der Erfolg der kaiserlichen österreichischen Panzerreiter ermöglichte es den Engländern, sich neu zu formieren.

Im Jahr 1700 stirbt Karl II., der letzte spanische König aus dem Hause Habsburg, ohne einen Erben zu hinterlassen. Frankreichs »Sonnenkönig« Ludwig XIV. schlägt Philipp von Bourbon als Nachfolger vor, während der österreichische Kaiser für Karl aus der Wiener Linie der Habsburger stimmt.

Daraus entsteht der Krieg um die spanische Erbfolge: Ludwig XIV. verbündet sich mit Spanien und Bayern und greift Österreich an, dem England zur Seite steht. Die Engländer unter John Churchill, Herzog von Marlborough, gehen in Flandern an Land, einige kleinere Staaten schließen sich ihrem Heer an. 1704 wird Wien von einem 56.000 Mann starken französisch-bayerischen Heer bedroht. Marlborough, der bereits viele Siege im Norden errungen hat, begreift die gefährliche Lage und macht den Gegner glauben, er würde an die Mosel marschieren. Stattdessen spricht er sich mit dem österreichischen Oberbefehlshaber, Prinz Eugen von Savoyen ab, zwei Armeen in Bayern zusammenzuziehen.

Der Gewaltmarsch der Engländer zwischen 16. Mai und 10. Juni gilt als logistische und disziplinäre Meisterleistung, vor allem wenn man bedenkt, dass eine derartige Aktion zu jener Zeit immer auch die Gefahr von Desertionen mit sich bringt. Die Truppen werden durch auf dem Weg angelegte heimliche Lagerplätze ständig versorgt. Zur gleichen Zeit errichten sie zum Schein Lager und Pontonbrücken und lassen Truppenteile an Stellen zurück, die gar nicht auf der vom Herzog beabsichtigten Strecke liegen. Damit die schweren Materialien das Erreichen der Etappenziele nicht verzögern, werden sie mit Kähnen auf der Donau transportiert. Als er in der ersten Junihälfte mit Eugen und dem kaisertreuen Markgrafen von Baden zusammentrifft, hat Marlborough die benötigte Truppenstärke erreicht, um die Franzosen und Bayern anzugreifen, die am südlichen Donauufer lagern. Ein Monat an Kämpfen ohne nennenswerte Ergebnisse gibt dem Oberbefehlshaber der französischen Armee, General Camille de Tallard, Zeit, sich mit den anderen Truppen in Blenheim am Fluss Nebel zu vereinen.

Die gut mit Kanonen ausgestatteten französisch-bayerischen Streitkräfte stellen die Kavallerie im Zentrum und die Infanterie an den Flügeln auf. Die Reserve wartet auf einer Anhöhe. Niemand rechnet damit, dass Engländer und Österreicher so früh angreifen werden, aber Prinz Eugen und Marlborough stürmen am Morgen des 13. August vor und greifen vorerst die Flügel an, um sie zu isolieren.

Die französische Kavallerie reagiert erfolgreich, am Nachmittag werden sie aber durch einen Angriff der berittenen Kräfte Prinz Eugens und seiner Verbündeten überrannt. Franzosen und Bayern erleiden sehr hohe Verluste und General Tallard selbst wird gefangen genommen.

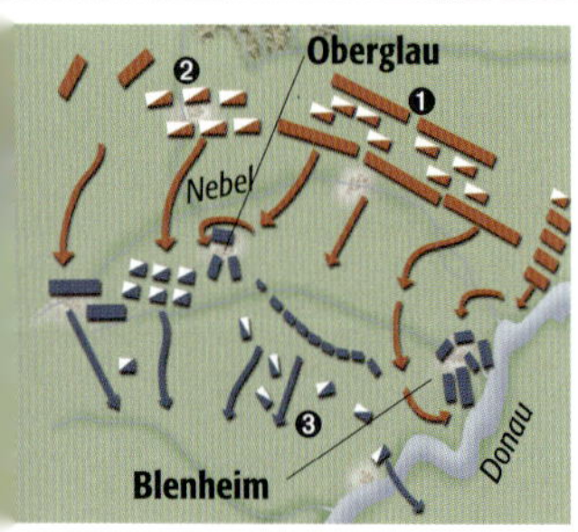

Engländer u. Österreicher
❶ Der Herzog von Marlborough
❷ Prinz Eugen von Savoyen

Franzosen und Bayern
❸ Tallard

STREITKRÄFTE

▶ ENGLÄNDER UND ÖSTERREICHER	
INFANTERIE UND KAVALLERIE	56.000
VERLUSTE	
VERWUNDETE/GEFALLENE	12.000

▶ FRANZOSEN UND BAYERN	
INFANTERIE UND KAVALLERIE	56.000
VERLUSTE	
VERWUNDETE/GEFALLENE	20.000
GEFANGENE	14.000

Culloden

1746

Nach dem Verlust des Vereinten Königreiches unternahmen die Erben des Geschlechts der Stuarts mehrere Versuche, auf den Thron in London zurückzukehren. Der letzte findet 1745 statt. Prinz Charles Edward landet in Schottland, erobert wenige Wochen später Edinburgh und schlägt die Engländer bei Preston Pans.

Ein schottischer Highlander. *Hauptsächlich mit Schild und Schwert bewaffnet, bilden sie die vorderste Linie der Schotten bei Culloden. 3800 Mann, die den Clans Atholl und MacDonald angehören, stehen auf dem Feld.*

Am 16. April 1746 greifen die Schotten das Heer des Herzogs William August of Cumberland an, den man nach Schottland entsandt hat, um die Ordnung wieder herzustellen.

Diese Schlacht ist ein Beispiel für den Kampf zwischen einem modernen Heer, dem der englischen Königstreuen, und einer Truppe, die beinahe mittelalterlich und nach landesüblicher Art bewaffnet ist (die Schotten): ein Kampf zwischen Musketen und Schwertern.

Die Schotten eröffnen den Kampf mit Feuer aus ihren leichten Kanonen. Die Wirkung ist eine sehr geringe. Auf der anderen Seite metzelt die englische Artillerie mit größeren Kalibern eine Stunde lang die Männer von Charles nieder. Deren Zentrum und rechter Flügel kämpfen mit Hiebwaffen und erleiden schwere Verluste. Die erste Linie der Engländer muss sich zurückziehen, die zweite fügt dem Feind jedoch Verluste zu, und als die Kavallerie Cumberlands eingreift, werden die verbliebenen Schotten hinweggefegt. Nur dank der Opferbereitschaft der berittenen schottischen Reserve und irischer Infanteristen kann Charles Edward fliehen.

2000 schottische Gefangene werden anschließend hingerichtet, deportiert oder ins Exil in die amerikanischen Kolonien geschickt. Charles Edward gibt auf und sucht in Frankreich Schutz.

Von diesem Zeitpunkt an verzichtet das schottische Geschlecht für immer auf seine Ansprüche.

▶ SCHOTTEN	
INFANTERIE UND KAVALLERIE	5000
KANONEN	13
VERLUSTE	
GEFALLENE	1000
GEFANGENE	2000

▶ ENGLÄNDER	
INFANTERIE	8150
DRAGONER	850
KANONEN	13
VERLUSTE	
GEFALLENE	50
VERWUNDETE	259

Roßbach

1757

Friedrich der Große provoziert 1756 den Ausbruch des Siebenjährigen Krieges, indem er in Sachsen einfällt. Die Preußen sind zehn Monate siegreich, aber ein von Österreich und Frankreich angeführtes Bündnis zwingt Friedrich in die Defensive.

Im Oktober 1757 werden gerade zwei Kolonnen der Österreicher und Franzosen in Sachsen zusammengeführt, als Friedrich die kleinere bei Roßbach abfängt.

Den König der Preußen muss man im Zusammenhang mit seinen Vorfahren betrachten, handelt es sich dabei doch um die Gründer des preußischen Staates und seiner Armee. Friedrich II. ist der Sohn von Friedrich Wilhelm I., den man den »Soldatenkönig« nannte, und der Neffe von Friedrich Wilhelm dem »Großen Kurfürsten«. Diese beiden haben ein fabelhaftes militärisches Instrument aufgebaut – Preußen mit seinen 2.500.000 Einwohnern hat das viertgrößte Heer Europas: 85.000 Mann, die Friedrich im Krieg einsetzt.

Bei Roßbach besiegt die preußische Kavallerie die französischen und Schweizer Regimenter im Dienste Ludwigs XV.

Obwohl er über eine geringe Truppenstärke verfügt, erringt Friedrich einen großen Sieg. Er wendet ein schnelles und geniales Manöver gegen eine doppelt so große Armee an, bevor weitere 100.000 Mann seinem Gegner zu Hilfe kommen können (die Umfassung, eine Taktik, für die er bekannt ist).

Ausschlaggebend ist die Zusammenarbeit von Infanterie und Kavallerie, die deswegen möglich ist, weil der Preußenkönig die Besonderheiten der militärischen Einrichtungen der anderen Herrscher seiner Zeit kennt und seine eigene Armee brillant zu führen versteht.

Friedrich der Große in einem Porträt von J. Schroder. Entscheidend für den Sieg ist die Schnelligkeit der Preußen. Ihre Infanterie schießt bereits, während sie den Kampfplatz betritt.

▶ PREUSSEN	
INFANTERIE UND KAVALLERIE	21.000
KANONEN	18
VERLUSTE	
GEFALLENE	550

▶ ALLIANZ	
INFANTERIE UND KAVALLERIE	40.000
VERLUSTE	
GEFALLENE	7700

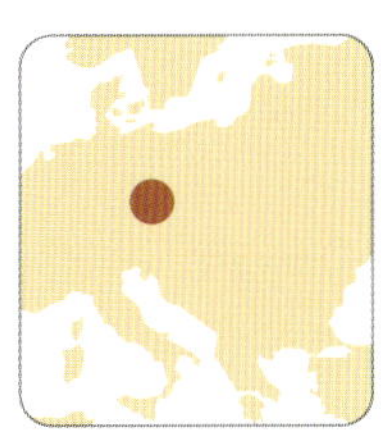

Bunker Hill

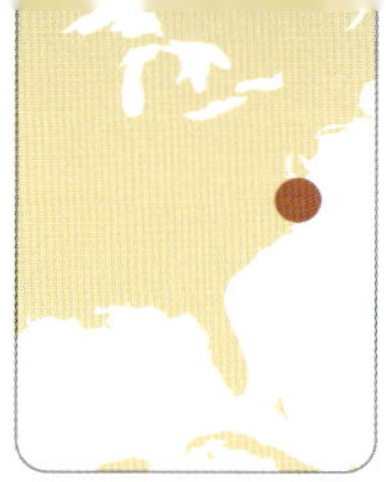

1775

Der nächtliche »Blitzangriff« der amerikanischen Rebellen zwingt die Engländer zu einem Gegenschlag, der zu Lande und zur See erfolgt. Nach einem langen Gefecht siegen die Kräfte Seiner Majestät. Die Verwegenheit und die nüchterne Taktik der Aufständischen entfalten sich gerade erst, doch lassen sehr viele englische Soldaten ihr Leben auf dem Schlachtfeld.

John Trumbull, *Tod des Generals Warren in der Schlacht von Bunker Hill,* 1786 (New Haven, Yale University Art Gallery).

Rechts: ein amerikanischer Infanterist.

Die amerikanischen »Rebellen« errichten in Hinblick auf das Gefecht eine 50 m lange und 25 m breite Festung mit Gräben und Wällen.

Zu Beginn des amerikanischen Unabhängigkeitskrieges (1775–1783) bleibt Boston von den Engländern besetzt, ist aber isoliert, weil 20.000 Rebellen die Meerenge blockieren, die die Stadt mit dem Festland verbindet. Am 16. Juni erobern 1500 Milizionäre unter Oberst Wiliam Prescott die Hügel Breed's Hill und Bunker Hill auf der Halbinsel von Charlestown im Norden des Hafens von Boston.

Nachdem sie im Morgengrauen des 17. die Stellungen der Rebellen beschossen haben, gehen gegen Mittag 2200 Engländer an Land. Einem geflügelten Wort nach, das vielleicht Prescott selbst in die Welt gesetzt hat, erhalten die Amerikaner den Befehl, erst zu schießen, »wenn sie das Weiße in den Augen« der Engländer sehen. Am Nachmittag nimmt Howe im dritten Angriff die Stellung der Rebellen ein, doch rund 40 Prozent seiner Männer fallen oder werden verwundet.

Die Amerikaner haben sich geordnet aufs Festland zurückgezogen. Sie wurden zwar besiegt, doch nicht allzu schwer, und sie werden beweisen, dass sie gegen ein richtiges Heer zu kämpfen verstehen.

Wie in allen ihren Kolonien sind nur wenige englische Soldaten vor Ort, allerdings sind diese gut ausgebildet. Doch sie begehen den Fehler, sich zu überschätzen und halten die Aufständischen »für zu wenig militärisch«. Das sind sie auch, doch hat das nur relative Bedeutung.

Der Krieg hat gerade erst begonnen und die Amerikaner werden einen Befehlshaber wählen, der sie zum endgültigen Sieg führen soll: George Washington.

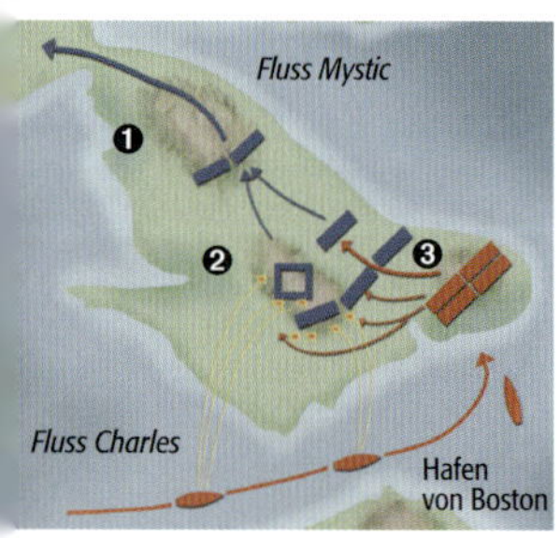

→ Amerikanische Bewegungen
→ Englische Bewegungen
❶ Bunker Hill
❷ Breed's Hill
❸ Moulton's Hill

STREITKRÄFTE

▶ ENGLÄNDER	
INFANTERIE	2200
VERLUSTE	
VERWUNDETE	828
GEFALLENE	226

▶ AMERIKANER	
INFANTERIE	2500–4000
VERLUSTE	
VERWUNDETE	400–600
GEFANGENE	30
GEFALLENE	140

SCHLACHTEN

DIE SCHLACHTEN DER REVOLUTION

Nach Bunker Hill dauert der amerikanische Unabhängigkeitskrieg noch acht Jahre mit abwechselnden Siegen. Eine doppelt so große Armee (unter den Generalen Howe und Burgoyne) marschiert von Kanada herab und erringt einige Siege. Doch kann sich dieses Heer nicht mit den anderen Streitkräften vereinen, da am 17. Oktober 1777 die 7000 Soldaten von Burgoyne von den 17.000 unter General Gates in der Schlacht von Saratoga aufgerieben werden. Nun greifen die Franzosen auf Seiten der Amerikaner ein und der Schauplatz des Konflikts verschiebt sich weiter nach Süden. Die Engländer nehmen 1778 Savannah und 1780 Charleston ein. Amerikaner und Franzosen täuschen vor, in New York einmarschieren zu wollen, wenden sich jedoch gegen Yorktown in Virginia, wo sich ein Großteil des britischen Heeres mit General Cornwallis verschanzt hat. Die Kapitulation der Stadt, die von den Oberbefehlshabern der Vereinigten Staaten (Washington) und Frankreichs (Rochambeau und Admiral de Grasse) zu Land und vom Meer her angegriffen wird, erfolgt am 19. Oktober 1781. Der Krieg ist zu Ende und zwei Jahre später wird die Unabhängigkeit Amerikas anerkannt.

Valmy

1792

Die Mühle von Valmy während der Schlacht auf einem Gemälde von Jean-Baptiste Mauzaisse aus dem Jahre 1835 (Versailles, Musée National du Château). Zur Zeit der Schlacht von Valmy ist die französische Artillerie immer noch die beste Europas. Sie verfügt über gut gedrillte Kanoniere und über eine Kanone, deren Reichweite die der anderen übertrifft.

Der erste große militärische Erfolg der Französischen Revolution ereignet sich am 20. September. Dieser Zweikampf zwischen zwei Artillerien – durch Zeit und Wirksamkeit beschränkt – endet in einem bedachten Rückzug der Österreicher und Preußen, was Frankreich die Invasion erspart und es für die kommenden militärischen Unternehmen rüstet.

Spätestens 1792 wird das Frankreich nach der Revolution von 1789 von den europäischen Monarchien als Bedrohung betrachtet und sie bilden ein antifranzösisches Bündnis. Paris antwortet darauf, indem es Österreich und Preußen den Krieg erklärt. Die alten Abteilungen werden ebenso zu den Waffen gerufen wie die neuen aus dem Vorjahr, die aus den revolutionären Freiwilligen bestehen. Allerdings herrscht ein Mangel an Offizieren, da ein Drittel von ihnen vor der Revolution im Dienst stand und dann ins Ausland flüchtete.

Der erste Angriff der Österreicher offenbart das Defizit der Pariser Streitkräfte. Tausende von Herzog Karl Wilhelm Ferdinand von Braunschweig kommandierte Soldaten – Preußen, Hessen, übergelaufene Franzosen und Österreicher – überschreiten die französischen Grenzen in der Überzeugung, jeglichen Widerstand leicht brechen und bis nach Paris vordringen zu können. Sie wollen zwischen der nördlichen Armee von Charles F. Dumouriez und der zentralen unter François-C. Kellermann durchmarschieren. Dumouriez zieht dem Feind entgegen und stößt bei Valmy auf Kellermann. Die Schlacht hat aus militärischer Sicht keinen Effekt (Österreich-Preußen entscheidet sich für den Rückzug und verzichtet auf das Gefecht), ist aber dennoch aus psychologischen und militärischen Gründen wichtig.

Erstens zeigt sich das französische Heer stabil – das aus regulären Truppen und (wenigen) Freiwilligen besteht. Es bricht unter dem Feuer zweier Artillerien nicht auseinander und verhindert den feindlichen Einmarsch: in Valmy entsteht der Mythos von der militärischen Macht der Revolution.

Zweitens muss man von einem allgemeinen militärischen Standpunkt aus erkennen, dass dieses Ereignis nahezu epochal ist, schlägt doch hier die Geburtsstunde des modernen Militärwesens. Hier liegt der Ursprung der Wehrpflicht. Der erste Schritt ist der Beschluss der Vereinbarung vom 23. August 1793 über die *Levée en Masse*. Der Höhepunkt wird 1798 während des Krieges gegen die Zweite Koalition (1798–1801) erreicht, als das Direktorium das Jourdan-Gesetz erlässt, das einen wichtigen Abschnitt enthält: »Jeder Franzose ist ein Soldat und hat die Pflicht, sein Vaterland zu verteidigen.« Alle männlichen Bürger zwischen 20 und 23 Jahren müssen sich einer Musterung durch das Militär unterziehen und sich bei den Behörden eintragen lassen.

Das französische Kriegsministerium beruft zwischen 1800 und 1812 1.300.000 Mann ein (das sind 41 Prozent aller Wehrtauglichen). Das Gesetz bleibt bis 1871 in Kraft.

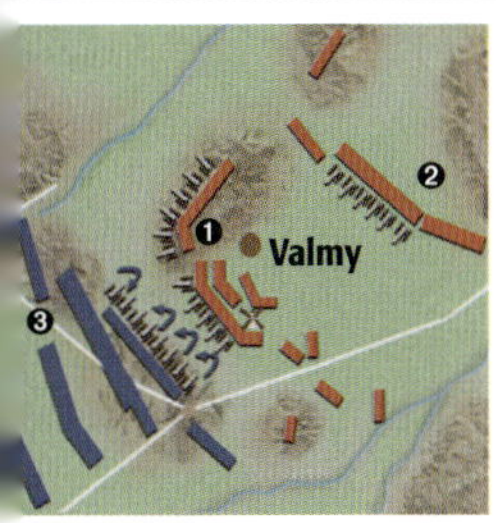

Franzosen
❶ Kellermann
❷ Dumouriez
Österreicher und Preußen
❸ Der Herzog von Braunschweig
Artillerie

STREITKRÄFTE

▶ FRANZOSEN	
ERSTE LINIE VON KELLERMANN	36.000
NACHHUT VON DUMOURIEZ	18.000
KANONEN	36
VERLUSTE	
GEFALLENE	300

▶ ÖSTERREICHER UND PREUSSEN	
INFANTERIE	34.000
KANONEN	54
VERLUSTE	
GEFALLENE	184

Marengo

1800

Obwohl sie sicher nicht die wichtigste Schlacht ist, die er geschlagen hat, ist Marengo doch bedeutend für das Leben Napoleons, weil sie mitgeholfen hat, seine Persönlichkeit und seinen Mythos zu formen. In Marengo erhält der junge General das alleinige Kommando über die französischen Streitkräfte: und hier beweist er sein militärisches Genie.

Aus Ägypten nach Paris zurückgekehrt errichtet Napoleon mit dem Staatsstreich vom 9./10. November das Triumvirat (zusammen mit Emmanuel J. Sieyès und Roger Ducos) und mit Ende des Jahres ist er Erster Konsul und vereinigt mit einer neuen Verfassung die gesamte Exekutivgewalt in seinen Händen.

Für Napoleon ist die Rückeroberung jener Gebiete vorrangig, die Frankreich durch die Zweite Koalition entrissen wurden. Bereits im Anschluss an den Sieg in der Schlacht von Zürich hat er die Kontrolle über die Pässe wiedergewonnen, die den Norden mit dem Süden verbinden.

Im Jänner 1800 stellt Napoleon eine Reservearmee bei Dijon auf, um die Truppen am Rhein unter General Jean-Victor Moreau und jene unter General André Massena in Italien zu verstärken. Der Feind »der Wahl« ist Österreich, das die Donau und den oberen Rhein mit den Einheiten unter dem Befehl von General Kray und Norditalien mit den

UNIFORMEN

DIE ÜBERGELAUFENEN UND DIE ARMEE

Ein berittener Jäger aus dem österreichischen Regiment Bussy. Das Besondere an dieser Einheit ist, dass sich in ihren Reihen Franzosen befinden, die das postrevolutionäre Frankreich und Napoleon selbst bekämpfen. In Marengo leisten sie mit großem Mut aber unzureichenden Mitteln bis zum Ende der Schlacht Widerstand.

Infanterist aus den französischen Reihen. In jenen Jahren ist die wichtigste Maßnahme, die Napoleon ergreift, die Gründung der Armee. Sie besteht aus mehreren Divisionen (die er in den 90er-Jahren versuchsweise in den Feldzügen in Italien und am Rhein einsetzt) und wird am 1. März 1800 formal gegründet. Die Armee wird das wesentliche Element des napoleonischen Heeres und umfasst zwei oder mehr Infanteriedivisionen, eine Division oder Brigade leichter Kavallerie, eine bestimmte Anzahl Artilleriebatterien, Pionierabteilungen und andere Dienste.

Der Tod von General Desaix in Marengo in einem Gemälde von Jean Broc, 1806 (Versailles, Musée national du Château). Das willkommene Eingreifen seiner Einheiten kostet dem General das Leben, er wird am 14. Juni gegen 17.30 ins Herz getroffen.

Truppen des Generals Michael Mélas kontrolliert.

➤ DER PLAN NAPOLEONS

Napoleons Plan besteht darin, Kray mit einer Truppe der Armee von Moreau festzunageln, die anderen Einheiten am Rhein einzusetzen und mit der Reserve die Schweiz zu durchqueren, um den Österreichern in den Rücken zu fallen und gegen Wien zu marschieren.

Mélas seinerseits zielt darauf ab, Massena zu vernichten, die Südalpen zu überqueren, sich mit einem Expeditionskorps der Briten zusammenzuschließen, die Franzosen zur Aufgabe des Rheins zu zwingen und Kray die Invasion nach Frankreich zu ermöglichen.

WAFFEN

DIE ARTILLERIE NAPOLEONS

Von der französischen Monarchie und begünstigt durch die Wehrpflicht übernimmt Napoleon ein Artilleriekorps, das nicht durch Desertion und Säuberungen dezimiert ist (weil dessen Offiziere zum großen Teil nicht aristokratischer Abstammung sind). Das Korps ist stark (acht Fußregimenter und 40 berittene Kompanien) und verfügt über Gribeauval-Kanonen, die leicht zu transportieren sind. Die Anzahl der Kalibermaße ist beschränkt und genormt, die Schussfrequenz ist ansehnlich (drei Schuss pro Minute und die Reichweite liegt bei über 1500 m). 1793 wird dieses Korps von den Pionieren getrennt, im Rahmen der Revolutionskämpfe schießen die Kanonen aber immer noch einzeln aus der Infanterie heraus. Napoleon denkt aber daran, sie in Massen einzusetzen und sie zu Batterien unter einem einzigen Kommandeur zusammenzufassen. In seiner Eigenschaft als Erster Konsul erhöht er die Produktion der Gießereien. Während die »Grande Armée« 270 Kanonen besitzt, verfügt das Heer, das 1809 in Wagram kämpft, bereits über 500 und noch mehr überqueren die russische Grenze im Jahr 1812. Und er erhöht die Anzahl der Geschütze im Verhältnis zu den Streitkräften im Feld: von einer Kanone auf 1000 Mann im Jahr 1800 auf drei im Jahr 1815. Der Einsatz im Feld ist fast immer massiv, mindestens 100 Kanonen schießen gleichzeitig 500 m vor dem Feind, um eine Schlacht zu eröffnen. Dann rücken die *Voltigeurs* (leichte Infanterie), die Kavallerie und zuletzt die Infanterie gegen den Feind vor.

Jacques-Louis David, *Napoleon überquert den Großen Sankt Bernhard,* 1800 (Malmaison, Paris).

STREITKRÄFTE

ÖSTERREICHER IN DER ÜBERZAHL

▶ FRANZOSEN

SOLDATEN	31.500
KANONEN	40
VERLUSTE	
GEFALLENE	6000

▶ ÖSTERREICHER

SOLDATEN*	32.000
KANONEN*	100
VERLUSTE	
GEFALLENE	6000
GEFANGENE	8000
KANONEN	40

* UNTER DEM KOMMANDO VON MÉLAS

Marengo 1800

Gegen 19 Uhr werden in der Offensive von Desaix nahe der Festung Ceriolo die Truppen von Feldmarschall Karl P. Ott von den Einheiten der Divisionskommandeure Jean Lanne und Jacques A. Chambarlhac angegriffen.

Am 6. April greift Mélas Massena an, der sich nach Genua zurückzieht. Moreau besiegt zwischen 3. und 6. Mai Kray, wodurch Napoleon sein Einschließungsmanöver am Pass Sankt Gotthard durchführen kann. Unterstützt wird er dabei auch von den Truppen Massenas und von General Louis-Gabriel Suchet, der in Italien 51.000 Österreicher festzunageln versucht.

In der zweiten Maiwoche des Jahres 1800 betritt Napoleon italienischen Boden, indem er fünf Pässe in den Alpen überquert. Er nimmt Aosta und Ivrea ein, entscheidet sich gegen Mailand zu marschieren, um die Österreicher rittlings anzugreifen, die Genua belagern und erreicht die Lombardei. Mailand wird am 2. Juni eingenommen. Am 4. ergibt sich Massena in Genua Mélas, der im Wissen, dass ihm Napoleon auf den Fersen ist, 32.000 Mann und 100 Kanonen in Alessandria postiert.

➤ EIN UNVERHOFFTER SIEG

Napoleon stößt nach Westen bis nach Montebello vor (wo am 9. Juni die Österreicher geschlagen werden) und überquert am 13. die Scrivia im Osten von Alessandria. Ihm stehen 31.500 Mann und 40 Geschütze zur Verfügung.

In der Überzeugung, dass Mélas sich zurückziehen will, teilt er seine Kräfte in drei Divisionen auf – zwei unter dem Kommando von Louis-Charles Desaix, der von der ägyptischen Front zurückgekehrt ist –, um den Österreichern mögliche Fluchtwege abzuschneiden. Die restlichen Truppen lagern am 13. Juni in der Nähe des Dorfes Marengo.

Am Morgen des 14. beginnen die österreichischen Kanonen mit dem Beschuss der französischen Vorposten. Der Beginn der Schlacht verläuft gemäßigt, doch um etwa 10 Uhr erkennt Napoleon den Ernst der Lage, setzt die Reserve der Leibgarde des Konsuls ein und schickt Depeschen an die versprengten Einheiten, in denen er Unterstützung fordert.

Gegen Mittag kommt Desaix mit einer Division bei Marengo an, die einen Gegenangriff auf die Österreicher führt und sie in die Flucht schlägt. Gegen 21 Uhr ist die Schlacht gewonnen. Desaix stirbt ins Herz getroffen auf dem Feld.

Am 15. Juni unterzeichnet Mélas den Waffenstillstand und räumt – obwohl er an der italienischen Front noch 55.000 Mann und 300 Kanonen stehen hat – die Lombardei bis Mincio.

In Deutschland ist Moreau indessen bis München vorgedrungen und schließt im Juli einen Waffenstillstand, der bis Ende November anhält.

Louis-François Lejeune (1775–1848), *Die Schlacht von Marengo* (Versailles, Musée National du Château).

Der entscheidende Angriff durch General Desaix: Bei seinem Einsatz zur Unterstützung Napoleons in der Schlacht von Marengo zögert er nicht, sich mit einer Brigade leichter Kavallerie gegen den Feind zu werfen. Seine Aktion dient der Unterstützung der Artillerie von Marschall Auguste Marmont, der mit 18 Geschützen für das nahe Feuer sorgt, sodass die Kavalleriebrigade unter dem Kommando von François Kellermann angreifen kann.

INTERNET
- napoleonuniforme.free.fr/lesgrandesbatailles/nouveau_fichier21.html
- web2.airmail.net/napoleon/Marengo_battle.htm
- www.historydata.com/pictures/uniforms.html
- www.centrostudiprosperini.it/Testo-Marengo.htm

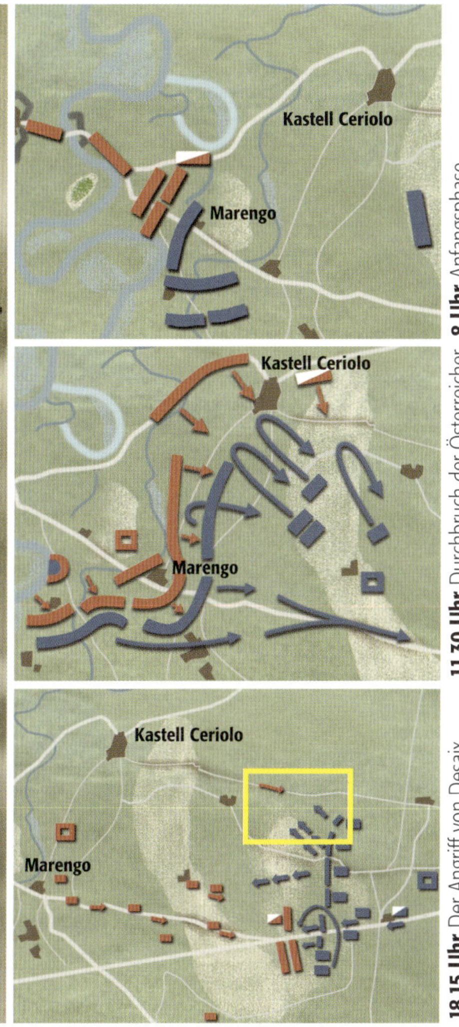

Die Hauptphasen der Schlacht von Marengo

Franzosen
Österreicher

Nicht nur, dass Norditalien wieder in französische Hände fällt, bedeutet die Schlacht von Marengo einen enormen Schritt auf der Karriereleiter Napoleons als militärischer Führer und als Staatsoberhaupt, das später zum Kaiser wird.

Trafalgar

1805

12.15 Uhr Beginn der Schlacht

❶ Nelson auf der *Victory*
❷ Collingwood auf der *Royal Sovereign*
❸ De Villeneuve auf der *Bucentaure*
❹ Gravina auf der *Principe de Asturias*

Französische Schiffe
Spanische Schiffe
Englische Schiffe

Porträt von Horatio Nelson (1758–1805). Villeneuve ergibt sich um 13.45 Uhr, doch einige spanische Schiffe halten bis 16.30 Uhr aus. Wegen des Sturms, der am 22. Oktober über dem Gebiet wütet, sinken 18 der 22 von den Briten erbeuteten Schiffe.

Der Seesieg der Engländer macht alle Pläne Napoleons, in England einzumarschieren, zunichte und ist gleichzeitig der Beginn der englischen Vorherrschaft über die Meere, die bis zum Ersten Weltkrieg ungebrochen bleibt. Der Held der für die königliche Flotte siegreichen Schlacht ist Admiral Horatio Nelson, der in die Geschichte eingeht, selbst aber sein Leben verliert.

Ende 1804 muss sich das napoleonische Frankreich zur See heftig mit der englischen Marine auseinander setzen, weil diese die französischen Handelsrouten bedroht, indem sie die Häfen blockiert. Napoleon arbeitet einen Plan aus, um England in die Knie zu zwingen: die britische Flotte zu zerstören und die Insel einzunehmen.

Im Detail sieht der Plan vor, dass der Kommandeur der französisch-spanischen Flotte, Pierre de Villeneuve, die englische Seemacht Horatio Nelsons, zu seiner Zeit der beste Admiral, in die Karibik lockt, um dann schnell zum Ärmelkanal zurückzukehren und die Invasion durchzuführen.

Zwischen März und August gelingt es Villeneuve nur teilweise, den Plan umzusetzen: er lockt die feindliche Flotte zu den Westindischen Inseln, wird aber am 22. Juli von einem englischen Schiffsgeschwader abgefangen. Nach einem ergebnislosen Gefecht entscheidet er sich für den Rückzug nach Cadiz.

In der Zwischenzeit bricht Nelsons Flotte von England aus Richtung Gibraltar auf.

STREITKRÄFTE

FRANZOSEN UND SPANIER IN DER ÜBERZAHL

▶ FRANZOSEN UND SPANIER

FRANZÖSISCHE SCHIFFE	23
SPANISCHE SCHIFFE	15
VERLUSTE	
SCHIFFE	18
GEFALLENE UND VERWUNDETE	7000

▶ ENGLÄNDER

KRIEGSSCHIFFE	25
FREGATTEN	4
UND ANDERE SCHIFFE	3
VERLUSTE	
VERWUNDETE	1241
GEFALLENE	429

Die Flotte Nelsons verfügt über acht Schiffe mit drei seitlichen Kanonendecks: in Summe 90 Geschütze. Die spanischen Admiralsschiffe *Santa Ana* und *Santissima Trinidad* (damals das größte in Dienst befindliche Kriegsschiff) haben im Vergleich dazu 120 bzw. 112 Kanonen.

Auch die Wirksamkeit der Artillerie ist entscheidend: auf jede von den Franzosen und Spaniern abgefeuerte Salve kommen drei seitens der königlichen Flotte.

William Heysbam Overend, *Der Held von Trafalgar*, 1898, Litographie. Nelson ist der dritte Offizier von rechts mit der linken Hand in die Seite gestemmt.

Im Oktober – Villeneuve sitzt immer noch in Cadiz fest und der wütende Napoleon wird im Boulogne blockiert – befindet sich Nelson fast auf der Höhe von Cadiz.

Villeneuve beschließt den Ärmelkanal zu überqueren, doch einige englische Fregatten vor dem Hafen schlagen Alarm.

Der Ausbruch Villeneuves endet am 21. Oktober in der Schlacht von Trafalgar. Als die Schiffe der Franzosen und Spanier in einer Reihe hintereinander auftauchen, geht Nelsons Plan auf: er hat seine Flotte in zwei Formationen unterteilt, die von der Seite her angreifen und den feindlichen Schiffsverband aufspalten wollen. Nelsons Geschwader greift das Zentrum an, das andere (unter dem Kommando von Admiral Cuthbert Collingwood) stößt weiter südlich gegen die Nachhut vor.

Nelson wendet die »T-Schnitt-Taktik« an: Weil die Kanonen seitlich angebracht sind, ist jenes Schiff im Vorteil, das dem gegnerischen den Weg abschneidet. Da dessen Bug praktisch unbewaffnet ist, kann es dem Angriff nichts entgegensetzen. Wenn es dem angreifenden Schiff dann gelingt, sich zwischen zwei feindliche zu setzen, kann es beide Schiffe mit seinen etwa 40 Kanonen unter Beschuss nehmen.

Die Schlacht zerfällt in viele Gefechte zwischen einzelnen Schiffen. In einem dieser Kämpfe wird Nelson durch einen Musketenschuss tödlich verwundet. Um 16.30 Uhr sind die Engländer die Beherrscher der See. Der Invasionsplan Napoleons schlägt fehl und damit geht auch jede Hoffnung der Franzosen verloren, der *Royal Navy* die Vorherrschaft über die Meere zu entreißen.

SCHLACHTEN

▶ FRANZOSEN	
SCHIFFE	13
FREGATTEN	4
VERLUSTE	
GEFALLENE	1700
VERWUNDETE	1500
SCHIFFE	11
FREGATTEN	2

▶ ENGLÄNDER	
SCHIFFE	13
VERLUSTE	
GEFALLENE	288
VERWUNDETE	677

ABUKIR
1. August 1798

Im Mai 1798 schifft sich General Bonaparte mit einem Heer von 33.000 Mann auf 300 Transportschiffen ein. Den Geleitschutz bilden 20 Kriegsschiffe mit hohen Bordwänden, die von keinem englischen Schiff auf hoher See ausgemacht und angegriffen werden. Napoleon erreicht Ägypten und erobert es. Das französische Geschwader liegt in der Bucht von Abukir, 25 km von Alexandria entfernt vor Anker und wird nur von wenigen Einheiten bewacht. Dort wird der Verband am 1. August von der Flotte Nelsons überrascht. Er umschließt sie teilweise und sprengt ihre Formation. Nur zwei französische Fregatten können sich vor der Versenkung oder der Übergabe retten. Das Expeditionsheer, das in der Schlacht bei den Pyramiden siegreich war, ist vom Vaterland abgeschnitten.

Borodino

1812

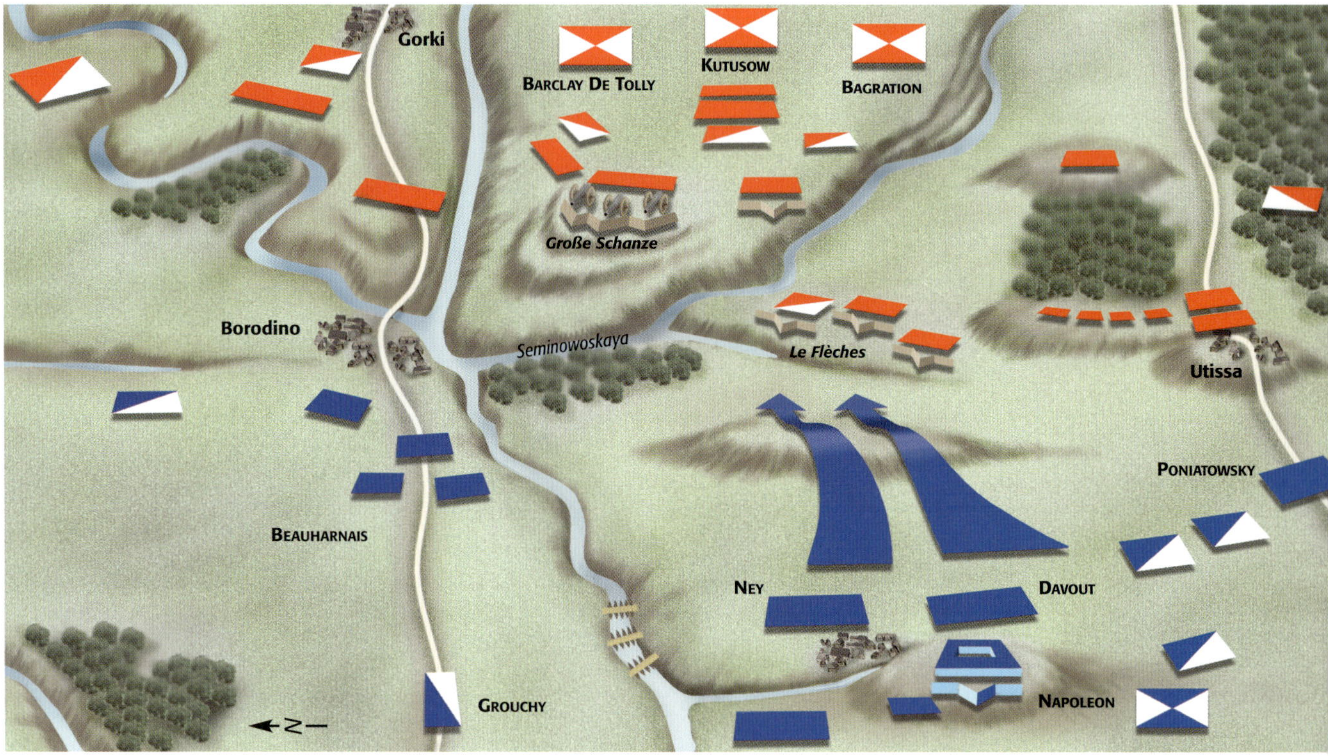

Diese Schlacht bildet den Höhepunkt des Feldzugs, den Napoleon führt, um Russland zu erobern. Die russische Armee ist die zahlenmäßig stärkste der antifranzösischen Allianz. Die Franzosen gewinnen den Kampf, zahlen aber einen hohen Preis. Der Stern des Pariser Reiches beginnt bereits zu sinken und das »russische Abenteuer« beschleunigt den Untergang.

Die Russen weichen dem Kampf oft aus und greifen auf die Taktik der »verbrannten Erde« zurück. Doch auf französischer Seite wirken sich der Zusammenbruch des Nachschubs und falsche strategische Entscheidungen fatal aus. Wegen gesundheitlicher Probleme verfügt Napoleon nicht mehr über die Brillanz früherer Tage und seine Generale nutzen die Gunst der Stunde nicht immer zu ihrem Vorteil oder befolgen Befehle nicht.

In Borodino, zusammen mit Leipzig und Waterloo eine der drei blutigsten Schlachten der napoleonischen Kriege, entscheidet sich der Russlandfeldzug der »Grande Armée«. Strategisches Geschick und Bewaffnung reichen nicht aus, um die zahlenmäßige Ungleichheit und die ausgedehnten Verbindungsstrecken zu den logistischen Stützpunkten des Feldzugs auszugleichen. Dazu kommt noch »General Winter«, also das mörderische russische Klima.

Im Frühjahr 1812 beherrscht Napoleon große Teile Europas. Mit Österreich hat er Frieden geschlossen und England steckt im zweiten Krieg mit den Amerikanern. Inzwischen beginnt aber der Frieden von Tilsit (1807) mit Russland unsicher zu werden, dem man vorwirft, sich nicht an der Blockade Englands beteiligt zu haben. Deshalb bereitet der französische Kaiser ein Jahr lang die Invasion vor und am 24. Juni betritt die »Grande Armée« russischen Boden, indem sie durch eine Lücke zwischen

STREITKRÄFTE

DIE FRANZOSEN IN DER ÜBERZAHL

▶ FRANZOSEN UND VERBÜNDETE

INFANTERIE	81.800
KAVALLERIE	26.700
KANONEN	587
VERLUSTE	
VERWUNDETE UND GEFALLENE	30.000

▶ RUSSEN

INFANTERIE	72.600
KAVALLERIE	18.700
KOSAKEN	5500
KANONEN	640
VERLUSTE	
VERWUNDETE UND GEFALLENE	44.000
GEFANGENE	1000

Ein russischer Kürassier und ein französischer Husar. Beim Russlandfeldzug besteht rund die Hälfte der Armee (600.000 Mann, 150.000 Pferde und 6000 Kanonen) aus Einheiten verbündeter Länder. Gegen Ende des Vormarsches gehorcht ein Viertel der Männer nicht mehr. Bei Borodino sterben zwölf französische Generale, während der gravierendste Verlust der russischen Streitkräfte der Tod von General Bagration ist.

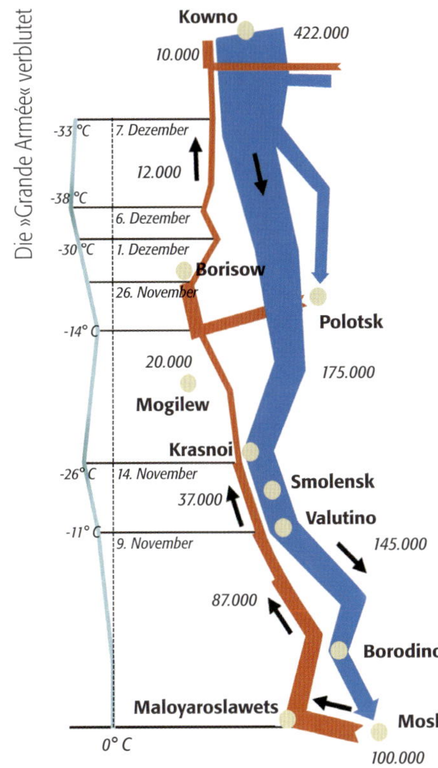

Die Grafik des französischen Wissenschaftlers Charles Joseph Minard (1781–1870) rekonstruiert den ständigen Verlust an Männern bei der französischen Invasionsmacht während des Russlandfeldzugs.

Französische Truppen auf dem Vormarsch nach Moskau
Französische Truppen auf dem Rückzug
Temperatur

10.000 Soldaten

zwei weit voneinander entfernten Armeen des Zaren durchschlüpft. Das eine Heer der Russen wird von Piotr Bagration befehligt, das andere von Barclay de Tolly.

Im August verliert General de Tolly die Kontrolle über Smolensk (er wird durch Mikhail Kutusow ersetzt, den Napoleon schon in Austerlitz geschlagen hat) und Marschall Louis N. Davout besiegt die Russen unter Bagration, der sich über den Dnepr zurückzieht.

Während Kutusow bei Borodino in Wartestellung geht, nehmen die Franzosen am 5. September Schiwardino ein. Am 6. nutzt Napoleon den Tag, um das Gelände für die Begegnung mit Kutusow zu sondieren.

Am 7. September um 6 Uhr morgens eröffnen die französischen Kanonen das Feuer auf die russischen Befestigungen. Drei vorgelagerte Festungen werden von General Michel Ney und von Davout erobert. Bagration weicht ohne große Verluste zurück, während der Sieger von Italien, Eugen Beauharnais, Borodino erobert und die Kolotschka überquert.

Kutusow hat den Feind absichtlich vorstoßen lassen: Um 10 Uhr ordnet er einen Angriff der Kosaken und der Reiterei gegen die Flanke und den Rücken der Truppen von Beauharnais an, die eingeschlossen werden, aber Borodino nicht aufgeben. Beide Parteien erhalten Nachschub, keine will die eingenommenen Positionen aufgeben, auch wenn dies große Verluste bedeutet. Die Russen leisten hinter der Großen Schanze erbitterten Widerstand, als die Franzosen nach der Überquerung der Kolotschka zurückkehren und angreifen. Sie durchbrechen alle Fronten, erleiden jedoch große Verluste. Napoleon führt einen Gegenangriff an, an dem sich die kaiserliche Garde aber nicht beteiligt, da sie einen Angriff der russischen Reserve zurückschlägt.

Gegen 12 Uhr schickt Kutusow 5000 Reiter und Kosaken gegen Borodino und zwingt so die Franzosen, ihre Offensive zu unterbrechen, um die Stadt zurückzuerobern. Um 15 Uhr nimmt die Kavallerie von Beauharnais die Große Schanze ein. Napoleon lässt die Reservekavallerie vorpreschen, doch die Russen ziehen sich geordnet zurück. Bei Sonnenuntergang ist die Schlacht vorbei.

Am 14. September marschieren die Franzosen in das verlassene Moskau ein, am 19. Oktober beginnt der Albtraum des verhängnisvollen Rückzugs.

Waterloo

1815

Das große Abenteuer Napoleons geht hier, in der Ebene von Waterloo in Belgien, zu Ende. Die Abteilungen, die der Große Korse kommandiert, sind nicht mehr die »Grande Armée«, die unbesiegbare Kriegsmaschine von einst. Das französische Reich ergibt sich den alliierten Kräften. Napoleon Bonaparte sieht seinem letzten Exil entgegen.

Zu Beginn des Jahres 1815 ist Napoleon, der in den letzten Schlachten von 1813 militärisch geschlagen wurde, gezwungen, sich mit einem winzigen Fürstentum zufrieden zu geben, das ihm die Alliierten zugestehen: die Insel Elba. Dort erreicht ihn die Nachricht von der Unzufriedenheit der Franzosen mit dem monarchistischen Regime, das die Macht zurückerlangt hat. Er schifft sich mit seinem Heer – 1000 Mann und ein paar Kanonen – ein und kehrt in die Heimat zurück, um den Versuch zu unternehmen, alles wiederzugewinnen, was er einst besessen hat.

Er erreicht Südfrankreich, bevor die Nachricht von seiner »Flucht« öffentlich bekannt wird. Er marschiert über die beschwerlichen Bergpfade, um in den Norden zu gelangen und findet begeisterten Beifall bei den Menschen. Die monarchistischen Kräfte leisten keinerlei Widerstand. Am 20. März marschiert er in Paris ein, wo er das Reich wiederherstellt

UNIFORMEN

DIE DREI BETEILIGTEN HEERE

Ein englischer Fußsoldat. Zum Heer von Wellington gehören – im Unterschied zum französischen – viel unerfahrenere Truppen verschiedener Nationalitäten: Engländer, Belgier, Holländer und Soldaten aus den deutschen Ländern (wie Hannover, Nassau und Braunschweig).

Ein preußischer Infanterist. Nach der Niederlage gegen Napoleon im Jahr 1806 hat Preußen seine Armee neu aufgebaut. In Waterloo stehen die besten Truppen: 36 Bataillone mit vielen Veteranen und zwölf Regimenter der Reserve.

Ein Soldat der französischen Kaiserlichen Garde. Für die Militäraktionen des Jahres 1815, die ihren Höhepunkt in Waterloo finden, treten viele Veteranen in die Kaiserliche Garde ein. Die übliche Vorgehensweise ist, dass die besten aus den Regimentern der Fußsoldaten sich zur Kaiserlichen Garde melden können, um dort eine spezielle Ausbildung zu erhalten und dann mit Führungsaufgaben betraut zu ihren Einheiten zurückkehren.

Die königlichen schottischen Dragoner auf einem Gemälde von Elizabeth Butler (1846–1933) *Scotland for ever!* (Leeds, City Art Gallery). Es handelt sich um den Angriff auf die Truppen von d'Erlon, die im Kampf auch ihr Hoheitszeichen verlieren.

und ein Heer mit weniger als 200.000 Mann bildet: die Regierung der »100 Tage« hat begonnen.

Die Antwort der Alliierten kommt am 25. März in Form der Gründung der Siebten Koalition gegen Napoleon.

Dessen erste Aufgabe ist es, die Hauptfeinde anzugreifen. Das sind die Preußen, die Engländer und die Holländer, die sich mit rund 235.000 Mann an den nordöstlichen Grenzen Frankreichs verschanzt haben.

Napoleon plant, in Belgien einzumarschieren, um die Heere der antifranzösischen Allianz zu vernichten: vor allem die Preußen unter Feldmarschall Gebhard Leberecht von Blücher (1742–1819) und die Engländer unter Herzog

HINTERGRÜNDE

ENGLISCHE INFANTERIE GEGEN NAPOLEON

Was Taktik betrifft, ist die englische Infanterie bereits seit Jahren in der Lage, mit der napoleonischen mitzuhalten. Wellington wendet eine Formation nach dem Schema der doppelten Linie an, doch stellt er die – mit Flinten und leichten Musketen bewaffnete – leichte Infanterie auch verstreut oder geschlossen auf. Die Infanterie bildet ein »Karree«, um sowohl die feindliche Infanterie als auch die Kavallerie aufzuhalten und zurückzudrängen. Wenn möglich beziehen die Infanteristen lieber auf Anhöhen als in der Ebene Stellung, damit sie außerhalb der Reichweite des französischen Artilleriefeuers bleiben. Die Zahl der leichten Einheiten zum Schutz der Infanterie wird erhöht, die natürlichen Hindernisse auf dem Schlachtfeld und die Kavallerie decken die Flanken der Fußsoldaten. Das englische Heer hat 1808 und 1814 zwei Schlachten an verschiedenen Fronten geschlagen, die beide gleich wichtig für die Vertiefung der Taktik waren, die dann in Waterloo zur Grundlage der englischen Kampftechnik wird. Wellington führt persönlich ein Expeditionskorps in den Krieg gegen die Franzosen auf der Iberischen Halbinsel. Dort haben die Soldaten Gelegenheit, die wirksame Taktik der spanischen Guerilla zu übernehmen, mit der das Heer Napoleons zermürbt wird. In der Folge ist das Heer Seiner Majestät in den Jahren 1812 und 1814 in den angloamerikanischen Krieg gegen die Vereinigten Staaten verwickelt. Diese Auseinandersetzung führt zwar zu keinem wirklichen Ergebnis, ist aber für die Ausbildung der englischen Offiziere wichtig.

Rechts: eine Baker-Flinte, die von der englischen Armee eingesetzt wird.

STREITKRÄFTE

ÜBERLEGENHEIT DER ALLIIERTEN

▶ FRANZOSEN

INFANTERIE UND KAVALLERIE	74.000
KANONEN	250
VERLUSTE	
GEFALLENE, VERWUNDETE, VERMISSTE UND GEFANGENE	41.000

▶ DIE ALLIIERTEN

ENGLISCH-HOLLÄNDISCHE	
INFANTERIE	50.000
KAVALLERIE	12.500
PREUSSISCHE INFANTERIE	50.000
KANONEN	160
VERLUSTE	
GEFALLENE, VERWUNDETE UND VERMISSTE	22.000

Waterloo 1815

Ein unbesonnener Angriff
Gegen 15 Uhr befiehlt Napoleon den Angriff auf La Haye Sainte: Die Engländer formieren sich neu, doch Ney deutet das Manöver als Rückzug und schickt seine Kavallerie vor, die schnell von Wellingtons Karrees und der Artillerie niedergemäht wird. Die Gefallenen stellen ein Hindernis für die Nachfolgenden dar.

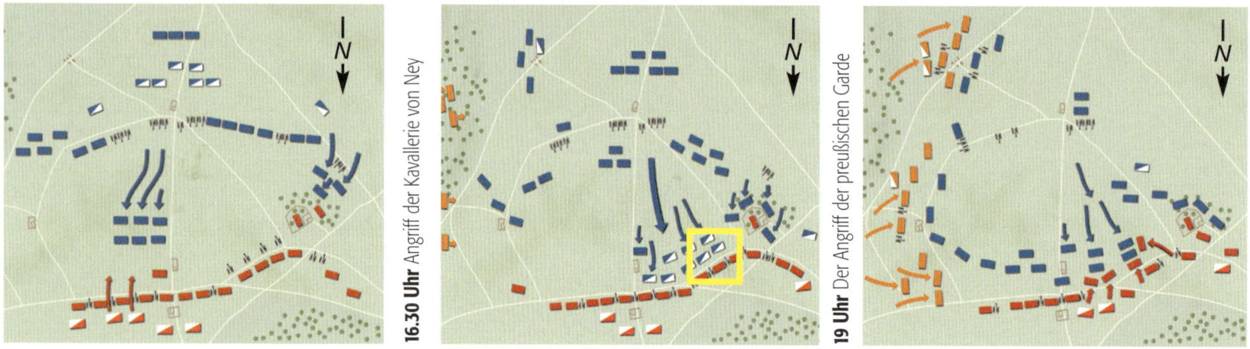

13.30 Uhr Angriff von d'Erlon gegen Mont St.-Jean

16.30 Uhr Angriff der Kavallerie von Ney

19 Uhr Der Angriff der preußischen Garde

Die Hauptphasen der Schlacht von Waterloo

- Franzosen
- Engländer
- Preußen

Das englische Karree Es besteht aus 800 Mann (die Illustration stimmt nur ungefähr), die knien und stehen. Sie sind mit Gewehren mit aufgepflanztem Bajonett bewaffnet. Im Zentrum finden die Artilleristen (die ihre Kanonen während des feindlichen Angriffs zurückgelassen haben) und die zu versorgenden Verwundeten Schutz.

1804 (2. Dezember) Napoleon krönt sich selbst zum Kaiser von Frankreich • **1805 (14. November)** Die napoleonischen Truppen dringen in Wien ein • **1806 (14. Oktober)** Französischer Sieg in der Schlacht von Jena; **(26. Oktober)** Napoleon marschiert in Berlin ein • **1808–1813** Krieg auf der Iberischen Halbinsel • **1808 (1. August)** Wellington landet in Portugal; **(4. Dezember)** die Franzosen besiegen die spanischen Truppen und Napoleon marschiert in Madrid ein • **1812/13** Die Franzosen verlassen Spanien; **(24. Juni–14. Dezember)** Russlandfeldzug; **(16.–19. Oktober)** die Alliierten siegen bei Leipzig • **1814 (31. März)** Die Alliierten marschieren in Paris ein; Napoleon wird zur Abdankung gezwungen • **1815 (26. Februar)** Napoleon flieht von der Insel Elba; **(20. März)** Einmarsch in Paris; **(16. Juni)** Die Franzosen siegen bei Ligny; **(18. Juni)** Schlacht von Waterloo und endgültige Niederlage Napoleons, der am **(22. Juni)** neuerlich zur Abdankung gezwungen und auf Sankt Helena verbannt wird.

Waterloo 1815

Das Anwesen von La Haye Sainte im Osten der Straße nach Brüssel. Vom Angriff durch d'Erlon verschont, werden die Preußen, die den Ort halten, vom Vorstoß Neys aufgerieben (24 Überlebende von 400).

Adolf Northen (1828–1876), *Die Verteidigung von La Haye Sainte*, Öl auf Leinwand.

Ein Stich von Matthew Dubourg nach einer Vorlage von John Augustus Atkinson. Dargestellt wird die Begegnung von Wellington und Blücher nach der Schlacht.

Unten: ein Infanterist des 42. Regiments der Highlander und ein berittener französischer Karabinier.

Arthur Wellesley Wellington (1769–1846).

Napoleon muss sich beeilen, wenn er die erprobte Taktik anwenden will, die darin besteht, zuerst einen Teil des feindlichen Heeres anzugreifen, um sich dann mit dem Rest zu beschäftigen: in Belgien stehen Preußen und Engländer weit voneinander entfernt.

➤ DER AUFTAKT IN LIGNY UND QUATRE BRAS

Die Franzosen überschreiten am Morgen des 15. Juni die belgische Grenze. Charleroi wird eingenommen und am Abend könnte Marschall Michel Ney die wichtige Kreuzung von Quatre Bras erobern, aus übertriebener Vorsicht unterlässt er es aber.

Am 16. Juni entscheidet sich Napoleon, die Preußen bei Ligny zu umfassen und zu vernichten. Der Plan sieht vor, dass sich Ney nach der Eroberung von Quatre Bras nach Süden in Richtung Ligny wendet und dort die Flanke und die Nachhut von Blücher attackiert, den Napoleon und Marschall Emmanuel Grouchy zur gleichen Zeit frontal angreifen.

Die effiziente Kommunikation zwischen den Truppenteilen – eine der Stärken des napoleonischen Heeres – weist nun große Mängel auf, was sich auch in Waterloo auswirken wird.

Der Angriff auf Ligny am 16. Juni (um etwa 15.15 Uhr) bringt die mangelnde Koordination der französischen Einheiten ans Tageslicht, und erst um etwa 20 Uhr ziehen die Preußen nach dem Eingreifen der Garde den Kürzeren. Es sollte der letzte Sieg Napoleons sein.

Der Korse – körperlich und mental nicht auf der Höhe und immer noch im Unklaren, was in Quatre Bras (nicht) geschehen ist – verliert am Morgen des 17. Juni weitere wertvolle Zeit, bevor er Ney einen erneuten und vergeblichen Angriff auf Quatre Bras befiehlt. Derart desorganisiert erscheint er leichte Beute für Wellington, der um 10 Uhr mit dem Abzug vom Gipfel des Mont St.-Jean, 20 km im Norden, beginnt. Nun bewegen sich auch die Preußen im Norden in Richtung Wavre, damit sie sich mit den Engländern zusammenschließen können.

Um dem zu begegnen, teilt Napoleon Grouchy 33.000 Mann zu und befiehlt ihm, Blücher wie ein Schatten zu folgen, während er die Garde nach Quatre Bras kommandiert. Diese vereinigt sich gegen 14 Uhr mit Ney, als Wellington schon unerreichbar ist.

➤ DIE LETZTE SCHLACHT NAPOLEONS

Auch am Morgen des 18. Juni ist Zeit ein wichtiger Faktor für Napoleon. Er wartet nämlich bis 11 Uhr, damit die Sonne den Schlamm trocknet. Nur so kann die Kavallerie leicht angreifen und die Artillerie ihre mörderische Arbeit durch den Rückstoß auf trockenem Boden verrichten. Dann ist die Reichweite größer und folglich auch die Zerstörungskraft. Er antwortet verspätet auf eine Anfrage Grouchys, wie seine Befehle lauten. Er ruft ihn nicht zu sich – wodurch er dem Feind zahlenmäßig definitiv überlegen wäre –, sondern erteilt ihm Order, in Wavre zu bleiben, wohin sich die geschlagenen Preußen wenden könnten, um auf die Engländer zu treffen.

Laut Schlachtplan soll Ney um 13 Uhr am Mont Saint-Jean angreifen und dort

Die Sieger, Wellington und Blücher, treffen sich nach der Schlacht in einem Lokal, dessen Name – »La Belle Alliance« – wie ein Zeichen des Schicksals erscheint. Während der Schlacht diente es Napoleon als Hauptquartier.

dann auf die Preußen warten. Der Angriff beginnt mit einer gewaltigen Salve aus 48 Kanonen gegen das englische Heer, obwohl Wellingtons Soldaten und Kanonen versteckt sind, wo nur eine Möglichkeit besteht: im ungeschnittenen Korn, in Gräben und hinter Bäumen.

Um 11.30 Uhr greift eine französische Abteilung des linken Flügels unter dem Befehl von Jérôme Bonaparte (dem Bruder Napoleons) das Schloss Hougoumont an. Dort steht eine starke englische Garnison, die den Franzosen eine Überraschung bereitet: Als diese aus dem Obstgarten vor dem Kastell hervorkommen, erwartet sie ein Sperrfeuer seitens der Engländer. Die Aktion bei Hougoumont – als Ablenkungsmanöver gedacht – zwingt die Franzosen wegen des zähen Widerstands der Gegner dazu, mehr Männer einzusetzen als vorgesehen.

Um 13.30 beginnt der fürchterliche »Aufstieg« auf die Höhe von Saint-Jean. Den Anfang machen die Artillerie und die Füsiliere, um die feindlichen Linien einzudrücken. Vier von d'Erlon befehligte Divisionen rücken mit spärlichem Erfolg vor. Sie fügen den Engländern kaum Verluste zu, werden aber selbst von der Artillerie Wellingtons niedergemäht, weil sie in geschlossener Formation marschieren. Sie lassen 3000 Gefangene auf dem Schlachtfeld zurück, werden von den schottischen Truppen zurückgedrängt – die im Zuge der Verfolgung die französische Artillerie erreichen, und nur die Reaktion der kaiserlichen Kavallerie bewahrt sie vor einer totalen Niederlage.

Um 16.30 Uhr, nach einer kurzen Feuerpause, um die Truppen wieder zusammenzuziehen, deutet Ney eine Neuformation der Engländer als Rückzug und schickt deswegen 10.000 Reiter los, die sich plötzlich im englischen Feuer befinden.

Darüber hinaus versinken ihre Reittiere im Morast, den der tagelange strömende Regen verursacht hat.

Ney wiederholt seinen Fehler und

Waterloo 1815

AUSTERLITZ UND LEIPZIG

Im Zusammenhang mit der Zeit Napoleons muss man sich noch an zwei weitere Schlachten erinnern, die den Glanz und den darauf folgenden Niedergang des militärischen Genies Napoleon illustrieren.

AUSTERLITZ, 2. Dezember 1805 (Österreich: 14.000 Mann; Russen: 72.000 – Franzosen: 74.000 • Verluste: Franzosen: 2000 Gefallene und 5000 Verwundete – Russen: 10.000 Gefallene und Verwundete, 11.000 Gefangene; Österreicher: 6000 insgesamt).

Nachdem er Tausende Österreicher zwischen Ulm und Bayern neutralisiert und Wien erobert hat, dringt Napoleon mit sieben Armeekorps bis Mähren vor; dann täuscht er einen Rückzug vor, als er die wieder vereinten Heere der Alliierten (von ihren Herrschern angeführt) vor sich erblickt. Der Feind lässt sich zu einem Angriff mit drei Korps über die rechte Flanke verleiten, die aber ohne Schwierigkeiten widersteht und sich an wenigen Punkten zurückzieht. Währenddessen dringt das Zentrum Napoleons tief in die Masse der Gegner vor, als sich auf der Anhöhe, die den Kampfplatz bildet, eine Lücke auftut, weil sich das vierte Korps zurückzieht. Viele Einheiten der Österreicher und Russen werden zurückgedrängt oder buchstäblich eingeschlossen, die Verluste sind enorm. Die Russen ziehen sich hinter die Grenzen ihres Staates zurück und Österreich muss in einen demütigenden Frieden einwilligen.

LEIPZIG, 16.–18. Oktober 1813 (Koalition: 350.000 Mann – Franzosen und Verbündete: 195.000 • Verluste: Franzosen: 75.000 Gefallene, Verwundete und Gefangene – Alliierte: 55.000 Gefallene und Verwundete).

Auch als »Völkerschlacht« bekannt, war Leipzig die größte militärische Auseinandersetzung, die sich in Europa bis zum Ersten Weltkrieg ereignet hat. Es war auch die Schlacht, in der die Infanterie und die Artillerie Napoleons letztendlich zurückweichen musste – im Jahr 1813, das Frankreich mehr als eine halbe Million Opfer kostete. Der Russlandfeldzug ist verloren. Wenige Monate später organisiert Napoleon ein neues Heer mit jungen Rekruten und Veteranen aus Spanien, und um einer Invasion in Frankreich zuvorzukommen, plant er einen Krieg gegen Österreich, Preußen und Russland und überschreitet die Grenzen im Osten. Die Sechste Koalition entsteht. Wie schon die anderen Male, möchte Napoleon nach seiner bevorzugten Taktik vorgehen und die einzelnen Armeen getrennt angreifen. Er verfügt über zu wenig Kavallerie und vereinbart einen Waffenstillstand mit Österreich, der ihm Gelegenheit gibt, seine Truppen in Mitteleuropa zu verdoppeln. Doch auch seine Gegner verstärken ihre Kräfte. Am 16. Oktober 1813 ist Napoleon in Leipzig förmlich eingekesselt: Preußen im Norden, Österreicher und Russen im Süden und ihre aberhunderten Kanonen feuern seit dem Morgengrauen ohne Unterbrechung. Das Dorf Wachau wird von den Österreichern eingenommen und Napoleon geht zum Gegenangriff über: er lässt seine Batterien feuern und schickt dann die 10.000 Reiter von Murat vor, die jedoch von der zweiten Linie der Russen zurückgeworfen werden. Marmont wirft sich in Verteidigung der Ortschaft Möckern gegen die Preußen, die sie bei Einbruch der Dämmerung erobert haben. Am nächsten Tag erhalten Napoleon und die Alliierten Verstärkung. Napoleon möchte einen Waffenstillstand durchsetzen, kann aber nur einen Tag Pause erreichen, da am 18. Oktober die 1500 Geschütze der feindlichen Artillerie das Feuer wieder aufnehmen. Unter diesem Beschuss öffnen sich die Franzosen einen Rückzugsweg nach Westen und kämpfen sich bis Lindau und die dortige Brücke über die Weiße Elster durch. Die Brücke wird zur falschen Zeit gesprengt, weil sich 30.000 Franzosen dort gerade erst formieren. Napoleon kann sich aus dieser Zwangslage befreien, doch seine Armee wird in der »Völkerschlacht« stark dezimiert.

Die Tabelle rechts zeigt die Zahlen der Streitkräfte und Verluste in den wichtigsten Schlachten aus der napoleonischen Ära an.

✶ Sieg

		FRANZOSEN			ALLIIERTE		
			ISTSTÄRKE	VERLUSTE		ISTSTÄRKE	VERLUSTE
1796	**Castiglione**	✶	30.000	5000		25.000	5000
1800	**Marengo**	✶	30.000	10.000		30.000	15.000
1805	**Austerlitz**	✶	74.000	7000		86.000	27.000
1806	**Jena**	✶	125.000	15.000		120.000	40.000
1807	**Friedland**	✶	80.000	10.000		60.000	20.000
1809	**Wagram**	✶	175.000	35.000		150.000	40.000
1812	**Salamanca**		45.000	20.000	✶	50.000	5000
1812	**Borodino**	✶	190.000	30.000		125.000	45.000
1813	**Leipzig**		195.000	75.000	✶	350.000	55.000
1815	**Ligny/Quatre Bras**	✶	105.000	15.000		125.000	30.000
1815	**Waterloo**		74.000	41.000	✶	112.500	22.000

INTERNET
- web2.airmail.net/napoleon/NAPOLEON_FOREVER.html
- pascal.gin.waika9.com/accueil.htm
- www.britishbattles.com/waterloo/waterloo-june-1815.htm

Standbild aus dem Film *Waterloo* (1970) von Sergej Bondarchuk.

Die drei zentralen Gestalten der Schlacht: Napoleon, Wellington und Blücher.

befiehlt einen weiteren Angriff der Kavallerie ohne Unterstützung der Infanterie: die französischen Reiterabteilungen fallen, ohne irgendein Ziel erreicht zu haben, Ney braucht eine Stunde, bis er die Infanterie einsetzt, und Wellington hat inzwischen Zeit genug, um seine Truppen neu zu formieren. Als die französischen Fußsoldaten angreifen, erfolgt die englische Reaktion; in rund 10 Minuten fallen etwa 1500 Franzosen.

In der Zwischenzeit haben die Preußen, die dem von Grouchy kontrollierten Abschnitt ausgewichen sind, angegriffen. Ungeachtet des Mythos, den die Engländer um Wellington aufbauen, der klarerweise das Kommando führt und der Gegner Napoleons ist, spielen die Preußen in dieser Phase eine zentrale Rolle.

Sie greifen nämlich unerwartet den rechten Flügel der Franzosen an, die gezwungen sind, sich ins Zentrum zurückzuziehen, und um Napoleon zu unterstützen, müssen sie auch auf die – durch die Angriffe Neys geschwächte – Kavallerie verzichten.

Ney stürmt um 18 Uhr gegen La Haye Sainte vor – zusammen mit Hougoumont der wichtigste befestigte Vorposten der Alliierten –, das innerhalb kurzer Zeit erobert wird; die verteidigenden Einheiten der deutschen Königlichen Legion werden vernichtet.

➤ DER ZUSAMMENBRUCH DER GARDE

Durch die nun mögliche Vereinigung der Preußen mit den Engländern ist die Situation für die Franzosen kritisch geworden und ein entscheidender Schritt wäre vonnöten, um diese Allianz zu bezwingen.

Die Einnahme von La Haye Sainte ist ein ermutigendes Signal für Napoleon, der allerdings frische Truppen brauchen würde, die er aber nicht zur Verfügung hat. Deshalb wirft er 11 Bataillone in das Gewühl gegen die Preußen, die sich momentan zurückziehen müssen. Doch der Großteil von Blüchers Truppen kann bis zu Wellingtons Streitkräften vordringen und sich ihnen anschließen. Gegen dieses vereinte Heer unternimmt Napoleon gegen 19 Uhr einen letzten verzweifelten Angriffsversuch, in dem er seine besten Truppen einsetzt: die gefeierten Abteilungen der Kaiserlichen Garde.

Wellington weiß, dass der Einsatz der Garde für gewöhnlich das Ende der Schlacht einläutet und bereitet ihnen daher einen entsprechenden »Empfang«.

Die Garde stößt gegen das Zentrum jenseits von La Haye Sainte vor und wird sofort von 1500 englischen Infanteristen angegriffen, die in der Nähe versteckt sind. Erstmals in ihrer Geschichte wird die Garde versprengt und zieht sich zurück. Der Mythos von ihrer Unbesiegbarkeit ist zerstört. Der psychologische Schock unter den anderen Abteilungen ist groß und sie bringen die eigenen Reihen in totaler Panik durcheinander (nur zwei Grenadierabteilungen der Alten Garde bleiben auf ihrem Posten): die Katastrophe ist perfekt, die Niederlage endgültig.

Napoleon gelingt es, das Schlachtfeld zu verlassen, doch als er nach Paris zurückkehrt, wird er zur Abdankung gezwungen.

Das Ende seines Lebens verbringt er im Exil auf Sankt Helena, einer abgelegenen Insel im Atlantik. Dort stirbt er am 5. Mai 1821.

Pichincha

1822

Diese Schlacht befreit Ecuador von der spanischen Vorherrschaft. Sucre, einer der besten Generale Bolivars, kann die royalistischen Truppen Madrids besiegen, denen es nicht gelingt, ihren Vorteil für einen günstigen Standort im Gelände zu nutzen. Die Royalisten verlieren ihr Hoheitszeichen und ein Drittel ihrer Iststärke.

Die spanischen Kolonien in Südamerika errangen ihre Unabhängigkeit vom Spanischen Königreich in den Jahren zwischen 1817 und 1822, als sich ein Großteil des Kontinents dank der Bemühungen der Generale José de San Martin und Simón Bolivar befreite. Letzterer – der Held der siegreichen Unabhängigkeitskriege von Venezuela und Kolumbien – erreichte Ecuador nach einer schweren Niederlage gegen die Spanier bei Consacá.

Einer seiner besten Generale, Antonio José de Sucre, verfolgt den Feind, der aus der Schlappe der Freiheitskämpfer keinen Vorteil ziehen konnte. In wenigen Tagen ist er am eisbedeckten Fuß des Vulkans Cotopaxi, überquert ihn und ist in Sichtweite von Quito, wo sich der Madrid ergebene General Melchor Aymerich verschanzt.

Am 21. Mai 1822 erreicht Sucre Chillogallo im Südwesten von Quito, die Royalisten greifen jedoch nicht an. In der Nacht des 23. Mai marschiert Sucre auf der Straße am Fuße des Vulkans Pichincha, um die Straße im Norden Quitos einzunehmen und die Stadt zu isolieren. Nur einige Kavallerieeinheiten führen diesen Plan aus, der Rest des Heeres greift die Royalisten an.

Am 24. Mai um 8 Uhr sichten diese die Truppen Sucres im Gebiet um den Berg Panecillo und beschließen den Angriff. Die Ersten, die den Truppen Madrids begegnen, sind die Argentinier des Bataillons Trujillo und zwei kolumbianische Kompanien des Bataillons Yaguachi. Wenig später greifen auch die Freiheitskämpfer der kolumbianischen Divisionen unter dem Befehl des Generals José Mires in die Schlacht ein.

Zwei Kompanien des Bataillons Alto Magdalena unter Oberst José Maria Cordova versuchen die Royalisten einzuschließen. Die Bataillone Trujillo und Yaguachi treten den Rückzug an, weil sie keine Munition mehr haben.

Davon profitieren die Royalisten und greifen die sich zurückziehenden Einheiten an, erhalten jedoch sofort Deckung vom kolumbianischen Bataillon Paya, das den Angriff zurückdrängt. Die Royalisten erleiden gravierende Verluste bei einem weiteren Angriff auf die linke Flanke. Sie werden vom britischen Bataillon Albione unter Oberstleutnant John Mackintosh zurückgeworfen. Diese Einheit ist die Eskorte des Munitionstransports der Nachhut der Autonomisten.

Gegen 12 Uhr erhält das Bataillon Alto Magdalena den Befehl zum Angriff auf die Royalisten und diese Offensive beendet die Schlacht um 12.30 Uhr.

Die Reiterei beider Heere hat wegen des steilen Geländes nicht eingegriffen, doch als die Freiheitskämpfer in Quito einmarschieren, schlagen sie die royalistische Kavallerie in die Flucht.

Am 25. Mai muss Aymerich kapitulieren. Obwohl Sucre über keine Artillerie verfügt, nimmt er die Festung und die Stadt selbst ein, wo er gut gefüllte Munitionsdepots und 14 Kanonen findet. Seine Truppen erbeuten auch die feindliche Flagge. Ecuador vereinigt sich schließlich mit den befreiten Kolonien.

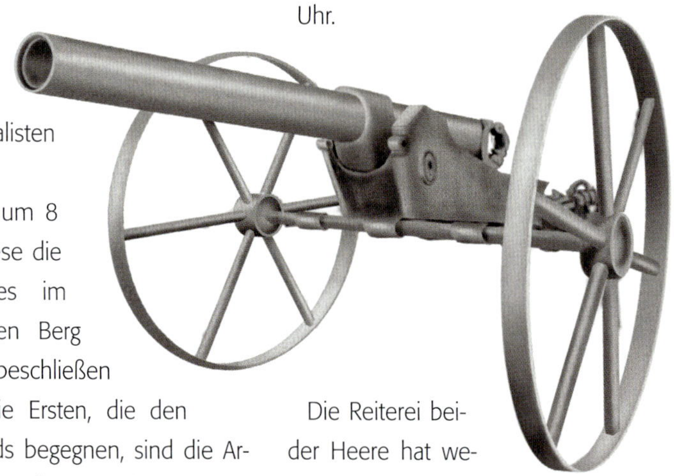

Ein Artilleriegeschütz, wie es vom Heer von Antonio José de Sucre eingesetzt wird.

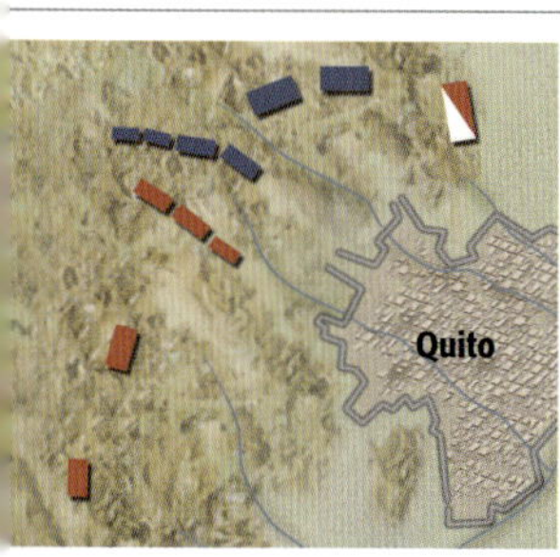

STREITKRÄFTE

▶ ROYALISTEN	
INFANTERIE	1400
KAVALLERIE	339
ARTILLERIE	120
VERLUSTE	
VERWUNDETE	190
GEFANGENE	1260
GEFALLENE	400

▶ FREIHEITSKÄMPFER	
INFANTERIE	2704
KAVALLERIE	398
ARTILLERIE	83
VERLUSTE	
VERWUNDETE	140
GEFALLENE	200

Ayacucho

1824

Sucre erkämpft einen weiteren Sieg, die Spanier erleiden noch eine Schlappe. Mit ein wenig psychologischer Kriegsführung und hoch motivierten Truppen gewinnen die Freiheitskämpfer bei Ayacucho die letzte große Schlacht der südamerikanischen Revolution und bereiten dem spanischen Kolonialismus auf dem Kontinent ein Ende.

Ein peruanischer Reiter der Autonomisten. Zur Armee von Sucre gehören peruanische Guerillas (*Montoneros*), Infanteristen der neuen Republiken und Reiter unter dem Befehl europäischer Offiziere. Die Royalisten verfügen über 500 Spanier, doch in der Mehrzahl über Einheimische und Kriegsgefangene, denen die Freiheit im Falle des Sieges versprochen wird.

Im Jahr 1824 ist es nur noch Bolivar in Lima, der die antispanische Revolution anführt. Zur Kolonie Peru gehört auch das heutige Bolivien. Die Spanier halten einige Gebiete rund um die Hauptstadt besetzt, darunter auch den Hafen von Callao.

Bolivar, den man bereits den *Libertador* nennt, marschiert ihnen mit einer Armee unter dem Kommando von Antonio José de Sucre entgegen. Das Heer ist gemischt und die Waffen sind englischer und französischer Herkunft.

Ein erster Angriff findet am 7. August in Junín statt. Die gegnerischen Kavallerien bekämpfen einander ohne Feuerwaffen und die Spanier sehen sich gezwungen, immer weiter ins Hinterland zurückzuweichen. Während seine Einheiten die Verfolgung aufnehmen, kehrt Bolivar nach Lima zurück.

Sucres Soldaten holen die Spanier im Dezember ein und bereiten sich zwischen Bergen und Eis auf einem nur 1200 m langen Landstrich namens Ayacucho auf die Schlacht vor. Die Aufständischen stellen drei Bataillone peruanischer Guerilla, die *Montoneros,* zur Linken und vier Bataillone regulärer Infanterie zur Rechten auf. Fünf Kavallerieschwadronen stärken den Fußsoldaten den Rücken. Was Artillerie betrifft, verfügen sie nur über eine einzige Kanone.

Vor ihnen hat der spanische General José Canterac fünf Bataillone im Zentrum, ebenso viele links und dort auch noch zusätzlich drei berittene Schwadronen postiert. Sein Rücken wird durch den Berg Condorqanquí gedeckt. Der rechte Flügel besteht schließlich aus ebenso viel Infanterie wie Kavallerie. Als Reserve dient die gesamte Artillerie (sieben Kanonen).

In der Nacht des 8. Dezember halten die Musikanten und die Waffen der Aufständischen die Spanier wach. Die Schlacht beginnt um 10 Uhr des nächsten Tages. Im ersten Moment scheinen die Kanonen Canteracs die Truppen der Aufständischen zu überwältigen. Doch die Reserve Sucres weicht durch einen Rückzug aus. Die spanische Reserve kommt hingegen vom Berg herab und gerät in die Feuerlinie und in Unordnung. Die vom Engländer William Miller angeführte Kavallerie der Autonomisten macht die Verwirrung komplett.

Nach einem kurzen Versuch eines Gegenangriffs werden die Spanier um 13 Uhr in die Flucht geschlagen. So endet die Vorherrschaft Madrids über ganz Südamerika. Sie wurden durch ein neues Nationalbewusstsein der Einwohner mit spanischen Wurzeln und von Streitkräften besiegt, die im Lauf der Jahre ihren ursprünglichen Enthusiasmus nicht verloren und ihre militärischen Fähigkeiten verbessert haben.

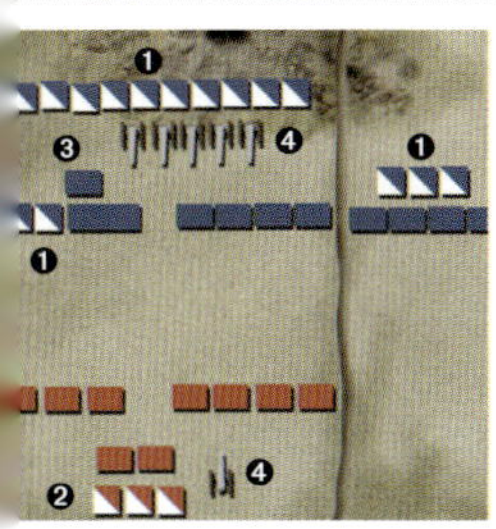

❶ Royalistische Kavallerie
❷ Kavallerie der Autonomisten
❸ Royalistische Hellebardiere
❹ Kanonen

STREITKRÄFTE

▶ FREIHEITSKÄMPFER	
INFANTERIE UND KAVALLERIE	5780
KANONEN	1
VERLUSTE	
VERWUNDETE	670
GEFALLENE	309

▶ ROYALISTEN	
INFANTERIE UND KAVALLERIE	9310
KANONEN	7
VERLUSTE	
GEFALLENE	1800
GEFANGENE	1000

4 Von der Wehrpflicht zum Atomkrieg

1830 **Algier**
1854 **Balaklawa**
1859 **Solferino**
1863 **Gettysburg**
1870 **Sedan**
1876 **Little Big Horn**
1879 **Isandlwana**
1896 **Adua**
1898 **Omdurman**
1899 **Colenso**
1904 **Port Arthur**
1915 **Gallipoli**
1915 **Ypern**
1916 **Verdun**
1916 **Jütland**
1917 **Caporetto**
1918 **Piave**
1937 **Nanking**
1936 **Tigre**
1938 **Ebro**
1940 **Frankreich**
1940 **England**
1941 **Moskau**
1941 **Pearl Harbor**
1942 **Midway**
1942 **Guadalcanal**
1942 **Stalingrad**
1942 **El Alamein**
1943 **Kursk**
1944 **Normandie**
1944 **Bulge**
1945 **Iwo Jima**
1945 **Berlin**
1945 **Hiroshima**

Die Beschleunigung ist ein bezeichnendes Merkmal der Zeitgeschichte im 19. und im 20. Jh. Alles verändert sich, und das schneller als je zuvor. Das trifft auch auf die Kriegsführung zu. Das Transportwesen entwickelt sich: Die Erfindung der Dampfmaschine und des Verbrennungsmotors erlauben – zuerst durch die Eisenbahn und dann durch Lastwagen – viel schnellere Feldzüge und die Beförderung von Menschenmassen, die alles übersteigt, was Europa noch zur Zeit Napoleons in Erstaunen versetzte. Armeen können dank des elektrischen Telegraphen nun in Echtzeit koordiniert werden und verfügen über Waffensysteme mit viel höherer Zerstörungskraft. Die »militärische Revolution« auf Basis der Wehrpflicht wird jetzt bei beinahe allen europäischen Streitkräften Standard. Die Revolution auf dem Gebiet der Waffentechnik ist spektakulär. Bereits in der ersten Hälfte des 19. Jh. werden die Feuersteine in den Flinten durch Zündhütchen ersetzt, der gezogene Lauf kommt auf und aus den Vorderladern werden Hinterlader. Reichweite, Präzision und Schusszahl werden erhöht. Letztere verbessert sich vor allem zwischen 1860 und 1870 deutlich, als verschiedene mehrschüssige Waffensysteme eingeführt werden. Zur gleichen Zeit erhalten auch Kanonen gezogene Läufe und können von hinten geladen werden. Sie feuern nun keine trägen Eisenkugeln mehr ab, sondern Explosivgeschosse. Das Pulver erzeugt keinen Rauch mehr, weshalb die Geschütze schwer auszumachen sind. Ein Mittelding aus Gewehr und Kanone kommt auf, das Maschinenge-

wehr, das aber noch von Hand bedient wird (erst zu Beginn des 20. Jh. funktioniert es automatisch). Die Kavallerie passt sich den Zeiten an: große Patrouillen erledigen Aufklärungsaufgaben oder schnelle Überfälle, in Massen operiert sie wie eine beweglichere und schnellere Infanterie. Die großen Angriffe werden immer seltener.

Bereits gegen Ende des 19. Jh. erreichen Schlachten wahrhaft kolossale Ausdehnungen (wie im Amerikanischen Bürgerkrieg, 1861–1865) und Dimensionen (wie zur Zeit des Französisch-Preußischen Krieges, 1870/71). Alles in allem handelt es sich um begrenzte Konflikte. Wird eine Auseinandersetzung allgemein, wie im Ersten Weltkrieg, erfährt der Krieg in seinen Ausmaßen eine Eskalation. Man spricht nicht mehr von Schlachten, sondern von Operationszyklen, das heißt, die Schlachten werden untereinander straff koordiniert, um sofort strategische Ziele zu erreichen.

Die Form der Schlacht ist zwischen 1914 und 1918 für die Soldaten dramatisch. Ein Krieg, den man mit allen modernen Mitteln (Infanterie, große Artillerie, Flugzeuge, Propaganda) austrägt, kann nicht gewonnen werden und findet fünf lange, schier endlose Jahre kein Ende und wird häufig im Schützengraben verbracht. Wahre Feuerwalzen aus schwerer Artillerie und Flugzeugen können die feindlichen Fronten der einen oder anderen Seite eindrücken, doch auch die Unterstände auf dem Schlachtfeld werden perfektioniert: die Infanteristen heben für sich Schützengräben und unterirdische Schutzräume aus und begegnen einander

häufig im so genannten »Niemandsland«. Dies ist auch die Geburtsstunde eines Transportmittels, das seine Insassen vor gegnerischem Feuer schützt und dabei jede Geländeform überwinden kann: der Panzer mit Ketten (wenngleich der Widerstand einer im Schützengraben verschanzten Truppe zu dieser Zeit noch leichter durch gut bewaffnete und autonom agierende Fußsoldaten gebrochen werden kann, wie etwa die italienischen Arditi oder die deutschen Sturmtruppen).

Alles, was man zwischen 1914 und 1918 einsetzt oder erfindet, wird in den folgenden 20 Jahren perfektioniert und steht für das größte Gemetzel der Menschheitsgeschichte bereit: dem Zweiten Weltkrieg. Man denke nur an die großen Panzerdivisionen, deren Fahrzeuge kleiner, schneller und weniger verwundbar sind, die Fliegerangriffe, die Truppentransporte per Flugzeug und die motorisierte Infanterie. Zusammen mit eher »traditionellen« Truppen führt das NS-Regime in den Jahren 1939/40 den Blitzkrieg, der den Auftakt zu einem langen, fürchterlichen, die ganze Welt umspannenden Krieg bildet.

In einem Krieg, dessen Schlachten sich über einen ganzen Kontinent ausdehnen, bleiben die technischen und militärischen Fortschritte nicht an der »Grenze des Möglichen« stehen. Die Detonation zweier Atombomben beendet nicht nur den Zweiten Weltkrieg und eröffnet den »Kalten Krieg« zwischen den beiden Supermächten USA und UdSSR, sondern läutet auch ein neues Kapitel der menschlichen Geschichte ein: das Atomzeitalter.

Algier

1830

Um jeden Preis will der postnapoleonische Staat diesen Feldzug durchführen, um sein Prestige wiederherzustellen. Die Eroberung Algeriens stellt den Beginn der Ausbreitung Frankreichs in Afrika dar. Die Überlegenheit der transalpinen Truppen in puncto Technik, Taktik und Ausbildung bricht den lokalen Widerstand in weniger als einem Monat.

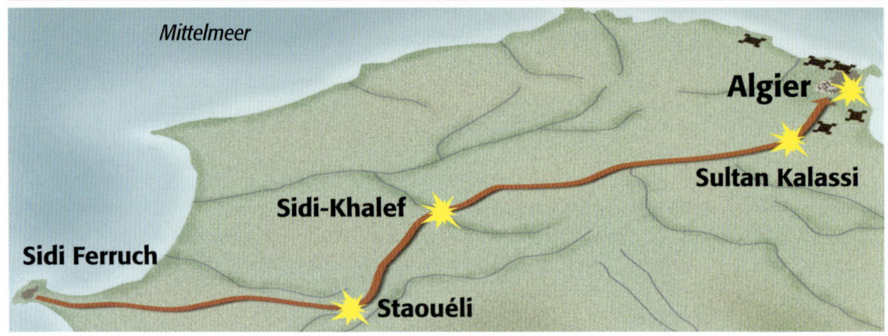

Ein Unteroffizier der Grenadiere der französischen Infanterie. Oben: die Einnahme von Algier auf einem zeitgenössischen Schnitt. Die Offensive startet bei Sidi Ferruch, wo die Truppen Bourmonts einen Brückenkopf errichtet haben.

Im Zeitabschnitt zwischen dem Fall Napoleons 1815 und der Revolution von 1830 entscheidet sich die von politischen und wirtschaftlichen Krisen gebeutelte restaurierte Monarchie Karls X. für einen Eroberungsfeldzug in Afrika. Seit 1827 wird Algerien, das nominell vom türkischen Reich abhängt, wegen einer groben Unhöflichkeit des algerischen Konsuls in Paris von französischen Schiffen blockiert. Die Wirkungslosigkeit dieser Aktion dient Frankreich als Vorwand für einen Angriff auf den afrikanischen Staat.

Der Plan zur Invasion ist jener, den Napoleon bereits 1808 ausgearbeitet hatte: Drei Divisionen werden zwischen 11. und 25. Mai in Toulon eingeschifft. Das Expeditionsheer unter dem Befehl von General Louis A. de Bourmont umfasst über 100 Kriegsschiffe, darunter sieben Dampfschiffe (die ersten, die zu militärischen Zwecken eingesetzt werden), 676 Transportschiffe, 37.600 Soldaten, 500 Reiter und 91 Kanonen.

Am 13. Juni befindet sich die Flotte in algerischen Gewässern, und nach einem kurzen Feuergefecht zwischen den Schiffen und den Batterien an Land gehen die Truppen in Sidi Ferruch (25 km westlich von Algier) an Land. Am 19. erfolgt die erste Begegnung zu Lande. Die Franzosen wehren einen arabischen (algerische, türkische und kabilische Truppen) Angriff ab und erobern das türkische Feldlager in der Ortschaft Staouéli, wobei der Gegner 3000 Mann verliert. Sie setzen ihren Marsch auf Algier fort und schlagen die einheimischen Truppen in einem zweiten Gefecht bei Sidi-Khalef am 24. Juni.

In der letzten Schlacht schließen die drei Divisionen von Bourmont die Kaiserliche Burg (Sultan Kalassi) ein, das ebenso wie Algier von Land und vom Meer aus unter schweres Artilleriefeuer genommen wird. Am 4. Juli fliegt die Burg in die Luft und am 5. ergibt sich die Stadt.

In der Schatzkammer der Kasbah erbeuten die Franzosen 48,7 Millionen Franc (die Kosten für den Feldzug betrugen 43,5 Millionen), entweihen Moscheen und zerstören Friedhöfe. Die Eroberung ganz Algeriens beginnt.

STREITKRÄFTE

▶ FRANZOSEN	
INFANTERIE	37.600
KAVALLERIE	500
KANONEN	91
▶ ALGERIER	
JANITSCHAREN	6000
INFANTERISTEN AUS ORAN UND KONSTANTINA	19.000
KABILISCHE KRIEGER	15.000

Balaklawa

1854

Die russische Offensive zielte im Krimkrieg darauf, den Alliierten den von schottischen Truppen besetzten Hafen wieder abzunehmen. Diese leisten jedoch erbitterten Widerstand. Die bekannteste Geschichte aus diesem Krieg ist die vom sinnlosen Angriff der leichten Brigade der Engländer, die man zur Zerschlagung der russischen Batterien losgesandt hatte.

Dieser Stich zeigt den englischen Angriff gegen die russischen Batterien. Die Brigade hinterlässt 247 Gefallene auf dem Schlachtfeld, 56 geraten in Gefangenschaft.

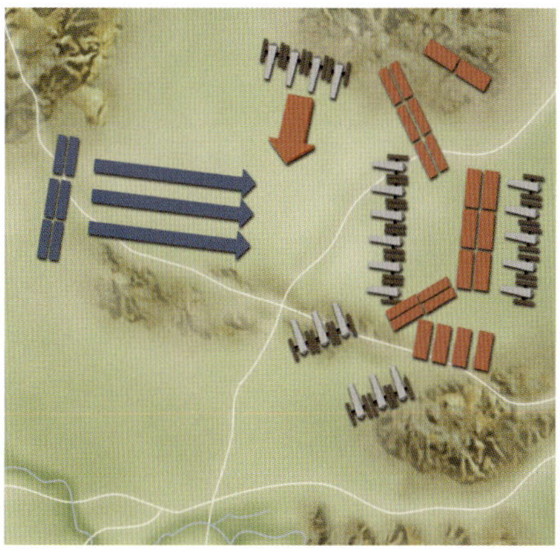

Der Angriff der leichten englischen Brigade in Balaklawa

- ➡ Engländer
- Russen
- Russische Kanonen

Um 10.30 Uhr sind vier der sechs Befestigungsanlagen der Stadt in russischer Hand. Der Angriff der leichten Brigaden der Engländer wird von der Presse und im Gedicht von Alfred Tennyson *(Der Angriff der Sechshundert)* besungen, aber die wahren Helden sind die *Highlander* des 93. Regiments, »die dünne rote Linie«, die den Hafen verteidigen.

Während des Krimkriegs (1853–1856) bekämpften England, Frankreich, das Osmanische Reich und das Königreich Sardinien das Heer von Zar Nikolaus I. auf der russischen Halbinsel im Schwarzen Meer.

Das Osmanische Reich erklärt Russland am 4. November 1853 den Krieg, als Antwort auf die Eroberung der Donaufürstentümer Moldawien und Walachei durch die Streitkräfte des Zaren im Juli. So soll eine weitere Ausdehnung des russischen Einflussgebietes im Süden und in Richtung Schwarzes Meer verhindert werden. England und Frankreich unterstützen den Sultan und in der Folge schließt sich auch das Königreich Sardinien der antirussischen Koalition an.

Das Ziel der Alliierten ist die russische Hafenstadt Sewastopol in der Nähe der Stadt Balaklawa, einem Stützpunkt des englischen Militärs. Zur Verteidigung dieser Stadt dienen sechs von den Türken besetzte Festungen, die im Falle eines russischen Angriffs die erste Verteidigungslinie darstellen. Am 25. Oktober greifen die Russen die Hauptfestungen an, indem sie sie aus 30 Kanonen beschießen. Nach anfänglichem Widerstand müssen die Türken weichen, ihre Stellungen aufgeben und die Waffen zurücklassen.

Der Oberbefehlshaber Lord Raglan erteilt der aus 670 Reitern bestehenden leichten Brigade den Befehl, diese Waffen zurückzuerobern und entsendet Kapitän Louis Nolan zu Lord Lucan, dem Kommandeur der englischen Kavallerie, um die Order auszuführen. Nolan überbringt die Anordnung Raglans, doch Lucan kann von seiner Stellung aus die Kanonen nicht sehen. Nolan zeigt in Richtung der Befestigungsanlagen, wo sich jedoch die Kanonen der Donkosaken befinden.

Obwohl der Befehl nicht sonderlich präzise ist, gibt Lucan das Angriffssignal und die Engländer reiten in das russische Artilleriefeuer. Das Ziel, die den Türken abgenommenen Anlagen und Waffen zurückzuerobern, kann nicht erreicht werden. Bei der Attacke verlieren die Engländer 247 Mann, 56 werden von den Russen gefangen genommen.

Der Krieg endet 1856. Alexander akzeptiert die Bedingungen, die die Westmächte im Pariser Kongress stellen.

STREITKRÄFTE

▶ ALLIIERTE	
INFANTERIE, KAVALLERIE UND ARTILLERIE	2000
VERLUSTE	658
▶ RUSSEN	
INFANTERIE, KAVALLERIE UND ARTILLERIE	3000
VERLUSTE	540

Solferino

Der Schweizer Bankier Henri Dunant, der als Freiwilliger in Solferino ist, bezieht Hausfrauen, Pfarrer und Wanderer in die Betreuung der tausenden Verwundeten ein. 1862 publiziert Dunant sein Buch *Souve-*

1859

Die Allianz aus Franzosen und Piemontesen kämpft in einer neunstündigen, erbarmungslosen Schlacht gegen die österreichischen Streitkräfte. Die französische Artillerie stellt ihre Überlegenheit unter Beweis. »Großartige Schlacht. Großartiger Sieg« telegrafiert Napoleon III. an seine Frau, doch sind die Verluste so hoch, dass er sich gezwungen sieht, die französische Militärpolitik in Italien zu überdenken.

Der zweite italienische Unabhängigkeitskrieg beginnt im Frühjahr 1859 mit dem Einmarsch der Österreicher im Piemont. Schnell werden diese vom sardischen Heer Napoleons III. zurückgedrängt, der im Jänner 1859 ein Bündnis mit König Viktor Emanuel II. von Sardinien und Premierminister Cavour geschlossen hat. Das Abkommen von Plombières, nach der Stadt benannt, in der das Treffen zwischen Napoleon III. und Cavour stattfindet, sieht französische Militärhilfe für das Königreich Sardinien bei der Eroberung der Lombardei und des Veneto im Austausch gegen die Herzogtümer Nizza und Savoyen vor.

Die französisch-piemontesischen Truppen erreichen die Poebene und drängen die Österreicher hinter den Mincio zurück. Am 17. Juni übernimmt Kaiser Franz Joseph I. das Kommando über die Österreicher und ordnet eine Gegenoffensive an. Die Truppen werden entlang der Linie Solferino–Madonna delle Scoperta–San Martino aufgestellt.

Am Morgen des 24. Juni liefert sich das 1. französische Armeekorps ein Gefecht mit dem 5. österreichischen. Weiter im

Ein österreichischer Infanterist und ein französischer Zuave. Beide Heere setzen nur selten Späher ein. Doch vor dieser Schlacht sehen französische Beobachter von einem Ballon hinter den eigenen Linien Truppen in Bewegung entlang des Flusses Mincio und verwechseln sie mit Kundschaftern.

STREITKRÄFTE

AUSGEGLICHENER AUFMARSCH

▶ FRANZOSEN UND PIEMONTESEN

INFANTERIE UND KAVALLERIE	150.000
VERLUSTE	
VERWUNDETE UND GEFALLENE	22.000*

▶ ÖSTERREICHER

INFANTERIE UND KAVALLERIE	150.000
VERLUSTE	
VERWUNDETE UND GEFALLENE	22.500

* 17.000 FRANZOSEN UND 5000 PIEMONTESEN

nier de Solférino über die Schlacht. Im Jahr darauf gründet er ein Komitee – aus dem später das Internationale Komitee des Roten Kreuzes wird – zur Regulierung der Hilfeleistung für Kriegsverwundete.

Die modernen Kanonen, Vierpfünder mit gezogenem Lauf, haben eine Reichweite von 3200 m. Die Österreicher setzen veraltete Kanonen mit glattem Lauf ein, die 2370 m weit feuern.

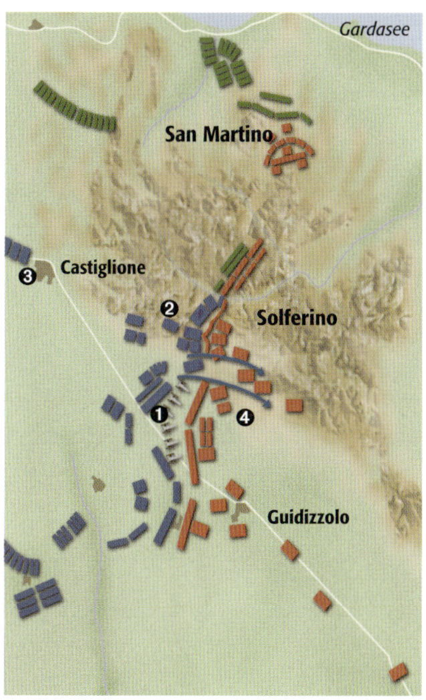

Süden greifen das 3. und das 9. Korps an und verursachen eine Lücke im Heer Napoleons, die schnell von der Kaiserlichen Garde des 1. Korps, das die Verteidigung von Solferino zerschlägt, und vom 2. Korps gefüllt wird, das Castel del Monte und San Cassiano einschließt. Die Österreicher werden zurückgeschlagen, Franz Joseph befiehlt den Rückzug.

Trotz des Sieges und ohne das Wissen Viktor Emanuels schließen Napoleon III. und Franz Joseph I. den Waffenstillstand von Villafranca, der dann im Züricher Vertrag ratifiziert wird: Österreich verliert die Lombardei mit Ausnahme von Peschiera und Mantua an das Königreich Sardinien. Das Veneto bleibt bei Österreich.

Zeitgenössische Lithografie, die die Schlacht von Solferino zeigt.

Rechts: Lithografie mit Viktor Emanuel II. in San Martino.

Piemontesen

Franzosen
❶ Artillerie
❷ Garde
❸ Berittene Garde

Österreicher
❹ Kavallerie

SAN MARTINO
24. Juni 1859

Während Napoleon III. in Solferino kämpft, entdeckt Viktor Emanuel II. weiter im Norden und links von den Franzosen einen Weg, dem linken Flügel der Österreicher zu begegnen. Die österreichischen Abteilungen werden sofort angegriffen. Genau gesagt handelt es sich um das 8. Armeekorps des Generals Benedek, das vorstürmt, nachdem es stabile Stellungen auf der Anhöhe erobert hat. Bis 11 Uhr Vormittag wird gekämpft, der Ausgang ist wegen des schlechten Wetters unklar, bis die Hügel von San Martin umstellt sind. Starkes Artilleriefeuer leitet den von Viktor Emanuel befohlenen Generalangriff ein, an dem sich Bersaglieri und die Kavallerie des Regiments Monferato beteiligen. Benedek lässt zum Rückzug blasen, der bald zur Flucht hinter die Mincio-Linie wird. Wenn auch zum Preis hoher Verluste haben auch die Piemontesen zum Sieg ihrer französischen Verbündeten beigetragen, der zum Anschluss der Lombardei an das Königreich Sardinien führt.

Gettysburg

1863

Der einschüssige Springfield-Karabiner (ein Vorderlader, Kaliber 0,58 mm) wird von den Unionisten verwendet – bis 1865 werden 1,5 Millionen Stück erzeugt. Seine Kugeln passen auch in das von den Konföderierten eingesetzte Enfield-Gewehr (Kaliber 0,577 mm).

Der größte Krieg, der jemals auf nordamerikanischem Boden ausgetragen wurde, ist der amerikanische Sezessionskrieg, in dem einander Konföderierte aus dem Süden und Unionisten aus dem Norden gegenüberstehen. Die Südstaatler von Lee versuchen einmal mehr in das Gebiet der Union einzudringen, doch bei Gettysburg zerbrechen nach einer dreitägigen Schlacht die Träume der Konföderierten.

Infanteristen der Konföderierten und der Unionisten. Die Weiterentwicklung der Feuerwaffen verursacht große Verluste bei der Infanterie. Lee verliert in weniger als zwei Stunden 5000 Mann bei Malvern Hill (Juli 1862), der Nordstaatengeneral Grant verliert bei Cold Harbor (Juni 1864) 7000 Mann in weniger als einer Stunde.

Im dritten Jahr des amerikanischen Sezessionskriegs, 1863, hat das Südstaatenheer von General Robert E. Lee viele Siege über die Union errungen, konnte in den Norden vordringen und erreicht Pennsylvania, wo sie eine für den Nachschub der Nordstaatenarmee wichtige Eisenbahnlinie überqueren.

Am 1. Juli schicken die Südstaatler, deren Vorräte knapp sind, eine Spähpatrouille und eine Kavalleriebrigade unter General A. P. Hill los. Letztere dringt bis Gettysburg vor. Vor der Stadt befindet sich eine Brigade der Nordstaatenunion unter General John Buford auf Erkundigung. Diese kann den Konföderierten ein oder zwei Stunden Widerstand leisten, dann trifft die Verstärkung der Südstaaten unter General Richard Ewell ein und die Unionisten werden in die Flucht geschlagen.

Lee gibt den Befehl, die Anhöhe zu besetzen, die von der kleinen Nordstaatenabteilung verlassen wurde, und dort auf die Ankunft des großen Heeres der Unionisten unter dem Kommando von Generalmajor Gordon Meade zu warten. Ewell

STREITKRÄFTE

ÜBERLEGENHEIT DER NORDSTAATEN

▶ UNIONISTEN

ARMEE	85.500
VERLUSTE	
VERWUNDETE	14.530
GEFALLENE	3155
VERMISSTE	5365

▶ KONFÖDERIERTE

ARMEE	75.500
VERLUSTE	
VERWUNDETE	12.800
GEFALLENE	2600–4500
VERMISSTE	5250

Die Artillerie der Nordstaaten besteht aus Batterien mit sechs Kanonen gleichen Kalibers, um den Nachschub zu vereinfachen. Die Südstaaten verfügen über Batterien mit vier Kanonen verschiedenen Kalibers. Die verbreitetste ist ein moderner Napoleon-Zwölfpfünder mit einer Schussweite von 1,5 km.

Unionisten
❶ Hauptquartier von General Lee
Konföderierte
❷ Hauptquartier von General Meade

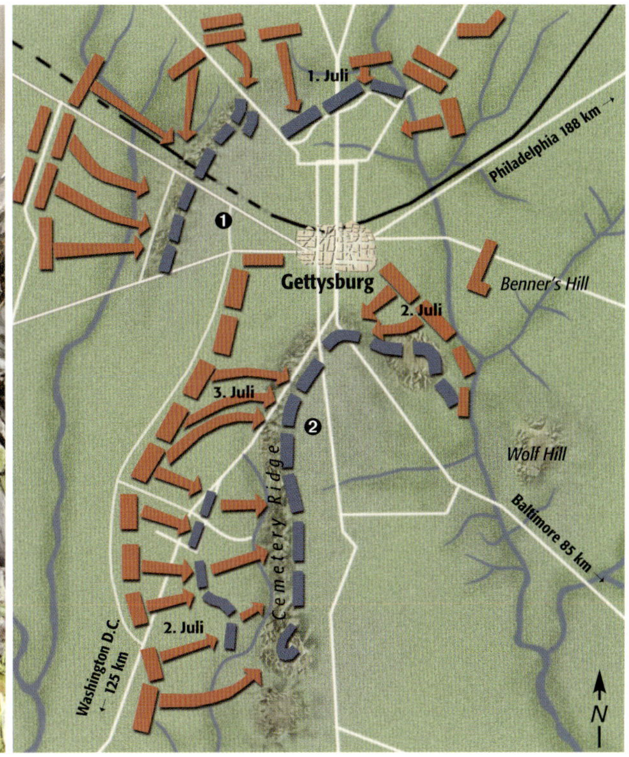

zögert jedoch und Meade kann sich auf der Anhöhe von Cemetery Ridge festsetzen.

Am 2. Juli 1863 um 16 Uhr greifen die Südstaatler Lees die linke Flanke des Feindes an, um die Anhöhe Little Round Top einzunehmen, die eine gute Artilleriestellung für die Konföderierten abgeben würde. Doch die Nordstaatler, die 800 m weit entfernt stehen, halten den Angriff auf und der Hügel hinter ihnen wird daraufhin vom 20. Regiment aus Maine eingenommen. Der Sonnenuntergang unterbricht die Operationen vorübergehend. Lee glaubt, dass die Angriffe an den Flanken Meade geschwächt haben und dass ein Überfall auf das Zentrum die Schlacht entscheiden wird, weiß allerdings nicht, dass Meade Verstärkung erhalten hat.

Lee ist optimistisch, am nächsten Tag erteilt er um 13 Uhr den Feuerbefehl für die Artillerie und stürmt dann gegen das Zentrum vor. Es handelt sich um »Picketts Angriff«, der für seine selbstmörderische Verwegenheit berühmt wurde. Er führt zu einem Blutbad unter des Südstaatlern und zum Rückzug der Konföderierten.

Mit der Niederlage bei Gettysburg bahnt sich die endgültige Niederlage der Südstaaten-Konföderation an, die am 9. April 1865 mit der Kapitulation von General Lee bei Appomatox besiegelt wird.

Der Krieg endet, nachdem er Hekatomben an Menschenleben gefordert hat: 360.000 bei den siegreichen Unionisten und 275.000 bei den Konföderierten aus dem Süden.

Unten: die Kommandeure der beiden Heere: General Robert E. Lee und General George G. Meade.

BEMERKENSWERTES

EINE »BEAU GESTE« BEI GETTYSBURG

Bei Gettysburg ereignet sich eine der »beaux gestes«, wie sie im 19. Jh. entweder durch die romantische Literatur angeregt, oder in Nachahmung der vorhergehenden, häufig auftreten. Es handelt sich um den – von General Armistead befohlenen – Angriff der Divisionen der Generale Pettigrew und Pickett auf Cemetery Ridge, einem von den Nordstaatlern gut verteidigten Friedhof. Die überlebenden Südstaatler setzen ihren Marsch fort, indem sie über hunderte von Gefallenen hinwegsteigen und die Flaggen von den gefallenen Fahnenträgern aufnehmen. Doch dem zahlenmäßig unterlegenen Feind mangelt es nicht an Feuerkraft und der Vorstoß der Südstaatler zerbricht. Armistead befindet sich unter den 7500 Gefallenen und die Konföderierten müssen sich zurückziehen.

Sedan

1870

Die Niederlage der Franzosen bei Sedan ist katastrophal. Das Heer Napoleons III. wird von den Preußen und ihrer Artillerie vernichtend geschlagen, der Kaiser selbst gefangen genommen und in wenigen Wochen wird Paris belagert. Deutschland erstarkt wieder als europäische Macht und demütigt Frankreich, die militärische Heimat Napoleons.

Noch zur Mitte des 19. Jh. ist das, was wir heute als Deutschland kennen, ein Gebilde aus verschiedensten Kleinstaaten. Ausnahmen bilden lediglich Preußen im Norden und Bayern im Süden.

Nachdem die Preußen über Österreich gesiegt haben und sich in Norddeutschland eine von Preußen angeführte Konföderation bildet, nehmen ab 1866 die Spannungen zwischen dem Frankreich Napoleons III. und dem preußischen Königreich deutlich zu. Paris ist überzeugt, dass die Vereinigung der deutschen Staaten verhindert werden muss, da sonst ein starker und gefährlicher Nachbar am Rhein entstehen würde.

Auch Bismarck, seit 1862 preußischer Regierungschef, ist überzeugt, dass ein Krieg mit Frankreich unausweichlich ist. Die Gelegenheit kommt 1870.

WAFFEN

ZWEI HEERE IM VERGLEICH

Nach 1860 ermöglicht der Hinterlader dem Schützen größere Schnelligkeit beim Nachladen und eine sicherere Position gegenüber dem feindlichen Feuer, weil er liegend oder kniend laden kann, anstatt stehend wie bei den alten Modellen. Vor allem der Dreyse-Karabiner beweist durch seine Geschwindigkeit und Präzision seine Überlegenheit gegenüber dem französischen Chassepot-Gewehr.

Seit 1868 beträgt die vorgesehene Dienstzeit beim französischen Militär fünf Jahre. Die Hälfte der Einberufenen bleiben nach einer dreijährigen Ausbildung fünf Monate in effektivem Dienst. Nach der aktiven Zeit bleibt man vier Jahre in der Reserve. Im Juli 1870 zählt man 337.000 Soldaten und eine (wenig ausgebildete) Reserve von 173.000 Mann. Gemeinsam ist beiden Heeren die Armeekorps-Struktur.

Der Wehrdienst beim preußischen Heer (Armee des Norddeutschen Bundes) dauert bei der Infanterie drei Jahre und bei Kavallerie und Artillerie vier Jahre. Wer zu den Waffen gerufen wird, ist 20 Jahre alt. Bevor man ins zivile Leben zurückkehrt, ist man vier Jahre in der Reserve und dient weitere fünf in der *Landwehr.* 1870 verfügt Bismarck über ein Heer aus 13 Armeekorps mit jeweils 30.000 Mann.

Die französische Niederlage bei Sedan in einem kolorierten Holzschnitt (Paris, Musée de la Ville). Ohne jede Koordination flieht die Armee von Bazaine nach Metz und zwingt so jene von Châlons, bei Sedan in die Falle zu gehen.

➤ FRANKREICH ERKLÄRT PREUSSEN DEN KRIEG

Ein diplomatischer Zwischenfall infolge eines von Bismarck geschickt eingefädelten Treffens zwischen dem französischen Botschafter in Preußen und Wilhelm I. bezüglich der spanischen Thronfolge provoziert Paris und treibt es am 19. Juli 1870 tatsächlich zur Kriegserklärung, die Napoleon III. unterzeichnet.

Das von seiner militärischen Fähigkeit überzeugte Frankreich marschiert mit etwa 270.000 Mann gegen die östliche Grenze. Sein Berufsheer, es besteht aus lang dienenden Freiwilligen, verkörpert die edle Erbschaft des Großen Korsen.

Preußen mobilisiert hingegen sofort 400.000 Mann. Es handelt sich um Soldaten, die nach der vor einem halben Jahrhundert eingeführten Wehrpflicht eingezogen wurden. Die Dienstzeit dieses Heeres ist kürzer, dafür kann es sich auf die ausgezeichneten Qualitäten seiner Reservisten verlassen.

Die Preußen erringen zahlreiche Siege, und Napoleon III., der das Heer führt, übergibt das Kommando an Marschall François-Achille Bazaine, der am 18. August 1870 eine schwere Niederlage bei Gravelotte/Saint-Privat erleidet. Tags darauf zieht sich das Heer von Bazaine in das befestigte Lager bei Metz zurück, wo es vom Rest der französischen Streitkräfte gänzlich abgeschnitten ist und der deutschen Belagerung nur schwachen Widerstand leistet.

HINTERGRÜNDE

DIE ENTSTEHUNG DES GENERALSTABS

Seit dem Mittelalter und die ganze Neuzeit lang wurden Kriege von bewaffneten Kräften ausgefochten, die entweder direkt vom Landesherrn oder einem Stellvertreter kommandiert werden. Seit Napoleon, dem Erneuerer auf diesem Gebiet, hat sich die Situation geändert. Um den kommandierenden Souverän versammeln sich kleine Generalstäbe, doch meistens arbeiten diese topografische Karten für die Schlacht aus, oder geben Befehle weiter. Für die ersten Massenheere – die napoleonische Armee und vor allem die Heere mit allgemeiner Wehrpflicht – und während sich die Kriegsschauplätze mit modernen Waffen (große Artillerie) und neuen Kriegsmitteln wie der Eisenbahn füllen, reichen diese Generalstäbe nicht mehr. In Preußen weiß man eine Lösung dafür. Die Generalstäbe werden richtige Korps oder ständige Einrichtungen. In Friedenszeiten haben sie die Aufgabe, für den Krieg benötigte Dinge – von Statistiken über die Stärken der Nachbarländer bis zur Kartografie – zu untersuchen und Kriegspläne zu entwerfen, ob offensiv oder defensiv, indem sie Pläne zur Mobilisierung der riesigen Massenheere ausarbeiten. Seit dem Heer von Moltke sind die Generalstäbe für den Krieg unerlässlich.

General Helmuth von Moltke, der Sieger des Französisch-Preußischen Krieges und ein großer Stratege.

STREITKRÄFTE

PREUSSISCHE ÜBERLEGENHEIT

▶ PREUSSEN

INFANTERIE UND KAVALLERIE	200.000
KANONEN	774
VERLUSTE	
GEFALLENE	2320
VERWUNDETE	5980
VERMISSTE	700

▶ FRANZOSEN

INFANTERIE UND KAVALLERIE	120.000
KANONEN	564
VERLUSTE	
GEFALLENE	3000
VERWUNDETE	14.000
GEFANGENE	103.000

Sedan 1870

Artillerie und Infanterie
Nachdem er am 8. August schwere Verluste bei frontalen Angriffen in Spichern (5000 Gefallene in 12 Stunden) und am 18. in Gravelotte/Saint-Privat (800 Gefallene in 20 Minuten) erlitten hat, setzt General von Moltke in Sedan die Artillerie im Hintergrund ein, um den Weg für die Kavallerie zu bahnen.

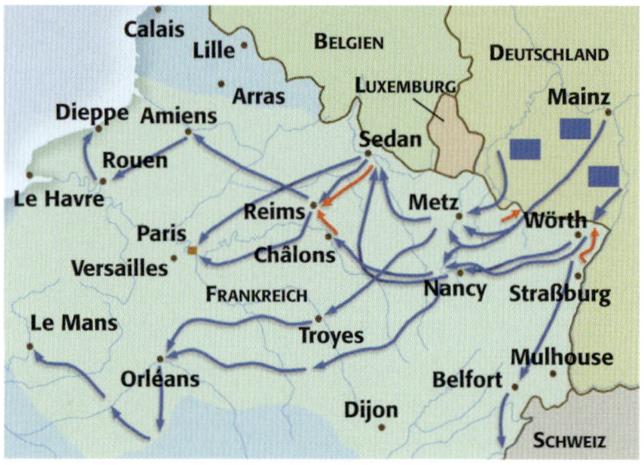

Juli 1870–Jänner 1871 Die Hauptfronten

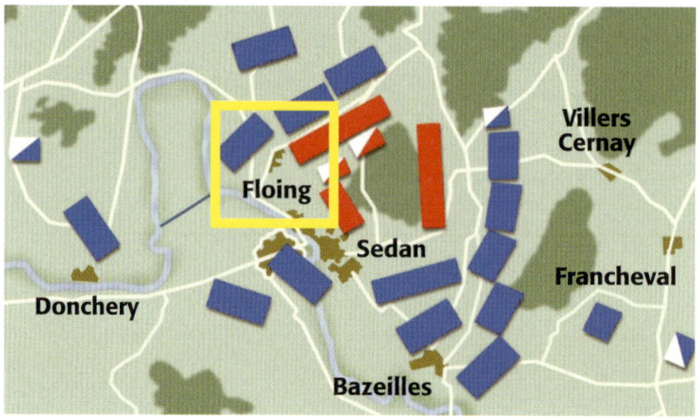

1. Sept., Sedan Französischer Angriff bei Floing

Die Hauptphasen der Schlacht von Sedan

- Deutsche
- Franzosen
- Nicht von den Deutschen okkupierte französische Gebiete

Die untergehende Kavallerie
Gegenüber den immer wirksameren Feuerwaffen zerbricht der extreme Versuch der französischen Kavallerie von Jean M. Margueritte, den preußischen Kessel zu durchbrechen. Von da an wird die Kavallerie für die Aufklärung oder für Angriffe auf feindliche Versorgungslinien eingesetzt.

1864 (21. Jänner) Die österreichisch-preußischen Streitkräfte marschieren in das Herzogtum Holstein ein; **(30. Oktober)** Vertrag von Wien, Dänemark verliert Schleswig und Holstein an Preußen respektive Österreich • **1866 (15. Juni)** Preußischer Einmarsch in Sachsen, Hannover und Hessen; **(17./18. Juni)** der Österreichisch-Preußische Krieg beginnt; **(3. Juli)** Sieg der Preußen bei Königgrätz; **(26. Juli)** Österreich kapituliert; **(August)** Vertrag von Prag: Österreich zahlt Kriegsentschädigung an Preußen, das sich einige Gebiete einverleibt; der Norddeutsche Bund entsteht • **1879 (19. Juli)** Frankreich erklärt Deutschland den Krieg; **(6. August)** Schlacht von Spichern und Wörth; **(18. August)** französische Niederlage bei Gravelotte/Saint-Privat; **(30. August)** Rückzug nach Sedan; **(2. September)** französische Niederlage bei Sedan; **(4. September)** Dritte Republik; **(20. September)** die Preußen stehen vor Paris; **(29. Oktober)** französische Kapitulation bei Metz • **1871 (5. Jänner)** Erstes Artilleriefeuer auf Paris; **(28. Jänner)** Frankreich kapituliert; **(Mai)** Friedensvertrag von Frankfurt.

Sedan 1870

INTERNET
- perso.wanadoo.fr/histoire-militaire/batailles/sedan1870.htm
- uk.geocities.com/fpw1870/contents.html
- www.roth37.it/COINS/Sedan/

Die 130.000 Mann starke Châlons-Armee, die erst vor kurzen von Napoleon III. aufgestellt wurde, kommt den französischen Streitkräften zu Hilfe. Doch die Einheiten von Moltke schneiden ihr am 30. August bei Beaumont an der Mosel den Weg ab und zwingen die Franzosen, sich in die Festung in Sedan zurückzuziehen.

Die Preußen besetzen die Hügel rundum die Stadt und können die Franzosen mit ihren überlegenen Artilleriebatterien von dort aus leicht unter Beschuss nehmen und sie wie schon in Metz blockieren.

➤ NIEDERLAGE DER FRANZOSEN UND ENDE DES KAISERTUMS

Am Morgen des 1. September greifen die Preußen das Dorf Bazeilles an. Im Kampf, an dem Napoleon III. teilnimmt, wird Mac Mahon verwundet und zuerst durch August Ducrot und dann durch Emmanuel de Wimpffen ersetzt.

Das intensive Feuer der schweren preußischen Artillerie und der gescheiterte Versuch der Franzosen, Boden gutzumachen, zwingen den Kaiser, sich nach Sedan zurückzuziehen und sich mit Mac Mahon zu beraten. Dort erreicht ihn die Nachricht, dass der letzte verzweifelte Angriff der Franzosen, um die Deutschen aufzuhalten, bei Floing, nördlich von Sean, zurückgeschlagen wurde.

Am 2. September um 16.30 Uhr befiehlt der Kaiser, sich zu ergeben. 419 Kanonen, 6000 Pferde, 103.000 Soldaten und Napoleon III. selbst fallen in die Hände des großen Strategen des preußischen Krieges, General von Moltke, von seinen Soldaten liebevoll »der Alte« genannt, und König Wilhelm I., die zum Abschluss der Operation auf dem Feld zusammengetroffen sind.

Der Krieg hat mindestens drei Konsequenzen: eine unmittelbare, eine mittelfristige und eine dauerhafte. Die unmittelbare ist der Sturz des Kaisers und die Ausrufung einer republikanischen Regierung (in Paris entsteht unterdessen die Kommune). Die mittelfristige ist die Bildung eines großen, vereinten Deutschland, einer bedeutenden Macht im zentralen Europa, die zweimal gegen Frankreich in den Krieg ziehen wird: 1914–1918 und 1939–1945.

Doch die folgenschwerste Konsequenz ist eine militärische.

Weniger aus strategischer Sicht, schließlich gab bei Sedan – wie in allen Kriegen – die zahlenmäßige Überlegenheit des Siegers den Ausschlag. Aber aus dem Konflikt 1870/71, in dem ein kleines Berufsheer gegen ein großes Heer aus Einberufenen kämpft, lernt Europa eine Lektion: alle Staaten mit Ausnahme Großbritanniens gehen zur allgemeinen Wehrpflicht über. Und dieses System hält sich bis Ende des 20. Jh.

SCHLACHTEN

▶ ÖSTERREICHER UND VERBÜNDETE

INFANTERIE	215.000
KANONEN	770
VERLUSTE	
GEFALLENE UND VERWUNDETE	25.000
GEFANGENE	20.000

▶ PREUSSEN

INFANTERIE	221.000
KANONEN	780
VERLUSTE	
GEFALLENE UND VERWUNDETE	10.000

KÖNIGGRÄTZ 3. Juli 1866

Im Kampf um die Vorherrschaft im Deutschen Bund kämpft Berlin 1864 an der Seite Österreichs gegen Dänemark und gewinnt das Herzogtum Schleswig (Holstein geht an Österreich). Nun erklärt Bismarck Wien den Krieg. Der deutsche Kanzler sichert sich die Neutralität Frankreichs und Russlands und verbündet sich mit dem Königreich Italien, dem es im Gegenzug Venetien verspricht. Die Kampfhandlungen beginnen am 17. Juni 1866: 280.000 Österreicher stehen 250.000 Preußen gegenüber. Letztere verfügen über Hinterlader. Drei von Moltke befehligte Armeen werden mit der Eisenbahn nach Böhmen entsandt, während Kaiser Franz Joseph I. Marschall Benedek mit der Nordarmee gegen die Preußen schickt und Erzherzog Albert mit der Verteidigung des Veneto betraut. Benedek kann den preußischen Einmarsch in Böhmen nicht verhindern, geht aber auf den Hügeln rund um Sadowa an der Straße nach Wien in Wartestellung. Die Schlacht zwischen den beiden Heeren findet am Morgen des 3. Juli statt. Die Preußen ziehen nach Königgrätz und täuschen Benedek über ihre wahren Absichten. Als die Kämpfe zwischen Königgrätz und Sadowa losgehen, sind die Preußen in der Minderzahl und in Schwierigkeiten. Doch die Langsamkeit Benedeks führt dazu, dass die Österreicher eingeschlossen werden, die geschlagen nach Wien zurückkehren. Das ist ein Triumph für Moltke, für seinen Generalstab und seine Einkesselungs-Strategie. Über Vermittlung von Napoleon III. muss Wien in einen Waffenstillstand mit Berlin zustimmen. Preußen annektiert das Herzogtum Holstein und vier deutsche Staaten, die Österreich unterstützt haben (Hannover, Frankfurt am Main, Hessen-Kassel und Hessen-Nassau). Der Norddeutsche Bund entsteht (22 deutsche Staaten nördlich des Mains). Österreich tritt aus dem Deutschen Bund aus. Trotz der Niederlagen bei Custoza und Lissa annektiert das Königreich Italien Venetien.

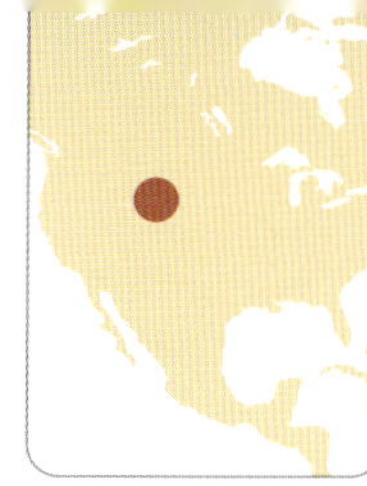

Little Big Horn

1876

Eine der wenigen, wenn auch bescheidenen, Niederlagen, die die Indianer der Truppen der Vereinigten Staaten zufügen können, ereignet sich in einem Tal in Montana: die von legendären Häuptlingen wie Crazy Horse oder Sitting Bull geführten Indianer reiben die Einheiten der 7. Kavallerie unter dem Kommando von Oberstleutnant George A. Custer auf.

Foto von George A. Custer. General Philip Sheridan erklärt, dass es notwendig sei, gegen die Sioux »mit rachsüchtigem Eifer vorzugehen, wenn nötig, bis zu deren Ausrottung«.

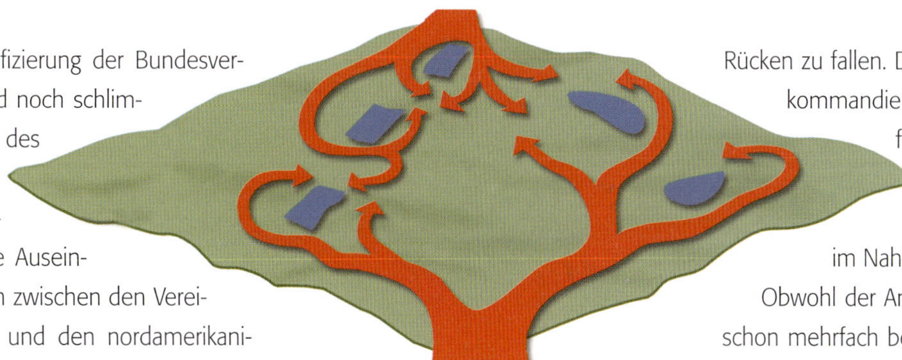

Einschließung durch die Indianer
7. Kavallerieregiment
Indianer

Seit der Ratifizierung der Bundesverfassung und noch schlimmer während des Sezessionskriegs (1861–1865) sind die Auseinandersetzungen zwischen den Vereinigten Staaten und den nordamerikanischen Indianern immer grausamer geworden, bis sie schließlich in einer Epoche der so genannten »Indianerkriege« münden.

1875 ist der der größte Teil der Stämme in Reservate umgesiedelt worden. Ein Goldfund in den Black Hills, ein den Sioux vertraglich zugesichertes Gebiet in Montana, löst einen neuen Krieg zwischen den »Bleichgesichtern« und den »Rothäuten« aus.

Im Zuge dieses Krieges führt Oberstleutnant George A. Custer seine 265 Mann der 7. Kavallerie gegen eine Gruppe von Sioux in das Tal des Flusses Little Big Horn. Es handelt sich um die kleinste, jemals für den Krieg ausgewählte Gruppe von Indianern, aber sie werden von berühmten Häuptlingen wie Crazy Horse und Sitting Bull in die Schlacht geführt.

Am 25. Juni teilt Custer seine Kräfte, in der Absicht die Sioux einzukreisen, in drei Segmente. Zwei davon überqueren den Fluss, um den Indianern in den Rücken zu fallen. Das dritte, das er selbst kommandiert, greift die Indianer frontal an. Die Bewaffnung ist konventionell aber wirksam im Nahkampf.

Obwohl der Angriffsplan Custers sich schon mehrfach bewährt hat, ist er diesmal zum Scheitern verurteilt: Bevor ihm die anderen zwei Abteilungen zu Hilfe kommen können, sind seine Kontingente von hunderten Indianern umzingelt, die kampferprobt und entschlossen sind, die Kontrolle über ihr eigenes Land nicht aus der Hand zu geben.

Der Oberstleutnant selbst fällt, viele Soldaten werden niedergemetzelt und die Abteilungen des 7. Regiments, die sich noch im Sattel halten, werden nur dank des Eintreffens des Vorgesetzten Custers, General Terry, gerettet.

Trotz des Sieges bei Little Big Horn sind die Sioux, deren Nahrungs- und Munitionsvorräte knapp werden, im Jahr darauf gezwungen, aufzugeben.

STREITKRÄFTE

▶ AMERIKANER	
DETACHEMENT DER 7. KAV.	265
VERLUSTE	
GEFALLENE	235

▶ INDIANER	
KRIEGER	3000
VERLUSTE	
GEFALLENE	40

Isandlwana

1879

Oben: Ein Zulukrieger. Die Engländer unterschätzen die Stärke des Feindes und werden von der Flucht der verbündeten Einheimischen überrascht; die schlecht ausgebildeten und schlecht ausgerüsteten Männer verlassen das Lager an der linken Flanke.

▶ ENGLÄNDER	
INFANTERIE UND HILFSTRUPPEN	1700
VERLUSTE	
GEFALLENE	1300

▶ ZULU	
KRIEGER	20.000
VERLUSTE	
GEFALLENE	1000–3000

Im Jahr 1877 haben die Engländer in Südafrika den unabhängigen, von Buren gegründeten Staat Transvaal annektiert. Nun stehen sie Grenzproblemen mit den Einheimischen des Volkes der Zulu gegenüber. Die Zulus akzeptieren es nicht, dass General Lord Chelmsford Frederic A. Thesiger ihr Gebiet in Besitz nimmt.

Im Jänner 1879 lagert eine von Chelmsford geführte Kolonne bei Isandlwana und wird von 1500 Zulus eingeschlossen, an deren Spitze ihr König Cetshwayo. Es handelt sich um ein *Impi,* eine Kampfformation, mit der der Feind aufgehalten und umfasst wird.

Chelmsford marschiert mit sieben Kompanien und vier Kanonen den Zulus entgegen und belässt die gleiche Anzahl an Kräften im Lager. Auf dem Weg dorthin, den Blicken verborgen, lauert ein weiterer *Impi* mit 20.000 Kriegern. Am 22. Jänner greifen sie das Ende der Kolonne und das Lager an. Die Engländer bilden sehr dünne Linien und geben Schnellfeuer, sind aber, trotz großer Verluste auf Seiten der Einheimischen, bald niedergekämpft.

Der Sieg der Zulus ist ein vorübergehender. Die Zulus zwingen den König im Jahr darauf in den Frieden einzuwilligen und Zululand wird der Krone 1887 angeschlossen.

Adua

1896

Weil er den Vertrag von Uccialli (1889) widerruft, der von italienischer Seite als Zustimmung zur Errichtung eines Protektorats über Eritrea interpretiert wird (in Wahrheit wurden darin nur die italienischen Eroberungen in Eritrea anerkannt), beginnen die Italiener einen Krieg mit dem *Negus* (Kaiser) Menelik.

1896 schickt Premierminister Francesco Crispi 15.000 Soldaten unter dem Kommando von General Oreste Baratieri vor Ort.

Als er erfährt, dass sich in der Senke von Adua kaiserliche Truppen massiv zusammenziehen, befiehlt Baratieri den Angriff, erteilt seinen Offizieren jedoch zu ungenaue Befehle. Die erste Abteilung, die im Morgengrauen des 1. März auf den Feind trifft, ist die von General Albertone kommandierte Brigade. Die Äthiopier weichen zuerst zurück, gehen dann mit 15.000 Kriegern wieder zum Angriff, metzeln den Feind nieder und schlagen den Rest in die Flucht. Die Brigade unter General Dabormida wollte Albertone helfen, verirrt sich jedoch und wird – isoliert – ebenfalls geschlagen. Nun sind die Italiener in deutlicher Minderzahl und ihre Abteilungen ziehen sich in den Ort Adi Cajé zurück.

Nach der Niederlage und nach dem Sturz von Minister Crispi verzichtet Italien auf das Protektorat über Athiopien (Vertrag von Addis Abeba, Oktober 1896), erhält jedoch die Anerkennung seines Besitzanspruches aus Eritrea.

Darstellung der Schlacht von Adua (Rom, Museo Storico dei Bersaglieri).

▶ ITALIENER UND AFRIKANER	
INFANTERIE UND HILFSTRUPPEN	15.000
VERLUSTE	
GEFALLENE	6000
GEFANGENE	2300

▶ ABESSINIER	
KRIEGER	120.000
VERLUSTE	
GEFALLENE	6000
VERWUNDETE	9000

Omdurman

1898

Seit 1881 wird der Sudan von den Derwischen regiert, Moslems, die den *Mahdi* als ihr geistiges Oberhaupt und wahren Nachkommen Mohammeds anerkennen. Sie haben den Engländern und den mit ihnen verbündeten Ägyptern schwere Niederlagen zugefügt, doch 1896 beginnt Großbritannien das Land zurückzuerobern.

Ein angloägyptisches Expeditionskorps unter dem Kommando von Lord Herbert Kitchener stößt entlang des Nils nach Omdurman vor, der Hauptstadt der Anhänger des Mahdi (heute ein Vorort von Khartum). Im September nimmt das Korps – bestehend aus Fußtruppen im Zentrum mit zwei Flügeln aus Kavallerie und Kamelreitern sowie zwei Kanonenbooten am Nil – vor der Stadt Aufstellung.

Am 2. September greift Kalif Abdullah, der Nachfolger des verstorbenen Mahdi, mit 50.000 mit Lanzen, Schwertern und wenigen Gewehren bewaffneten Derwischen an. Zuerst werden die Derwische von der *Zeriba* (ein Verhau aus vorgefundenen Materialien, darunter auch Stacheldraht) aufgehalten, dann beginnt das Feuer der Kanonen zu Land und zu Wasser und aus den neuen automatischen Maxim-Maschinengewehren, die 500 Schuss in der Minute abfeuern können. Kalif Abdullah fällt in der Schlacht.

Der Sudan wird Anfang 1900 wiedergewonnen und bleibt bis 1956 britisch.

Ein englischer Soldat. Die Derwische greifen an einer extrem langen Front (rund 6,5 km) an. Viele Verwundete werden sowohl von den Sudanesen als auch von den Engländern getötet und ihrer Habe beraubt.

▶ ENGLÄNDER UND ÄGYPTER	
INFANTERIE UND KAVALLERIE	20.000
KANONEN	100
VERLUSTE	
GEFALLENE/VERW.	380

▶ DERWISCHE	
KRIEGER	50.000
VERLUSTE	
GEFALLENE	11.000
VERW.	10.000–16.000

Colenso

1899

Im Jahr1899 will England die Republik Transvaal und den Oranje-Freistaat annektieren, denen es 1857 bzw. 1854 die Unabhängigkeit zugestanden hat. Die beiden an Gold- und Diamantenvorkommen reichen südafrikanischen Staaten werden von Bantus und Buren bewohnt, weißen Kolonialisten holländischen Ursprungs. Ende 1899 gelingt es den Buren – die über berittene Milizen (»Kommandos«) für schnelle und überraschende Angriffe verfügen – die Engländer hinter die Grenzen zurückzudrängen.

Um die Stadt Ladysmith wieder einzunehmen, marschieren englische Truppen unter General Redvers Buller auf die Anhöhen im Norden bei Colenso. Der Angriff erfolgt am 15. Dezember. Die Infanteriebrigade bildet das Zentrum, berittene Truppen die Flügel, weiters gibt es 20 Kanonen und große Geschütze, die zuvor auf den Kriegsschiffen waren und für den Einsatz an Land adaptiert wurden.

Ein Gemälde von der Schlacht bei Colenso. Wie schon in Saratoga und dann in Dien Bien Phu hat ein europäisches Heer gegenüber Guerillaaktionen große Schwierigkeiten, traditionelle Kampftaktiken anzuwenden.

General Louis Botha koordiniert die Artillerie und die entlang des Flusses Tugela versteckten burischen Schützen. Das englische Zentrum wird zerstreut, die Marinekanonen werden abgefeuert und ihre Geschosse zerstören die Kanonen nahe der Front. Buller befiehlt den Rückzug und kann noch zwei zurückgelassene Kanonen retten.

Trotz der Niederlage dauert der Burenkrieg an und endet mit dem Sieg der Briten und der Rückkehr von Transvaal und des Oranje-Freitstaats in den Zustand von Kolonien.

▶ ENGLÄNDER	
TRUPPEN	20.000
VERLUSTE	
GEFALLENE	143
VERWUNDETE	744
VERMISSTE	240

▶ BUREN	
TRUPPEN	8000
VERLUSTE	
GEFALLENE	40

Port Arthur

1904

Der Angriff von Togo beginnt am 8. Februar gegen 22.30 Uhr mit dem Abschuss von 16 Torpedos von 10 Kreuzern, die zwei Schiffe leicht beschädigen. Die nächtliche Aktion wird aus Angst vor Kollisionen der Schiffe der japanischen Flotte untereinander nicht fortgesetzt.

Der Sieg Tokios im Russisch-Japanischen Krieg bedeutet die erste Niederlage einer großen europäischen Nation gegen einen asiatischen Staat und den darauf folgenden Aufstieg Japans zu einer Großmacht. Trotz der großen Kriegsausgaben legt Japan den Grundstein für seine imperialistische Politik der folgenden Jahrzehnte.

Oben: ein russischer und ein japanischer Infanterist zur Zeit der Schlacht von Porth Arthur. Rechts: ein zeitgenössischer Druck, der den japanischen Angriff von 8./9. Februar 1904 darstellt. Nach der Niederlage von 1905 geht Russland bei Mukden (nordöstlich von Port Arthur) zu einem Gegenangriff über, der im Februar mit dem Sieg Japans endet. Auf dem Feld bleiben 61.000 Russen und 41.000 Japaner.

Im Chinesisch-Japanischen Krieg von 1894 hat Japan China folgende Gebiete abgenommen und den Besitz im Vertrag von Shimonoseki besiegelt: Formosa, die Pescadores und die Halbinsel Liao-Tung in der südlichen Mandschurei. Die Expansionspläne der Japaner in der Mandschurei behindern jedoch jene des Zaren, dem es mit der Intervention Frankreichs und Deutschlands gelingt, Japan zu einer Revision des Vertrages zu bewegen und Liao-Tung vor der Einnahme zu bewahren.

Die europäischen Großmächte nutzen die Gunst der Stunde und können China zur Überlassung von wirtschaftlichen Einflussbereichen bewegen. Die russischen Interessen liegen in der Mandschurei mit dem »gepachteten Gebiet« in Port Arthur, das zum wichtigsten russischen Hafen im Pazifik wird.

Von der Notwendigkeit angetrieben, ihre eigene Industrie zu versorgen, versuchen die Japaner mit Russland ein Handelsabkommen zu schließen, um die Rohstoffe der Mandschurei nutzen zu können. Das Scheitern der Verhandlungen führt zum Krieg.

In der Nacht von 8. auf 9. Februar 1904 greift die Flotte von Admiral Heiha-

STREITKRÄFTE

JAPANISCHE ÜBERLEGENHEIT

▶ RUSSEN	
INFANTERIE	30.000
GARNISON VON PORT ARTHUR	20.000
VERLUSTE	
GEFALLENE UND VERWUNDETE	30.000
▶ JAPANER	
INFANTERIE	90.000
VERLUSTE	
GEFALLENE UND VERWUNDETE	60.000

Am Morgen des 9. Februar, gegen 11 Uhr, beginnen die Japaner mit dem Feuer aus Kanonen der Kaliber 300 mm (gegen Befestigungen an Land), 200 und 150 mm. Neun russische Schiffe werden beschädigt, acht japanische. 53 Japaner fallen oder werden verwundet, 127 bei den Russen.

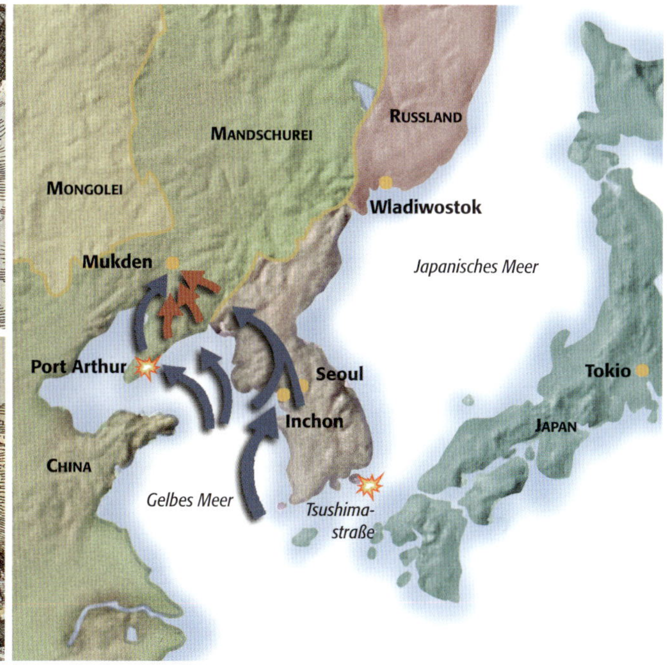

chiro Togo überraschend die russische Pazifikflotte an, die in Port Arthur vor Anker liegt. Die kann bei dem Überfall nicht zerstört werden und die Japaner greifen zu Lande an, nachdem sie bei Inchon und Pi-tzu-wo an Land gegangen sind. Nach einigen Gefechten greifen sie den Hafen im August 1904 an.

Während die Torpedoboote Japans in den Hafen eindringen und drei Kreuzer und die Blockadeflotte vor der Festung am Meer torpedieren, führt General Maresuke Nogi die Infanterie der 3. Armee (etwa 90.000 Mann) in drei Angriffen gegen den Hafen, um ihn einzunehmen. Als nach 15 Stunden und über 10.000 Toten und Verwundeten auch der dritte Angriff scheitert, muss Nogi seine Pläne überdenken. Während aus Tokio Druck ausgeübt wird, der so weit reicht, dass man die Zerstörung der Schiffe des Zaren verlangt, bevor die russische Ostseeflotte eintrifft, entscheidet sich Nogi für einen Angriff von den befestigten Hügeln rund um Port Arthur, besonders von der Höhe 203 aus, einem Hügel 4,8 km nördlich von Port Arthur, der den Beschuss des Hafens zulässt.

Die Bombardements dauern von 27. November bis 6. Dezember, dann erobern die Japaner den Hafen. Obwohl die Operation 8000 Mann das Leben kostet, erlaubt Nogi die Kontrolle des Hügels die Stadt drei Tage lang intensiv unter Beschuss zu nehmen und die Reste der russischen Flotte zu vernichten.

Die Schlacht um Port Arthur endet am 2. Jänner mit der Kapitulation von General Anatolij Stoessel, dem Oberkommandierenden der russischen Streitkräfte in Port Arthur.

Der Krieg wird erstmals durch den Sieg eines asiatischen Landes über eine westliche Macht beendet. Mit dem Friedensvertrag von Portsmouth vom 29. August 1905 erlangt Japan ein Protektorat über Korea, den südlichen Teil der Insel Sachalin und klarerweise Port Arthur.

Eine der 280-mm-Haubitzen, die gegen den russischen Stützpunkt eingesetzt wurden. Sie wiegt 23 t und feuert 225 kg schwere Geschosse 9 km weit. Sie wird von 300 Mann händisch positioniert.

Gallipoli

1915

Die Landung in Gallipoli ist eine der bekanntesten Episoden aus dem Ersten Weltkrieg, die aus Fehlern und Heldenmut besteht. Vom jungen Winston Churchill angeordnet, um die Mittelmächte zu schwächen, scheitert die Invasion mit zehntausenden Gefallenen und einer Lektion, derer man sich in der Normandie (1944) und auf den Falklands (1982) erinnern wird.

Australische Soldaten gehen in Gallipoli an Land. Zwei Marineangriffe, um das Osmanische Reich zur Aufgabe zu zwingen, schlagen im März fehl. Daher entscheidet man sich für die Landung, die jedoch wegen der Unfähigkeit des englischen Kommandos, der mangelnden Koordination zwischen Land- und Seestreitkräften und nicht zuletzt wegen des zähen türkischen Widerstands in einem Desaster endet.

Bei Ausbruch des Ersten Weltkriegs schlägt sich das Osmanische Reich, das vor Jahren wichtige Handels- und Militärabkommen geschlossen hat und seit Jahrhunderten mit Russland in Dauerfeindschaft liegt, auf die Seite der Mittelmächte.

England greift das Osmanische Reich an der Sinaifront an und schickt eine Flotte, die im November die Festungen in der Meerenge bombardiert. Der Angriff findet auch deswegen in den Dardanellen statt, um den Russen einen sicheren Versorgungsweg über das Meer zu verschaffen.

Im Februar 1915 entsenden Frankreich und Großbritannien 21 gepanzerte Kriegsschiffe und 12 Kreuzer, die die Befestigungen zerstören, und am 25. April gehen 70.000 Mann am nordwestlichen Ufer der Dardanellen an Land, auf der Halbinsel Gallipoli.

Doch die türkischen Streitkräfte, etwa 84.000 Mann unter dem Kommando des deutschen Generals Liman von Sanders, stoppen die englisch-französische Initiative und was als letzter, entscheidender Schlag geplant war, verwandelt sich zu einer ermüdenden Schlacht.

Im August 1915 lassen die Engländer weitere Kräfte bei Suvla Bay landen: australische Truppen, die *Anzacs*. Fahrlässigkeit und unverhoffte Zwischenfälle führen zum Scheitern. Der englische Premierminister fordert das Kriegsgericht für die Generale.

Am 21. August folgt der zweite Angriff der Türken, der wieder erfolgreich ist, weil es ihnen gelingt, die Engländer zurückzudrängen und sie zum endgültigen Abzug von der Halbinsel Gallipoli zwingen.

Glücklos oder unfähig zu kämpfen ziehen sich die englischen, französischen und australischen Truppen geordnet zurück, was mit wenigen Verlusten vonstatten geht. Das schwierige Ziel der amphibischen Operation hat den Angreifern Heldenmut und Opfer abverlangt. Churchill verliert sein Amt.

Die Truppen des Bündnisses waren zahlenmäßig unterlegen und standen von Kommandanten geführten Truppen gegenüber, die mehr als einmal überraschende Gelegenheiten hatten (darunter auch der junge Mustafà Kemal, der spätere Atatürk).

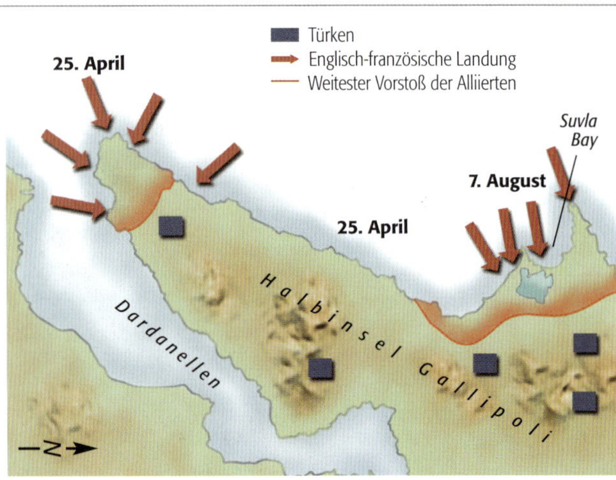

STREITKRÄFTE

▶ OSMANISCHES REICH	
INFANTERIE, KAVALLERIE UND ARTILLERIE	84.000*
▶ ENGLÄNDER UND FRANZOSEN	
LANDUNGSKORPS	70.000*

* ZU BEGINN DER OPERATION

Ypern

1915

Ein leichter Windhauch streift den Frontvorsprung von Ypern, dem Schauplatz der Kämpfe zwischen deutschen und englischen, französischen und kanadischen Streitkräften. Dort wo gekämpft wurde, wird immer noch gekämpft, doch im April 1915 kommt eine fürchterliche Waffe: erstickendes Kampfgas. Der verheerende Angriff überrascht die Verteidigung, aber bringt keine Entscheidung.

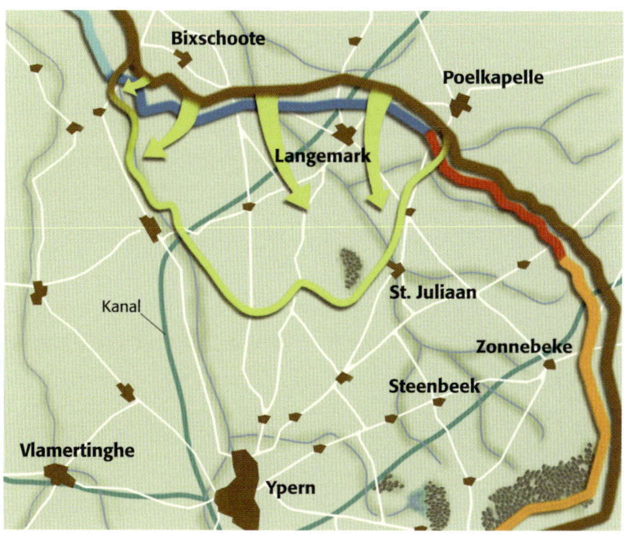

Belgische Linie
Kanadische Linie
Französische Linie
Englische Linie

Deutsche Linie
Gasangriffe
Gebiete, in die Gas eindringt

STREITKRÄFTE

▶ ALLIIERTE	
INFANTERIEDIVISIONEN	8
VERLUSTE	
VERWUNDETE UND GEFALLENE	68.000

▶ DEUTSCHE	
INFANTERIEDIVISIONEN	7
VERLUSTE	
VERWUNDETE UND GEFALLENE	35.000

Im April 1915 ist die deutsche Front im Osten der belgischen Stadt Ypern nach innen gedrückt. Schon einmal hat der Feind versucht, diese Situation zu korrigieren.

Am 22. April um 22 Uhr feuern die Deutschen das Chlorgas mit der Artillerie auf die gegnerische Front. Die französischen Wachen vermuten, es handelt sich um Rauchgas, das einen bevorstehenden Angriff der deutschen Infanterie deckt. Alle Kräfte sammeln sich an der Feuerlinie, um den Angriff zurückzuschlagen. Doch kaum erreicht das Gas die Schützengräben, ist seine Wirkung so verheerend, dass sogar der Feind überrascht ist.

Die Deutschen dringen in die Lücke (etwa 7 km lang) ein und gehen mit Gasmasken, die sie vor dem Gift schützen, einige hundert Meter vor. Sie bringen den Engländern etwa 60.000 Verluste bei und ziehen sich dann aus Munitionsmangel weit aus Ypern zurück.

Die Verteidiger ordnen ihre Linien wieder, doch der Frontvorsprung von Ypern bleibt ein Ziel für deutsche Angriffe.

Der Name Ypern ist mit einigen Schlachten verbunden. Man denke an die Kämpfe von Oktober/November 1914, im Juni 1917 und an die Offensive von Ludendorff (März bis Juni 1918). Dennoch hat die zweite Schlacht von Ypern wegen ihrer Auswirkungen einen besonderen Platz in der Geschichte des Krieges.

HINTERGRÜNDE

DER EINSATZ CHEMISCHER WAFFEN

Obwohl die Deutschen als Vorläufer in der Anwendung von Gas im Ersten Weltkrieg gelten, die Ersten, die es anwenden, sind die Franzosen (im August 1914), die Tränengasgranaten gegen die Deutschen einsetzen. Es handelt sich um Reizgas, das nicht zum Töten, sondern zur Verzögerung der deutschen Offensive von Belgien auf Nordfrankreich aus verwendet wird. Auch der erste Einsatz von Gas durch die Deutschen im Oktober 1914 soll den Feind bremsen: Der Angriff mit aggressiven Chemikalien bei Neuve Chapelle ist einer mit ätzendem Gas. Rechnet man die Opfer zusammen, macht der Einsatz von Gas 10% der Gesamtverluste aus (nicht erfasst sind allerdings weder jene, die nach dem Krieg an den Folgen des Gases starben, noch die an Dauerfolgen Leidenden unter den Heimkehrern). Aber aus moralischer und psychologischer Sicht, und folglich auch aus politischer und strategischer, die Gefahr eines unsichtbaren Todes beunruhigt die Kämpfenden und die europäische Öffentlichkeit doch sehr.

Verdun

1916

Zehn Monate lang bekämpfen einander Franzosen und Deutsche an einem Frontvorsprung bei der Stadt an der Maas. Die deutsche Offensive, sie soll Frankreich bezwingen, mündet in einer der größten Tragödien des Stellungskrieges. Der massive Einsatz der Artillerie der Truppen des Reiches reicht nicht aus, den endgültigen Sieg über die Franzosen zu erringen, die zähen Widerstand leisten.

Nach fast zwei Jahren nach Beginn des Ersten Weltkriegs ist das von den Deutschen öffentlich verkündete Projekt eines Blitzkriegs – der zum raschen Sieg über die Franzosen führen sollte, bevor die Briten sich in die Schlacht werfen können – gescheitert.

Nach der ersten Kriegswoche bekämpfen einander die beiden Heere, das anglofranzösische und das deutsche, im Westen entlang einer 800 km langen Front, die sich von Flandern bis zur Schweizer Grenze erstreckt. An der Ostfront trägt der russische Widerstand wesentlich zum Scheitern des Plans von Generalfeldmarschall Alfred von Schlieffen bei, demzufolge sich das deutsche Heer nach dem Sieg über Frankreich ausschließlich nach Osten gegen Russland wenden und auch dieses besiegen hätte können. Der russische Widerstand zwingt die Deutschen, Teile des Heeres von der Westfront abzuziehen.

An der französischen Front entscheidet sich der Chef des deutschen Generalstabs, Erich von Falkenhayn, die Stadt Verdun an der Maas, 260 km vor Paris, zu belagern. Die Stadt wird von dutzenden Befestigungsanlagen gesichert, die eine Hürde für den deutschen Vormarsch darstellen.

Im Februar 1916 ist alles für die Offensive bereit: Dörfer nahe der Grenze wurden zu Depots umgewandelt, in denen sich 300.000 Soldaten drängen und 2.500.000 Artilleriegeschosse lagern.

Seit mehr als einem Jahr haben die von General Joseph J. C. Joffre kommandierten Franzosen die Verteidigung so

HINTERGRÜNDE

ZWEI HEERE IM VERGLEICH

In diesen Jahren wird die französische Armee mit graublauen (khakifarbene bei den Kolonialtruppen) Uniformen ausgestattet. Das *Képi* wurde durch einen Helm (den *Casque Adrian*) ersetzt. Frankreich gleicht seine zahlenmäßige Unterlegenheit durch die Rekrutierung von 150.000 Algeriern, 14.000 Marokkanern, 39.000 Tunesiern, 140.000 Mann aus Zentral- und Westafrika und 100.000 Indochinesen aus. 30.000 Soldaten aus den Kolonien fallen an Frankreichs Ostfront.

Zu Beginn des Krieges tragen die deutschen Soldaten die *Pickelhaube*, den Helm mit der Spitze, die dann 1915 vom *Stahlhelm* (wegen seines wirksamen Schutzes einer der besten Helme überhaupt) abgelöst wird. Er kommt auch noch im Zweiten Weltkrieg zum Einsatz. Die deutsche Offensive gegen Verdun wird mit dem Angriff von Sturmtruppen eröffnet, kleinen, schnellen Gruppen, die über eine neue, tödliche Waffe verfügen: den tragbaren Flammenwerfer.

Auf dieser dramatischen Momentaufnahme eines deutschen Fotografen wird ein französischer Infanterist an der Front bei Verdun getroffen. Die Deutschen setzen viel auf die Artillerie, für die sie 2.500.000 Geschosse vorbereitet haben.

weit wie möglich gelockert, dafür aber zwei Divisionen nach Verdun verlegt und den Notfall auf gewisse Art vorausgeahnt.

➤ DER DEUTSCHE ANGRIFF AUF VERDUN

Obwohl der Angriff für 12. Februar anberaumt war, zwingen die Wetterbedingungen die Deutschen noch einige Tage abzuwarten.

Die Offensive beginnt am 21. Februar 1916 um 7.15 Uhr. Die Deutschen setzen gut 850 Artilleriegeschütze von mittlerem und großem Kaliber ein, darunter auch die mächtigen 420-mm-Kanonen.

Der gesamte Abschnitt, dessen Front 25 km lang ist, wird mit hunderttausen-

HINTERGRÜNDE

DER BEGINN DES LUFTKRIEGS

Am Himmel über Verdun spielt der Luftkampf eine bedeutende Rolle. Die Luftaufklärung, oder einfache Beobachtungen von Ballons aus, erlauben die Auskundschaftung der feindlichen Massen. Die Deutschen werden in der Schlacht durch ihre eigenen Aufklärungsflieger geschützt, die nicht nur Fotos von den feindlichen Zielen schießen, sondern auch die gegnerischen Flugzeuge bei der Beobachtung der deutschen Vorbereitungen behindern. Das Jagdflugzeug verändert dies bei Verdun – und es beweist, wie wichtig von nun an seine Anwesenheit auf dem Schlachtfeld ist. Die deutsche »Fokker E1« verfügt über ein mit dem Propeller synchronisiertes Maschinengewehr. Zu Beginn der Belagerung verfügt Deutschland über eine Luftstreitmacht sondergleichen: 168 Flugzeuge, vier Luftschiffe und 14 Beobachtungsballons. Frankreich reagiert: ab Mitte Mai klettert die Zahl der französischen Flugzeuge auf 220, dazu zählen auch einige Exemplare der »Nieuport 11« (die in »Bebe« umgetauft wird). Die französische Luftüberlegenheit soll ab diesem Zeitpunkt erdrückend werden.

Die beiden Gegner am Himmel über Verdun. Oben: die deutsche »Fokker E1«; rechts: die französische »Nieuport 11«.

STREITKRÄFTE

ÜBERLEGENHEIT DER DEUTSCHEN

▶ FRANZOSEN

SOLDATEN*	30.000
VERLUSTE	
GEFALLENE	61.000
VERWUNDETE	216.000
VERMISSTE	101.000

▶ DEUTSCHE

SOLDATEN*	150.000
VERLUSTE	
GEFALLENE UND VERMISSTE	142.000
VERWUNDETE	187.000

*ZU BEGINN DER SCHLACHT

Verdun 1916

Die Einnahme der Festung
Um 11.50 greifen zwei französische Bataillone des 129. und 74. Regiments die Front an. Sie bauen ein Maschinengewehrnest auf, das später von einem Mörsereinschlag vernichtet wird.

Die Artillerie in Aktion
Um die Heftigkeit des bevorstehenden Angriffs zu brechen, nimmt das 3. französische Artilleriekorps die Angriffszone zwischen 17. und 22. Mai mit 290 Geschützen unter Beschuss, ein Drittel davon sind großkalibrig.

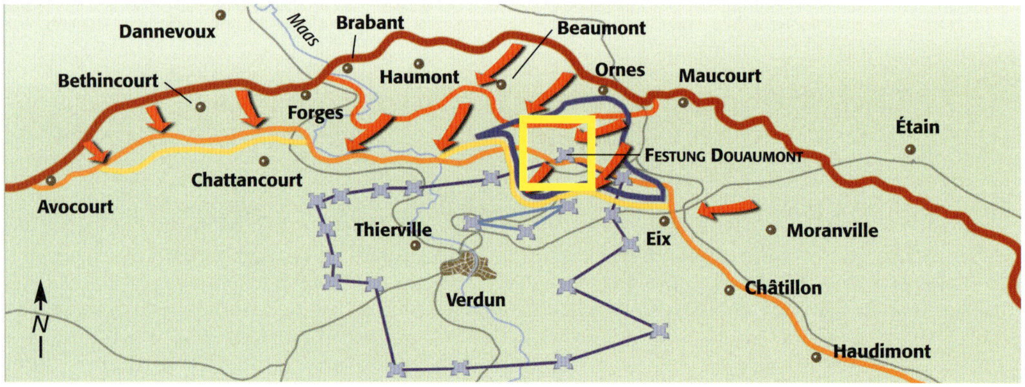

Der Frontvorsprung von Verdun

Die Hauptphasen der Schlacht von Verdun

- Franzosen
- Deutsche

Frontverlauf

- 21. Februar
- 24. Februar
- 9. April
- 8. August
- Franz. Festungen
- Von den Franzosen zurückeroberte Gebiete (Oktober–Dezember)

Die Maschinengewehre
Das vom Amerikaner Hiram Maxim entwickelte und in Spandau hergestellte Maschinengewehr 08 stoppt feindliche Angriffe. Zu Beginn des Krieges stehen 12.500 Exemplare zur Verfügung, Ende 1918 produziert Deutschland bereits 100.000.

1916 (Februar) Die Deutschen planen den Angriff auf Verdun; **21. (7.15 Uhr)** die Deutschen erobern die Festung Douaumont; General Pétain übernimmt das französische Oberkommando • **(6. März)** Deutscher Angriff am linken Maasufer • **(22. Mai)** Die Rückeroberung der Festung Douaumont durch die Franzosen scheitert • **(7. Juni)** Die Deutschen erobern die Festung Vaux • **(22. Juni)** Gasangriff der Deutschen und Eroberung der Festung Thiaumont • **(23. Juni)** Belleville, 4 km vor Verdun, ist in deutschen Händen • **(24. Juni)** Der anglofranzösische Artilleriebeschuss an der Somme beginnt • **(1. Juli)** Engländer und Franzosen rücken an der Sommefront vor; **(10. Juli)** der deutsche Angriff bei der Festung Souville wird von den Franzosen zurückgeschlagen • **(29. August)** Die deutsche Strategie ist fehlgeschlagen, Falkenhayn tritt zurück, Hindenburg folgt nach • **(2. September)** Die Franzosen erobern die Festung Douaumont zurück • **(24. Oktober)** Hindenburg befiehlt das Ende der Offensive • **(November)** Abschluss der Operationen an der Sommefront.

Verdun 1916

Der deutsche Vormarsch in den ersten 48 Stunden erstreckt sich über eine Front von 12 km, dringt bei Bois d'Haumont 3,5 km weit vor, bei Ornes kommt die Infanterie des Reiches nur 500 m weit.

Vor der Schlacht besteht der Kern der französischen Verteidigung aus der 72., der 51. und der 14. Division. Zur Reserve zählen 40 Bataillone, 109 schwere Kanonen und 12 Schiffsgeschütze auf Lafetten.

Den ersten Angriff übernehmen drei Armeekorps: das 7. und das 18. gegen die 72. französische Division, das 3. Armeekorps gegen die 51. Division. Für Unterstützung sorgen 300 Kanonen, 540 schwere Artilleriegeschütze und 152 Mörser.

Von Beginn an ist die deutsche Feuerkraft gewaltig: 40 Artilleriebatterien und 50 Mörser in den Schützengräben feuern 80.000 Geschosse bei Bois de Caures auf die französischen Bataillone von Emile Driant.

Deutsche Infanteristen in einem Dorf nahe bei Verdun und (rechts) französische Soldaten in einem Schützengraben.

Unten: das Umschlagbild des Buches *La Voie Sacrée* von Georges Thomas (1916). Deutsche Flugzeuge bombardieren mehrmals die »Heilige Straße«, müssen dann aber aufhören, als Frankreich das 4. Jagdgeschwader zu ihrer Verteidigung abstellt.

den Artilleriegeschossen beschossen, die die Stacheldrahtverhaue zerstören, Schützengräben zum Einsturz bringen und alle Telefonverbindungen unterbrechen.

In den ersten 20 Monaten hat man nichts Derartiges gesehen: ein von Bäumen bestandener oder teilweise verbauter Landstrich gleicht nach kurzer Zeit einer Mondlandschaft.

Die französische Artillerie antwortet prompt und effizient. Als die Deutschen das Bombardement unterbrechen, wagen auch die Infanteristen von Joffre den Gegenangriff. Sie scheitern jedoch am wieder aufgenommenen Feuer, und um 4 Uhr nachmittags werden sie von einigen deutschen Sturmtruppen aufgehalten, die mit einer neuen Waffe ausgestattet sind, mit der man auch gegen in Bunkern oder in unterirdischen Befestigungen verschanzte Soldaten vorgehen kann: dem tragbaren Flammenwerfer.

➤ DER ZERMÜRBENDE STELLUNGSKRIEG

Während der ersten beiden Tage gelingt es den Deutschen, die Franzosen empfindlich weit zurückzutreiben, und am 25. Februar erobern sie die Festung Douaumont, das bereits fast verlassen ist und in gefährlicher Nähe zur Stadt Verdun liegt. Der Schock im französischen Lager sitzt tief und auf deutscher Seite wird dieser Vorfall als Auftakt für den bevorstehenden, endgültigen Sieg gedeutet.

Zu diesem Zeitpunkt, rund um Mitternacht, übergibt Joffre das Frontkommando von Verdun an Henri P. Pétain, dessen geplante Verteidigungslinien die verlassenen Festungen mit einbezieht und Abwehr- und Sperrfeuer koordiniert. In den folgenden Monaten schlüpft Pétain in die Rolle eines Nationalhelden.

Am 6. März wollen die Deutschen am linken Maasufer angreifen, erleiden aber schwere Verluste. Pétain hat diese Offensive nämlich vorhergesehen und deshalb die Stellungen verstärkt.

Die Wetterbedingungen machen den Soldaten von Kronprinz Friedrich Wilhelm, dem Kommandanten der deutschen Truppen, eine Weiterführung der Offensive unmöglich und der vom Regen verursachte Schlamm verhindert einen Positionswechsel der Artillerie. Doch der zermürbende Kampf zwischen den beiden Heeren geht weiter, ohne dass eine der beiden Parteien endgültig die Kontrolle über das Gebiet erlangen kann. Das einzige Ergebnis sind immer höher werdende menschliche Verluste. In dieser besonderen Situation stimmen die Franzosen den Schlachtruf, *»Ils ne passeront pas«* (»Keiner wird durchkommen«) an.

Die Deutschen greifen weiter in Wellen an, gewinnen aber nur wenig Boden, bringen den Franzosen aber schwere Verluste bei.

TANNENBERG UND DIE SOMME

Vor und nach Verdun finden im Ersten Weltkrieg noch zwei weitere wichtige, voneinander unterschiedliche Schlachten statt, die beispielhaft für die Eigentümlichkeit an der Ost- und an der Westfront sind.

TANNENBERG, 1914

(Deutsche: 210.000 Mann – Russen: 150.000 Mann • Verluste: Deutsche: 20.000 Gefallene und Verwundete – Russen: 50.000 Gefallene und Verwundete, 92.000 Gefangene, 500 Geschütze).

Anfang August marschieren die Russen in Ostpreußen ein. Sie verlassen sich auf die zahlenmäßige Überlegenheit ihres Heeres. Doch die Überlegenheit des Generalstabs, die Beweglichkeit der Kommandeure und die besseren Eisenbahnverbindungen ermöglichen es den Deutschen, eine bewegte Schlacht in einem Krieg zu gewinnen, der im Westen zu einem Grabenkrieg wird. Der Plan der Russen, im Norden mit der 1. Armee und im Süden mit der 2., die nach Deutschland eindringen soll, anzugreifen, ist anfänglich erfolgreich.

Doch Berlin wechselt das Kommando vor Ort aus und überträgt es Hindenburg und Ludendorff, zwei fähigen Strategen. Zwischen 26. und 30. August wird auf einem Frontabschnitt, wo deutsche Ritter bereits 1410 gegen die Slawen gekämpft und verloren haben, die 2. Armee des Zaren von der 8. Armee Hindenburgs angegriffen, eingeschlossen und nach Tannenberg zurückgedrängt. Die Russen verlieren 50.000 Mann und 92.000 Soldaten geraten in Gefangenschaft. Der preußische Generalstab hat sich ausgezeichnet. Die Russen setzen den Krieg noch bis 1917 fort, dem entscheidenden Jahr, in dem das Zarenreich zusammenbricht und die blutige bolschewistische Revolution beginnt.

SOMME, 1916

(Deutsche: 10 Divisionen* - Alliierte: 16 Divisionen* • Verluste: Deutsche: 650.000 Gefallene, 300 Geschütze – Alliierte: 620.000 Gefallene).

(* AM 24. JUNI 1916)

Um den deutschen Angriff auf Verdun zu verzögern, greifen die englischen und französischen Streitkräfte an der Somme im Hintergrund an und am 24. Juni 1916 beginnen 1500 französische und britische Geschütze die deutschen Linien auf einer 20 km langen Linie zu beschießen, doch die deutschen Maschinengewehre mähen die Infanteristen nieder. Allein an diesem Tag fallen 26.000 von ihnen. In diesem Desaster spiegelt sich alles: das Gesetz des Grabenkampfes, einige Fehler der Kommandeure, die Ungenauigkeit der Artillerie und die Effizienz der Verteidigung. Betrachtet man die Rolle des Kommandos und die Anzahl der eingesetzten Truppen, ist die Somme für die Briten das, was Verdun für die Franzosen ist. Auch dort wird der Krieg zermürbend: in 142 Tagen verlieren allein nur die Engländer 415.000 Mann, die Deutschen wahrscheinlich 650.000. Das sind die Zahlen eines regelrechten Blutbads. Aus technischer Sicht erscheint mit dem Panzer eine Neuheit. Die Engländer setzen im Morgengrauen des 15. September neun Stück davon ein, um einen seit drei Monaten gehaltenen Wald und drei Dörfer einzunehmen. Dabei walzen sie die deutschen Maschinengewehrnester nieder, die die eisernen Ungeheuer nicht aufhalten können. Doch das reicht nicht, um den Lauf der Schlachten zu beeinflussen oder umzukehren, die noch monatelang anhalten. Wenn überhaupt, dann beginnt hier die Erkenntnis, dass der Grabenkampf eine eigene Taktik verlangt, um auf dem Feld gewonnen zu werden. Entscheidend sind die Zermürbung und die Dezimierung des Feindes. Doch die Taktik des Vorstoßens zum Eindringen großer Heere muss durch die Infiltration kleiner Kerne ergänzt oder ersetzt werden. Aber an der Somme wird diese Lektion nur erahnt.

Oben: ein russischer Infanterist. Rechts: der englische »Mark I«, der erste Panzer auf einem Schlachtfeld, erscheint am 5. September in der Offensive an der Somme. Von 49 Exemplaren sind 28 nicht einsatzfähig und sie fahren nicht schneller als 3,2 km/h.

Verdun 1916

INTERNET
- home.planet.nl/~cosse001/eng/index3.html
- www.war1418.com/battleverdun
- www.geocities.com/bunker1914/verdun.htm
- www.herodote.net/histoire02210.htm
- www.cimeetrincee.it/verdun.htm

Nebenan: Verdun zur Zeit der Belagerung. Wohin das Auge reicht, hat die deutsche Artillerie alles in Trümmer geschossen.

Das französische Siegesdenkmal bei Verdun.

1915 verfügt Deutschland über eine größere Anzahl Haubitzen als die Alliierten (die 1916 ein Viertel verlieren). Den hervorragenden deutschen Geschützen vom Kaliber 420 mm (wie die »Dicke Bertha«), den 305-mm-Skoda-Haubitzen und hunderten 150- und 200-mm-Geschützen stehen die französischen 75-mm-Kanonen gegenüber. Drei Viertel der bei der Verteidigung von Verdun abgefeuerten Projektile sind dieses Kalibers.

General Pétain wechselt unter dem heftigen deutschen Beschuss 66 Divisionen in kurzen Abständen ab, um wenigstens die menschlichen Verluste gering zu halten, doch schon im Frühjahr 1916 beginnt man die Schlacht um Verdun als »Fleischwolf« zu bezeichnen.

➤ DAS SCHEITERN DER DEUTSCHEN

Jeder Versuch der Franzosen, Verdun mit Männern und Waffen zu versorgen, wird vom deutschen Artilleriefeuer wirksam behindert. Trotzdem gelingt es den Franzosen auf wunderbare Weise, die notwendige Anzahl an Männern und Ausrüstung einzuschleusen, um den Angriff zu überstehen. Das geschieht über die Straße, die Verdun mit Ber-le-Duc verbindet und in »Heilige Straße« umgetauft wird.

Die Franzosen versuchen am 22. Mai die Festung Douaumont zurückzuerobern, scheitern jedoch und erleiden hohe Verluste.

Auch die Festung Vaux am rechten Maasufer fällt am 7. Juni und mit ihr auch das Umland. Am 23. desselben Monats gehen die Deutschen in Belleville, einer Anhöhe 4 km vor Verdun, in Wartestellung, die sie am Tag zuvor mit einem neuen Kampfgas angegriffen haben, dem Phosgen, das viel giftiger als Chlorgas ist. Tausende Franzosen sterben, und auch die Festung Thiaumont wird erobert. Die Festung Souville, die letzte vor der umstrittenen Stadt, leistet noch Widerstand.

Die französischen Verluste und dringende Anfragen Pétains bewegen Joffre, den englischen General Douglas Haig – er befehligt das englische Expeditionskorps an der Westfront – zu bitten, eine Offensive im Süden, an der Somme auszuführen, um die deutschen Streitkräfte (in erster Linie 60 Geschütze von großem Kaliber und zwei Infanteriedivisionen) von ihrer Zermürbungsarbeit bei Verdun abzulenken. Die englische Offensive wird ab Juni 1916 die bedeutendste Schlacht an der Westfront.

Verdun kann wieder aufatmen, doch die Schlacht ist noch nicht zu Ende: die Festung Souville wird am 10. Juli nach einem Bombardement angegriffen, obwohl die mit Gasmasken ausgerüsteten französischen Verteidiger den Gegner zurückschlagen, der die deutsche Flagge auf der äußeren Mauer der Festung hissen wollte.

In der Zwischenzeit hat man Marschall Pétain mit dem Kommando über eine ganze Heeresgruppe betraut, damit zwei Offiziere, die mehr auf der Linie Joffres liegen und zu offensiven Taktiken tendie-

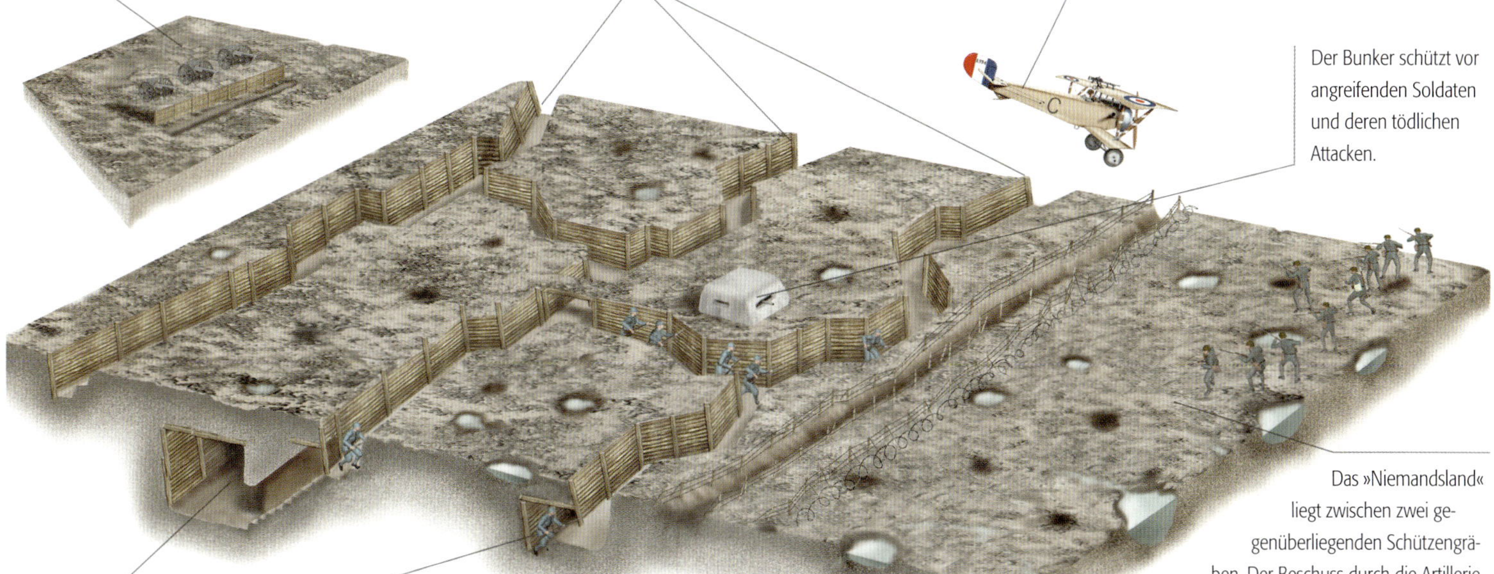

Etwa 10 km hinter der Front ist die Artillerie mit langer Reichweite aufgestellt, die in Aktion tritt, wenn der Feind vorstürmt.

Die Schützengräben sind in drei Linien gegliedert: einer an der Front, ein mittlerer für die Versorgung und einer weiter hinten, der für die Reserve bestimmt ist.

Vor dem Angriff befindet sich ein Aufklärungsflugzeug an einer Stelle, von wo aus sie ihren eigenen Truppen und der Artillerie die Positionen der feindlichen Maschinengewehrnester und der Geschütze anzeigen können.

Der Bunker schützt vor angreifenden Soldaten und deren tödlichen Attacken.

Das »Niemandsland« liegt zwischen zwei gegenüberliegenden Schützengräben. Der Beschuss durch die Artillerie, um die feindlichen Stellungen zu zermürben, macht seine Überquerung für die Infanteristen schwierig, weil die Explosionen viele Löcher und Krater hinterlassen haben. Bei Regen verwandelt sich das Gelände in einen unpassierbaren Sumpf.

Zwei Arten von Unterständen: jener in der ersten Linie bietet nur beschränkten Schutz und erweist sich dem feindlichen Artilleriefeuer gegenüber als nur wenig wirksam; die andere Art ist tiefer und wirkungsvoll. Die deutschen Unterstände der zweiten Art können die beachtliche Tiefe von bis zu 15 m erreichen und sind so gut angelegt, dass sie nicht einmal durch die feindliche Artillerie zerstört werden können.

ren, in Verdun die Initiative ergreifen können, die wieder viel Blut kostet: die Generale Robert Nivelle und François Mangin.

Auf deutscher Seite ist das offensichtliche Scheitern bei Verdun die Ursache für die Absetzung von Falkenhayn im August. Die generelle Leitung der Operationen wird den bei der Offensive an der Ostfront siegreichen Generalen Erich Ludendorff und Paul von Hindenburg übertragen.

Anfang Oktober 1916 gelingt es den Franzosen das gesamte bis dahin verlorene Terrain zurückzugewinnen: die Festung Douaumont wird am 24. Oktober zurückerobert, die Festung Vaux Anfang November, und am 18. Dezember kann man die deutsche Offensive als endgültig zurückgeworfen betrachten.

Verdun wird als Symbol betrachtet, als tragische Ikone für die Verluste durch den Stellungskrieg des Ersten Weltkriegs. Besonders traurig ist die Bilanz: Von Februar bis Dezember verlieren die Franzosen wahrscheinlich 378.000 Mann, die gefallen sind, verwundet oder gefangen genommen wurden. Bei den Deutschen sind es vermutlich 329.000.

Die Erinnerung der Franzosen an dieses Blutbad findet in der Zwischenkriegszeit in dem System an Befestigungen entlang der französisch-deutschen Grenze ihren Niederschlag, die als Maginotlinie bekannt wird. Doch reicht sie nicht aus, um Frankreich im Juni 1940 gegen die Armeen Hitlers zu verteidigen.

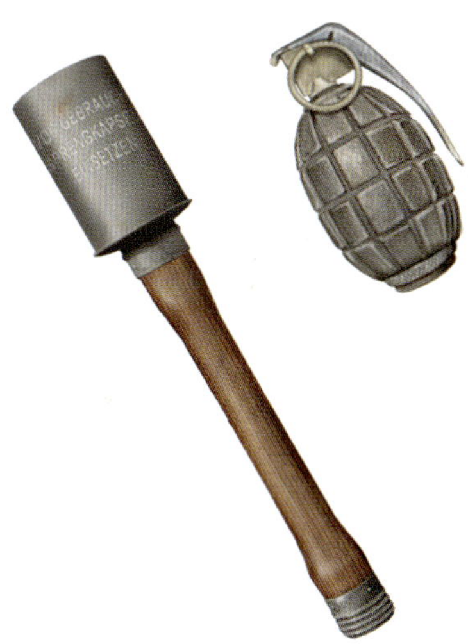

Oben: der Grundriss eines deutschen Schützengrabensystems aus dem Ersten Weltkrieg.

Links: eine deutsche und eine englische Handgranate. Die deutsche hat einen rund 25 cm langen hölzernen Stiel, an dessen Ende sich der Sprengkörper befindet. Vom englischen Modell »Mills« (nach dem Namen des Erfinders William Mills) werden in vier Jahren 33.000.000 Stück hergestellt.

Jütland

1916

Die britische Marine, die mächtigste und fähigste der Welt, wird in der größten Seeschlacht des Ersten Weltkriegs von der deutschen auf die Probe gestellt. Die königliche Flotte erleidet so große Verluste wie noch nie zuvor, doch auch die deutsche bleibt nicht unbeschädigt. Die taktische Ergebnislosigkeit zeugt von einem strategischen Fehlschlag der Deutschen.

Wie der technische Fortschritt im Landkrieg zu einer Verstärkung der Verteidigung und konsequenterweise zu einem Stellungskrieg in den Schützengräben geführt hat, reduziert sich der Seekrieg der riesigen Flotten an gepanzerten und schwer bewaffneten Schiffen der Kriegsgegner auf Blockadeaktionen. Die große Seeschlacht, auf die sich die Admiräle in den vergangenen Jahrzehnten vorbereitet haben, bleibt aus.

Bei der Auseinandersetzung zwischen der Royal Navy und der Kriegsmarine scheint nur der U-Boot-Krieg der Flotte Berlins jene Rolle verleihen zu können, die sie nicht spielen kann. Auch aus diesem Grund bleibt die deutsche *Hochseeflotte* im Hafen von Wilhelmshaven liegen, während die *Grand Fleet*, das Kernstück der englischen Marine, in Scapa Flow und anderen Basen vor Anker bleibt.

WAFFEN

Eine Abbildung der *Dreadnought*, die 1906 in der Werft von Portsmouth vom Stapel läuft. Es verfügt über Maschinen mit Dampfturbinen und erreicht eine Geschwindigkeit von 21 Knoten (drei mehr als Kreuzer mit Kolbenmotoren).

DIE SCHIFFE IM GROSSEN KRIEG

In der zweiten Hälfte des 18. Jh., vor allem mit Fortschreiten des Sezessionskrieges, erscheinen motorisierte und gepanzerte Schiffe. Später kommen drehbare Geschütztürme hinzu, die ebenfalls mit Stahl gepanzert werden. Handelt es sich zu Beginn noch um schwer bewaffnete, langsame und träge Schiffe, werden sie gegen Ende des Jh. verbessert. Daraus entsteht der Panzerkreuzer, dessen Bewaffnung leichter und dessen Geschwindigkeit daher auch höher ist. Vor Ausbruch des Ersten Weltkriegs entsteht die *Dreadnought*, die sich durch die Homogenität ihrer Bewaffnung auszeichnet (bis dahin waren Panzerkreuzer mit zwei Geschütztürmen mit vier Kanonen eines Kalibers und Batterien und Geschütztürmchen mit Geschützen viel kleineren Kalibers ausgestattet). Schließlich taucht der Schlachtkreuzer auf, der als die schnellste Version betrachtet wird. An leichteren Einheiten gibt es immer mehr Torpedoboote und Torpedobootjäger, die mit wenigen kleinen Kanonen und Torpedorohren bewaffnet sind. Diese schnellsten Kriegsschiffe ihrer Zeit wurden erstmals bereits 1904 von der japanischen Flotte in Port Arthur erfolgreich eingesetzt. Doch die wahre, überwältigende Neuheit taucht im Herbst 1914 auf: das Unterseeboot. Auch dieses Kriegsgerät ist hauptsächlich mit Torpedos bestückt. Dank seines Dieselmotors legt es Reichweiten an den Tag, die bis dahin undenkbar waren. Es erlangt die Vorherrschaft über die See und über den feindlichen Handelsverkehr, sogar wenn die Marine, der es angehört, über weniger Schiffe verfügt.

Der 1915 vom Stapel gelaufene Panzerkreuzer *Warspite* wird in der Schlacht vor Jütland 13-mal getroffen, ohne ernsthafte Schäden davonzutragen. Er nimmt auch am Zweiten Weltkrieg teil: Im Juni 1944 ist er vor der Küste der Normandie.

Der Wunsch Berlins, die von London verhängte Seeblockade zu durchbrechen, wird daher immer größer.

Im Mai 1916 läuft die *Hochseeflotte* von Wilhelmshaven aus. Sie bewegt sich in zwei Staffeln, einer von Vizeadmiral Franz Hipper kommandierten Vorhut (bestehend aus fünf Schlachtkreuzern, fünf leichten Kreuzern und 30 Torpedobootjägern) und dem Hauptgeschwader unter Admiral Reinhard Scheer (der über 22 Kreuzer, sechs leichte Kreuzer und 32 Torpedobootjäger verfügt).

➤ DIE FLOTTE AUF KOLLISIONSKURS

Am selben Tag bricht die Royal Navy – nach Entschlüsselung der deutschen Funkbotschaften mit einigen Stunden Vorsprung – unter dem Kommando von John R. Jellicoe (18 Kreuzer unterschiedlicher Klassen, zwölf leichte Kreuzer, 52 Jäger) von Scapa Flow und Cromerty aus auf. In Rosyth legt ein Geschwader unter dem Kommando von Vizeadmiral David Beatty (zehn Kreuzer, elf leichte Kreuzer, 28 Torpedobootjäger) ab. Das dritte Geschwader von Vizeadmiral Martyn Jerram, das gleichzeitig die Anker lichtet, trifft die Flotte auf hoher See.

Am 31. Mai um 14 Uhr treffen sich die leichten Patrouillen beider Flotten im Skagerrak vor Dänemark, etwa 117 km westlich von Jütland. Eine Stunde und 45 Minuten später beschießen einander sechs Schlachtkreuzer Beattys mit Unterstützung

HINTERGRÜNDE

30./31 MAI: RICHTUNG JÜTLAND

Grand Fleet (Jellicoe)

2. Schiffsgeschwader (Jerram)

Kreuzerflotte (Beatty)

Hochseeflotte (Scheer)

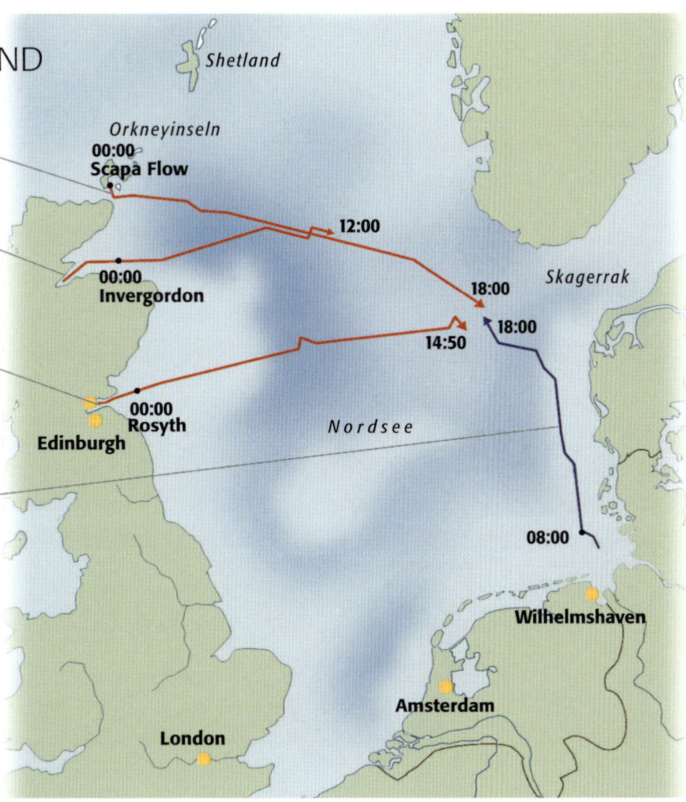

Beide Flotten verfügen über Unterstützung durch U-Boote und Flugzeuge, die aber nicht im Kampfgebiet sind und daher auch nicht eingreifen.

STREITKRÄFTE

ENGLISCHE ÜBERLEGENHEIT

▶ DEUTSCHE *HOCHSEEFLOTTE*

SEELEUTE	37.000
»DREADNOUGHT«-PANZERKREUZER	16
PANZERKREUZER	6
SCHLACHTKREUZER	5
LEICHTE KREUZER	11
TORPEDOBOOTJÄGER	62
VERLUSTE	
GEFALLENE	2545
SCHIFFE	11
TONNAGE	62.200

▶ ENGLISCHE *GRAND FLEET*

SEELEUTE	62.000
»DREADNOUGHT«-PANZERKREUZER	4
PANZERKREUZER	24
SCHLACHTKREUZER	8
SCHWERE KREUZER	8
LEICHTE KREUZER	23
TORPEDOBOOTJÄGER	80
WASSERFLUGZEUGTRÄGER	1
VERLUSTE	
GEFALLENE	6097
SCHIFFE	14
TONNAGE	112.000

Jütland 1916

Die *Queen Mary*
1912 vom Stapel gelaufen, wird sie von den Salven der deutschen Kreuzer *Derfflinger* und *Seydlitz* vernichtet. 1266 Männer sterben, nur acht überleben. Die Explosion ist so heftig, dass Trümmer des Schiffes auch die *Tiger* treffen, einen englischen Kreuzer steuerbords der *Queen Mary*.

31. 5. (15.48–17.35 Uhr) Die Schlacht der Kreuzer

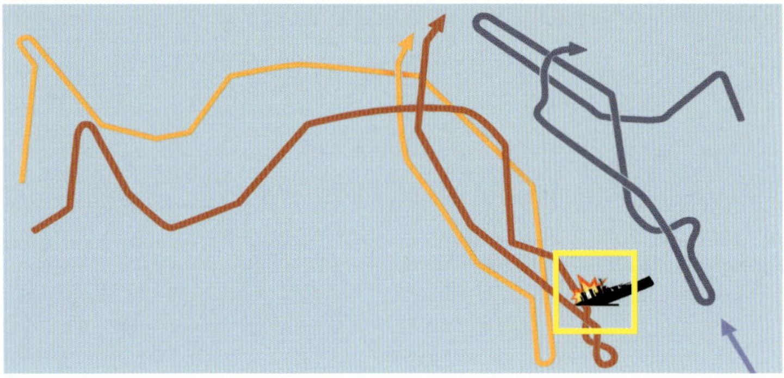

Die Positionen der Kreuzer

Die Hauptphasen der Versenkung der *Queen Mary*

Briten
- Englische Kreuzer
- V. Schiffsgeschwader

Deutsche
- Kreuzer
- *Hochseeflotte*

Die zähe *Seydlitz*
1913 in Hamburg vom Stapel gelaufen, wird sie am 1. Juni vom Torpedo eines Torpedobootjägers und etwa zwei Dutzend Geschossen getroffen, die vier ihrer fünf 280 mm-Geschütze zerstören. Dank ihrer ausgezeichneten Struktur hält sie sich jedoch über Wasser und kann zum Flottenstützpunkt zurückkehren. Sie befindet sich unter jenen Schiffen, die sich bei Scapa Flow selbst versenken.

1910 (14. November) Erster Start eines Flugzeugs von einem Schiff aus (vom amerikanischen Kreuzer *Birmingham*) • **1911 (18. Jänner)** Erste Landung auf einem Schiff (dem amerikanischen Kreuzer *Pennsylvania*) • **1915 (24. Jänner)** Seeschlacht von Dogger Bank zwischen Engländern und Deutschen; **(4. Februar)** die Deutschen erklären die englischen Hoheitsgewässer zum Kriegsgebiet; **(7. Mai)** der britische Ozeandampfer *Lusitania* wird von einem deutschen U-Boot versenkt; **(15. September)** erstmals wird ein U-Boot (die französische *Foucault*) von einem (österreichischen) Flugzeug versenkt • **1916 (24. Jänner)** Scheer ist Kommandeur der *Hochseeflotte*; **(30. Mai, nachts)** die *Grand Fleet* läuft aus, um die deutsche Flotte abzufangen; **(31. Mai)** die *Hochseeflotte* lichtet in Wilhelmshaven die Anker; **(31. Mai/1. Juni)** Schlacht von Jütland • **1918 (24. April)** Die *Hochseeflotte* läuft zum letzten Mal aus • **1919 (21. Juni)** Selbstversenkung der *Hochseeflotte* in der Bucht von Scapa Flow.

Die deutschen Kanonen sind so präzise und schnell, dass alle getroffenen Schiffe schwer beschädigt werden. Vor allem die englischen Kreuzer erweisen sich als verwundbar und untauglich für den Kampf.

INTERNET
- www.worldwar1.co.uk/jutland.html
- www.deutsche-schutzgebiete.de/seeschlacht_skagerrak.htm
- digilander.libero.it/shinano/Battaglienavali/jutland.htm

von vier Panzerkreuzern aus der Division des Konteradmirals Hugh Evan-Thomas und fünf von Hipper aus einer Distanz von 14 km. Das Geschwader von Beatty wird vorwärts getrieben, der Kreuzer *Lion* beschädigt und der Schlachtkreuzer *Indefatigable* sinkt mit 1000 Matrosen. Der Kreuzer *Queen Mary* explodiert und reißt 1200 Mann mit in den Tod.

Scheer und Jellicoe bewegen sich aufeinander zu, doch wegen eines Kursfehlers kreuzen sie einander in einiger Entfernung. Die Formation von Jellicoe erstreckt sich über 6,5 km auf sechs Reihen. Sie versucht sich in eine vorteilhafte Position zu bringen, die Kanonen sind auf die deutschen Buge gerichtet. Doch Scheer kommt dem zuvor und ändert um 18.30 den Kurs. Er entzieht sich dem Feuer und schickt Jäger sowie Kreuzer los, um den Rückzug zu decken.

Das Fehlen von Feuerschutz führt häufig zum Explodieren der englischen Türme. Um ihre Schiffe schneller zu machen, tendieren die Engländer nämlich dazu, die Sicherheit ihrer Schiffe zu vernachlässigen. Damit das Kaliber der Kanonen vergrößert werden kann, entfernen sie schließlich die Feuertüren, die die Aufgabe haben, das durch feindlichen Beschuss entstandene Feuer daran zu hindern, die Munition zu erreichen.

Die Schlacht von Jütland auf einem Bild des deutschen Malers Claus Bergen (1885–1964).

➤ EINE SCHLACHT OHNE SIEGER

Einige große Schiffe Scheers melden Schäden, doch wurde seinerseits die *Warspite,* der stärkste Panzerkreuzer im Krieg, schwer getroffen.

Weiters hat das Geschwader von Hipper die *Wiesbaden* (einen leichten Kreuzer) verloren, dafür aber die *Invicible,* einen Schlachtkreuzer mit Admiral Horace L. A. Hood an Bord und den Panzerkreuzer *Defence* versenkt. Außerdem hat der englische Panzerkreuzer *Marlborough* einen Torpedotreffer am Bug abbekommen und der Kreuzer *Warrior* sinkt am folgenden Tag.

Zufrieden löst sich der deutsche Admiral um 19.20 Uhr aus allem. Nur die Torpedobootjäger kämpfen im Dunklen weiter (bis 2 Uhr morgens des 1. Juni) und ein englischer Torpedo versenkt den Panzerkreuzer *Pommern,* doch Scheer und Hipper kehren zum Stützpunkt zurück.

Die Signale zwischen den beiden Formationen werden von den Engländern entschlüsselt, doch Jellicoe zieht es vor, sich nach Norden zu wenden und versäumt so die Gelegenheit, den zahlenmäßig und an Feuerkraft unterlegenen Feind zu vernichten.

Betrachtet man die Zahl der versenkten Schiffe und der Gefallenen, ist es ein Sieg für die Deutschen. Es ist andererseits ein Sieg der Engländer, wenn man in Betracht zieht, dass die britische Seemacht trotz der Verluste praktisch unangetastet bleibt.

Caporetto

1917

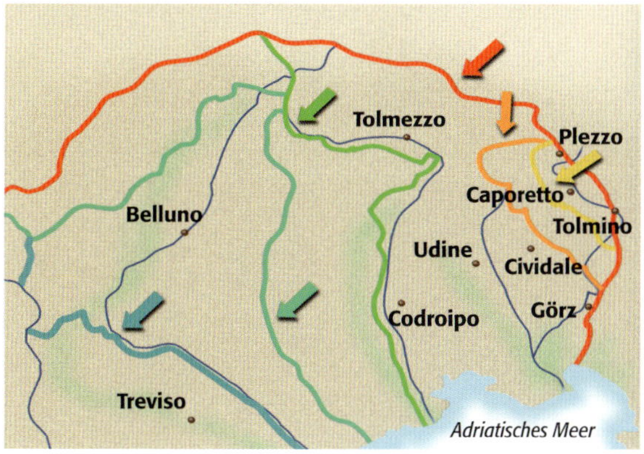

Italienische Truppen beim Rückzug entlang der Straße Udine–Codroipo während der österreichisch-deutschen Offensive gegen Caporetto.

Verursacht durch die neue österreichisch-deutsche Taktik der »Unterwanderung« oder einem bei den kriegsmüden italienischen Truppen ausgerufenen militärischen Streik, eine von außen verursachte militärische Niederlage oder eher schwere innere »politische« Schlappen: die sprichwörtliche Niederlage von Caporetto bleibt auch nach 90 Jahren im Gespräch.

Die Phasen des österreichisch-deutschen Durchbruchs an der Front

- 23. Oktober
- 24. Oktober.
- 26. Oktober
- 3. November
- 6. November
- 9. November

In der zweiten Hälfte des Jahres 1917 gelingt es Italien, das im Mai 1915 auf Seiten der Alliierten in den Krieg eingetreten ist, nicht, die Isonzofront einzudrücken – auch nicht durch die zahlreichen vom Oberbefehlshaber General Luigi Cadorna angeordneten Angriffe.

Im Morgengrauen des 24. Oktober 1917 brechen – durch schweres Artilleriefeuer und einen Gasangriff angekündigt – die österreichisch-deutschen Truppen den italienischen Widerstand auf einem Frontabschnitt von 30 km von Plezzo bis Tolmino und tauchen hinter ihrem Rücken auf.

STREITKRÄFTE

▶ ITALIENER	
DIVISIONEN	38
VERLUSTE	
GEFALLENE	11.000
VERWUNDETE	29.000
GEFANGENE	300.000
GRANATWERFER	1732
ARTILLERIEGESCHÜTZE	3152

▶ ÖSTERREICHER UND DEUTSCHE	
DIVISIONEN	37
VERLUSTE	
GEFALLENE UND VERWUNDETE	20.000

Die italienischen Soldaten verlassen ihre Stellungen. Es fehlt an Verteidigungsvorkehrungen wie es auch an adäquaten Truppen hinter der vordersten Linie fehlt, wo die offensive Strategie der italienischen Kommandanten alle Kräfte versammelt hat. Gegenüber dem Eindringen der österreichisch-deutschen Truppen bleibt den Italienern nur der Weg durch das Tal.

Der Zusammenbruch demoralisiert auch jene italienischen Kräfte, die in anderen Frontabschnitten noch Widerstand leisten. Innerhalb von zwei Tagen hat die Invasion das Friaul bis Cividale und Udine erfasst. Am 27. Oktober befiehlt Cadorna der 2. und 3. Armee den Rückzug. Als die Österreicher und Deutschen bei Pinzano auch den Tagliamento überschreiten, weicht die ganze Front zurück und kommt Anfang November auf der Höhe der Piave zum Stillstand.

Die Niederlage von Caporetto führt zur Verlagerung der Front um 150 km, der Eroberung von 20.000 km^2 italienischen Bodens und beachtlichen Verlusten an Menschen und Material. Es handelt sich um eine der bekanntesten Niederlagen des gesamten Weltkriegs. Als die Piave erreicht ist, gerät die österreichische Offensive ins Stocken. Spannungen zwischen Berlin und Wien, die verlängerten Nachschubwege und eine verständliche mangelnde Vorbereitung auf einen Krieg, der lange still stand und nun in Bewegung gerät, sind dafür eher die Ursachen als der italienische Widerstand. Als der österreichisch-deutsche Vorstoß stecken bleibt, können sich die Italiener an der Piave-Linie behaupten.

Doch der Schlag, den Caporetto der Hauptstadt Rom versetzt, ist schwer: Cadorna wird seines Postens enthoben und durch General Armando Diaz ersetzt.

Piave

1918

Der italienische Gegenangriff führt zur Auflösung der österreichisch-ungarischen Truppen an der südlichen Front, die ihre Stellungen nicht halten können und deren Nachschub knapp ist. Die Zahl der Desertionen und der Flüchtenden: 400.000 in nur drei Monaten.

Das Symbol für die Erholung Italiens von der schweren Niederlage von Caporetto, der Sieg der Truppen von General Diaz an der Piave, beraubt Österreich-Ungarn der Initiative und bewahrt Venetien vor der Invasion. Dies bedeutet den Auftakt zum Sieg der Alliierten in Vittorio Veneto, einem entscheidenden Ereignis, das zum definitiven Ende der zentralen Reiche führt.

Gemälde von A. Beltrame für ein Titelblatt des »Domenica del Corriere« aus dem Jahr 1918. Es zeigt einen Überraschungsangriff der italienischen »Arditi« an der Piave.

Ein mit Gewehr und Stielhandgranate bewaffneter österreichisch-ungarischer Soldat.

Einige Monate nach der Schlacht von Caporetto glaubt das italienische Oberkommando, dass ein neuerlicher österreichisch-ungarischer Angriff bevorsteht. Diaz verstärkt die Verteidigungsstellungen und diese Strategie erweist sich als klug und gewinnbringend: die Königliche Armee Italiens – verstärkt durch englisch-französische und amerikanische Truppen – widersteht am Ufer der Piave dem Druck Österreich-Ungarns.

Die Sorge der italienischen Kommandanten gilt der Ausdauer der Truppen. Deren Moral bleibt im Unterschied zu Caporetto aber aufrecht, dazu tragen auch die beharrliche Propaganda und Verbesserungen in der Behandlung der Truppen bei, die vom neuen Oberkommandierenden Diaz gegenüber der Ära von Cadorna eingeführt wurden.

Der von den österreichischen Generalen Svetozar Borôevic von Bonja und Conrad von Hötzendorf angeordnete Durchbruchsversuch ist anfänglich erfolgreich:

Das 24. Korps des Generals Goiginger überquert den Fluss und erreicht den Fuß des Montello. Das 23. Korps stößt bis Meolo, das 4. und das 7. bis Fagarè,

STREITKRÄFTE

ÖSTERREICHISCHE ÜBERLEGENHEIT

▶ ITALIENER

DIVISIONEN	45
VERLUSTE	
GEFALLENE	90.000

▶ ÖSTERREICHER

DIVISIONEN	48
VERLUSTE	
GEFALLENE	150.000

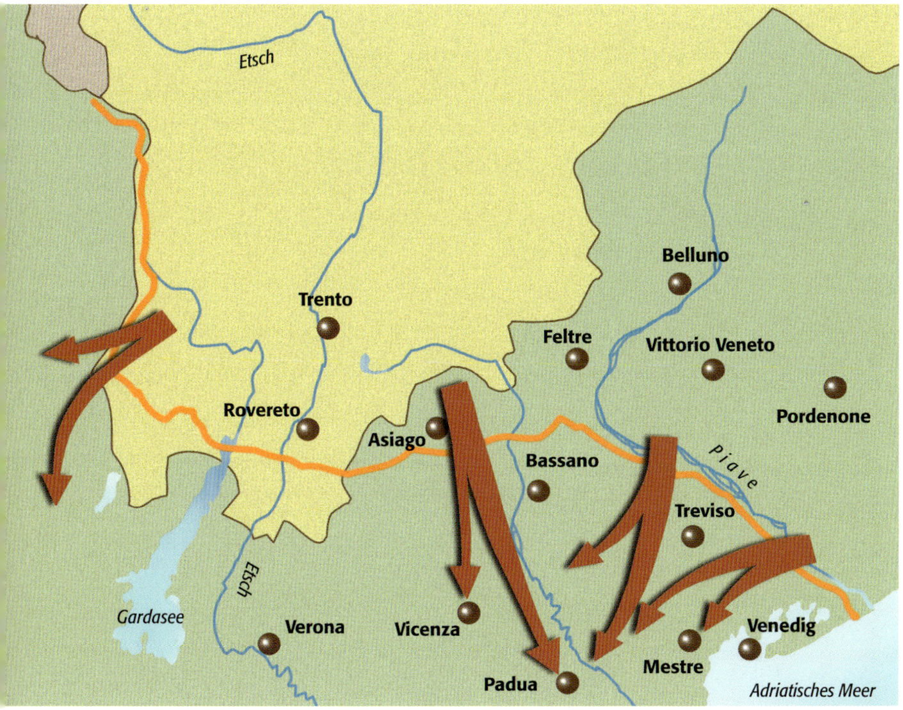

Im österreichisch-ungarischen Angriffsplan von 1918 vorgesehene Richtungen

Italienisch-österreichische Grenze von 1915

Frontverlauf am 23. 10. 1918

Zenson und Candelù vor. Sie versuchen die Divisionen der Italiener und der Alliierten einzuschließen, werden aber zurückgedrängt. Österreichische Truppenteile erkämpfen einzelne, vom Regen in Morast verwandelte Stücke Land, können aber nicht weiter vorstürmen, da ihr Nachschub nur spärlich eintrifft und es hinter ihnen nur wenig Rückzugsmöglichkeiten gibt.

Das Piave-Bataillon, auch »Sonnenwende-Bataillon« genannt, führt am 20. Juni die Wende herbei, als die Italiener zur Gegenoffensive ausholen: Der Feind wird zurückgedrängt und erhält von Marschall Artur Arz, Chef des österreichischen Generalstabs, den Befehl, sich bis zur Piave zurückzuziehen. Am 23. Juni erklärt Diaz den italienischen Sieg an der Piave.

Einen eindeutigen Sieg erringen die Italiener jedoch zwischen 2. und 5. Juli 1918 am Sile-Kanal. General Petitti, der das 23. Armeekorps befehligt, greift mit zwei Divisionen (Bersaglieri, Grenadiere aus Sardinien, Pioniere und ein Bataillon der Guardia di Finanza) und Abteilungen der Marineartillerie die Österreicher an, die seit November 1917 am linken Flussufer lagern und zurückgeworfen werden.

Von Caporetto bis zur Piave haben sich einige Dinge geändert: die italienische Front tritt nun so weit hinter die westliche Front zurück, dass die Deutschen Männer und Material abgezogen haben, um sie anderweitig einzusetzen.

Ein italienischer Bersagliere.

General Diaz an der Seite eines Kommandeurs der englischen Divisionen, die der an der Piave stehenden 10. Armee einverleibt wurden.

VITTORIO VENETO 24.10.–4.11. 1918

Verluste: Italiener: 38.700 Gefallene – Österreich-Ungarn: 30.000 Gefallene, 427.000 Gefangene

Rund ein halbes Jahr nach der Schlacht an der Piave drängen die italienische Regierung und die Alliierten gegenüber General Armando Diaz auf eine entscheidende Operation an der nordöstlichen Front: Die 3. Armee (12., 8. und 10.) sollen in Richtung Vittorio Veneto durchbrechen, die 4. soll den Feind am Berg Grappa angreifen. Das österreichisch-ungarische Heer ist schon ziemlich erschöpft, zermürbt von Misserfolgen und vom Zerfall des Landes. Am 27. beginnt die Überquerung der Piave. Die Einnahme von Vittorio Veneto am 30. Oktober sprengt das feindliche Heer. In den folgenden Tagen werden Feltre, Belluno und der Berg Grappa befreit. Die Hochebene von Asagio wird von der 6. Armee besetzt, die 4. dringt in die Täler der Piave und der Brenta ein. Am 3. November werden Trento und Udine erreicht, während die Königliche Marine Triest befreit. Mit einem letzten Kavallerieangriff bei der Straßenkreuzung von Paradisio endet der Krieg um 15 Uhr am 4. November 1918. Das Königreich verleibt sich Friaul-Julisch Venetien und Südtirol, darüber hinaus – bis zu den natürlichen Grenzen – auch Teile Istriens und Zadar in Dalmatien ein.

Nanking

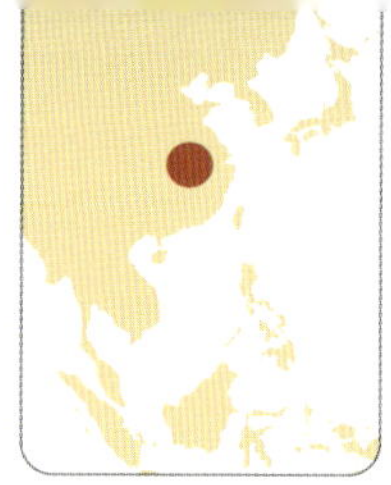

1937

Die japanische Ausbreitung in Asien beginnt mit der Invasion in China. Der Militarismus in Tokio beruht auch auf dem Vorurteil von der Überlegenheit Nippons. In diesem ideologischen Eroberungskrieg gegen China macht sich die japanische Armee fürchterlicher Verbrechen an der Zivilbevölkerung schuldig.

Japanische Panzer patrouillieren nach der Einnahme der Stadt durch die Straßen von Nanking.

- Japanisches Territorium im September 1931
- 1931/32 besetzte Gebiete
- 1933 besetzte Gebiete
- Die wichtigsten Schlachten
- Die wichtigsten Zentren gegen die Japaner
- Japanische Angriffe
- Zwischen 1937 und 1941 besetzte Gebiete

STREITKRÄFTE

▶ CHINESEN	
SOLDATEN*	750.000
▶ JAPANER	
SOLDATEN*	250.000

* AM FELDZUG ZUR EROBERUNG SCHANGHAIS BETEILIGT

Seit China 1910 einen Schlussstrich unter seine 1000-jährige Geschichte als Reich gezogen hat und zu einer Republik geworden ist – in den 20-er Jahren erschüttern Gefechte zwischen Nationalisten und Kommunisten das Land –, hat Japan seinen Einfluss in Ostasien erhöht. 1931 erobern die Japaner gegen jedes internationale Recht die Mandschurei. Mit ihrem Phantomstaat Mandschukuo kontrollieren sie 1932 große Teile des Nordens.

Im Juli 1937 beginnt Japan mit einem Angriff auf China, das durch die Kämpfe zwischen den Nationalisten von Chiang Kai-chek und den Kommunisten von Mao Tse-tung geschwächt ist. Nach einigen Grenzzwischenfällen ereignen sich die ersten Gefechte am 7. Juli an der Marco-Polo-Brücke in Yuanping, unweit von Peking. Mitte August wird der Krieg erklärt.

Die chinesische Regierung wird nach Nanking verlagert. Im November wird auch Schanghai, nahe bei Nanking, teilweise evakuiert. Die Staatsspitze zieht sich nach Chongqing zurück. Die von Chiang Kai-chek befehligte chinesische Armee ist der japanischen Armee zahlenmäßig überlegen, ist aber weniger kampftauglich und hat geringere Luftunterstützung als diese. Die »Garnison« von Nanking besteht in Wahrheit aus 80.000 in den jüngsten Auseinandersetzungen zerstreute und nach Nanking geflüchtete Soldaten.

Die Eroberer verfügen über ein Heer von hunderttausenden Soldaten, die unter dem Befehl des Onkels von Kaiser Hirohito, Yasuhito Asaka, stehen. Die Hauptkolonne steht vor der Stadt, eine zweite, stärkere, will die Stadt von hinten einkesseln und eine dritte zielt darauf ab, die Verbindungen zwischen Nanking und Wuhu abzuschneiden. Zwei japanische Flussflotten unterstützen die Operation vom Jangtse aus. Zwischen 4. und 12. Dezember sind die äußeren Verteidigungsanlagen erreicht und überwunden. Nanking wird am nächsten Tag erobert.

Für die Chinesen bedeutet dies eine Tragödie. Ein Drittel der Stadt wird durch Feuer zerstört, 200.000 Soldaten und Zivilisten werden getötet und tausende Frauen vergewaltigt und zur Prostitution gezwungen. Die militärische Operation verwandelt sich in einen Krieg gegen die Zivilbevölkerung. Die japanischen Kommandanten wollen die Chinesen von Nanking »bestrafen«, um den Widerstand in anderen Städten zu brechen.

In Wahrheit bestärkt das Gemetzel von Nanking die Chinesen in ihrem Willen, den Invasoren die Stirn zu bieten – doch die Brutalität des ideologischen und rassistischen Krieges explodiert …

Tigre

1936

Nach Jahren der Vorbereitung und diplomatischer Verhandlungen, um Frankreich und Großbritannien zur Zustimmung zu bewegen, greift Mussolini – trotz eines Freundschafts- und Zusammenarbeitspaktes aus dem Jahr 1928 – Äthiopien am 3. Oktober 1935 ohne Kriegserklärung an. Dieser von den Faschisten angezettelte Feldzug ist der einzige Expansions- bzw. Kolonialkrieg der Zwischenkriegszeit.

Der Feldzug nimmt seinen Ausgang in Eritrea und Somalia, die bereits italienische Kolonien sind, und breitet sich von dort über das Land aus.

Negus Haile Selassie entsendet ein Heer von 80.000 Soldaten in die Tigre-Ebene, die im Gebiet von Amba Aradam Stellung beziehen. Im Zentrum, in Endertà jenseits des Flusses Ghevà, stehen rund 40.000 Mann, rechts etwa weitere 30.000 zum Schutz der Provinz Sciré.

In einer einzigen Operation, die aus mehreren Schlachten besteht (Tembien, Endertà, nochmals Tembien, Scirè), schlagen die Italiener zwischen Jänner und März 1936 die Äthiopier. Schließlich wird auch Adis Abeba eingenommen.

Im Mai 1936 wird Viktor Emanuel III. zum König von Äthiopien ausgerufen. Die militärischen Aktionen nehmen jedoch kein Ende. Der Widerstand gegen den Kolonialismus und gegen Italien hält noch lange an.

Diese Bildtafel von Achille Beltrame zeigt die italienischen Truppen nach der Eroberung von Amba Alagi (Äthiopienfeldzug 1936).

▶ ÄTHIOPIER	
SOLDATEN	150.000

▶ ITALIENER	
SOLDATEN	70.000
KANONEN	280
FLUGZEUGE	170

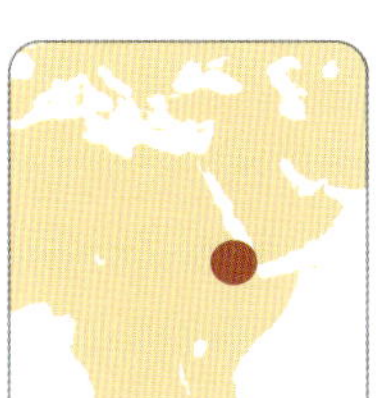

Ebro

1938

Zwei Jahre nach Beginn des spanischen Bürgerkriegs – in dem eine Union aus Nationalisten, Militärs und Reaktionären die gewählte Volksfrontregierung bekämpfen – halten die aus Deutschland, Italien und Portugal stammenden Aufständischen den Nordwesten des Landes. Die Republik beschränkt sich auf das Mittelmeergebiet, die Gegend um Madrid und Katalonien-Aragon.

Seit Guadalajara, wo die »Freiwilligen« faschistischen Kämpfer Mussolinis geschlagen wurden, ist ein Jahr vergangen. Bereits im April 1937 haben die von Hitler zur Verfügung gestellten Kampfflieger in Guernica die Schrecken des totalen Krieges aufgezeigt. Im Juli 1938 ordnet der republikanische Kriegsrat die Gegenoffensive beim Ebro an. Die 15. Internationale Brigade ist anfänglich erfolgreich, bleibt jedoch Anfang August stecken.

Der Panzer Renault FT 17, den beide Bürgerkriegsparteien einsetzen. Er ist mit einem 8-mm-Hotchkiss-Maschinengewehr und einer 37-mm-Puteaux-Kanone ausgestattet.

Der Anführer der Nationalisten, Francisco Franco, schlägt mit 180 Artilleriegeschützen und 200 deutschen, italienischen und spanischen Flugzeugen gegen die paar hundert von der Sowjetunion ausgerüsteten republikanischen Jäger zurück. Die eigentliche Gegenoffensive findet zwischen 30. Oktober und 3. November statt. Die Nationalisten stehen am Ebro. Am 18. Dezember verlassen die republikanischen Truppen das rechte Flussufer, nachdem sie schwere Verluste erlitten haben. Das ist der Wendepunkt.

Wenige Monate später fallen Barcelona und Madrid, das zum Sitz der nationalistischen Regierung Francos wird.

▶ REPUBLIKANER	
SOLDATEN	80.000
FLUGZEUGE	100
VERLUSTE	
GEFALLENE	30.000
VERWUNDETE	20.000

▶ NATIONALISTEN	
SOLDATEN	KEINE ANGABEN
ARTILLERIE-BATTERIEN	180
FLUGZEUGE	200
VERLUSTE	
GEFALLENE UND VERWUNDETE	33.000

Frankreich

1940

Der von den Deutschen beim Einmarsch in Polen im September 1939 erprobte »Blitzkrieg« stellt im Weltkrieg an der Westfront seine Wirksamkeit erneut unter Beweis. Innerhalb weniger Tage dringen die deutschen Panzereinheiten weit vor und erobern Belgien und die Niederlande, bevor sie zum letzten Schlag gegen Paris ausholen.

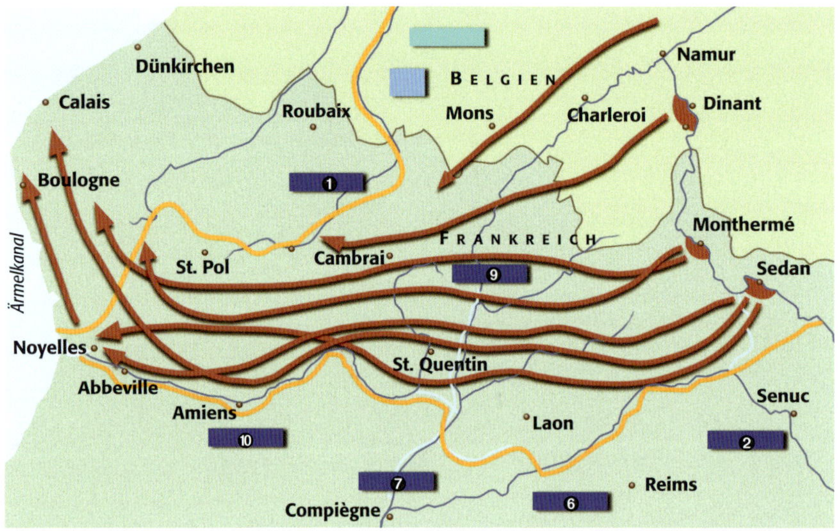

Deutsche Angriffe
Französische Armeen
Britisches Expeditionskorps
Belgisches Heer
Frontlinie (21. Mai)

General Guderian, einer der »Väter« des *Blitzkriegs.* Dabei kommen vor allem die beweglichen Panzerabteilungen zum Einsatz. Unterstützt werden sie durch Luftangriffe, wobei die Flugzeuge tief ins Landesinnere vordringen. Zwischen 12. und 14. Mai 1940 ist es eben das 19. Panzerkorps Guderians, das in den Ardennen durchbricht.

Der Krieg 1939/40 besteht zu großen Teilen aus schnellen und unaufhaltsamen Operationen der Deutschen. Das ist die Zeit des »Blitzkriegs«. Die Taktik zielt darauf ab, sich zuerst die östliche Flanke zu sichern, anschließend die französischen Kräfte zu vernichten und sich schließlich neuerlich gegen Osten, gegen die Sowjetunion, zu richten. Der Sieg an zwei Fronten soll Hitler die »Neuordnung Europas« ermöglichen.

Im Süden soll das Regime von Mussolini die »Neuordnung des Mittelmeerraumes« gestalten. Doch zuerst ist Italien noch nicht bereit (man tritt erst 1940 in den Krieg ein) und anschließend müht es sich ab, sich zu behaupten (in Griechenland, in Nordafrika, auf dem Balkan) und benötigt deutsche Hilfe. Zuvor jedoch führt Deutschland schnelle und siegreiche Operationen durch. Im September 1939 wird Polen an der Ostfront überrannt, im Winter sind Norwegen und Finnland an der Reihe. Im darauf folgenden Frühjahr wird mit Hilfe von Panzern und der Luftwaffe Frankreich angegriffen.

Hitler befolgt die Ratschläge seiner Generale Erich von Manstein und Heinz Guderian, Frankreich dort anzugreifen, wo es an Belgien grenzt, also im Gebiet der Ardennen. Dann soll man weiter nach Norden vorstoßen, um die englisch-französischen Truppen an der belgischen Grenze einzukesseln. Im Süden will man die Verbände entlang der Maginotlinie angreifen.

Der von Holland und Belgien aus erfolgte Angriff zwang diese Länder am 15. bzw. 17. Mai zur Kapitulation. Am 20. Mai erreichen die Panzer das Meer bei Noyelles und eröffnen einen Korridor, indem sie die englisch-französischen Streitkräfte trennen. Der englische Premierminister Winston Churchill sieht sich genötigt, die britischen Truppen bei Dünkirchen von französischem Boden abzuziehen. In wenigen Tagen gelingt es dem englischen Expeditionskorps, rund 338.000 Mann in die Heimat zurückzuholen.

Das französische Heer wird überrascht und geschlagen. Die Deutschen durchstoßen die französische Verteidigungslinie zwischen Aisne und Somme im Süden, umgehen die Maginotlinie und besetzen am 14. Juni Paris.

Am 22. unterzeichnet Marschall Pétain einen Waffenstillstand. Der erfolgreiche »Blitzkrieg« hat die Welt in Erstaunen versetzt.

STREITKRÄFTE

▶ ALLIIERTE	
NIEDERLANDE	10 DIVISIONEN
BELGIEN	22 DIV.
BRITISCHES EXPEDITIONSKORPS	10 DIV.
FRANKREICH	104 DIV.
FLUGZEUGE	3000
PANZER	3380

▶ DEUTSCHE	
DIVISIONEN	135
FLUGZEUGE	4000
PANZER	2445

England

1940

Nach der Besetzung Frankreichs plant Hitler den Überfall auf Großbritannien, das seinen Expansionsabsichten im Wege steht. Der Invasion geht ein Luftkrieg voraus, der einige Monate dauert und die Deutschen zur Aufgabe ihrer Pläne zwingt. Das bombardierte London ist beinahe in die Knie gezwungen, doch England wird gerettet.

Oben rechts: eine englische »Spitfire«. Unten: ein deutscher »Stuka«.

- Radarstationen mit geringer Reichweite
- Radarstationen mit großer Reichweite
- Bombardierte Städte

Deutsche Luftwaffenstützpunkte:
- Bomber
- »Stukas«
- Jäger

Nach dem französischen Zusammenbruch ist Hitler mit der Wahl zwischen zwei sehr verschiedenen Strategien konfrontiert: den Krieg mit Großbritannien bis zum Einmarsch in das Land fortzuführen, oder deutschen Lebensraum im Osten auf Kosten der Sowjetunion zu erobern.

Der Plan zur Invasion in Großbritannien (Unternehmen »Seelöwe«) sieht die Landung der Deutschen auf britischem Boden vor, was aber nur dann möglich wird, wenn die Vorherrschaft über den Luftraum gewonnen ist.

Am 2. Juli 1940 erteilt Hitler den Befehl, die Landung vorzubereiten. Der deutsche Generalstab kann mit 3000 Kampfflugzeugen (gegen rund 700 Jagdflugzeuge der Royal Air Force) auf seine Überlegenheit rechnen und plant britische Häfen, Flughäfen und Industrieanlagen zu bombardieren, um schließlich mit 20 Divisionen ins Land einzufallen.

Zwischen 13. August und 17. September findet eine regelrechte Schlacht um England statt. Flugzeuge der Typen »Hurricane« und »Spitfire« bekämpfen die »Messerschmitt Bf 109«-Staffeln, die Verluste sind auf beiden Seiten hoch.

Danach folgen die Bombardements von London, der Radaranlagen und der Industrie, doch der Luftwaffe gelingt es nicht, die Lufthoheit zu gewinnen. Dem deutschen Kommando wird klar, dass es unmöglich ist, die RAF zu bezwingen und in Großbritannien einzumarschieren.

Doch der strategische Fehlschlag bremst Hitler nicht, der in dieser Phase den Übergang zu Terrorbombardements anordnet. Die deutsche Luftwaffe richtet bis zur Mitte des Jahres 1941 große Schäden in britischen Städten an. Auf London hageln bereits seit 7. September Bomben, doch das Symbol für die deutschen Bombenangriffe ist Coventry, das am 14. November 1940 dem Erdboden gleichgemacht wird. Hitler ist jedoch gezwungen, sich ein anderes Ziel zu suchen und bereitet sich daher auf den Einmarsch in die Sowjetunion vor.

WAFFEN

Robert Watson-Watt, der Erfinder des Radars.

DER EINSATZ DES RADARS

Nicht nur, dass die »Spitfire« der »Messerschmitt Bf 109« überlegen ist, hilft auch eine 1935 von Robert A. Watson-Watt gemachte Erfindung Großbritannien die Schlacht um England zu gewinnen: das Radar. Dank dieser Einrichtung können sich nähernde Schiffe und Flugzeuge ausgemacht werden. Das erlaubt es den Abfangjägern bis zum letzten Moment am Stützpunkt zu verbleiben, viel Treibstoff zu sparen und anschließend präzise auf ihre Ziele zuzufliegen. Das Radar spielt auch bei den Flächenbombardements in Deutschland bei Tag und bei Nacht eine wesentliche Rolle. Schließlich und endlich hilft das Radar auch im U-Boot-Krieg, durch das die deutschen U 2 bald grenzenlos operieren und wahllos Kriegs- und Zivilschiffe angreifen können.

STREITKRÄFTE

▶ BRITEN	
ALLIIERTES PERSONAL	2947
ABFANGJÄGER	600–700*
VERLUSTE	
ABGESCHOSSENE FLUGZEUGE	1547
GEFALLENE PILOTEN	498
GETÖTETE ZIVILISTEN	32.138
▶ DEUTSCHE	
FLUGZEUGE	2830
VERLUSTE	
ABGESCHOSSENE FLUGZEUGE	1887

* ZU BEGINN DER SCHLACHT

Moskau

Vom Angriff der Wehrmacht im Juni 1941 überrascht, stoppen die Russen mit einer enormen Anzahl an Streitkräften (und der Mobilisierung der Einwohnerschaft) die deutsche Offensive vor den Toren Moskaus.

1941

Der scheinbar unaufhaltsame Vormarsch der deutschen Truppen in der Sowjetunion verzeichnet mit Einbruch des Winters erste Rückschläge. Knapp vor Moskau muss Hitler, von der Kälte und der heftigen Reaktion der Roten Armee überrascht, zurückweichen und seine Pläne zur Abrechnung mit Stalin aufgeben.

Ein deutscher und ein sowjetischer Soldat in ihren Winteruniformen. Hitlers Optimismus nährt sich an den außergewöhnlichen anfänglichen Erfolgen des Unternehmens »Barbarossa«: in 11 Tagen werden 290.000 Russen gefangen genommen.

Der Krieg im Osten hat für Hitler und den Nationalsozialismus nicht nur militärische Bedeutung, sondern auch politische und demografische: »Lebensraum« für die »arische Rasse«, den man dem bolschewistischen Feind, den Slawen und Juden rauben will. Aus diesen Motiven wird der nationalsozialistische Krieg, jener der SS und der Wehrmacht, zu einer brutalen Barbarei, die jedoch das strategische Ziel, die Eroberung der UdSSR, verfehlt.

Nach dem Scheitern der Invasion in Großbritannien lenkt Hitler seine Aufmerksamkeit nach Osten. Der im August zwischen Deutschland und der Sowjetunion geschlossene Nichtangriffspakt (Ribbentrop-Molotow-Pakt) hat für beide Länder instrumentelle Bedeutung: er dient zu nichts anderem, als einen Krieg hinauszuzögern, den Hitler bereits 1925 in *Mein Kampf* angekündigt hat.

Am Morgen des 22. Juni 1941 beginnt die Invasion (Unternehmen »Barbarossa«): Hitler schickt 3.600.000 Mann, 3600 Panzer, 7200 Artilleriegeschütze und rund 2700 Flugzeuge. In den ersten Tagen belaufen sich die russischen Verluste auf hunderttausende Männer, tausende Panzer und hunderte Flugzeuge. Gebiete, so groß wie europäische Staaten, werden nicht angegriffen, sondern lückenlos eingekesselt.

Im September findet der deutsche Vormarsch eine ideale Linie entlang des Ladogasees auf der Krim.

STREITKRÄFTE

DEUTSCHE ÜBERLEGENHEIT

▶ DEUTSCHE

PANZERDIVISIONEN	14
MOTORISIERTE DIVISIONEN	8
INFANTERIEDIVISIONEN	44

▶ SOWJETS

UNGEFÄHR DIE HÄLFTE DER DEUTSCHEN STREITKRÄFTE*

* VOR DER SOWJETISCHEN OFFENSIVE VOM 5. UND 6. DEZEMBER

An den Schauplätzen, wo bereits die Ambitionen Napoleons tragisch scheiterten, versetzen die klimatischen Bedingungen der gefeierten deutschen Kriegsmaschine einen schweren Schlag.

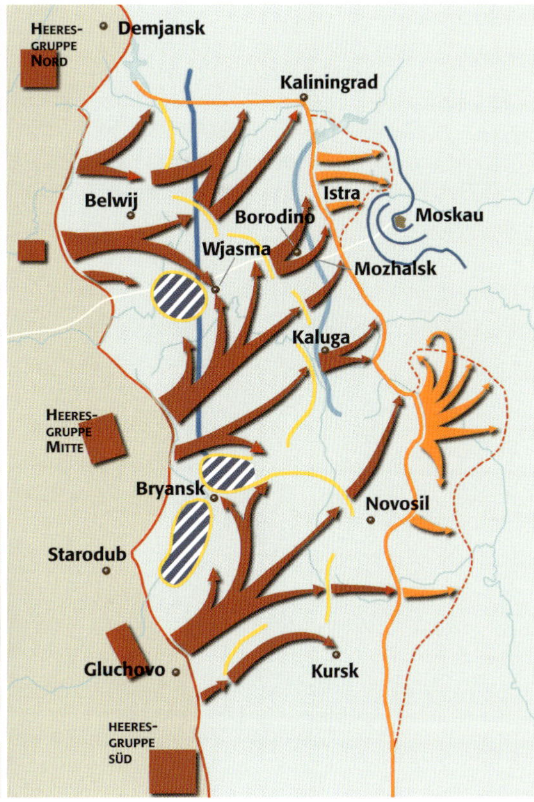

Truppen der Roten Armee kämpfen in der Nähe der Hauptstadt.

Rechts außen: die Militärakademie in Moskau auf einem Foto zu Beginn des Winters von 1941.

Deutsche

Offensive

30. 9.–30. 10.

15. 11.–5. 12.

Front des Vormarsches

30. 9.

10. 10.

30. 10.–15. 11.

5. 12.

Sowjets

Verteidigungslinien

Wjasma

Mozhalsk

Moskau

Eingeschlossene deutsche Einheiten

Moskau liegt theoretisch einige Stunden Panzerfahrt entfernt. Doch nach dem Willen Hitlers darf die Hauptstadt erst nach Abschluss der Belagerung von Kiew auf der Krim angegriffen werden.

Im Unternehmen »Taifun« wird die Eroberung Moskaus punktgenau festgelegt. Trotz der verheerenden Sümpfe, die durch die ersten Regenfälle verursacht wurden und den Vormarsch bremsen, startet die für August geplante Aktion am 30. September mit dem Angriff der Truppen von Generalfeldmarschall Fedor von Bock.

Im Unterschied zu 1812 – als die Einwohner Moskaus nach der Taktik der »verbrannten Erde« Napoleon in eine verlassene und unwirtliche Stadt einziehen ließen – will Stalin die Stadt schützen und betraut General Georgij Schukow mit deren Verteidigung. Während Hitler entscheidet, dass die Stadt eingekesselt werden muss (und nicht frontal angegriffen), ermöglicht eine unvorhergesehene und vorübergehende Unterbrechung der deutschen Offensive Ende Oktober den Sowjets sich neu zu organisieren und rund 80 Divisionen zur Verteidigung Moskaus abzustellen, die zum großen Teil aus Sibirien und aus der Stadt selbst stammen.

Zwischen 15. und 27. November kommen die Deutschen auf etwa 30 km an die Hauptstadt heran, jedoch nicht näher. Sie haben es nun mit der polaren Kälte zu tun und am 5. Dezember beschließt das deutsche Kommando, sich in die Stadt Istra zurückzuziehen, um zur Defensive zu schreiten. Doch genau am 5. und 6. startet das sowjetische Oberkommando mit verschiedenen Heeresteilen eine gewaltige Gegenoffensive, die die Deutschen zu einem hastigen Rückzug zwingt.

Am 30. sind die Invasoren um 200 km zurückgedrängt und die Verteidigung Moskaus ist wieder hergestellt. Die Gelegenheit, die Stadt einzunehmen, ist endgültig vorbei. Stalin ist überzeugt, dass die Offensive fortgesetzt werden kann – Schukow zieht es hingegen vor, den Schwung der Gegenoffensive nicht zu verlieren und seine Kräfte zu zerstreuen. Am 7. Jänner führt die Rote Armee eine Reihe von Angriffen durch, die jedoch nicht den gewünschten Effekt haben. Die Deutschen formieren sich neu und halten ihre Stellungen, obwohl ihnen nun auch russische Partisanen zusetzen.

Pearl Harbor

1941

Ein Überraschungsangriff aus der Luft, wie er vorher noch nie da gewesen war, setzt die amerikanische Flotte im Pazifik außer Gefecht. Nie zuvor hat eine völlig autonom agierende Task Force *eine derartige Aktion zustande gebracht. Dennoch ist diese strategische Meisterleistung unvollendet und hat weit reichende Konsequenzen für das Reich der aufgehenden Sonne.*

Im Jahr 1941 tobt der Zweite Weltkrieg in beinahe ganz Europa, in Teilen Afrikas und im Atlantik. Im Pazifischen Ozean verfolgt Japan bereits seit geraumer Zeit eine imperialistische Politik, die 1932 mit dem Einmarsch in die Mandschurei und der Gründung des Phantomstaates Mandschukuo begann. Japans Interessen umfassen weiters Indochina, Ostindien und vor allem China, das bereits durch interne Konflikte zwischen den Nationalisten Chiang Kai-cheks und der chinesischen Kommunistischen Partei zerrissen wird.

Die Spannungen zwischen Japan und den Vereinigten Staaten, die wichtige Militärstützpunkte und geopolitische Interessen in diesem Gebiet haben, sind bisher noch nicht mit Waffen ausgetragen worden. Doch die 1941 aufgenommenen intensiven diplomatischen Verhandlungen zwischen beiden Ländern münden in totaler Uneinigkeit über die Wiederherstellung des *Status Quo* im Pazifik. Die Vereinigten Staaten sind nicht bereit, auf das Gleichheitsprinzip zwischen den Nationen im Rahmen der Bestimmungen, die den internationalen Handel regulieren (das so genannte Prinzip der »freien Häfen«), zu verzichten.

Um seinem Standpunkt weiteres Gewicht zu verleihen, schließt Japan 1940 mit Deutschland und Italien den Dreimächtepakt, in dem nicht nur die Vorherrschaft Deutschlands und Italiens in Europa sowie Japans in Asien anerkannt wird, sondern die Vertragspartner auch dazu verpflichtet, sich im Falle eines Angriffs durch eine nicht Krieg führende Macht gegenseitig zu unterstützen.

HINTERGRÜNDE

DIE HAUPTZIELE DES ÜBERRASCHUNGSANGRIFFS*

* Auf der Geländedarstellung ist der Schlepper *Sotoyomo* nicht zu sehen, der ebenfalls getroffen wurde

Arizona getroffene und/oder versenkte Schiffe

Der von mehreren Torpedos getroffene Panzerkreuzer *California* wird noch während des Angriffs evakuiert. Dahinter, in Rauch eingehüllt, sinkt die *Oklahoma.*

Die ausgedehnte Deutung dieses Paktes lässt letztendlich den Konflikt zwischen Japan und den USA in den Zweiten Weltkrieg einfließen.

Mit dem Angriff auf den amerikanischen Flotten- und Luftwaffenstützpunkt Pearl Harbor auf den Hawaii-Inseln beabsichtigt Tokio, die amerikanische Luftüberlegenheit zu zerstören und in ganz Asien freie Hand zu haben.

➤ DIE JAPANISCHE FLOTTE STEUERT AUF HAWAII ZU

Am 26. November 1941 bricht eine Schiffsflotte des Reiches der aufgehenden Sonne von der Insel Curili auf und nimmt Kurs auf Hawaii, sechs Flugzeugträger (*Akaji, Kaga, Hiryu, Soryu, Shokatu*

WAFFEN

DER TOD KOMMT AUS DER LUFT

Drei japanische Flugzeugtypen spielen bei dem Angriff die Hauptrollen: das Torpedoflugzeug Nakajima »Kate« B2N2, der Sturzkampfbomber Aichi »Val« D3A1 und das Jagdflugzeug Mitsubishi »Zero« A6M2.

»KATE«

Besatzung: 3 • *Höchstgeschwindigkeit:* 378 km/h • *Reichweite:* 980 km • *Bewaffnung:* 1 7,7-mm-Maschinengewehr hinten im Cockpit sowie eine außen angebrachte Bombe oder ein Torpedo (maximal 800 kg).

»VAL«

Besatzung: 2 • *Höchstgeschwindigkeit:* 430 km/h • *Reichweite:* 1352 km • *Bewaffnung:* 2 7,7-mm-Maschinengewehre vorne, 1 mobiles Maschinengewehr im Cockpit, 1 250-kg-Bombe unter dem Rumpf und 2 60-kg-Bomben unter den Flügeln.

»ZERO«

Besatzung: 1 • *Höchstgeschwindigkeit:* 564 km/h (sie kann in 7 Minuten 20 Sekunden eine Höhe von 6000 m erreichen) • *Reichweite:* 1500 km • *Bewaffnung:* 2 20-mm-Kanonen 2 7,7-mm-Maschinengewehre und die Möglichkeit, zwei 60-kg-Bomben mitzuführen.

STREITKRÄFTE

ÜBERLEGENE, ABER WEHRLOSE AMERIKANER

▶ AMERIKANER

SCHIFFE IM HAFEN	143
FLUGZEUGE AUF DER INSEL	394
VERLUSTE	
VERWUNDETE	1178
GEFALLENE	2403
VERSENKTE UND/ODER BESCHÄDIGTE SCHIFFE	23

▶ JAPANER

SCHIFFE	27
U-BOOTE	30
FLUGZEUGE	423
AM ÜBERFALL BETEILIGTE FLUGZEUGE	356
VERLUSTE	
GEFALLENE	64
GEFANGENE	1
FLUGZEUGE	29
U-BOOTE	5

Pearl Harbor 1941

Ford Island
Das Inselchen (914 x 828 m) dient den Amerikanern als Flotten- und Luftwaffenstützpunkt. Kommandant der Basis ist James M. Shoemaker, der für den 6. Dezember eine Übung anordnet, bei der ein Angriff von Hawaiianern mit japanischen Wurzeln angenommen wird.

7.55 Uhr: erste Angriffswelle

9 Uhr: zweite Angriffswelle

Der Luftangriff auf Pearl Harbor

- »Kates« mit Perforationsbomben
- »Val«-Bomber
- »Kates« mit Torpedos
- »Zero«-Jagdflugzeuge
- Amerikanische Luftbasen

Der Panzerkreuzer Arizona
Der Kommandeur der 1. Panzerkreuzerdivision, Isaac Campell Kidd, und der Befehlshaber der *Arizona,* Franklin Van Vakenburg, kommen bei den Explosionen ums Leben, die das Schiff zerstören. Der sinkende Kreuzer zerstört die Wasserleitung der Insel und erschwert so das Löschen der Brände.

Das Jagdflugzeug »Zero«
Erprobt wurde es erstmals in China (Juli 1940). General Claire Chennault, Kommandeur der »fliegenden Tiger« und des 15. Geschwaders, informiert das amerikanische Oberkommando über das neue japanische Flugzeug, doch die Geheimdienste der Alliierten ignorieren die Meldung.

6 Uhr 189 Kampfflugzeuge heben von den japanischen Flugzeugträgern ab • **7.15 Uhr** Weitere 167 Flieger starten von japanischen Flugzeugträgern • **7.20 Uhr** Die Radarstation in Opana macht viele sich nähernde Flugzeuge aus, hält sie aber (irrtümlich) für amerikanische B 17, wie in einer vertraulichen Meldung angekündigt • **7.55 Uhr** Pearl Harbor wird aus Nordwesten von der ersten Angriffswelle der japanischen Flieger erfasst • **8.10 Uhr** Der Panzerkreuzer *Arizona* explodiert • **8.17 Uhr** In der Hafeneinfahrt liefern sich der Torpedobootzerstörer *Helm* und ein japanische U-Boot, das abtauchen kann, ein Gefecht • **8.54** Aus Nordosten startet die zweite Angriffswelle • **10 Uhr** Ende des japanischen Angriffs • **10.05 Uhr** Der Gouverneur von Hawaii ruft den Notstand aus • **12.10 Uhr** Amerikanische Flugzeuge heben vergebens zur Suche nach dem bereits weit entfernten Feind ab • **12.30 Uhr** In Honolulu überfällt die amerikanische Polizei die Botschaft Japans und dringt in das Gebäude ein, in dem das diplomatische Personal gerade dabei ist, Dokumente zu vernichten.

Pearl Harbor 1941

und *Zuikaku*) gehören dem Verband an. 423 Jagd-, Bomben- und Torpedoflugzeuge werden eingeschifft und mit einem Geleitzug aus zwei Schlachtkreuzern, zwei schweren Kreuzern, neun Torpedobootzerstörern, drei U-Booten und acht Tankschiffen zur Betankung der Flugzeugträger losgeschickt. Darüber hinaus befinden sich bereits 27 U-Boote vor Oahu, der Hauptinsel Hawaiis, wo der Stützpunkt Pearl Harbor liegt. Dort sind zwei Divisionen Infanterie, über 300 Flugzeuge stationiert und es ist der Standort der amerikanischen Pazifikflotte. Es handelt sich um acht Panzerkreuzer und drei Flugzeugträger sowie dutzende kleinere und Hilfsschiffe.

Das Schiffsgeschwader zu zerstören ist das Ziel der von Vizeadmiral Chuichi Nagumo angeführten japanischen Formation. Obwohl die amerikanischen Flugzeugträger nicht im Hafen liegen, entscheidet sich Tokio zum Angriff.

Der Panzerkreuzer Maryland *wird durch zwei Bomben schwer beschädigt, die den Bug und einige Magazine treffen. Die Explosionen verursachen verschiedene Lecks.*

Der Panzerkreuzer *Tennessee* wird durch einen Blindgänger schwer beschädigt. Eine andere Bombe trifft eine 14-Zoll-Kanone im Heck. Die Hitze der nahen, brennenden *Arizona* lässt ihren Stahl schmelzen und setzt den Anstrich der zweiten Brücke in Brand.

Der Panzerkreuzer *Arizona* sinkt um 8.05 Uhr. Er wurde von einigen Torpedos und Bomben getroffen, wodurch das Munitionslager explodiert. 450 Tonnen Schießpulver zerreißen das Schiff in zwei Teile und reißen 1177 Mann Besatzung mit in den Tod.

Der Panzerkreuzer *Oklahoma* ist nach Einschlägen von mindestens drei von japanischen Flugzeugen abgeschossenen Torpedos gekentert.

Der Panzerkreuzer *West Virginia* wird von zwei Bomben und sieben Torpedos getroffen. Dabei kommen 106 Matrosen der Besatzung ums Leben.

➤ PEARL HARBOR WIRD BOMBARDIERT

Die Kriegserklärung wird erst 20 Minuten vor dem geplanten Start des Angriffs unterzeichnet. Die Amerikaner werden vor allem durch die Wahl des Angriffsziels überrascht. Das relativ Polemische an der Situation ist, dass der Präsident der USA, Roosevelt, Kenntnis von den Plänen der Japaner hatte, aber nichts zur Vorbeugung unternimmt, was noch heute für Diskussionsstoff sorgt, wenn über dieses Ereignis berichtet wird.

Um 6 Uhr heben 189 einmotorige Maschinen unter dem Kommando von Fregattenkapitän Mitsuo Fuchida von den Flugzeugträgern ab: 45 »Zero«-Jagdflieger, 54 »Val«-Sturzkampfbomber, 40 »Kate«-Torpedoflugzeuge und 50 »Kates« mit Bomben für den Abwurf aus der Luft.

Um 7.55 taucht die Formation überraschend über den großen, vor Anker liegenden Schiffen auf. Die Ersten, die angreifen, sind die Torpedoflugzeuge, die gezwungen sind, über der Wasseroberfläche zu fliegen und für die beste Sicht nicht von Rauch behindert werden dürfen. Zur gleichen Zeit empfängt der Oberkommandierende der japanischen Marine, Admiral Isoroku Yamamoto, die sehnlich erwartete Nachricht »Tora, tora, tora« (Tiger, Tiger, Tiger!, was so viel heißt wie »Überraschung gelungen«).

Die Torpedos treffen die Panzerkreuzer, die anschließend die Bomben der in der Manier der deutschen Stukas im Sturzflug angreifenden »Vals« abbekommen. Auch die »Kates« (Fuchida selbst ist an Bord einer), die sich im Horizontalflug halten müssen, werfen ihre Bomben ab. Die »Zeros« und einige »Kates« nehmen die auf Ford Island und auf den

Oben: die Panzerkreuzer *Oklahoma, Maryland, West Virginia, Tennessee* und *Arizona* kurz nach dem Angriff. Die vor Ford Island in der Nähe der Treibstofflager vor Anker liegenden Schiffe werden bei dem Luftangriff mit vernichtender Präzision attackiert.

INTERNET
- plasma.nationalgeographic.com/pearlharbor
- www.navsource.org/Naval/
- www.essentialpearlharbor.com/
- www.history.navy.mil/photos/events/wwii-pac/pearlhbr/pearlhbr.htm

Pisten im Umland stationierten Flugzeuge ins Visier.

Zu spät und mit spärlichem Erfolg reagiert die amerikanische Luftabwehrartillerie.

Um 8.40 Uhr fliegen die japanischen Flugzeuge die zweite Angriffswelle. Es sind 167 und diesmal sind keine Torpedoflugzeuge dabei, aber 54 Bomber des Typs »Kate«, 78 »Val« und 35 »Zero«, die sich auf Flughäfen und militärische Einrichtungen konzentrieren. In den amerikanischen Basen offenbart sich die Katastrophe in all ihrer gewaltigen Schwere: der Panzerkreuzer *Arizona* ist explodiert, die *Oklahoma* gekentert, die *West Virginia* und die *California* sind zur Hälfte im Schlamm des Hafens versunken. Weitere vier Schiffe, die *Pennsylvania,* die *Tennessee,* die *Maryland* und die *Nevada,* sind schwer beschädigt. Auch die *Utah*, ein Zielschiff, wurde versenkt. Auf den Flughäfen wurden 188 Flugzeuge zerstört, 159 beschädigt. Man zählt 2403 Gefallene (davon 68 Zivilisten) und 1178 Verwundete (35 Zivilisten).

Die Verluste auf Seiten der Japaner sind hingegen gering: 29 abgeschossene Flugzeuge, 55 gefallene Piloten, neun tote Besatzungsmitglieder der fünf Taschen-U-Boote, die beim Versuch, in den Stützpunkt einzudringen, gesunken sind, und ein einziger Gefangener.

➤ DER UNERWARTETE SIEG NIPPONS

Die Bedeutung des Überfalls liegt weniger in den getroffenen oder verfehlten Zielen, sondern vielmehr im Umfang und der Reichweite der Operation: eine unabhängige *Task Force* legt eine Strecke von rund 7000 km zurück und schließt die Mission mit einem massiven Luftangriff ab. Etwas Ähnliches ist nie zuvor unternommen worden.

Trotz dieser japanischen »Innovation« sind den Strategen Nippons einige Fehler unterlaufen: man versucht nicht, die Flugzeugträger (*Enterprise, Saratoga* und *Lexington,* die sich am Tag des Angriffs nicht im Hafen befinden) zu finden und zu versenken. Die U-Boote und die Infrastruktur bleiben intakt oder erleiden reparierbare Schäden, wie z. B. die Treibstoffdepots, die nahe am Hafen von Oahu liegen und deren Zerstörung die amerikanische Pazifikflotte für lange Zeit außer Gefecht gesetzt hätte. Darüber hinaus ist die Landung auf der Insel nicht vorgesehen, wodurch man einen vorgeschobenen Brückenkopf errichten hätte können, was den amerikanischen Gegenschlag behindert hätte, der im Verlauf einiger Monate erfolgt und die Entwicklung des Konflikts verändert.

Wie schwer der Verzicht auf die Zerstörung der Flugzeugträger wiegt, sieht man wenige Monate später im großen Luftkampf um Midway (3.–7. Juni 1942) und im weiteren Verlauf des Krieges.

Die Überraschungsstrategie der Japaner in Pearl Harbor hat noch weitere Konsequenzen: Die Beschäftigung der Amerikaner mit der Dechiffrierung der verschlüsselten japanischen Mitteilungen wird immer intensiver und effizienter. Andere, entschieden wichtigere, haben politischen Charakter: Die Regierung in Washington verkauft der Bevölkerung die Niederlage von Pearl Harbor als Herausforderung, als zu tilgende Schmach und die USA treten nicht nur an der europäischen Front, sondern auch im Westen, im Pazifik in einen totalen Krieg. So tritt eine Weltmacht nach allen Kriterien in Erscheinung.

Von oben: Admiral Husband Kimmel, der Oberkommandierende der amerikanischen Pazifikflotte. Der General des Armeekorps Walter Short, Kommandeur der Bodentruppen in Hawaii, und General Hideki Tojo, Mastermind hinter dem Angriff auf Pearl Harbor.

Links: der Flughafen von Pearl Harbor nach dem japanischen Bombardement.

Midway

1942

In Unkenntnis, dass der amerikanische Geheimdienst jene Informationen entschlüsselt hat, die den Angriff auf die Basis in Midway ankündigen, attackieren die Japaner mit einer beeindruckenden Flotte, um sich die Kontrolle über den Pazifik endgültig zu sichern. Die Operation schlägt nicht nur fehl, sondern gilt auch als Wendepunkt für den Ausgang des Krieges.

Seit dem Angriff auf Pearl Harbor haben die japanischen Streitkräfte weitere Eroberungen im Pazifik gemacht und ihr Einflussgebiet vergrößert. Die militärische Planung setzt auf die Koordination von Flugzeugen und Schiffen. Wegen der Schwierigkeiten am pazifischen Kriegsschauplatz haben die amerikanischen Gegner und die wenigen noch in diesem Gebiet verbliebenen Briten ein System zum Abfangen und Entschlüsseln von Nachrichten entwickelt. Es funktioniert so gut, dass die amerikanischen Streitkräfte einen Großteil der auf Flugzeugträgern untergebrachten Flieger kontrollieren und besiegen können.

Midway bedeutet einen Wendepunkt im Pazifikkrieg, so wie El Alamein in Nordafrika oder Stalingrad und Kursk in Europa. Zum ersten Mal weichen die Achsenmächte vor der Front der internationalen Allianz zurück.

HINTERGRÜNDE

MIDWAY: DIE SCHLACHT VOM 4. JUNI

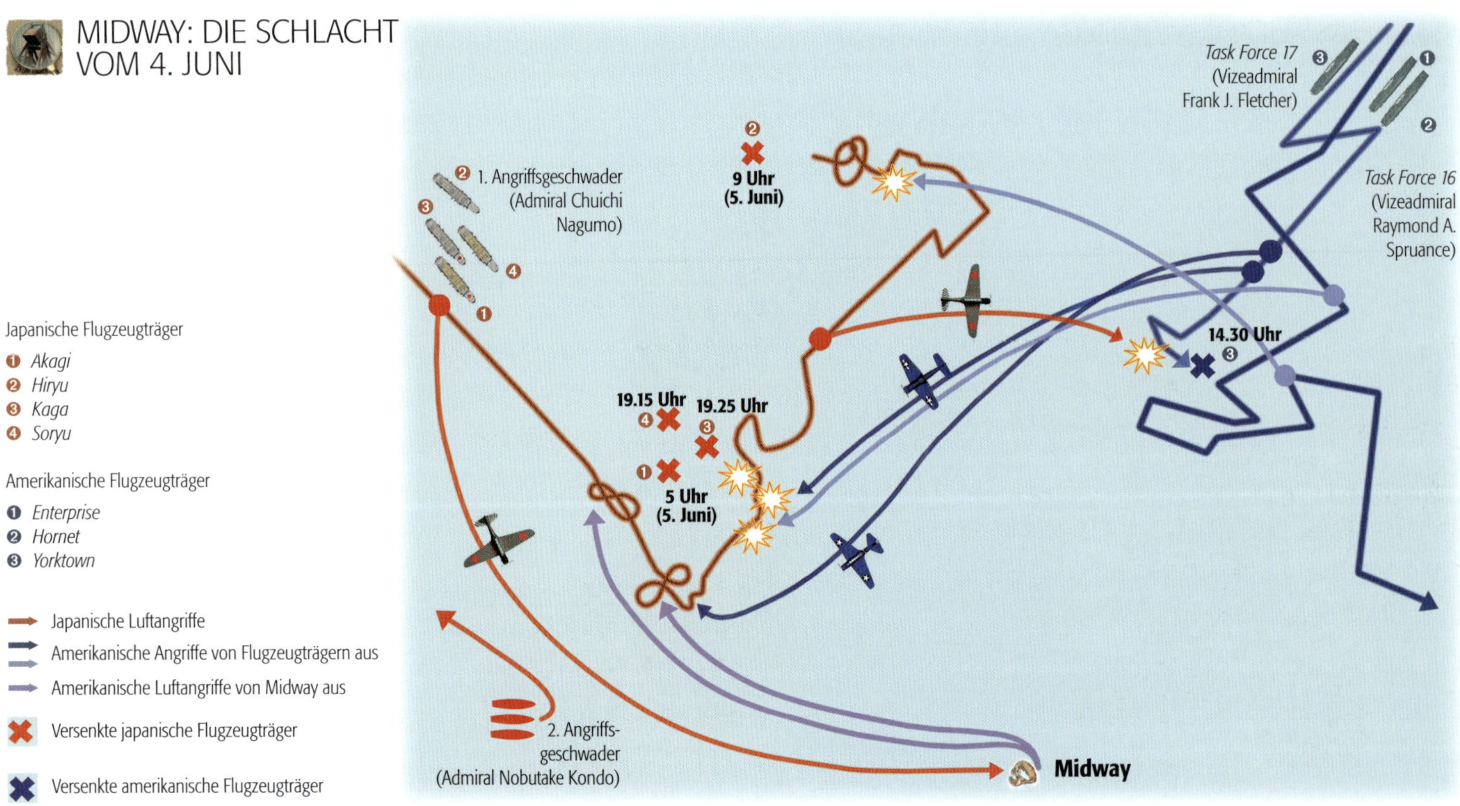

Das blieb von der *Mogami* übrig. Sie wurde bei Midway von amerikanischen Flugzeugen außer Gefecht gesetzt, konnte sich jedoch über Wasser halten. Später wurde der Panzerkreuzer als Kreuzer-Flugzeugträger wieder aufgebaut.

➤ VERSCHLÜSSELTE NACHRICHTEN VOR DEM ANGRIFF

Die Japaner, die von Indochina nach Malakka vorgedrungen sind, haben schon Hongkong, die Philippinen, Niederländisch-Indien und die Salomon-Inseln eingenommen und stoßen jetzt auf das amerikanische Aleuten-Archipel im Norden vor. Im Süden haben es die Japaner auf Neuguinea abgesehen (das auch als Basis für einen späteren Angriff auf Australien dienen soll), dazwischen liegen etwa 1770 km vor Hawaii die Midway-Inseln, wo ein wichtiger Flottenstützpunkt der Amerikaner liegt.

Im April 1942 fängt der Geheimdienst der amerikanischen Marine eine streng geheime feindliche Nachricht ab.

WAFFEN

DAS AUFKOMMEN DER FLUGZEUGTRÄGER

Kurz nach Ausbruch des Zweiten Weltkriegs ermöglichen die Entwicklung der Luftfahrt – die sich immer größerer Bomben und Torpedos bedient – und die Verbesserung der Flugzeugträger auf dem Gebiet der Schifffahrt das Heranreifen eines neuen Kriegskonzepts. Schon im Ersten Weltkrieg fanden Schlachten zwischen Einheiten statt, die sich ohne einander am Horizont sehen zu können, mit großen Kalibern beschießen. Nun kann eine Seeschlacht, oder besser gesagt eine Ozeanschlacht zwischen Flotten erfolgen, die hunderte von Seemeilen auseinander liegen. Die Luftwaffe kann wirksam eingreifen, es genügt eine Hand voll mit Bomben oder Torpedos bestückte Flugzeuge, die an Land oder auf Flugzeugträgen stationiert sind. Die Schiffe, die mit Kanonen, die ein Kaliber von 400 mm oder darüber sowie eine Reichweite von 40 km erreichen, verlieren nach und nach an Bedeutung. Der Angriff auf Pearl Harbor hat dies aufgezeigt, noch deutlicher erkennt man es an der Versenkung der englischen Panzerkreuzer *Prince of Wales* und *Repulse.* Sie wurden von zweimotorigen japanischen Bombern und Torpedoflugzeugen, die in Indochina aufstiegen, zerstört. Die erste wirkliche Schlacht »auf Distanz«, die ausschließlich aus Angriffen einmotoriger Flieger von Flugzeugträgern aus besteht, wird die Schlacht im Korallenmeer am 8. Mai 1942 sein.

Rechts: der amerikanische Flugzeugträger Lexington.

STREITKRÄFTE

JAPANISCHE ÜBERLEGENHEIT

▶ AMERIKANER

FLUGZEUGTRÄGER	3
KREUZER	8
TORPEDOBOOTZERSTÖRER	15
EINGESCHIFFTE FLUGZEUGE	233
AUF DEN MIDWAY-INSELN STATIONIERTE FLUGZEUGE	140
U-BOOTE	19
VERLUSTE	
GEFALLENE	307
FLUGZEUGTRÄGER	1
TORPEDOBOOTZERSTÖRER	1
FLUGZEUGE	147

▶ JAPANER

FLUGZEUGTRÄGER	4
LEICHTE FLUGZEUGTRÄGER	1
EINGESCHIFFTE FLUGZEUGE	433
PANZERKREUZER	9
KREUZER	14
TORPEDOBOOTZERSTÖRER	32
VERLUSTE	
GEFALLENE	2005
FLUGZEUGTRÄGER	4
KREUZER	1
FLUGZEUGE	332

Midway 1942

Kaga* und *Akagi
Das sind die beiden größten der vier bei Midway versenkten Flugzeugträger. Sie kommen auf 38.200 bzw. 36.500 BRT (die *Soryu* hat 18.800 und die *Hiryu* 17.300 BRT). Bei Midway haben alle 63 Flugzeuge an Bord mit Ausnahme der *Kaga*, die 72 transportiert (sie kann bis zu 90 aufnehmen).

Das Midway-Atoll

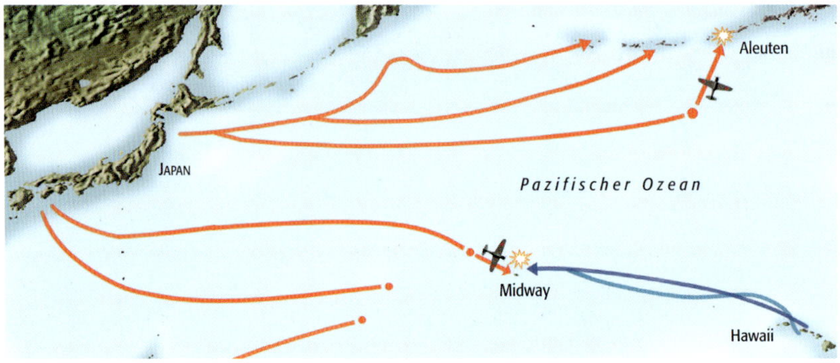

Der japanische Angriff Richtung Osten

Die Hauptphasen der Schlacht um Midway

- Amerikaner
- Japaner

Die Hauptdarsteller
Alle vier Flugzeugträger Nagumos wurden durch den Einsatz der Douglas SBD-3 »Dauntless« versenkt. Dieses Jagdflugzeug verfügt über vier Browning-Maschinengewehre: zwei automatische mit 12,7 mm in der Nase und zwei händisch bediente mit 7,62 mm hinten im Cockpit. Unter dem Rumpf befördert die Maschine eine 454- oder 227-kg-Bombe, unter den Flügeln zwei zu 114 oder zwei zu 57 kg. Sie erreicht eine Höchstgeschwindigkeit von 405 km/h.

1941 (10. Dezember) Japanische Flugzeuge versenken die englischen Schiffe *Repulse* und *Prince of Wales;* **(11. Dezember)** Italien und Deutschland erklären den USA den Krieg; **(25. Dezember)** die Briten kapitulieren in Hongkong • **1942 (Jänner)** Beginn der amerikanischen U-Boot-Krieg-Strategie im Atlantik; **(15. Februar)** Singapur, die britische Garnison, kapituliert; **(27./28. Februar)** Schlacht in der Javasee; **(5.–9. April)** japanische Offensive im Golf von Bengalen; **(18. April)** Unternehmen »Doolittle«, amerikanischer Angriff auf Tokio; **(7./8. Mai)** Schlacht im Korallenmeer; **(4.–7. Juni)** Schlacht um Midway; **(Juli)** Ende des amerikanischen U-Boot-Kriegs im Atlantik und in der Karibik; **(22.–25. August)** Schlacht bei den Salomon-Inseln; **(7. September)** die Amerikaner landen in Guadalcanal.

Midway 1942

Die *Yorktown* hat wie die *Hornet* und die *Enterprise* eine Tonnage von 18.800 BRT und transportiert 85 bis 100 Flugzeuge. Nach dem Plan hätte sie hinter den anderen beiden zurückbleiben sollen, weil Fletcher nicht alle Flugzeuge in die Schlacht schicken möchte.

Von Jagdfliegern eskortierte Sturzkampfbomber heben in zwei Angriffswellen um 10.58 und 13.31 Uhr von der *Hiryu* ab und greifen die *Yorktown* an, obwohl die Flugzeuge der Task Force 16 eingreifen. Den Todesstoß erhält sie durch einen Torpedo des japanischen U-Bootes *I-168*.

Ein amerikanischer Torpedobootjäger nähert sich, um die Besatzung der *Yorktown* zu retten.

Admiral Isoroku Yamamoto (der Oberbefehlshaber der japanischen Flotte) ist bereit, erneut gegen die Vereinigten Staaten loszuschlagen. Das Ziel ist geheim: sein Codename ist »AF«.

Nach Meinung des Admirals Chester Nimitz, dem Kommandanten der amerikanischen Pazifikflotte, bedeutet »AF« den Stützpunkt auf den Midway Islands (1700 km westlich von Hawaii). Um seine Hypothese zu bestätigen, setzt er über Funk eine Falschmeldung ab. Von Midway aus wird dem Kommando in Pearl Harbor die Meldung zugespielt, die Entsalzungsanlagen der Wasserversorgung des Stützpunktes seien außer Betrieb und die Süßwasservorräte seien beinahe erschöpft. Wenige Tage darauf melden die Japaner, dass »AF« an Wassermangel leide.

➤ DER ANGRIFF YAMAMOTOS UND NIMITZ' VERTEIDIGUNG

Der Angriff auf Midway steht also bevor, obwohl die Japaner um den 7. und 8. Mai ihre erste Niederlage im Pazifik hinnehmen mussten. In der Schlacht im Korallenmeer hat die amerikanische Flotte den Versuch der Japaner, in Neuguinea zu landen, vereitelt. Dabei wurden die Flugzeugträger *Shokaku* und *Zuikaku* außer Gefecht gesetzt.

Der Plan Yamamotos sieht eine Offensive aus drei Richtungen vor: Ende Mai bricht die Flotte von Vizeadmiral Chuichi Nagumo (darunter die Flugzeugträger *Akagi, Kaga, Soryu* und *Hiryu*) von Japan aus Richtung Midway auf. Moshiro Hosogaya dirigiert die 5. Flotte zu den Aleuten. Währenddessen legt im Marianenarchipel die 2. Flotte unter Admiral Nobutake Kondo ab, die die Landung der Truppen auf den Midway-Inseln durchführen soll. Niemitz hat inzwischen – in groben Umrissen, um den Feind keinen Verdacht schöpfen zu lassen – den Stützpunkt auf Midway informiert und zwischen 28. und 30. Mai machen sich das Task Force 16 und das Task Force 17 der Amerikaner von Pearl Harbor aus auf den Weg nach Midway.

Am 3. Juni machen Wasserflugzeuge der amerikanischen Marine rund 760 km vor der Insel die japanische Flotte aus. Die Amerikaner entdecken auch, dass die Flotte Hosogayas Fahrt auf die Aleuten (1500 km im Norden von Midway) macht.

Die Stabilisatoren der »Dauntless«, die eine schnelle Bremsung erlauben, erweisen sich als zuverlässig. Die SBD-3 steigt auf eine Höhe von bis zu 4,5 km, um sich dann im Sturzflug auf die japanischen Schiffe zu werfen.

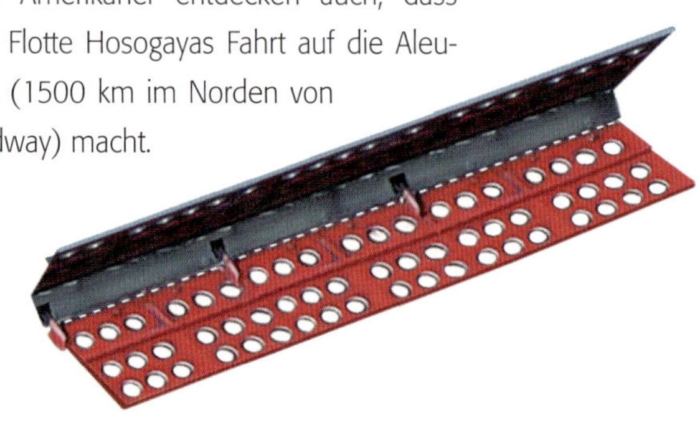

INTERNET
- www.history.navy.mil/photos/events/wwii-pac/midway/midway.htm
- www.nationalgeographic.com/midway/
- digilander.libero.it/shinano/Battaglienavali/midwaypagbase.htm

Die Mannschaft des ersten amerikanischen Flugzeugs, die während eines Aufklärungsfluges die feindliche Flotte mit Kurs auf Midway ausmachte.

Die Admiräle Nimitz und Yamamoto, die Oberbefehlshaber der beiden Flotten.

Nimitz trifft jedoch keine Vorbereitungen, da er überzeugt ist, es handle sich um ein Ablenkungsmanöver, wenngleich er auch bereits am 17. Mai die Nordpazifikflotte zu den Aleuten entsandt hat.

Am 4. Juni um 4.30 Uhr heben mehr als 100 Flugzeuge Richtung Midway ab, wo um 5.56 Fliegeralarm gegeben wird und um 6.30 beginnt der japanische Angriff.

Alle amerikanischen Flugzeuge auf dem Stützpunkt sind zum Kampf gestartet und die Japaner bombardieren daher die Depots und Tanks der Basis, finden jedoch keine Flugzeuge auf den Startbahnen vor. Inzwischen sind jedoch die Flugzeuge der amerikanischen Task Force eingetroffen, um sich in die Schlacht zu werfen.

Um 7.14 Uhr greifen die Streitkräfte von Nimitz mit Torpedoflugzeugen, Bombern und Jägern an, kommen aber kaum an die japanischen Flugzeugträger heran und werden vom massiven Feuer des Feindes zurückgeworfen (die einzigen Einheiten, die keine Verluste erleiden, sind die »Fliegenden Festungen« B 17).

➤ DIE VERHEERENDE NIEDERLAGE DER JAPANER

Der amerikanische Admiral sendet nun 50 Jagdflieger zu einem zweiten Angriff los und Yamamoto ändert den Kurs, um dem Angriff der amerikanischen Flugzeuge auszuweichen. Kaum sind diese im Zielgebiet angekommen, finden sie tatsächlich kein einziges feindliches Schiff vor. Die amerikanischen Jagdflieger drehen Richtung Ausgangspunkt ab, genau in diesem Moment zeigt sich ein japanischer Torpedobootzerstörer mit Kurs auf Norden. Die Flugzeuge folgen dem Schiff und entdecken den Rest der japanischen Flotte, während gleichzeitig ein japanischer Aufklärer die amerikanischen Flugzeugträger ausmacht.

Nagumo, der mit der Landung der Piloten des ersten Angriffs auf die Insel und ihrer Ablösung durch die in den Unterdecks verstauten Flugzeugen Zeit verloren hat, möchte sich von den amerikanischen Flugzeugträgern befreien, von denen er annimmt, dass sie unbeschädigt blieben. Doch genau in dieser heiklen Phase, um 10.22 Uhr, greifen die Sturzkampfbomber Douglas SBD-3 »Dauntless« ein, die den Flugzeugträger *Akagi* erreichen und versenken (das Admiralschiff Nagumos, der das Schiff verlässt und sich an Bord des Kreuzers *Nagara* begibt). Auch die *Soryu* und die *Kaga* werden getroffen. Innerhalb weniger Stunden versinken sie und reißen hunderte Männer und dutzende Flugzeuge mit sich in die Tiefe.

Um 10.50 informiert Nagumo Yamamoto über Funk, dass drei Flugzeugträger getroffen sind. Um 10.58 steigen 36 Bomber und Torpedoflugzeuge von der *Hiryu* auf und greifen zwischen 12 und 13.20 Uhr die *Yorktown* an, die sie versenken.

Um 16.45 sichten die Amerikaner den einzigen noch einsatzfähigen japanischen Flugzeugträger und um 17.05 greifen die Flugzeuge der *Hornet* und der *Enterprise* einige Male die *Hiryu* an (die Admiral Yamaguchi nicht aufgibt).

Am 5. Juni um 2.55 erkennt Yamamoto, dass die Schlacht verloren ist und gibt Befehl zur Umkehr. Die Japaner haben ihre besten Flugzeugträger, ihre besten Flugzeuge und ihre besten Piloten verloren.

Midway, der Wendepunkt im Pazifikkrieg, läutet den japanischen Niedergang auf diesem Kriegsschauplatz ein.

Guadalcanal

1942

Die Salomon-Inseln, deren größte Guadalcanal ist, sind von strategischer Bedeutung. Für die Japaner – die von dort aus die Eroberung Neuguineas und Australiens starten wollen – und für die Amerikaner, die die Insel kontrollieren und seit Midway das Ruder zu ihrem Vorteil herumgerissen haben. Die Schlacht wird mit amphibischen Mitteln, zur See und zu Land ausgetragen.

Auf einer der kleinsten Solomon-Inseln, Tulagi, befindet sich ein japanischer Stützpunkt für Wasserflugzeuge, während auf einer der größten Inseln, Guadalcanal, die Marine Nippons mit dem Bau eines Flughafens begonnen hat. Zu diesem Zweck haben sie einen dichten tropischen Dschungel durchquert und einen hohen Preis an Menschenleben dafür bezahlt. Im Juli 1942 sind die Arbeiten beinahe abgeschlossen, als ein Aufklärungsflugzeug unter dem Befehl des Admirals Robert Ghormley, der die Front im Südpazifik befehligt, das feindliche Unternehmen entdeckt.

Die äußerst wertvolle Nachricht führt zur Bildung einer amphibischen *Task Force*, die aus der 1. Division der Marines unter General Alexander Vandegrift und der *Task Force* von Admiral Fletcher besteht, der auch drei Flugzeugträger angehören.

➤ ERFOLGREICHE LANDUNG DER AMERIKANER

Die Schiffsformation – die von den Japanern wegen Unwetters nicht gesichtet wird – erreicht ihr Ziel am 7. August 1942. Zwei separate Korps aus 11.000 Marines landen auf den Inseln Tulagi und Gavutu, die wegen ihrer Häfen und der dort möglichen Flugfelder strategisch wichtig sind. Gegen Ende des nächsten Tages sind alle Landungen erfolgreich über die Bühne gegangen. Die Marines erreichen Henderson Field, das japanische Flugfeld auf Guadalcanal, das von den Japanern bereits verlassen wurde.

In der Nacht von 8. auf 9. August zwingt ein Gefecht zwischen den beiden Kriegsparteien bei Savo Island die ameri-

DIE LANDUNG DER MARINES

Die Luftunterstützung bei der Landung kommt von den drei Flugzeugträgern, die zur amerikanischen Task Force gehören.

Die japanischen Luftangriffe vom 9. August zwingen die amerikanische Flotte sich zu entfernen und die Marines isoliert zurückzulassen (sie werden in der Nacht über das Meer und aus der Luft mit Nachschub versorgt).

Die Marines auf Guadalcanal. Der Sieg der Amerikaner begründet sich ganz wesentlich auf ihrer Fähigkeit, drei heftigen japanischen Angriffen (12.–14. September, 24./25. und 25./26. Oktober) standzuhalten und die Flugpiste Henderson Field zu verteidigen.

HINTERGRÜNDE

LANDUNGSBOOTE UND AMPHIBIENFAHRZEUGE

Landungen, auch Massenlandungen, sind so alt wie der Krieg selbst. Auch die Schlacht von Marathon findet zwischen zwei Heeren statt, von denen eines gerade über das Meer gekommen ist. Doch nach den Erfahrungen aus dem Ersten Weltkrieg (*siehe* Gallipoli) passiert es erst im Zweiten Weltkrieg, dass spezielle Schiffe für diesen Einsatz gebaut werden. Die Briten und die Amerikaner entwickeln die Massenfertigung dieser Schiffe, die sich durch einen flachen Rumpf und eine Klappe im Bug auszeichnen. Ist der Strand erreicht, können Infanteristen, Fahrzeuge, Panzer und Panzerwagen ausgeschifft werden. Einige Exemplare mit höherer Tonnage dienen als Mutterschiffe und lassen kleinere Boote mit Dutzenden Soldaten oder einem Kraftfahrzeug zu Wasser.
An Bord dieser ausgesprochen innovativen Einheiten befinden sich auch Transport- oder Kampffahrzeuge, die schon vor Erreichen der Küste ausgeschifft werden. Es handelt sich um schwimmfähige Panzer, eine Art Boot mit flachem Rumpf und mit Rädern, die mit Schiffsschrauben und Ketten versehen sind, die ihnen eine minimale Geschwindigkeit ermöglicht. Vor allem während der zahlreichen Operationen im letzten Kriegsjahr, wie bei der Landung in der Normandie, gesellen sie sich in nicht unbeträchtlicher Zahl zu den mittleren und schweren Kampfpanzern. Sie sind mit Ausnahme der Ketten und der Geschütztürme wie Wasserfahrzeuge geformt, oder weisen herkömmliche Bauform auf und werden von mit Luft gefüllten Überzügen oder außen liegenden Luftkammern an der Oberfläche gehalten, die sie wie Mäntel umhüllen.

Der »Alligator« LVT-1, ein amerikanisches Landungsfahrzeug mit Ketten, das in Guadalcanal eingesetzt wurde.

STREITKRÄFTE

ZIEMLICHE AUSGEGLICHENHEIT

▶ AMERIKANER

SOLDATEN	29.000*
VERLUSTE	
GEFALLENE	1492
VERWUNDETE	4500

▶ JAPANER

SOLDATEN	30.000*
VERLUSTE	
GEFALLENE	15.000°

* AM 12. NOVEMBER
° 9000 STERBEN AN MALARIA

Guadalcanal 1942

kanischen Kräfte zum Rückzug, wobei sie große Teile der für die Bodentruppen bestimmten Ausrüstung mitnehmen.

Während die Marines – schon knapp an Lebensmitteln und Munition – die Umgebung des Stützpunktes Henderson Field sichern und das Flugfeld vorbereiten, treffen am 18. Juni die Verstärkungstruppen unter dem Befehl von Oberst Kiyono Ichiki auf Taivu, etwa 32 km östlich des amerikanischen Stützpunktes, ein.

➤ ZERMÜRBENDE GEFECHTE UM DEN BESITZ DER INSEL

Am 21. August greift Ichiki die von Vandegrift gehaltene amerikanische Stellung an. In weniger als zwei Tagen sind die Japaner aufgerieben, was auch der Ankunft eines amerikanischen Flugzeugträgers zu verdanken ist. Aus Schande begeht Ichiki Selbstmord.

In der Nacht von 7. auf 8. September starten die Amerikaner einen Angriff auf Tavu, obwohl die Japaner über mehr Kreuzer und Torpedobootjäger verfügen. Es gelingt ihnen große Truppenteile zu vernichten und wertvolle Informationen über den bevorstehenden japanischen Angriff auf Henderson Field zu beschaffen. Der Angriff findet am 12. September tatsächlich statt. General Kiyotake Kawaguchi dringt mit einer ansehnlichen Armee von Osten auf das amerikanische Feld vor, muss sich jedoch schon am 14. wieder zurückziehen und lässt 1200 Gefallene und Verwundete auf dem Schlachtfeld zurück.

In dieser schwierigen Situation erhalten beide Heere Verstärkung, das japanische Kontingent umfasst etwa 20.000 Mann und das amerikanische rund 23.000. Die japanischen Landungen gehen beständig Nacht für Nacht vor sich und werden vom amerikanischen »Tokio Night Express« zurückgedrängt.

In der Nacht zwischen 11. und 12. Dezember versucht man Nachschub herbeizuschaffen, vor allem für die Artillerie, was den Japanern eine Niederlage bei Cape Esperante und den Verlust eines Kreuzers und eines Torpedobootjägers kostet. Dieser Misserfolg zwingt General Masao Maruyama einen Angriff auf Henderson Field auf 23. Oktober zu verschieben. Dann versuchen die japanischen Streitkräfte den amerikanischen Stützpunkt erneut zu erobern und bewegen sich nach Süden. Zwei Tage lang werden die Truppen Maruyamas immer wieder zurückgeworfen, weil es ihnen an Koordination und Kommunikation mangelt. Am 26. Oktober zieht sich Maruyama zurück und lässt 3500 Opfer auf dem Schlachtfeld zurück.

Im November sind die Heere von den zermürbenden Kampfhandlungen der

Bengalisches Feuer
Dem Angriff von Kawaguchi geht heftiger Beschuss durch die japanischen Schiffe auf See voraus. Das darauf folgende Entzünden der bengalischen Feuer, um die Positionen auszuleuchten, ist das Angriffssignal, doch durch den Einsatz der amerikanischen Artillerie wird der Feind geschlagen.

Bloody Ridge
Der heftige japanische Angriff wird von den Marines des 1. Bataillons »Raiders« und des 1. Fallschirmjägerbataillons unter Oberstleutnant Marrit A. Edson an der Verteidigungslinie entlang des südlichen Hangs des Feldes zurückgedrängt.

Monate zuvor erschöpft. Zwischen 12. und 14. November findet eine Seeschlacht statt, in der beide Parteien hohe Verluste verzeichnen. Die Versuche der Japaner, ihre Bodentruppen zu verstärken, werden immer sporadischer, während im Dezember das 14. Armeekorps zur Unterstützung der Marines auf Guadalcanal landet.

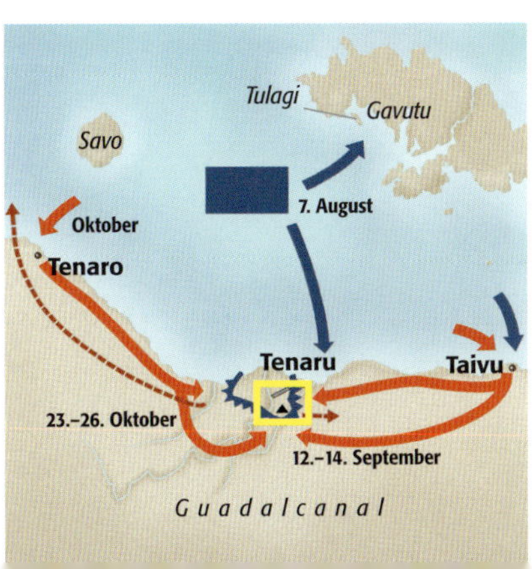

- Amerikaner
- Japaner
- Japanischer Rückzug
- ▲ »Bloody Ridge«

Die neuen Streitkräfte stehen unter dem Kommando von General Alexander Patch und sind fest entschlossen, die Japaner bis April von Guadalcanal zu verjagen. Doch das sehen diese voraus. Ab 1. Februar 1943 werden nämlich 11.000 Überlebende, die meisten krank, verwundet oder vor Schmerzen zum Skelett abgemagert, mit drei Schiffskonvois evakuiert.

➤ EINE EROBERUNG VON STRATEGISCHER BEDEUTUNG

Die Amerikaner erreichen die wieder verlassene Insel und erobern sie ohne einen weiteren Schuss abzugeben. Der Südpazifik ist endgültig der japanischen Kontrolle entzogen.

Die Einnahme von Guadalcanal bringt den Alliierten viele und relevante strategische Vorteile. Die Küsten Australiens und Neuseelands können wieder als sicher betrachtet werden, während die japanischen Besitzungen geschmälert werden. Und nicht zuletzt hat der Sieg über das japanische Heer beachtenswerte Rückwirkungen auf die Moral der Alliierten. Militärisch ausgedrückt, gereicht die amphibische Kriegsführung der Marines – durch die Marine und die Luftwaffe ermöglicht – den USA zur Ehre.

INTERNET

- www.army.mil/cmh-pg/brochures/72-8/72-8.htm
- www.guadalcanal.com.sb/
- www.friesian.com/history/guadal.htm
- www.worldwar2database.com/html/guadalcanal.htm

SCHLACHTEN

TARAWA 20.–23. Nov. 1943

Japaner: 3800 Mann – Amerikaner: 16.000 Mann • Verluste: Japaner: 3654 Gefallene und 146 Gefangene – Amerikaner: 3386 Gefallene

Nicht immer sind amphibische Landungen einfach oder zeitigen den gewünschten Erfolg. Die amerikanischen Rückeroberungen der Pazifikinseln beweisen das von Beginn an. Das zeigt sich auch bei den Gilbert-Inseln, dem kleinen Tarawa-Atoll und auf der Insel Makin, die von ein paar Tausend Japanern unter dem Kommando von Keiji Shibasaki besetzt wird. Am 13. November 1943 werden sie von einer gewaltigen Seemacht mit acht Flugzeugträgern und sieben Panzerkreuzern sowie 10.000 Marines des 5. Armeekorps von General Julian C. Smith angegriffen. Das ist der Auftakt zur Eroberung des gesamten Archipels, das als Ausgangspunkt für den Vorstoß auf die Marshall-Inseln dienen soll. Makin ist lediglich mit 800 Soldaten besetzt und wird drei Tage lang bombardiert und kampflos erobert. Allerdings geht ein Flugzeugträger durch einen Torpedotreffer eines japanischen U-Bootes verloren. Auf Tarawa, wo die Verteidiger in ihren Unterständen versteckt bleiben, beginnt das Unternehmen »Galvanic« mit der Landung von 5000 Amerikanern. Wegen einer ungewöhnlichen Ebbe müssen sie auf die Unterstützung von Panzern verzichten und verlieren 1500 Mann. Die zweite Angriffswelle kann mit Unterstützung von Panzerkreuzern und schweren Waffen mit geringen Verlusten vorstoßen und die Eroberung von Tarawa abschließen, indem sie in der Nacht von 22. auf 23. eine befestigte Stellung auf dem Inselchen erobern.

Stalingrad

1942

Im Lichte des Krieges der Nationalsozialisten im Osten gegen die Sowjetunion nimmt Stalingrad eine besondere Stellung ein: wegen der zermürbenden Dauer der Kämpfe, wegen der extremen Umweltbedingungen, in denen er stattfindet und wegen des symbolischen Wertes, die der Niederlage des NS-Regimes im allgemeinen Rahmen des Zweiten Weltkriegs zugeschrieben wird.

Einen großen symbolischen Wert hatte Stalingrad sowohl für Hitler als auch für Stalin schon seit dem Überfall der Deutschen auf die UdSSR. Die Einkesselung der rund um die Stadt agierenden deutschen Armeen sowie die Gefechte, die sie in einen Trümmerhaufen verwandeln, haben aus Stalingrad einen Mythos gemacht. Alles beginnt, als die zweite Offensive der Achsenmächte in Russland – durch die im Frühling 1942 die Krim eingenommen wird und ein Vorstoß bis auf den Gipfel des Elbrus im Kaukasus erfolgt – die Donlinie erreicht.

Die Heeresgruppe B, die die Aufgabe hat, die Front an diesem Fluss aufrechtzuerhalten und die Heeresgruppe A im Norden zu sichern, erhält den Befehl, Stalingrad einzunehmen. Diese Stadt mit hoher Industriedichte erstreckt sich

HINTERGRÜNDE

DIE SCHLACHT UM DIE »FESTUNG« STALINGRAD

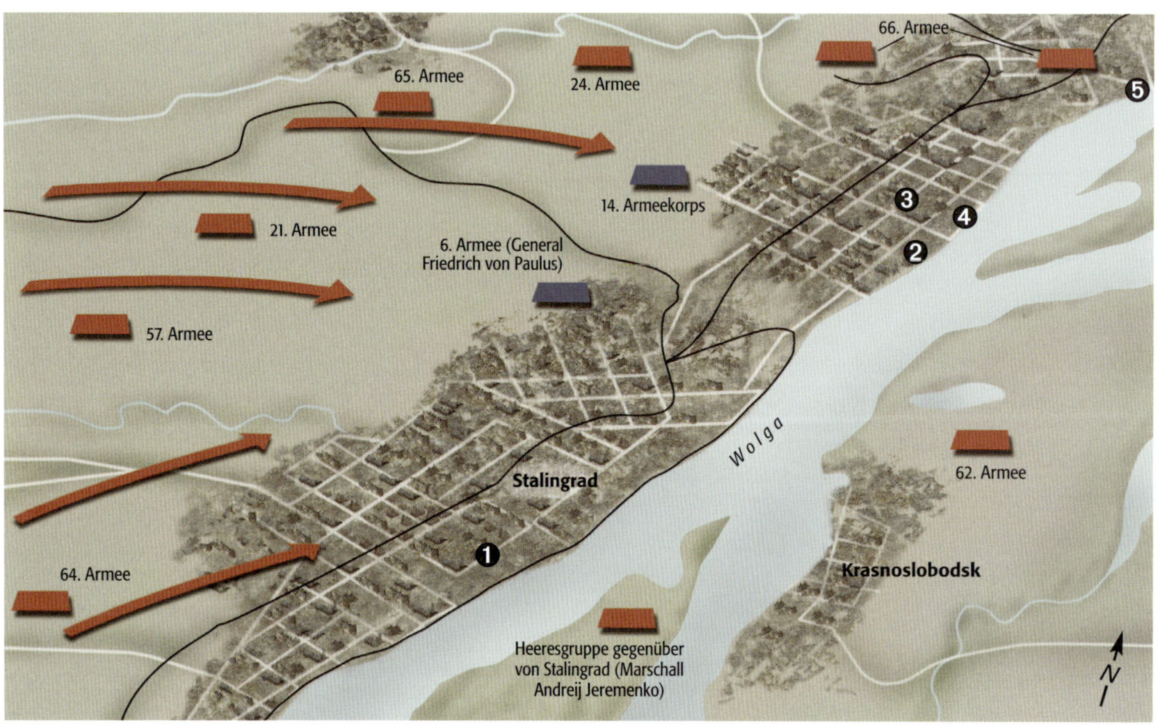

Obwohl die Stadt schon früh in ein Trümmerfeld verwandelt wird, stellt ein Bericht der ortsansässigen Kommunistischen Partei fest, dass 9796 Zivilisten (darunter 994 Kinder) es schaffen, bis zur deutschen Niederlage zu überleben. Allerdings gibt er keine Auskunft über die geistigen und körperlichen Zustände der Überlebenden.

Einige »Wahrzeichen« von Stalingrad

❶ Getreidesilos
❷ Treibstofflager
❸ Fabrik »Roter Oktober«
❹ Fabrik »Barikade«
❺ Traktorenfabrik

Der sowjetische Gegenangriff (Unternehmen »Uranus«)

Deutsche
Sowjets

Ein sowjetischer Soldat kämpft in den Trümmern der Stadt. Für das gewaltige Unternehmen »Uranus«, durch das die Achsenmächte bei Stalingrad schließlich vernichtet werden, richtet die Rote Armee auch 119 Feldlazarette ein.

50 km entlang der Wolga (an der sie einen Hafen hat). Die städtischen Gebäude, Fabrikanlagen und Lager am Fluss sind befestigt.

Die sowjetische Garnison hat Befehl, sich nicht zu ergeben und es ist schwierig von der Wolga her anzugreifen, weil ihre Ufer in diesem Abschnitt hoch und steil sind. Nach den deutschen Plänen wird die 6. Armee von Friedrich von Paulus, unterstützt von der 6. rumänischen Armee, im September vom Westen her angreifen, die 4. Panzerarmee von Süden.

➤ ZÄHER WIDERSTAND DER RUSSEN

Am 24. August 1942 erreicht die 16. Panzerdivision der Deutschen die Stadt und dringt in das neue Stadtviertel Spartokowa am nördlichen Stadtrand ein. Unter dem Kommando von General Andreij Jeremenko und vom Politkommissar Nikita Chruschtschow kontrolliert, leisten die Verteidiger erbittert Widerstand. Dabei kommen Panzer des Typs T-34 zum Einsatz, die in den Fabriken der Stadt gebaut und von den Arbeitern selbst gesteuert werden. Doch eine Woche später durchbricht die 4. Panzerarmee des Generals Hermann Hoth den äußeren Verteidigungsgürtel im Süden Stalingrads.

General Alexander Lopatin, der die 62. Armee befehligt und sich veranlasst sieht, die Aufgabe der Stadt vorzuschla-

HINTERGRÜNDE

1942: DAS JAHR DER WENDE

Im Jahr 1942 hält Deutschland große Teile Europas besetzt: von Frankreich bis zum Kaukasus, von Norwegen bis Nordafrika. Aber es ist genau diese Phase, in der der Verlauf des Krieges beginnt, eine andere Richtung einzuschlagen, weil Deutschland nicht in der Lage ist, den Konflikt zu Ende zu bringen. Ohne Großbritannien und die Sowjetunion vor dem Kriegseintritt Amerikas bezwungen zu haben, wird Deutschland immer schwächer – im Gegensatz zu den Alliierten, die immer mehr an Stärke gewinnen. Die Zahlen sprechen eine deutliche Sprache: zwischen Juni 1941 und April 1942 verliert die Wehrmacht an der Ostfront 600.000 Mann (gefallen, oder bleibend kriegsinvalid), 500.000 erleiden schwere Verwundungen. Als Ersatz gibt es jedoch nur 500.000 Mann. Im selben Jahr gelingt es, die Hälfte der Panzerdivisionen und ein Drittel der Infanteriedivisionen wiederherzustellen, doch die verbleibenden Einheiten verfügen nur über 66% der benötigten Iststärke. Die UdSSR hat höhere Verluste hinnehmen müssen, kann jedoch alle ersetzen und 4500 Panzer, 3000 Flugzeuge und 14.000 Kanonen bauen. Das ist doppelt soviel wie bei den Deutschen. Trotz vieler Rückschläge weist die Überlegenheit der Russen im Juni 1942 ein Verhältnis von 1,5 zu 1 auf (5.300.000 Mann gegen 3.700.000 der Achsenmächte). Das Massaker macht aber vor keinem der beiden Heere halt. Zwischen Mai 1942 und April 1943 werden 1.000.000 Deutsche und 600.000 Verbündete der Achsenmächte getötet oder dauerhaft verkrüppelt, während 2.500.000 Sowjets ihr Leben lassen.

STREITKRÄFTE

SOWJETISCHE ÜBERLEGENHEIT

▶ DEUTSCHE UND VERBÜNDETE

DEUTSCHE*	195.000
RUMÄNEN*	5000
SOWJETISCHE HILFSTRUPPEN*	50.000
VERLUSTE	
GEFALLENE DEUTSCHE	60.000
GEFANGENE DEUTSCHE	110.000

▶ SOWJETS

SOLDATEN	1.015.000°
VERLUSTE	
GEFALLENE	750.000

* ZUM ZEITPUNKT DER EINKESSELUNG DURCH DIE SOWJETS
° ZUM ZEITPUNKT DES UNTERNEHMENS »URANUS«

Stalingrad 1942

Der Getreidesilo
Es sind die 14. und die 24. Panzerdivision sowie die 94. Infanteriedivision von General Hoth, die den Silo im September 1942 erobern. Zwischen 20. und 28. Jänner erobern ihn die Sowjets zurück. Er wird von Paulus zum neuen Wappensymbol der 6. Armee gekürt.

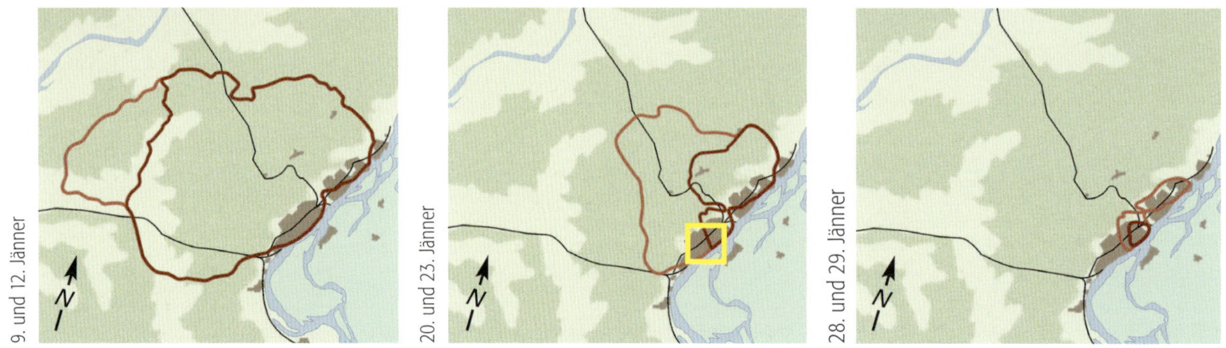

Die Einkesselung der Deutschen bei Stalingrad

9.–20.–28. Jänner
12.–23.–29. Jänner

Der Nachschub
Um im Kessel von Stalingrad zu überstehen, bräuchten Paulus' Truppen täglich 750 t Nachschub, die Luftwaffe verspricht anfänglich 250. Als sie durch die russische Luftabwehr schwere Verluste erleidet, sinkt diese Zahl später auf 80 t pro Tag. Die Abwürfe werden ganz eingestellt, als im Zuge der russischen Offensive die Flugfelder in der Umgebung eingenommen werden.

1941 (22. Juni) Deutscher Einmarsch in die Sowjetunion; **(26. Juni)** Finnland erklärt der UdSSR den Krieg; **(12. Juli)** Pakt zur gegenseitigen Hilfe zwischen Großbritannien und der UdSSR; **(20. Juli)** Stalin ernennt sich selbst zum Volkskommissar für Verteidigung; **(25. August)** Einmarsch englisch-sowjetischer Truppen im Iran, um dessen Beitritt zu den Achsenmächten zuvorzukommen; **(4. September)** Beginn der Belagerung von Leningrad; **(19. Dezember)** Fall von Kiew; **(18. Oktober)** die Deutschen stehen 130 km vor Moskau; **(5. Dezember)** der deutsche Vormarsch auf Moskau wird von den Sowjets gestoppt • **1942 (3. Juli)** Die Deutschen erobern den Hafen von Sewastopol; **(10. August)** die 6. Armee der Deutschen steht vor den Toren Stalingrads; **(19. November)** Beginn des Unternehmens »Uranus«; **(23. November)** die Truppen der Achsenmächte werden bei Stalingrad von den Sowjets eingekesselt; **(12. Dezember)** von Manstein versucht, den eingeschlossenen Truppen zu Hilfe zu kommen • **1943 (10. Jänner)** Letzter Gegenangriff von Rokossowski; **(2. Februar)** deutsche Kapitulation bei Stalingrad.

Stalingrad 1942

Obwohl zahlenmäßig weit überlegen, erleiden die Sowjets im Zuge des Unternehmens »Ring« schwere Verluste. In den ersten drei Angriffstagen verliert Rokossowski 26.000 Mann und die Hälfte der Panzer.

Am 1. Jänner geht die Rote Armee zum Angriff auf die in der Stadt eingekesselten Deutschen über. Rokossowski verfügt über 47 Divisionen (218.000 Mann), 5610 Kanonen und Mörser und 169 Panzer. 300 Flugzeuge sorgen für die Deckung.

Den ohne Lebensmittel und Fahrzeugen im Kessel eingeschlossenen Deutschen verspricht Adolf Hitler die Ankunft von Panzereinheiten der SS Mitte Februar, ohne auch nur zu versuchen, dieser Zusicherung nachzukommen.

Soldaten der Roten Armee durchkämmen die Stadt Ende Jänner 1943. Stalin ordnet im Dezember 1942 persönlich an, einen Plan zur Vernichtung der 6. Armee von Paulus auszuarbeiten. Am 10. Dezember beginnt die *»Operation Koltso«* (Unternehmen »Ring«).

gen, wird sofort abgesetzt und durch Marschall Vasilij Tschuikow ersetzt, der bereits im Russisch-Finnischen Krieg vom Jahr 1940 in Erscheinung trat.

In den ersten zehn Septembertagen sind die Deutschen nach verheerenden Luftangriffen bereits in Stalingrad. Am 14. teilt die 71. Infanteriedivision das Zentrum und besetzt den Wolgadamm. Am selben Tag greift im Süden die 24. Panzerdivision die Altstadt an und besetzt den Hauptbahnhof.

➤ STALINGRAD IN DEUTSCHER HAND

Weiter im Norden wird das Stadtzentrum in gleicher Weise eingenommen. In den nördlichen Stadtteilen ist alles schwieriger. Die 24. Panzerdivision greift die Viertel Roter Oktober und Rote Barrikade an, mit Hilfe der Abteilungen der 389. Infanteriedivision auch die Viertel um die riesige Traktoren- und Panzerfabrik Dzerhezinsky. Dann erreichen die Truppen die Wolga und ziehen sich nach Süden zurück, um unter hohen Verlusten die chemischen Werke Lasur anzugreifen und zu erobern.

Anfang November sind neun Zehntel von Stalingrad in deutscher Hand. Die Sowjets kontrollieren lediglich ein Gebiet von 1 km Durchmesser, der durch einen Eisenbahnring, einige Trümmerhaufen, die als Deckung und Schanzen dienen und einem Teil des Damms mit der Anlegestelle der Fähren begrenzt wird. Das ist eine Nachschubmöglichkeit und ein Landeplatz für frische Truppen, die auf allen möglichen Kähnen herbeigeschafft werden. Diese Boote bleiben trotz der schweren Luftangriffe der Deutschen in den folgenden Monaten in Betrieb.

Am 19. November 1942 (Kälte und Nebel machen sich bereits breit und die Temperatur liegt bei –6 °C) beschießen rund 800 russische Kanonen des Generals Konstantin Rokossowski die deutschen und rumänischen Besatzer Stalingrads und beginnen mit dem Unternehmen »Uranus«, dem sowjetischen Gegenangriff. Im Morgengrauen greifen auch noch hunderte mit Infanteristen besetzte schwere Panzer ein. Der Angriff weitet sich auf alle Fronten aus,

INTERNET
- www.stalingrad.net
- www.stalingradtours.com/index.htm
- zhukov.mitsi.com/Stalingrad.htm
- www.dhm.de/lemo/html/wk2/kriegsverlauf/stalingrad/

auch auf den vom italienischen Heer verteidigten Kriegsschauplatz am Don.

Die Streitkräfte von Paulus werden im Westen überrannt und drohen eingekesselt zu werden. 20 deutsche Divisionen, zwei rumänische und ein kroatisches Regiment – insgesamt 300.000 Mann – werden durch den meisterhaft geführten Schlag der Sowjets isoliert.

➤ HITLER VERBIETET DEN GERINGSTEN RÜCKZUG

Den Deutschen bleiben zwei Möglichkeiten: auszubrechen oder den ganzen Winter in der besetzten Zone durchzuhalten und den Hilfskräften Zeit zu lassen, in der schönen Jahreszeit durchzudringen. In der Zwischenzeit muss der gesamte Nachschub, von Getreide über Kleidung bis zur Munition mit Flugzeugkonvois eingeflogen werden. Zehn Monate früher ist ein ähnliches Unterfangen in Demjansk geglückt und 100.000 eingeschlossene Deutsche entkamen aus der Falle.

Hitler erlaubt keinen Rückzug: Stalingrad wird zur Festung erklärt.

Der Nachschub aus der Luft läuft mit 100 dreimotorigen Junkers Ju52 langsam an, während Panzerabteilungen versuchen, die Sperre nur 180 km vor Stalingrad zu durchbrechen. Aber die Generale Erich von Manstein und Hoth (sie kommandieren das Unternehmen und die Spitze der Hilfskolonnen) können Paulus nicht überreden, ihnen mit den ihm noch verbliebenen 100 Panzern entgegenzukommen. Ihr Treibstoff reicht noch für 30 km und Hitler hatte jeden Ausfall aus dem Verteidigungsring verboten.

Und während der Schraubstock der Roten Armee sich immer fester um die Stadt legt, drücken die Truppen Stalins die Donfront ein, wovon die Überreste der italienischen Kontingente der 8. Armee und des Korps der Alpini, Ungarn und die 3. rumänische Armee tragisch betroffen sind.

➤ PAULUS WÄHLT DIE KAPITULATION

Eine ähnliche »Festung« hat Paulus über Rostow verordnet, doch eine ähnliche Situation würde dreimal höhere menschliche Verluste fordern. Hoth muss daher sofort in diese Richtung aufbrechen und die von den Sowjets in Stalingrad eingeschlossene 6. Armee ihrem Schicksal überlassen.

Auf dem Landweg erhalten die deutschen Kräfte von Paulus keine Hilfe mehr. Ende Dezember stehen jedem Soldaten täglich nur 100 Gramm Brot zur Verfügung, es ist unmöglich geworden, im Durchschnitt mehr als 94 t Nachschub einzufliegen. Zu Neujahr 1943 sinkt die tägliche Pro-Kopf-Brotration auf 50 g. In der Zwischenzeit drängen die Sowjets immer weiter vor und kontrollieren schon vier Fünftel des Kessels. Sie erobern am 16. Jänner die beiden wichtigsten Flughäfen der Stadt zurück, acht Tage später wird den Deutschen ein Angebot zur ehrenvollen Übergabe ihrer Waffen angeboten.

Hitler will Stalingrad auf keinen Fall aufgeben, und um seine Absichten zu untermauern, befördert er Paulus zum Generalfeldmarschall. Niemals zuvor hat ein so ranghoher Offizier eine Kapitulation unterzeichnet.

Trotzdem beschließt Paulus am Morgen des 31. Jänner die Kapitulation und ergibt sich dem Feind, während das letzte Funkgerät meldet: »Wir haben die Russen vor unserem Bunker. Dieses Funkgerät wird nicht mehr senden.« Zehntausende Männer folgen ihm in die Gefangenschaft.

Die sowjetischen Marschälle Vasilij Tschuikow, Chef der 62. Armee, und Konstantin Rokossowski, Kommandeur des Unternehmens »Ring«. Rechts: die Kapitulation von Generalfeldmarschall Paulus.

Die Maschinenpistolen, die beide Heere verwenden: das sowjetische PPSh41 und die deutsche MP40.

El Alamein

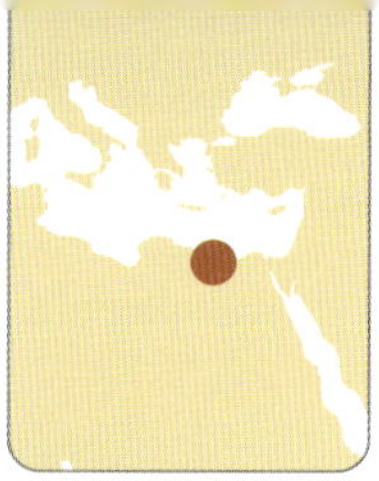

Die einzige Möglichkeit besteht für Montgomery, die Truppen der Achsenmächte frontal anzugreifen, die durch das Meer und die Katarrasenke gut gedeckt sind und wo keine seitliche Umgehung möglich ist.

1942

Fahrzeuge und Nachschub werden knapp und das engt die Möglichkeiten der italienisch-deutschen Verbände in El Alamein ein. Im Vertrauen auf seine gewaltige Überlegenheit bei Menschen und Material, startet Generalleutnant Montgomery einen Angriff, der die Achsenmächte zum Rückzug zwingt und eine entscheidende Wende an der afrikanischen Front markiert.

Italienischer Soldat des 20. Armeekorps, 2. Bersaglieri-Kompanie.

Oben rechts: Ein deutscher Panzerfahrer ergibt sich einem Soldaten der 8. Armee.

Unten: ein Soldat des Afrikakorps.

Nach der Einnahme von Tobruk und einem fehlgeschlagenen Versuch, die ägyptische Grenze zu bezwingen (Sommer 1942), sitzen die Kräfte der Achsenmächte auf einer Linie fest, die sich vom Mittelmeer, von der Ortschaft Sidi Abd el Rahman bis zur Kattarasenke in der Sahara erstreckt. Die Deutschen haben nur wenige Fahrzeuge und große Versorgungsprobleme.

Generalleutnant Bernard Montgomery – der neue Kommandeur der 8. englischen Armee, die ständig Material und Treibstoff erhält – befiehlt den Angriff auf die deutsch-italienischen Truppen. Das ist die Schlacht von El Alamein. An diesem Ort verschanzt sich seit Juni ein starker britischer Verteidigungskern, der den feindlichen Vorstoß nach Alexandria und Suez verhindert.

Die Kontrolle über Nordafrika und der Mittelmeerrouten hat im Krieg eine wesentliche strategische Bedeutung für die Achsenmächte und die Briten. Den Ersten ermöglicht sie Nachschub für die Truppen in Nordafrika zu erhalten. Für die Zweiten ist das der kürzeste Weg, wichtige Einflussgebiete wie Ägypten und den Nahen Osten zu erreichen.

Der alliierte Angriff beginnt am 24. Oktober 1942 um 21.30 Uhr: 900 Kanonen nehmen die deutsch-italienische Panzerwaffe unter Beschuss, die zur Zeit von Georg Stumme befehligt wird, weil sich der kranke Rommel in Deutschland aufhält.

Am Abend des 24. wird der linke Flügel der Achsenmächte – er besteht aus zwei deutschen Divisionen, einer etwas zurückliegenden sowie aus den italieni-

STREITKRÄFTE

ÜBERLEGENHEIT DER ENGLÄNDER

▶ DEUTSCHE UND ITALIENER

INFANTERIE	104.000
PANZER	489
FLUGZEUGE	675
KANONEN	1219
VERLUSTE	
VERWUNDETE, GEFALLENE UND GEFANGENE	50.000
KANONEN*	1000
PANZER*	450

▶ ENGLÄNDER

INFANTERIE	195.000
PANZER	1029
FLUGZEUGE	750
KANONEN	2311
VERLUSTE	
VERWUNDETE UND GEFALLENE	13.500
KANONEN	100
PANZER	350

* ZERSTÖRT ODER ERBEUTET

Den Truppen der Achsenmächte gelingt – trotz des strikten Befehl Hitlers, nicht zurückzuweichen – der Rückzug und sie verlassen das Schlachtfeld bereits am 2. November, zwei Tage vor dem britischen Durchbruch.

Verzögerte Kommunikation mit den Truppenteilen, die ihre Verfolgung aufnehmen sollen sowie Nachschubprobleme bei den Panzern machen es Montgomery unmöglich, die Flucht des Feindes zu verhindern.

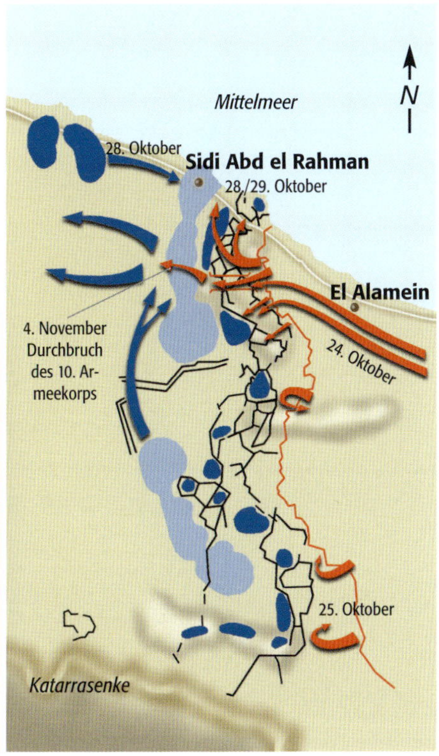

Achsenmächte
Infanterie
Panzer
Minenfelder
Engländer
8. Armee
Östlicher Rand der Minenfelder

Ein Soldat der 8. englischen Armee.

Unten: Bernard Montgomery und Erwin Rommel.

schen Verbänden »Trento«, »Bologna« und »Littorio« – vom 10. Armeekorps der Engländer heftig angegriffen, kann jedoch standhalten und wird allerdings vom Zentrum abgeschnitten. Dieses, zusammengesetzt aus der 21. Panzerdivision der Deutschen und den italienischen Divisionen »Ariete« und »Brescia«, wird vom 13. Korps der Briten angegriffen. An diesem Tag stirbt Stumme an einem Infarkt.

Rommel kehrt am Morgen des 25. Oktober nach Nordafrika zurück. Die rechte Flanke seines Heeres, die aus den italienischen Fallschirmjägern der Divisionen »Folgore« und »Pavia« gebildet wird, bringt einen Angriff der 7. englischen Panzerdivision und der Brigade des freien Frankreich in Schwierigkeiten. Montgomery erhöht den Druck auf den linken Flügel und zieht zwei Divisionen des 10. Korps zusammen. Zwei Tage lang halten die Gegenangriffe Rommels die Briten auf, doch am 2. November wird der nördliche Abschnitt durchstoßen.

Rommel befiehlt den Rückzug, der in Tobruk zum Stillstand kommt. Beinahe gleichzeitig starten die Alliierten am 8. November das Unternehmen »Torch«, das eine massive Landung amerikanischer Soldaten in Marokko vorsieht und die Einkesselung der Truppen der Achsenmächte zum Ziel hat. Das ist der Auftakt zur deutsch-italienischen Niederlage in Nordafrika. Von hier aus führen die englisch-amerikanischen Heere acht Monate später die Landung auf Sizilien durch, um dann die ganze Halbinsel zu erobern.

SCHLACHTEN

TOBRUK 20./21. Juni 1942

Engländer: 35.000 Mann
Achsenmächte: 20.000 Mann

Wenige Monate vor der Niederlage in El Alamein erringen die Truppen der Achsenmächte einen letzten glänzenden Sieg in Nordafrika. Die italienischen Divisionen »Trieste« und »Ariete«, die 15. und die 21. deutsche Panzerdivision unter dem Befehl Rommels greifen die von den Streitkräften des südafrikanischen Generals Balzaser Klopper gehaltene Hochburg an. Der Angriff erfolgt im Morgengrauen des 20. Juni 1942 nach einem Bombardement aus Südosten. Die dreimotorigen Maschinen Cant Z1007 bis, die Jagdflugzeuge Fiat CR42 und die deutschen Stukas setzen die Vorposten außer Gefecht, dann die zweite Linie und neutralisieren schließlich den feindlichen Verteidigungskern, indem sie 800 Angriffe in wenigen Stunden fliegen. Die Panzer überwinden die Panzersperrgräben mit Hilfe von improvisierten Pionierbrücken. Der Hauptflughafen wird um 16 Uhr eingenommen, dann ist der Stadtkern dran. Die weißen Fahnen werden immer mehr, Widerstand gibt es nur noch an vereinzelten isolierten Stellen.
Die totale Kapitulation seitens Kloppers, der von seinen Vorgesetzten die Erlaubnis dazu erhält, erfolgt am Morgen des 21. Juni 1942. In den Depots der Stadt werden 1000 m^3 Treibstoff und Lebensmittelvorräte, die drei Monate für 30.000 Mann reichen, gefunden. Die gesamte Garnison fällt in Kriegsgefangenschaft und der Weg nach Ägypten ist geöffnet. Doch am 13. November fällt Tobruk endgültig in die Hände der britischen Streitkräfte.

Kursk

1943

Im Juli ereignet sich die größte Panzerschlacht des Zweiten Weltkriegs und der Geschichte. Nach zwei Wochen Gefechten zwischen Panzerabteilungen, denen die Infanterie folgt, scheitert der Durchbruch an der sowjetischen Verteidigung. Zusammen mit dem viel bekannteren Stalingrad stellt Kursk die Wende im militärischen Geschick des Dritten Reiches dar, das bereits seinem Ende entgegensieht.

Trotz der schweren Niederlage bei Stalingrad sind die Deutschen und ihre Verbündeten immer noch auf sowjetischem Boden und bilden eine lange Front von der Arktis bis zum Schwarzen Meer. Im Süden, 530 km von Moskau entfernt, weist diese Front einen Vorsprung auf, die nach hinten in Richtung Deutschland weist. Das ist die Gegend rund um die Stadt Kursk. Hitler beschließt von Süden und Norden her anzugreifen, um die beträchtlichen sowjetischen Kräfte, die sich dort verschanzt haben, einzukesseln und aufzureiben.

Am 10. Mai 1943 rät General Guderian dem Führer von diesem Angriff ab, doch Hitler ist sicher, über die nötigen Mittel zu verfügen, um erfolgreich zu sein. Er ist überzeugt, dass die deutsche Kriegsindustrie die benötigte Anzahl an Panzern rechtzeitig bereitstellen wird. Die Panzerdivisionen werden nach Stellenplan wieder aufgefüllt. Sie erhalten die neuen Typen »Panther« und »Tiger I« (der es bezüglich Gewicht und Bewaffnung mit den russischen T-34 und »Stalin« aufnehmen kann) sowie die neu konzipierte Panzerabwehrwaffe »Elefant«.

Um Monate verschoben findet die ursprünglich für Mai geplante Offensive gegen den Frontvorsprung im Juli statt. Es handelt sich um das Unternehmen »Zitadelle«, die als die größte bis dahin geschlagene Panzerschlacht in die Geschichte eingehen sollte. Dank der Informationen, die von den Geheimdiensten der Alliierten gesammelt werden können, haben die Sowjets Zeit, sich entsprechend vorzubereiten.

Die eindrucksvolle Verteidigung der So-

EIN NEUER PANZER: DER »FERDINAND«

Die Notwendigkeit, die alliierte »Flut« einzudämmen, die das an Rohstoffen knappe Deutschland nun an vielen Fronten in Schach hält, treibt die deutschen Ingenieure dazu an, weniger komplizierte Panzer zu entwerfen und zu bauen – die auch schneller herzustellen sind. Sie sind aber auch nicht so vielseitig, so z.B. der »Ferdinand«. Auf dem von Porsche erzeugten Panzer ruht die Hoffnung der Deutschen im Kriegsjahr 1943. Er wiegt 68 t, ist an mehreren Stellen 200 mm dick gepanzert und verfügt über eine 6,40 m lange 88-mm-Kanone. Diese ist nicht in einem drehbaren Geschützturm untergebracht, sondern in einer Kasematte ohne weitere Öffnung. Das Geschützrohr lässt sich nur in der Höhe verstellen, der Winkel kann aber unter 0° betragen, um Erdlöcher und Schützengräben unter Beschuss zu nehmen. Seine Mängel liegen in einer gewissen Schwäche der Ketten, die das Fahrzeug ziemlich häufig lahm legt, und vor allem die Anbringung des Geschützes, das sich nicht seitlich schwenken lässt. Feindliche Gruppen mit Panzerabwehrwaffen können ihm daher leicht ausweichen. Darüber hinaus können im Inneren des »Ferdinand« keine leichten Waffen mitgenommen werden, mit Ausnahme jener der Besatzung, die mangels Schießscharten nur durch das 88-mm-Geschützrohr feuern können, wenn es nicht geladen und die Abdeckung entfernt worden ist. Die Schlacht von Kursk stellt die erste und einzige Feuerprobe für einige Dutzend dieser Panzerfahrzeuge dar.

Bilder und Fragmente der Schlacht von Kursk. Beeindruckend ist nicht nur die Masse an eingesetzten Soldaten und Material, sondern auch die Größe der in den einzelnen Schlachtphasen betroffenen Gebiete: Sie entspricht in etwa der Hälfte der Fläche Englands.

wjets umfasst fünf Linien mit befestigten Stellungen und Panzersperren. Die ersten beiden verlaufen nahe beieinander außen um den Frontvorsprung, die anderen drei sind weiter entfernt. Von der alliierten *Intelligence* über den Start des Unternehmens »Zitadelle« informiert, beginnen die Russen in der Nacht von 4. auf 5. Juli 1943 mit ihrer Artillerie den noch entfernten, aber angriffsbereiten Feind zu beschießen.

➤ DIE UNÜBERWINDBARE SPERRE DER SOWJETS

Im Morgengrauen brechen die Panzerdivisionen von Generalfeldmarschall Günther von Kluge Richtung Süden auf.

Der Panther V taucht erstmals im November 1942 auf. Er hat eine 75-mm-Kanone, die die Panzerung jedes sowjetischen Panzers bricht. Seine eigene Panzerung ist 80 mm dick und er verfügt über einen 650-PS-Motor (Höchstgeschwindigkeit 45 km/h). Zwischen 1942 und 1945 werden 4814 Stück hergestellt.

Seit 1940 gebaut, hat der T-34 eine 76-mm-Kanone (später 85 mm), einen wassergekühlten Motor und eine Höchstgeschwindigkeit von 51,5 km/h. Aus mittlerer Entfernung sind die 88-mm-Flak und das Geschütz des Panther V die einzigen Waffen, die seine Panzerung brechen können.

STREITKRÄFTE

SOWJETISCHE ÜBERLEGENHEIT

▶ DEUTSCHE	
SOLDATEN	900.000
PANZER	2700
KANONEN	10.000
FLUGZEUGE	2000
VERLUSTE	
GEFALLENE UND VERWUNDETE	100.000

▶ SOWJETS	
SOLDATEN	1.337.000
PANZER	3300
KANONEN	20.000
FLUGZEUGE	2650
VERLUSTE	
GEFALLENE	250.000
VERWUNDETE	600.000
PANZER	50%

Kursk 1943

1300 Panzerfahrzeuge
In der Schlacht in der Nähe des Dorfes Prochorowka nördlich von Belgorod setzen beide Heere mehr als 1300 Panzerfahrzeuge (Panzer und Sturmgeschütze) ein. Zwei Drittel davon sind sowjetisch.

Ihnen folgen Minenexperten und wenn möglich kleine, ferngesteuerte, mit 100 kg Sprengstoff gefüllte Kettenfahrzeuge, die nach der Zündung ein Loch um sich reißen.

Der zweite Tag ist vom hartnäckigen Vormarsch der Deutschen gekennzeichnet, allerdings ist die sowjetische Verteidigung an der linken Flanke so stark, dass die Deutschen in jede nur mögliche Richtung vorstoßen. Am Morgen kämpft die deutsche Vorhut mit der in der Nacht angekommenen russischen Reserve. Während die »Tiger« des 505. Bataillons zur Unterstützung der Infanterie zum Angriff übergehen, öffnet sich eine Lücke in den feindlichen Linien. General Rokossowski (Kommandeur des Hauptfrontabschnitts in Kursk) stellt eine große Anzahl Soldaten und Kampfmittel zur Verstärkung bereit. Viele »Tiger« werden zerstört und auch die russische Luftwaffe tritt in Erscheinung.

Der Luftraum über dem nördlichen Abschnitt teilt das Schlachtfeld zwischen den beiden Luftstreitmächten. Langsam nähern sich die Deutschen Olchowatka und die Truppen Rokossowskis versuchen ihnen den Weg abzuschneiden. Dem Befehlshaber der 9. Armee, Generalfeldmarschall Walther Model, gelingt es an der linken Flanke bei Ponyri und an der rechten bei Teploye durchzubrechen. Das ist der weiteste Punkt des deutschen Vorstoßes im Nordabschnitt. Die Sperren der Sowjets sind nun unüberwindbar und die zur Verfügung stehenden Kräfte reichen für einen weiteren Vormarsch nicht aus.

➤ NAHKÄMPFE ZWISCHEN RUSSISCHEN UND DEUTSCHEN PANZERN

In den nächsten Tagen gelingt es den Truppen Models mühevoll weiter vorzudringen, doch etwa 50 km vor Kursk werden sie vom russischen Widerstand aufgehalten. Model beschließt darauf hin den Vormarsch zu stoppen und zur Verteidigung der eroberten Gebiete überzugehen.

Die Deutschen können die Russen an der zweiten Verteidigungslinie zurückdrängen, doch ist die deutsche gepanzerte Infanterie gezwungen zurückzubleiben, um noch immer existierende feindliche Kessel zu zerstören. »Tiger«, »Panther« und andere schwere Panzer stehen allein den Bunkern, Kanonen und Panzerabwehrgruppen in ihren Erdlöchern gegenüber. Erst am 6. Juli gelingt ein gut zwischen gepanzerter Infanterie und Panzer abgestimmter Vormarsch um weitere 10 km, der jedoch beiden Heeren hunderte von Fahrzeugen kostet.

Am 12. Juli erfolgt der Entscheidungsschlag. Die Deutschen greifen mit ihrer Luftwaffe an und die Russen antworten mit Artilleriefeuer. Alle taktischen Pläne gehen im Kampfgewirr der Panzer unter. Die Kämpfe finden auf kurze Distanz statt und Pulverdampf sowie von Fahr-

Von der Mitte nach links: sowjetische Flugzeuge für den Bodenangriff, Iljuschin Il-2 »Shturmovik« und ein deutscher Sturzkampfbomber »Stuka« Ju 87G.

Deutsche
Sowjets

Panzerabteilungen

Sowjet. Verteidigungslinien
1. 2. 3.
4. 5.

Der deutsche Keil
Die ersten Abteilungen der Deutschen, die sich in Bewegung setzen, die Panzer der SS-Divisionen »Leibstandarte«, »Das Reich« und »Totenkopf«, formieren einen Keil: die »Tiger« an der Spitze und die leichteren Panzer III und IV an den Flanken. Ihr Versuch, die feindlichen Linien einzudrücken, scheitert an der Beweglichkeit der sowjetischen Panzer, wodurch sie im Nahkampf unschlagbar sind.

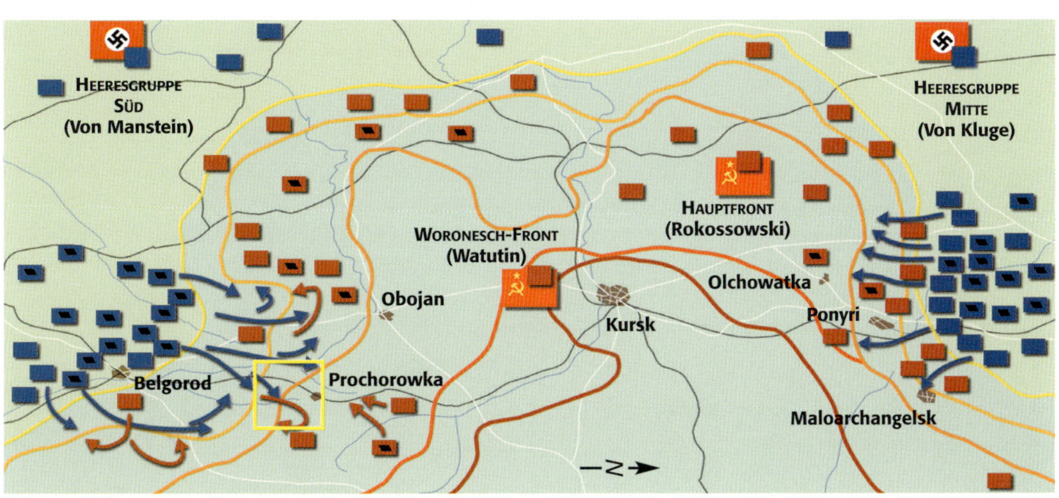

INTERNET
- www.isidore-of-seville.com/kursk/
- www.geocities.com/armysappersforward/kursk.htm
- www.findarticles.com/p/articles/mi_m0PAB/is_2_112/ai_114049547

zeugen, der Artillerie und den Flugzeugen aufgewirbelter Staub auf beiden Seiten zwingt zu einer Unterbrechung der Angriffe, da es nicht mehr möglich ist, Freund vom Feind zu unterscheiden.

Die deutschen »Tiger« und »Panther« – für den Nahkampf ungeeignet und daher nicht in der Lage, ihre großartigen Geschütze einzusetzen – werden von sowjetischen Panzern attackiert, die zahlenmäßig überlegen sind und sie durch Schüsse aus der Nähe und Rammstöße außer Gefecht setzen.

Die Kämpfe dauern zwölf Stunden und kommen erst bei Einbruch der Nacht zur Ruhe.

Am 13. Juli unterbricht Hitler, der den Militäreinsatz beim Frontvorsprung von Kursk am vehementesten unterstützt hat, das Unternehmen »Zitadelle«, nicht zuletzt weil am 10. Juli englisch-amerikanische Truppen auf Sizilien gelandet sind und es daher notwendig ist, verschiedene Einheiten von der Ostfront nach Süditalien zu verlegen. Das Problem ist, dass – obwohl bei Kursk mehr sowjetische Panzer als deutsche auf dem Schlachtfeld verloren gingen (1800 gegen 1500) – Moskau diesen Schwund durch industrielle Fertigung wettmachen kann, was Berlin nicht gelingt.

In dieser schwierigen Lage muss man erkennen, wie verbraucht die Panzerwaffe ist, auf die man vor 1939 für einen *Blitzkrieg* so gezählt hat. Das Reich neigt sich insgesamt seinem Ende zu.

Inzwischen hat am 16. Juli die sowjetische Gegenoffensive um Kursk begonnen, die Ende August bereits 160 km nach Westen vorgedrungen sein wird.

Normandie

1944

Die größte Landungsaktion der Geschichte findet während des Zweiten Weltkriegs an den Stränden Nordfrankreichs statt. Es handelt sich um die »Operation Overlord«, also um den entscheidenden Stoß, den die Alliierten NS-Deutschland an der Westfront versetzen. Das über zwei immer näher kommende Fronten angegriffene Reich stürzt in eine Krise.

Seit dem deutschen Überfall auf die Sowjetunion im Juni 1941 und dem Kriegseintritt der USA im Dezember desselben Jahres übt Stalin beständig Druck auf die Alliierten aus, eine zweite Front in Europa zu eröffnen, um die Deutschen zu zwingen, ihre Truppen von russischem Terrain abzuziehen und im Westen einzusetzen.

Roosevelt und Churchill stimmen überein, dass eine solche Aktion notwendig sei, sind aber nicht einer Meinung darüber, wo diese stattfinden soll. Churchill stimmt für einen Schlag auf dem Balkan, um Hitler an der Flanke zu treffen, Stalin befürwortet eine Landung in Nordfrankreich, wodurch der Führer gezwungen wäre, seine Kräfte in der entgegengesetzten Richtung der Sowjetunion zu massieren. Roosevelt teilt die Ansichten Stalins.

Als Stalin, Churchill und Roosevelt im November 1943 erstmals in Teheran zusammentreffen, beschwert sich Stalin bei den Engländern und Amerikanern wegen

HINTERGRÜNDE

HINDERNISSE ZUR VERHINDERUNG DER LANDUNG

Stahlgitter. Sie sind 2,30 m hoch und rund 3 t schwer. Bei Ebbe halten sie die feindlichen Fahrzeuge auf, bei Flut verursachen sie Risse an den Schiffsrümpfen.

Aus Holzpflöcken werden einfache Hindernisse oder Rampen gefertigt, die oft mit Tellerminen (5 kg Sprengstoff) versehen sind und einen Jeep in die Luft jagen oder die Ketten eines Panzers sprengen können.

Drei überkreuzte Querträger aus Stahl bilden das »Stachelschwein«: es ist etwa 1,5 m hoch und kann einen Schiffsrumpf aufreißen (oder den eines Landungsbootes).

Am »Omaha Beach« und am »Utah Beach« landen Sturmtruppen und dutzende Einheiten der amerikanischen Marine (Naval Combat Demolitin Unit, NCDU), die die Hindernisse zerstören und die Straßen für die schweren Fahrzeuge befestigen sollen.

Ein aus Steinen, Sanddämmen und Stacheldrahtrollen hergestelltes Hindernis.

Amerikanische Truppen landen in der Normandie. Die für 5. Juni geplante Landung muss wegen Schlechtwetters verschoben werden.

Viele deutsche Kommandeure befinden sich beim Angriff nicht vor Ort, weil sie nicht damit gerechnet haben, dass die Landung bevorsteht.

der ausgebliebenen Eröffnung einer zweiten Front, während die Sowjetunion von deutschen Truppen überfallen wird. Schließlich wird in Teheran der Beginn der »Operation Overlord« für das Frühjahr 1944 festgelegt. Mit der ersten Planung wird der britische General Morgan betraut, doch schon bald überträgt man das Oberkommando an General Dwight Eisenhower. Für die Landung wird die Küste der Normandie ausgewählt, die zwar weiter entfernt, aber schwächer verteidigt als jene von Calais ist.

➤ DER ALLIIERTE ANGRIFF VOM MEER AUS

Die Landung beginnt am 6. Juni 1944, nachdem Engländer und Amerikaner 3.000.000 Soldaten an der englischen Küste zusammengezogen haben. Die erste Welle mit fast 176.000 Mann wird auf 2266 Schiffen verladen, die ihrerseits 2000 kleinere Landungsfahrzeuge zu Wasser lassen.

Hunderte Kriegsschiffe und tausende Bomber und Jagdflugzeuge sorgen für den Feuerschutz, während Transportflugzeuge und Lastensegler die Soldaten von drei angloamerikanischen Divisionen zu den Flügeln der Landungsfront, auf die Halbinsel Cotentin und im Westen nach Caen, bringen.

Die zum Großteil für einen Angriff in Übersee formierten Landungskräfte werden von Generalleutnant Montgomery, dem Sieger in der Schlacht von El Ala-

WAFFEN

SPEZIAL-PANZER

Die Entwicklung der Panzer und die damit verbundenen taktischen Einsätze bereits in den 30er-Jahren unterstützt die Erfindung von Panzerfahrzeugen, die mit Ausnahme des Auspuffs halb oder ganz untergetaucht fahren können. Sie werden weiterentwickelt, bis sie selbstständig das Ufer erreichen können, wo sie sich auf Rädern oder Raupenketten fortbewegen. Der größte Hersteller solcher Fahrzeuge sind die USA, deren Streitkräfte die größten amphibischen Manöver durchgeführt haben, auch wenn sich in der Normandie die von den Engländern entwickelte schwimmende Version des Sherman-Panzers unterscheidet. Mit einem großen, aufblasbaren »Rettungsring« um den Rumpf wird er von den Schiffen ins Meer gelassen und bewegt sich mit Hilfe zweier Schrauben und eines Steuerruders. Die DUKW sind hingegen mit sechs Antriebsrädern versehene Fähren aus Metall, die Lasten von 2 t oder Nahkampfwaffen transportieren können. Nach der Landung verwenden die Truppen des D-Day Panzer, die mit vorne angebrachten Rollen oder »Schneebesen« Minenfelder räumen. Sofort danach greifen Kettenpanzer ein, die 30 m große Jutematten über weichen Boden ausrollen und so einen Weg bereiten, auf dem »normale« Panzer weiterkommen, ohne im Sand zu versinken.

Ein Sherman A4M4, als Minenräumer eingesetzt.

STREITKRÄFTE

ÜBERLEGENHEIT DER ALLIIERTEN

▶ DEUTSCHE

SOLDATEN	500.000
PANZER	EINIGE HUNDERT
U-BOOTE	42
FLUGZEUGE	300
*VERLUSTE**	
GEFALLENE	30.000
VERWUNDETE	80.000
VERMISSTE	210.000

▶ ALLIIERTE

SOLDATEN	176.000
KRIEGSSCHIFFE	722
TRANSPORTSCHFFE	4266
FLUGZEUGE	10.521
*VERLUSTE**	
GEFALLENE	45.000
VERWUNDETE UND VERMISSTE	173.000

* GESCHÄTZT

Normandie 1944

Die Landungsfahrzeuge
Im Einsatz stehen LCVP (Landing Craft Vehicle Personnel), die 36 Soldaten fassen, LCT (Landing Craft Tank) für 4 Sherman-Panzer, LCI (Landing Craft Infantry) für 200-388 Soldaten und LST (Landing Ship Tank) für 18 Sherman-Panzer und 160 Soldaten.

6.30 Uhr, erste Welle
Am »Omaha Beach« landen zwei RCT-Trupps (Regimental Combat Team) der 1. und 29. Division.

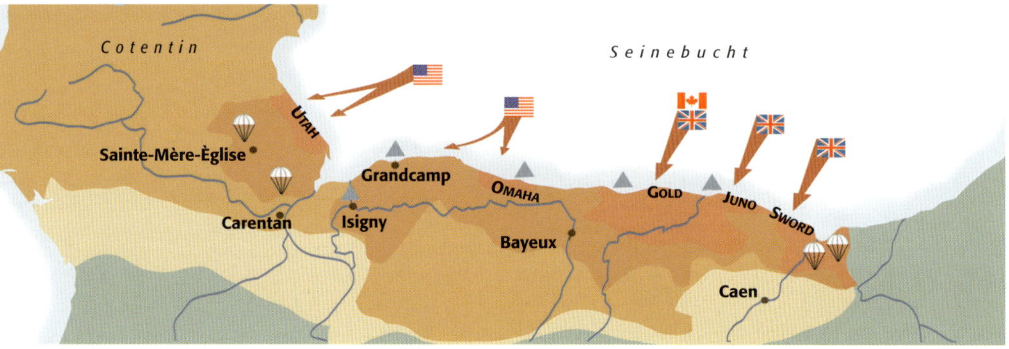

Die Hauptphasen der Landung in der Normandie

Absprünge der anglo-amerikanischen Fallschirmjäger

Künstliche Häfen

Alliierte Vorstöße
- 6. Juni
- 10. Juni
- 30. Juni
- 24. Juli

Die Amphibienpanzer
Es gibt zwei Sherman-Panzer mit Schrauben im Heck: den M4A1 DD (Duplex Drive), der in ein Öltuch gekleidet ist, und den M4 mit großen, erhöhten Auspuffrohren zum Schutz des Motors. Werden sie in zu tiefes Wasser gelassen, versinken viele auf hoher See oder im feindlichen Feuer.

Die deutsche Verteidigung
Die Küste wird mit rund 15.000 Bunkern und Geschützen von mittleren Kalibern oder Maschinengewehren gesichert. Das Gelände bietet den Deutschen eine natürliche Verteidigungsmöglichkeit: unter dem Sand kann eine Lehmschicht den Vorstoß der Panzer bremsen.

Die Deckung aus der Luft
Die Überlegenheit der Alliierten zeigt sich auch in der Luft. Tausende Jagdflieger und Jagdbomber bearbeiten die deutschen Stellungen. In diesem Fall wird ein Angriff des amerikanischen Jagdflugzeugs Republic P47D »Thunderbolt« dargestellt.

1944 (22. Jänner) Die Alliierten landen in Anzio; **(26. Jänner)** Ende der Belagerung von Leningrad; **(12. Mai)** Befreiung der Krim; **(6. Juni)** (0 Uhr) Absprung von englischen Fallschirmjägern nördlich von Caen und (1.30 Uhr) von amerikanischen im Süden von Carentan; (6.31 Uhr) die Amerikaner landen in »Utah Beach« und (6.36) in »Omaha Beach«; (7.25 Uhr) die Briten landen in »Gold Beach«, (7.35) Engländer und Kanadier in »Juno Beach« und (7.35 Uhr) Briten in »Sword Beach«; **(22. Juni)** Offensive der Roten Armee (Operation »Bagration«); **(27. Juni)** Eroberung von Cherbourg; **(20. Juli)** ein Attentat auf Hitler schlägt in Rastenburg fehl; **(26. Juli)** Die Rote Armee steht an der Weichsel; **(15. August)** die Alliierten landen in Südfrankreich; **(23. August)** Rumänien kapituliert; **(25. August)** die Alliierten sind in Paris; **(28. August)** Befreiung von Toulon und Marseille; **(3. September)** Brüssel wird befreit; **(11. September)** die Alliierten dringen erstmals auf deutsches Gebiet vor; **(17.–26. September)** Operation »Market Garden«; **(30. September)** Befreiung von Calais.

Normandie 1944

Gegen Ende des Tages sind mehr als 100.000 Mann an Land gegangen und haben einen Brückenkopf auf französischem Boden errichtet. Nach einigen Tagen beginnt der Nachschub in wahrhaft Schwindel erregenden Ausmaßen: In »Utah« und »Omaha« treffen bis zu 20.000 t am Tag ein.

Rommel hat für diese Front 300.000.000 Minen angefordert. Am 5. Juni werden an der Küste der Normandie 4.000.000 gelegt.

mein, kommandiert. Der von der Invasion betroffene Strand in der Normandie ist in fünf Zonen unterteilt, die für die alliierten Einheiten wie folgt bezeichnet werden (von West nach Ost): »Utah« (4. und 90. amerikanische Division), »Omaha« (1. und 29. amerikanische Division), »Gold« (7., 49. und 50. britische Division), »Juno« (51. britische und 3. kanadische Division) sowie »Sword« (3. britische Division).

Gegen diese Macht stellen die Deutschen der Heeresgruppe B unter dem Befehl Rommels – der seinerseits auf Geheiß des betagten Generalfeldmarschalls Gerd von Rundstedt an die Westfront beordert wurde – die 7. Armee unter General Friedrich Dollmann mit 13 Divisionen entgegen, darunter befindet sich keine einzige Panzerdivision (die benachbarte 15. Armee zwischen der Seine und dem fernen Holland hat sieben davon, fünf sind voll einsatzfähig). Die Luftwaffe kann 90 Bomber und 70 Jagdflugzeuge für die erste Linie bereitstellen. Auf dem Meer gibt es einige leichte Einheiten.

Am 6. Juni zwischen 2.30 und 3 Uhr ist die alliierte Flotte trotz Schlechtwetters auf der Höhe der Normandie. Wenige Stunden später werfen Bomber ihre tödliche Last über den Atlantikstrand in Frankreich und über dem Hinterland ab.

Die eingeschifften Männer sind allerdings nicht die Ersten, die französischen Boden betreten. In der Nacht von 5. auf den 6. Juni sind bereits Fallschirmjäger und mit Lastenseglern eingeflogene Truppen gelandet: die 82. und 101. amerikanische Luftlandedivision sind in der Nacht über Cotentin abgesprungen, um die Landung in »Utah« zu unterstützen und die Küstenfestungen, die nach Norden ausgerichtet sind, von hinten anzufallen. In derselben Nacht wird nordöstlich von Caen die 6. englische Luftlandedivision abgesetzt, um den Landungstruppen bei »Sword« beizustehen.

Um 6.30 erfolgt die Landung bei »Utah«. Gemeinsam mit den Bomben der Flugzeuge bringen die großen Schiffsgeschütze die deutschen Batterien zum Schweigen.

Die Kämpfe sind hart, doch die Einnahme gelingt, auch wenn drei deutsche Torpedos einen Torpedobootzerstörer versenken. An den anderen Stränden sind die Ergebnisse unterschiedlich.

Links: einer der Brückenköpfe, die die Alliierten seit dem Nachmittag des 6. Juni an der Küste der Normandie errichtet haben. Die Invasion erfolgt auf einer enormen Front, die sich über rund 80 km erstreckt.

Oben: ein Strandabschnitt in der Nähe der Stadt Etretat im Norden von Le Havre.

Unter den deutschen Truppen befindet sich die bereits in Russland eingesetzte 352. Infanteriedivision. Sie wird zusammen mit dem 84. Armeekorps entlang der Küste der Normandie verteilt.

Zwischen Carentan und Bayeux sind die 20-, 37- und 88-mm-Geschütze des 3. Sturm-Flakkorps aufgestellt. Sie erleiden bei den alliierten Luftangriffen schwere Schäden.

Oben rechts: Amerikanische Fallschirmjäger erhalten letzte Anweisungen vor dem nächtlichen Flug nach Cotentin.

Außen: ein Foto aus dem Jahr 1948, auf der die Überreste des Klosters von Montecassino nach der blutigen Schlacht zwischen Deutschen und Alliierten zu sehen sind.

➤ DER ZÄHE DEUTSCHE WIDERSTAND

Nur am »Omaha Beach« ist der Ausgang der Landung Besorgnis erregend: Nachdem die See mindestens 30 Amphibienfahrzeuge verschluckt hat, eröffnen die Deutschen ein mörderisches Feuer auf die Amerikaner. Verwundete ertrinken in den Fluten, weitere Fahrzeuge versinken.

Das ist der Moment, in dem sich in diesem Abschnitt eine Niederlage abzeichnet. Einige Torpedobootjäger greifen rechtzeitig mit Feuer aus kurzer Distanz ein, was die Rettung der Überlebenden ermöglicht. Die können Deckung suchen und vorstoßen, wobei sie den Stadtkern von Coleville erobern.

An den anderen drei Stränden ist die See nicht so rau. Hier sind die Verluste geringer als die amerikanischen in »Omaha Beach«. Die wichtigsten Punkte des deutschen Widerstands werden auf diesen drei Abschnitten niedergeworfen oder starkem Druck ausgesetzt. Das Gros der Gelandeten dringt in das Hinterland ein.

Als der Tag fast vorbei ist, kehrt Rommel in die Normandie zurück, der jedoch nach wie vor davon überzeugt ist, dass der Hauptstoß weiter im Osten erfolgen wird, wo schon der Landungsversuch von Dieppe mit Richtung auf Abbeville an der Seinemündung stattfand. Einige Stunden nach den fünf Angriffen wird Hitler ruhig geweckt. Zuvor hat sein Chef des Führungsstabes im Oberkommando der Wehrmacht, Generaloberst Alfred Jodl, zwei Divisionen zurückgehalten, die Rundstedt als Verstärkung in die Normandie schicken wollte.

Englische Fallschirmjäger halten die Brücken über die Orne, die die Normandie mit dem Seinegebiet verbinden.

Gegen diese leichten Einheiten schicken die Deutschen ihre 21. Panzerdivision mit fast 200 Fahrzeugen los. Nachdem sie das in Flammen stehende Caen durchquert hat, liefert sie sich Ge-

MONTECASSINO Jänner–Mai 1944

Divisionen: Alliierte: 23 – Deutsche: 14

Während sich der strategische Schwerpunkt des Krieges auf die Vorbereitung des D-Day in der Normandie verschiebt, braucht man für den Feldzug in Italien Truppen. Um den Vormarsch der Alliierten aufzuhalten, richten die Deutschen eine befestigte Linie (»Gustavlinie«) ein, die die Halbinsel von Gaeta bis Ortona teilt. Nördlich davon, in Anzio, legen wenige deutsche Divisionen einen Brückenkopf der Alliierten lahm. Die alliierten Befehlshaber entscheiden, die Gustavlinie bei Cassino (in der Nähe

von Frosinone) zu durchbrechen, wo das Lirital und die Casilinastraße gewisse Durchgangsmöglichkeiten bieten. Doch Bombardements zerstören Cassino und erlauben nur bescheidene Fortschritte. Die Alliierten vermuten zu Unrecht, dass das Kloster von Montecassino den Deutschen als Beobachtungsposten dient und machen das 500 Jahre alte Gebäude am 15. Februar dem Erdboden gleich. In den Trümmern können sich die Deutschen jedoch leicht verschanzen. Erst im Mai gelingt es den Alliierten, die deutsche Verteidigung zu brechen, sich mit den Landungstruppen in Anzio zu vereinen und Richtung Rom zu marschieren.

Normandie 1944

Abbildung eines deutschen Bunkers. Die von den Alliierten am meisten gefürchtete Waffe der Deutschen ist das 88-mm-Geschütz. Sie ist vielseitig und präzise, kann auf Panzern montiert werden, als Panzerabwehrwaffe (sie zerstört einen Panzer aus 2 km Entfernung) oder zur Fliegerabwehr eingesetzt werden und ist wirksam gegen Truppen.

Vier englische Fallschirmjäger flüchten aus der Zone von Arnheim.

fechte mit einigen englischen Abteilungen, die die Stadt zum Ziel haben, erleidet dabei schwere Verluste durch alliierte Fliegerangriffe und kann den feindlichen Vormarsch nur wenig bremsen.

Ein Regiment erreicht das Meer an einem wenig umkämpften Abschnitt zwischen »Sword« und »Juno« und befreit zahlreiche Küstenfestungen aus der Belagerung. Weitere Unterstützung wäre nötig, sie kommt jedoch nicht. Am Nachmittag erhält Rommel drei Panzerdivisionen, das Verbot, diese von den von Hitler immer noch zurückgehaltenen loszulösen, verhindert einen effizienten Einsatz.

Die fünf Strände werden von den angloamerikanischen Truppen gehalten, wenngleich man hinter dem Marschplan zurückliegt. Zwischen einzelnen Abschnitten gibt es noch keine Verbindung und einige der Hauptziele (der Flughafen von Carpiquet, die Stadt Bayeux) sind noch immer nicht erobert. Allerdings sind an diesen sandigen Küstenstreifen nun 155.000 Engländer und Amerikaner und weitere kommen an, ohne ihr Leben beim Verlassen der Schiffe zu riskieren. Es sind die letzten Stunden dessen, was ihre Kommandeure vor einiger Zeit den »Tag der Entscheidung« genannt haben: der »D-Day«.

Um die Ergebnisse zu festigen, sind noch weitere Kampftage vonnöten. Aber die eindrucksvollste Landung von Infanterieeinheiten und Panzerfahrzeugen hat tatsächlich im Norden Frankreichs stattgefunden.

➤ DEN WEG NACH PARIS ÖFFNEN

Beide Heere messen der Stadt Carentan Bedeutung zu, die, solange sie sich in deutschen Händen befindet, »Utah« von »Ohama« trennt. Vier deutsche Divisionen eilen herbei, doch die alliierten Luftstreitkräfte halten sie auf und

SCHLACHTEN

▶ ENGLÄNDER UND POLEN

FALLSCHIRMJÄGER	10.300
VERLUSTE	
GEFALLENE	1678
GEFANGENE	6450

▶ DEUTSCHE

SOLDATEN	15.000*
VERLUSTE	
GEFALLENE	2000
VERWUNDETE	6000

* NACH SCHÄTZUNGEN DER ALLIIERTEN

ARNHEIM
17.–26. September 1944

Nach der Einnahme von Paris und Belgien ist das nächste Ziel des alliierten Vormarsches Holland, von wo aus man die »Siegfriedlinie« umgehen und gegen Berlin marschieren will, um den Krieg noch 1944 zu beenden. Das ist die Operation »Market-Garden«: Luftlandetruppen nehmen die Brücken über die Flüsse Maas, Waal und Niederrhein ein und eröffnen dem 30. Panzerkorps der Engländer einen 80 km langen Korridor. Am 17. September erobern die amerikanische 82. und die britische 1. Division die Brücke von Grave und ein langes Teilstück jener von Arnheim. Die 101. Division der USA findet die Brücke von Nimwegen aber bereits von den Deutschen besetzt vor. Im Süden nimmt das 30. Korps am Tag nach deren Landung Kontakt mit der 101. Division auf, mit der 82. am 19. September. Am 20. September ist auch Nimwegen erstürmt. Doch hier bleibt der schnelle Vormarsch wegen der überschwemmten Ebenen zwischen Waal und Rhein stecken, die für die Panzer unpassierbar sind. Außerdem leisten kleine Truppen der Deutschen in Ressen Widerstand.

Es gibt keinen anderen Weg, der 1. Luftlandedivision zu Hilfe zu eilen. Die Briten wurden mit der Aufgabe betraut, die Brücke über den Niederrhein einzunehmen, obwohl sie nur über leichte Bewaffnung verfügen. Nun stehen sie in heftigen Gefechten mit der Waffen-SS, die wahrscheinlich zu den besten Truppen des gesamten deutschen Heeres zählt. Die polnische 1. Fallschirmjägerbrigade, die am 22. September zur Unterstützung abgesetzt wurde, kann sich nicht bis zu den Briten durchschlagen, während die Deutschen Verstärkung erhalten. Die wenigen Überlebenden unter den Angreifern, weniger als ein Drittel der gesamten Division, rettet sich, indem sie den Fluss schwimmend und in Rettungsbooten überqueren. Bei den Gefechten im Süden verlieren die Alliierten – obwohl sie von den Amerikanern und Kräften des englischen Heeres unterstützt werden – weitere 90.000 Mann. Beinahe genau so viele werden vermisst. Durch den Fehlschlag dieser Operation, die innerhalb weniger Tage durchgeführt werden sollte, erlebt die alliierte Offensive einen bedeutenden Rückschlag.

INTERNET

- search.eb.com/dday
- dday.org/html/d-day_history.html
- www.history-online.com/DDay/it/Home.aspx
- www.rememberseptember44.com/rs44.htm
- www.battagliamontecassino.it

Carentan wird von den Amerikanern erobert. Die drei englischen Brückenköpfe vereinigen sich und nehmen am 9. Juni Bayeux ein.

Die Eroberung von Caen, am äußeren linken Rand ihrer Frontlinie, bleibt den Alliierten nicht erspart. Die angloamerikanischen Truppen greifen nicht direkt an, sondern umgehen sie und werden von den Deutschen bekämpft. Die Panzer der Division »Panzer Lehr« wenden die Taktik an, sich zu tarnen und auf den Feind zu warten. Doch die britische 7. Panzerdivision umgeht sie und stößt gegen Caen vor. Ihre Vorhut wird von fünf »Tiger«-Panzern überrascht, die sie in Stücke schießen. Zwei weitere der 2. Panzerdivision bereiteten zwei Husarenregimentern ein ähnliches Schicksal. Die Eroberung von Caen wird verschoben und die Alliierten nehmen den Vormarsch auf Cotentin wieder auf, das wegen der Befestigungsanlagen und des sumpfigen Geländes schwer zu erobern ist.

Die Stadt Cherbourg wird erst am 27. Juni besetzt und der letzte Horst der Verteidigung der kleinen Halbinsel fällt am 1. Juli.

Am 4. Juli hat der letzte Angriff auf Caen begonnen. Nach der Erstürmung des Flughafens von Carpiquet werden die Verteidiger außerhalb der Stadt auch mit Unterstützung des Panzerkreuzers *Rodney* bombardiert. Am 7. Juli werfen sich drei englische Divisionen auf die 12. SS-Division. Die Kämpfe finden in den Vororten statt und erst am 20. Juli bringen die Engländer Caen an sich. Nicht früher als Ende Juli kann der Landstrich zwischen Cherbourg und Caen erstürmt werden. Die Allliierten drücken die deutsche Front bei Avranches ein und dringen auf französisches Territorium vor.

Die Schlacht in der Normandie ist beendet und der Weg nach Paris – theoretisch – offen.

Englische Soldaten arbeiten sich mitten durch die Trümmer von Caen.

Tragischer Ausgang

Etwa 9,5 km vom Ziel entfernt gelandet, nähert sich die 1. Luftlandetruppe der Briten der Brücke von Arnheim in drei Bataillons: das 1. von Norden, das 2. von Süden und das 3. in der Mitte. Nur das 2. unter Oberstleutnant John Frost erreicht das Ziel. Das Bataillon hält bis zur Nacht zwischen 20. und 21. September durch, doch am 23. bricht ihr Widerstand komplett zusammen.

Nur leichte Bewaffnung

Zu den härtesten Gefechten, die die britischen Kräfte im Süden der Brücke neutralisieren sollen, zählt jenes vom 18. September, bei der die Aufklärer des 9. Panzerbataillons schwere Verluste hinnehmen müssen, obwohl Frost nur über leichte Waffen verfügt.

Bulge (Ardennenoffensive)

1944

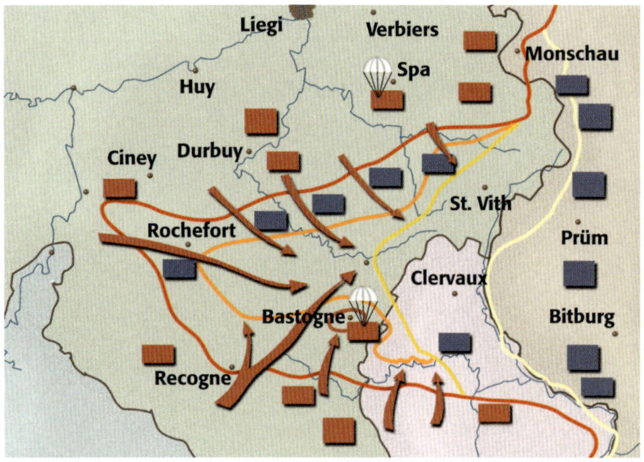

Im Dezember 1944 werden die Luftlandetruppen der Vereinigten Staaten von der eisigen Kälte und der 15. Division der Panzergrenadiere in den Wäldern in den Ardennen festgehalten. Nach mehr als einem Monat erbitterter Kämpfe durchbrechen die Amerikaner den Kessel und können schließlich den Grundstein für die Invasion in Deutschland legen.

Deutsche Truppen in Belgien und Luxemburg während der Bulge-Offensive.

Deutsche
Alliierte

Alliierter Vormarsch

26. 12. 1944
2. 1. 1945
16. 1.
7. 2.

Luftlandeeinheiten der Alliierten

Nach der Landung in der Normandie hat der alliierte Vormarsch die Deutschen aus Frankreich und Belgien geworfen und Anfang Dezember 1944 den Rhein erreicht. Der Generalstab Hitlers plant unerwartet eine Gegenoffensive, die letzte des Krieges, die später »Ardennenoffensive« genannt wird.

Der deutsche Gegenangriff beginnt am 16. Dezember: 24 Divisionen (davon zehn Panzerdivisionen) stoßen Richtung Westen vor, um einen Keil zwischen Briten und Amerikaner zu treiben und bis Antwerpen durchzudringen. Dort liegen wichtige Depots und ein Versorgungshafen im Rücken des Feindes. Wegen Schlechtwetters kann die Luftwaffe der Alliierten nicht eingreifen. Die Deutschen überraschen das 8. Armeekorps der Amerikaner und erobern einen belgischen Landstrich, dessen äußerster Rand an Dinant grenzt.

Die Alliierten sind total verblüfft. Um die Deutschen zurückzuwerfen lässt Eisenhower die Luftlandeeinheiten eingreifen. Die 101. Division der Amerikaner landet in Bastogne, gerät aber in große Schwierigkeiten, weil sie von der 15. Division der Panzergrenadiere umfasst ist.

Nach einigen Tagen haben die deutschen Fahrzeuge jedoch ihre Treibstoffvorräte verbraucht. Die Alliierten haben sich neu formiert und drücken den »Keil« ein, der durch den deutschen Angriff entstanden ist. In dessen Kern hält die 101. Division einem regelrechten Kessel stand (»Bulge« auf Englisch). Die Amerikaner erhalten in dieser Phase jede nur erdenkliche Hilfe aus der Luft und schlagen am Weihnachtstag einen Versuch deutscher Panzer zurück, ihre Front einzudrücken.

Am 26. Dezember kommt die amerikanische 4. Panzerdivision des Generals Hugh J. Gaffey zu Hilfe und vereinigt sich mit der 101. Die Deutschen verlassen die zehn Tage zuvor eingenommenen Stellungen, setzen die Kämpfe aber in den Wäldern fort. Am 1. Jänner 1945 erfolgt sogar ein letzter Luftangriff: 800 Jagdflieger der Luftwaffe zerstören hunderte Flugzeuge der Alliierten am Boden. Doch dann holen die Alliierten zum Gegenschlag in den Ardennen aus und der deutsche Versuch, das Elsass zurückzuerobern, scheitert.

Am 7. Februar ist die deutsche Offensive endgültig zerschlagen. Der letzte Rückzug der Deutschen beginnt und kommt erst im Frühjahr 1945 in Berlin zum Stillstand.

STREITKRÄFTE

▶ DEUTSCHE	
SOLDATEN	500.000
▶ ALLIIERTE	
AMERIKANER	600.000
ENGLÄNDER	55.000

Iwo Jima

1945

In etwas mehr als einem Monat an Kämpfen Mann gegen Mann entreißen die Amerikaner den Japanern die Insel Iwo Jima. Die japanische Garnison wird vernichtet, doch der Sieg wird mit einem ähnlich hohen Blutzoll erkauft, wie die Rückeroberung der Philippinen.

Mobile Raketenabschussstellungen des Marinekorps im Einsatz auf Iwo Jima. Die Taktik der Japaner ist defensiv und abwartend. Die Truppen Nippons sind unter der Erde verschanzt. Sie haben etwa 25 km an Tunnel gegraben, die 1500 Stellungen verbinden.

Die Eroberung von Iwo Jima trägt zur endgültigen Niederlage Nippons bei. Obwohl die Insel weit von japanischem Territorium entfernt liegt, bedeutet ihr Verlust einen Schock für die Japaner. Tatsächlich kann sie zu einem brauchbaren Sprungbrett für Bomber oder Jagdflugzeuge mit geringer Reichweite werden, die Tokio und die japanischen Inseln angreifen sollen und wird zu einem bequemen Landeplatz für die amerikanischen Bombenflugzeuge.

Die Einnahme der kleinen Insel Iwo Jima (32 km^2, beinahe flach, mit Ausnahme der Erhebung des Vulkankegels Suribachi) gestaltet sich nicht einfach: dort befinden sich rund 22.000 japanische Soldaten unter dem Kommando von General Tadamichi Kuribayashi und einige Kriegsschiffe.

Am 19. Februar, nach Tagen intensiver Bombardements im Pazifik, bringt das 5. amphibische Korps des Generals Harry Schmidt die 4. und 5. Division der Marines genau dort an Land, wo sich der Suribachi erhebt. Im ersten Moment begegnen die Amerikaner nur sporadischem Widerstand, doch nach 20 Minuten stoppt das japanische Feuer die Marines.

Trotz der Reaktion der Japaner haben die Amerikaner schon die notwendige Ausrüstung ausgeschifft: Artillerie, Munition, Panzer und Bagger. Kurz darauf kommt Verstärkung in Form der 3. Division der Marines an und am selben Tag beläuft sich das amerikanische Kontingent auf 30.000 Mann, die einen Brückenkopf bilden. Am 23. Februar hissen die Amerikaner ihre Flagge auf dem Gipfel des Suribachi.

Erst am 26. März ist die Eroberung der Insel abgeschlossen. Sie war wegen des von den Japanern benutzten Labyrinths an unterirdischen Verteidigungsanlagen extrem schwierig. Außerdem standen sich die Streitkräfte ziemlich nahe gegenüber, wodurch die Gefechte sehr blutig waren und an die Schlachten des Ersten Weltkriegs erinnerten (in denen jede Verteidigungsstellung frontal angegriffen werden musste).

Die japanische Garnison ist zwar praktisch vernichtet, doch die Verluste der Amerikaner sind sehr hoch: in etwa 40 Kampftagen zählt man kaum weniger Gefallene als bei der Rückeroberung der Philippinen.

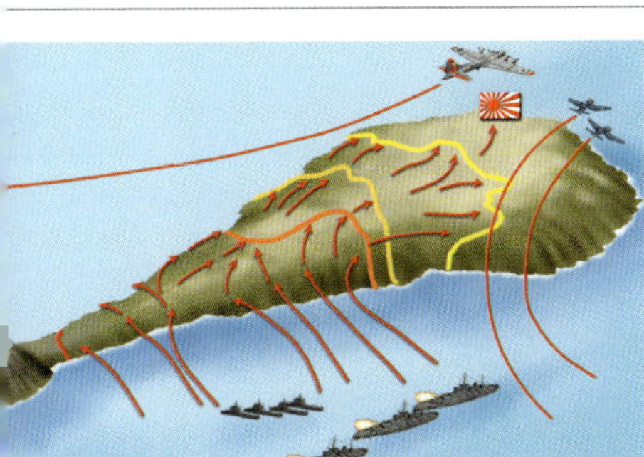

Amerikanischer Vorstoß

Frontverlauf
19. Februar
24. Februar
1. März

▲ Suribachi

STREITKRÄFTE

▶ JAPANER	
SOLDATEN	22.000
VERLUSTE	
GEFALLENE	21.800
GEFANGENE	200

▶ AMERIKANER	
SOLDATEN	70.000
VERLUSTE	
GEFALLENE	7000
VERWUNDETE	19.000

Berlin

1945

Die schwersten Kämpfe finden an der Moltke-Brücke, beim Reichstag, in Spandau und an den Brücken über die Havel statt. Die Sowjets sind mit SS-Einheiten konfrontiert, die bereit sind bis zum letzten Mann zu kämpfen.

Der Marsch nach Berlin ist ein abschließender Marsch – mit Panzern, Artillerie und zuletzt auch Infanterie – der letzte Akt des Weltkriegs in Europa. In der Hauptstadt findet ein Kampf Haus um Haus statt, um den zähen Widerstand der Deutschen und des NS-Regimes zu brechen. Die Sowjets sind die Hauptdarsteller des letzten Angriffs auf das Herz des Reiches und auf den Führerbunker.

Im Jänner stehen die Russen bereits zwischen Weichsel und Oder, und auf Basis der Ergebnisse der alliierten Konferenz von Jalta – wonach das sowjetische Einflussgebiet bis zur Elbe reichen soll – werden die Generale Schukow, Kommandeur der Weißrussischen Front, und Konjew, Kommandeur der Ukrainischen Front, mit der Einnahme der Stadt betraut. Zusammen verfügen sie über 2.500.000 Mann.

Deutschland, bei der Ardennenoffensive geschlagen und im Osten von der Roten Armee bedrängt, kann zur Verteidigung Berlins 750.000 Mann abstellen. Der unaufhaltsame Vorstoß der Sowjets ist bereits bis 60 km an die Hauptstadt herangekommen und verfügt über dreimal so viele Sodaten und Fahrzeuge. Am 16. April um 5 Uhr eröffnen 22.000 Geschütze das Feuer auf die feindlichen Stellungen an der Oder-Neiße-Linie. Es handelt sich um die Artillerie der 20 Armeen der Generale Rokossowski, Schukow und Konjew, die an der unteren und mittleren Oder und an der Neiße stehen. Bald ist die linke Flanke der Deutschen überrannt.

Am 20. April setzt sich Konjew gegen die deutsche 4. Armee durch, während die 9. von den Panzern Schukows eingeschlossen und auf drei Abschnitte versprengt wird.

Ein Soldat der Roten Armee und ein mit einer Panzerfaust bewaffneter Angehöriger des *Volkssturms*.

Was nach der Schlacht um Berlin vom Reichstag überblieb.

STREITKRÄFTE

SOWJETISCHE ÜBERLEGENHEIT

▶ DEUTSCHE*

SOLDATEN	1.000.000
PANZERFAHRZEUGE	1500
FLUGZEUGE	3300
VERLUSTE	
GEFALLENE UND VERWUNDETE	150.000–173.000
GEFANGENE	134.000
GETÖTETE ZIVILISTEN	152.000

▶ SOWJETS*

SOLDATEN	2.500.000
PANZERFAHRZEUGE	6250
ARTILLERIEGESCHÜTZE	41.600
FLUGZEUGE	7500
VERLUSTE	
GEFALLENE UND VERMISSTE	81.000
VERWUNDETE	280.000
PANZERFAHRZEUGE	2000
ARTILLERIEGESCHÜTZE	2100
FLUGZEUGE	900

* ZU BEGINN DER SOWJETISCHEN OFFENSIVE AN DER ODER-NEISSE-LINIE (16. APRIL 1945)

Wie schon in Stalingrad, doch diesmal mit umgekehrten Vorzeichen: jetzt sind es nämlich die belagerten Deutschen, die den sowjetischen Panzerverbänden (besonders den T-34) schwere Verluste zufügen. Diese werden durch die wirksamen Panzerabwehrwaffen (Panzerfaust) der Deutschen außer Gefecht gesetzt. Die Gebäude, in denen der hartnäckige deutsche Widerstand Schutz sucht, werden von der russischen Artillerie systematisch dem Erdboden gleichgemacht.

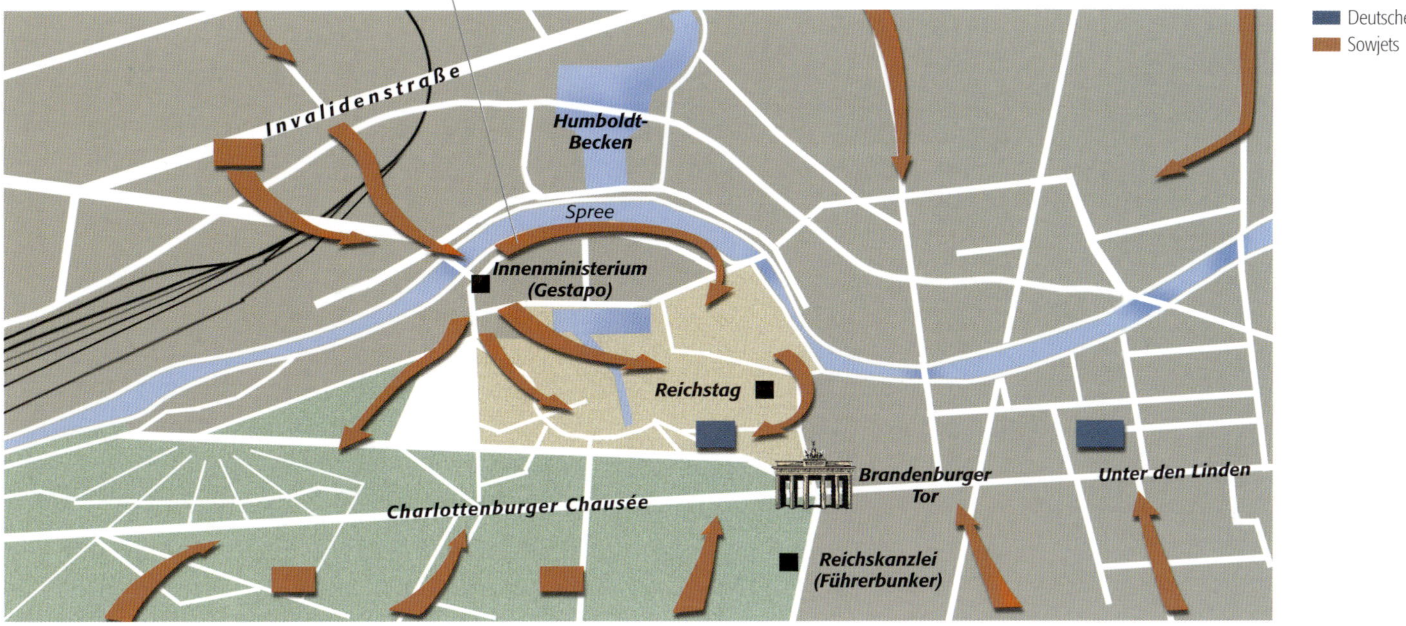

Die 3. Panzerarmee, die gegen die 2. Weißrussische Armeegruppe von Rokossowski kämpft, erhält Verstärkung durch Einheiten des *Volkssturms* und durch eingezogene Arbeiter.

Am 21. April erreichen die Russen die Trümmer und die wenigen noch intakten Gebäude im Zentrum Berlins. Schukow hat die 9. Armee eingekesselt, ohne sie zu schlagen und ist am südlichen Stadtrand angekommen. Trotzdem ihm fast alle seine Generale davon abraten, versteift sich der in einem unterirdischen Bunker verschanzte Hitler auf die Verteidigung der Stadt, anstatt den Feind zwischen Oder und Elbe anzugreifen. Auch setzt er seine Hoffnungen auf die 12. Panzerarmee von Walther Wenck, dem er den Befehl erteilt, von Süden auf Berlin zu marschieren, und auf zwei Divisionen von General Felix Steiner, die von Norden kommen. Doch diese können gegen die Übermacht der Sowjets nichts ausrichten.

Beiden deutschen Truppenkörpern kommt die Vorhut Konjews und Schukows bei Potsdam und Spandau zuvor. Am 25. April erobern die Russen, nachdem die Armeen von Schukow und Konjew im Westen Berlins zusammentreffen, einige Vororte und den Flughafen Tempelhof. Nun beginnt ein Kampf Straße um Straße wie in Stalingrad, allerdings sind die Bedingungen für die Verteidiger diesmal viel schwieriger.

Am 27. April stehen die Russen 300 m vor der Reichskanzlei und dem Führerbunker. Am nächsten Tag zerstören die Verteidiger – oft kaum mehr als mit Panzerfäusten bewaffnete Buben – einige russische Panzer im Gebiet zwischen Alexanderplatz und Havel: ein breiter, 10 km langer Korridor, durch den die Armee von Wenck passieren könnte. Dieser jedoch – nachdem er im Rücken der Besatzer hart gekämpft und sich mit der Garnison in Potsdam vereinigt hat – verliert angesichts der Überlegenheit der Roten Armee rasch den Schwung. Zur gleichen Zeit verlassen die Einheiten Steiners die Berliner Front und ziehen sich Richtung Elbe zurück.

Während die deutschen Kräfte in Italien am 29. April in Caserta die Kapitulation unterzeichnen, übergibt Hitler die Staatsgeschäfte an Großadmiral Dönitz und begeht am 30. zusammen mit seiner Lebensgefährtin Eva Braun und der Familie Goebbels Selbstmord im Bunker.

Die Garnison von Berlin ergibt sich am 1. Mai und am 7. unterzeichnet das neue Staatsoberhaupt die Kapitulation Deutschlands.

In einem dramatischen Wettlauf gegen die Zeit gelingt es Stalin, bevor die angloamerikanischen Kräfte in der Stadt ankommen, 3 t Uranoxid aus dem Kaiser-Wilhelm-Institut an sich zu nehmen. Das haucht der Operation »Borodino« Leben ein, was der Deckname für das sowjetische Atomprogramm ist.

Hiroshima

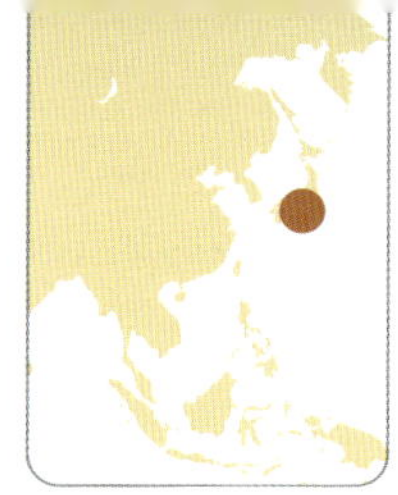

1945

Der Abwurf von nur zwei Bomben verändert nicht nur den Verlauf des Zweiten Weltkriegs und darüber hinaus die Geschichte des Krieges generell, sondern vielmehr die Geschichte der menschlichen Spezies auf dem Planeten Erde. Nur zwei Atombomben. Diese beenden den Zweiten Weltkrieg und läuten eine neue Ära ein: nämlich das Atomzeitalter.

Im Jahr 1943 stecken die Achsenmächte zwar auf jedem Kriegsschauplatz in der Krise, sind aber noch lange nicht geschlagen. Das faschistische Italien ist im September aus dem Krieg ausgetreten, doch im Norden errichten die deutschen Kräfte den Phantomstaat *Republik Saló*. Angloamerikanische Kontingente landen in Europa, die UdSSR erobert Stalingrad zurück und im Pazifik wendet sich der Krieg zu Gunsten der Allliierten. 1944 und 1945 haben die angloamerikanischen Kräfte Birma, die Gilbert-Inseln und die Philippinen zurückerobert. Japan steht unter einem fürchterlichen Bombenhagel seitens der Amerikaner.

Die auf Iwo Jima und in Okinawa erlittenen Verluste nehmen den amerikanischen Generalstab für ein rasches Kriegsende ein. Die noch nicht betroffenen Gebiete Japans werden von geschätzten 1.800.000 Mann in 26 Divisionen vertei-

HINTERGRÜNDE

DIE AUSWIRKUNGEN VON »LITTLE BOY«

Die beinahe totale Zerstörung von Hiroshima (90% aller Gebäude) hat damit zu tun, dass die Bombe nahe beim Stadtkern explodiert und daher 85% der Häuser im Umkreis von 3 km des Epizentrums der Explosion stehen.

Die Explosion löst eine Stoßwelle aus, die sich mit 4500 km in der Sekunde ausbreitet. Mehr als die Hälfte derjenigen, die sich im Umkreis von 1 km von der Explosion im Freien aufhalten, sterben durch die Strahlung.

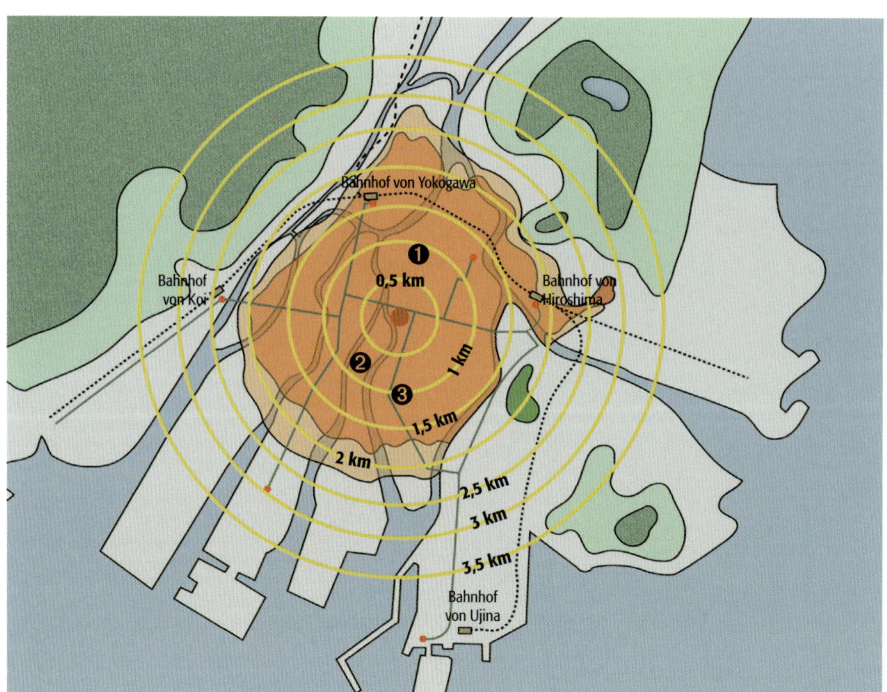

Quelle: www.pcf.city.hiroshima.jp

Die Hitze der Explosion verursacht einen wahren Feuersturm. Nach 20–30 Minuten fällt im Nordwesten der Stadt schwarzer Regen, der mit radioaktivem Staub und Ruß verunreinigt ist. Dieser kontaminiert auch Gebiete, die weit vom Epizentrum entfernt liegen.

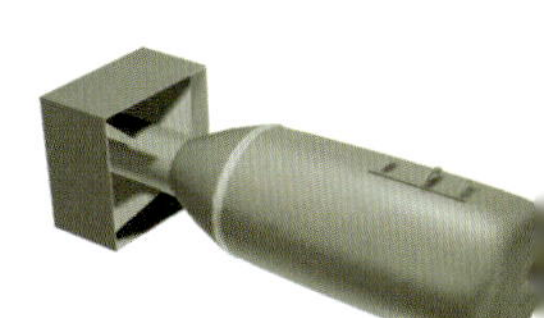

- Komplett zerstört und in Flammen
- Komplett zerstört
- Epizentrum
- ❶ Hauptquartier des Heeres
- ❷ Präfektur
- ❸ Rathaus

Die Überreste der Stadt. Im Vordergrund das »Skelett« des Gebäudes der Industrieförderung. Die Einwohner Hiroshimas haben beschlossen, es nicht abzureißen, um an das Geschehene zu erinnern.

digt, das Gelände eignet sich hervorragend für Guerillataktiken.

Nach Schätzungen des amerikanischen Stabschefs General George Marshall schwankt die Zahl der amerikanischen Verluste bei der Eroberung Japans zwischen 500.000 und 1.000.000 Gefallener (gegenüber den 200.000 beim Sieg über Hitler).

Im Mai 1945 präsentiert eine Kommission unter Vorsitz des amerikanischen Kriegsministers Henry L. Stimson Präsident Harry Truman (der Franklin D. Roosevelt nach dessen Tod im April in das höchste Amt der Vereinigten Staaten nachgefolgt ist) einen Bericht mit Entwürfen für die Anwendung einer neuen und sehr starken Waffe gegen Japan: die Atombombe, die bereits seit Mitte 1942 vorbereitet wird, als das streng geheime »Manhattan Project« ins Leben gerufen wurde, um einen Krieg zu beenden, der noch lange dauern könnte. Man rechnet damit, dass die Alliierten für eine Landung auf den japanischen Inseln nicht vor November 1945 bereit sind, während auch Russland soweit ist, Tokio den Krieg zu erklären.

➤ DAS ULTIMATUM AN JAPAN

Am 26. Juli wird der Welt die Potsdamer Proklamation der Alliierten bekannt gegeben, die dem japanischen Staat im Falle der Kapitulation die Rückgabe der Kriegsgefangenen, die Aufrechterhaltung seiner Industrie und einen Platz im internationa-

WAFFEN

DIE MUTTER ALLER BOMBEN

Die mächtigste Bombe, die bis 1945 gebaut wurde, ist nach den verheerenden Explosionen über Hiroshima und Nagasaki dazu bestimmt, traurige Berühmtheit zu erlangen. Sie ist das Ergebnis der technischen, wissenschaftlichen und militärischen Stärke der USA. Sie stammt von einigen – von General Leslie R. Groves koordinierten – Wissenschaftlern (darunter Leo Szilard, Klaus Fuchs, Robert Oppenheimer, Edward Teller und die Italiener Emilio Segrè und Enrico Fermi), die sich seit 1942 mit dem »Manhattan Project« beschäftigen. Nach Experimenten und Forschungsarbeiten, vor allem in Los Alamos (New Mexico), werden die USA zur ersten Atommacht des Planeten: Am 16. Juli 1945 wird um 5.30 Uhr eine Bombe von komplett neuer Bauart gezündet. Die durch die Spaltung eines Uranatoms erzeugte Explosion setzt eine Energiemenge frei, die andernfalls undenkbar wäre. Der Sprengkörper wird an einem 300 m hohen stählernen Gittermast angebracht, elektrisch mit einem 10 km entfernten unterirdischen Schutzraum verbunden, von wo aus die Zündung erfolgt. Ein ungeheurer Blitz, der noch in dutzenden Kilometern wahrnehmbar ist, und ein grollender Donner zeigen an, dass das Experiment geglückt ist. Vom Mast bleibt nichts übrig und die Erde rundherum ist wie Lava geschmolzen. Die öffentliche Meinung und die sowjetischen Verbündeten erfahren von all dem noch nichts.

Gegenüber: die »Little Boy« genannte Atombombe, die über Hiroshima abgeworfen wird; ihr folgt »Fat Man«, die drei Tage später über Nagasaki explodiert.

Rechts: der Schriftzug »Enola Gay« auf dem Rumpf des in Hiroshima eingesetzten B29-Bombers.

STREITKRÄFTE

»KOLLATERALSCHÄDEN« WIE NOCH NIE ZUVOR

▶ AMERIKANER	
BESATZUNG DER *ENOLA GAY*	12
▶ JAPANER	
EINWOHNER VON HIROSHIMA	350.000
VERLUSTE	
UNMITTELBAR GETÖTET	100.000
BIS ENDE 1945 GESTORBEN	40.000

Hiroshima 1945

Giganten der Lüfte
Ein viermotoriges Flugzeug des Typs »fliegende Superfestung« mit einem Aktionsradius von 9388 km; Höchstgeschwindigkeit und Betriebsgeschwindigkeit: 587 und 354 km/h; Länge, Breite und Flügelspannweite (in Metern): 30,17 – 8,46 – 43,05; Leergewicht und Gewicht bei voller Beladung (in kg): 31.569 – 63.990.

»Die Welt soll erfahren, dass die erste Atombombe über Hiroshima, einer Militärbasis, abgeworfen wurde. Wir haben die Deutschen beim Wettlauf um ihre Entdeckung geschlagen. Wir haben die Bombe eingesetzt, um die Leben tausender junger Amerikaner zu schützen. Wir werden sie weiter, bis zur totalen Vernichtung der japanischen Streitkräfte, einsetzen.«

Harry Truman 9. August 1945

Die Einigkeit in den Absichten, die die besten Wissenschaftler der Vereinigten Staaten dazu bringt, mit dem Manhattan-Programm die zerstörerischste Waffe, welche die Welt jemals gesehen hat, zu bauen, bekommt nach den Abwürfen über Hiroshima und Nagasaki tiefe Risse. Gründe dafür sind ethische Bedenken bei einigen maßgeblich Beteiligten: Oppenheimer und vor allem Szilard distanzieren sich, während Teller, ein »Falke« wie er im Buche steht, auch weiterhin für den Einsatz der Bombe plädiert, wenn es notwendig sein sollte, in erster Linie in den Jahren des Kalten Krieges.

Julius R. Oppenheimer (1904–1967)
Er wurde in New York geboren, stammt aus einer wohlhabenden Familie, studierte zuerst in Harvard und dann in Europa – in England und Deutschland. Zurück in den USA bewegte er sich Mitte der 30er-Jahre im sozialistischen Milieu und heiratete 1940 die mit dem Kommunismus sympathisierende Biologin Katharine Puening Harrison. 1943 wurde er für den Bau der Atombombe verantwortlich und zum Koordinator des »Manhattan Project«, wobei ihm einige der besten Physiker seiner Zeit zur Seite standen.
Nach dem Krieg steht er an der Spitze eines Komitees für die innere Sicherheit der Kommission für Atomenergie. In der McCarthy-Ära wendet er sich (aus ethischen Gründen) gegen den Bau der thermonuklearen Bombe (H-Bombe) und wird antiamerikanischer Umtriebe beschuldigt und aus der Kommission ausgeschlossen. Er nimmt seine Lehrtätigkeit in Princeton wieder auf, wo er bis zu seinem Tod bleibt.

»Die Physiker haben die Sünde erkannt, und das ist eine Erkenntnis, die sie nicht vergessen dürfen.«

Edward Teller (1908–2003)
Der in Ungarn geborene Teller flieht nach der Machtergreifung Hitlers zuerst nach Dänemark und dann in die Vereinigten Staaten. Im Zweiten Weltkrieg gehört er einer vom Physiker Leo Szilard angeführten Gruppe von Wissenschaftlern an, die die amerikanische Regierung zur Herstellung der Atombombe überredet. Nach dem Krieg erfindet und testet er die »Superbombe« und bleibt ein vehementer Befürworter der Entwicklung neuer Nuklearwaffen. Er verurteilt die Haltung Oppenheimers und geht sogar soweit, dass er gegen ihn wegen antiamerikanischer Aktivitäten aussagt. Er bleibt auch immer ein Gegner der Beschränkung im atomaren Rüstungswettlauf und setzt sich für die zivile Nutzung der Atomenergie ein. Teller entwickelt in den 50er-Jahren einen Kernspaltungsreaktor, der später verwirklicht wird.

»[Die Wasserstoffbombe] haben wir getestet, verbessert und nie eingesetzt, was dazu dienen wird, den Kalten Krieg zu gewinnen.«

Leo Szilard (1898–1964)
Der ungarische Physiker unterrichtet von 1923 bis 1933 in Berlin. Als die Nationalsozialisten in Deutschland an die Macht kommen, emigriert er nach Großbritannien. 1938 wird er als Forscher an die Columbia University in die USA eingeladen.
Gemeinsam mit Enrico Fermi arbeitet er an der ersten Kettenreaktion (1942). Er ist gegen den Abwurf über Hiroshima und Nagasaki und kämpft in der Folge für die ausschließlich friedliche Nutzung der Atomenergie. 1946 wendet sich Szilard von der Nuklearforschung ab und wird Professor für Biophysik an der Universität von Chicago.

»Wir hätten mit Japan auf typisch diplomatischer Ebene, beispielsweise über Vermittlung der Schweiz, verhandeln und den Japanern erklären müssen, dass wir niemanden töten wollen und daher die Evakuierung einer Stadt – sagen wir Hiroshima – vorschlagen sollen. Dann wäre ein einziger Bomber gekommen, der eine einzige Bombe abgeworfen hätte.«

Ein Feuersturm
Er dauert sechs Stunden. Im Umkreis von 600 m vom Epizentrum der Explosion entfernt erreicht die Temperatur 2000° C, was Glas und Metall schmelzen lässt und normalerweise unzerstörbare Materialien in Brand setzt. Jegliches Leben im Umkreis von 800 m endet. Obwohl sie sich im Augenblick der Explosion bereits 18 km entfernt befindet, wird die *Enola Gay* – wenn auch nicht so heftig – von der Druckwelle erfasst. Wie die Besatzungsmitglieder berichten, knarrt die Maschine heftig.

1938 Otto Hahn und Fritz Straßmann spalten in Deutschland ein Uranatom • **1939** Albert Einstein rät Roosevelt brieflich zum Bau der Atombombe • **1941 (7. Dezember)** Angriff auf Pearl Harbor; die USA treten in den Krieg ein • **1942** In den Vereinigten Staaten entsteht der Plan zum Bau der Atombombe; **(2. Dezember)** Fermi führt die erste kontrollierte Kettenreaktion an der Universität von Chicago durch • **1943** In Los Alamos (New Mexico) wird ein geheimes Dorf errichtet, das die mit dem Manhattan Project beschäftigten Wissenschaftler beherbergen wird • **1945 (16. Juli)** Atombombentest in New Mexico; **(17. Juli)** Potsdamer Konferenz; **(26. Juli)** das Kapitulationsangebot wird von Japan zurückgewiesen; **(6. August)** Atombombenabwurf über Hiroshima und **(9. August)** über Nagasaki; **(1. September)** Kapitulation Japans • **1946** Erster Atombombentest in Friedenszeiten, der von der amerikanischen Marine auf dem Bikiniatoll im Pazifik durchgeführt wird.

6. August 1945 Der Flug der *Enola Gay*

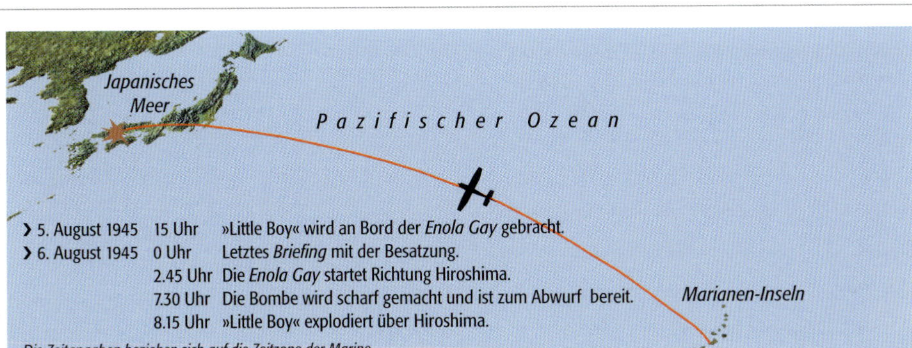

August 1945 Die Atombomben fallen auf Japan

Hiroshima 1945

Rechts: Nagasaki nach der Explosion. Im Vordergrund die Reste der Medizinischen Fakultät.

Oben: das Relief, das die Explosion über Hiroshima darstellt. Um die Reichweite der Schäden durch eine Bombe diesen Typs zu bestimmen, sind drei Faktoren von Bedeutung: die Größe der Bombe, die Höhe, in der sie gezündet wird (in Hiroshima explodiert sie in einer Höhe von 583 m) und die Geomorphologie der Umgebung, in der sich das Ziel befindet.

len Handel verspricht. Dem gegenüber steht die Auflage, alle militärischen Eroberungen aufzugeben und das Staatsgebiet auf die vier Hauptinseln zu beschränken, auf denen die Amerikaner bisher noch nicht gelandet sind.

Am 29. Juli 1945 antwortet Japan auf den Aufruf mit einer Presseagenturmeldung. Der verwendete Ausdruck lautet: »Das Ultimatum ignorieren«, was von den Alliierten unvermeidlich als schroffe Ablehnung interpretiert wird.

Daher wird zwischen 26. und 29. Juli auf der Insel Tinian im Marianen-Archipel die erste Atombombe »Big Boy« auf den amerikanischen Kreuzer *Indianapolis* verladen. Man wartet nur auf den Befehl des Präsidenten der USA, die Bombe an Bord einer B29 zu bringen – das einzige Bombenflugzeug, das in der Lage ist, die Aufgabe zu übernehmen und sie über eine der als Ziele bestimmten Städte abzuwerfen: Hiroshima, Kokura, Niigata oder Nagasaki, alles Zentren von gewisser militärischer Bedeutung und bisher von den Brandbomben verschont geblieben, die anderswo, so auch in Tokio, Schäden im Ausmaß von 40 bis 99% an Wohnhäusern und der Infrastruktur verursacht haben.

Der Befehl Trumans trifft am 5. August bei der 509. Bombergruppe ein. Drei B29 heben am 6. August kurz nach 1 Uhr zu Aufklärungsflügen ab, gefolgt von jener, die die 5 t schwere Bombe an Bord hat.

Das zu Ehren der Mutter des Kommandanten, Oberstleutnant Paul Tibbets, *Enola Gay* getaufte Flugzeug empfängt bald eine Meldung von einem der Aufklärer: über Hiroshima ist der Himmel klar und wolkenlos. Das Flugzeug von Tibbets erreicht das Zielgebiet nach 8 Uhr in einer Höhe von 9000 m. Kurz zuvor hat Tibbets die Mannschaft informiert, dass die »superstarke Bombe«, die sie transportieren, genau gesagt eine Atombombe ist.

➤ DIE ZERSTÖRUNG VON HIROSHIMA

Um 8.15 führt Major Tom Ferebee den Abwurf aus und die Bombe explodiert 45 Sekunden später, als die *Enola Gay* schon viele Kilometer weit entfernt ist. Dessen ungeachtet wird die Besatzung von einem Blitz getroffen, den sie durch die Spezialbrillen sehen, mit denen alle von ihnen ausgestattet wurden. Über der getroffenen Stadt steigt eine gewaltige, äußerst dichte Rauchsäule aus festen Teilchen auf, die dann die Form eines Pilzes annimmt.

Am Boden ist die Wirkung furchtbar. Wo die Bombe fällt, erreicht sie in einem Gebiet von 1500 m Durchmesser eine Temperatur von 5000 °C. An dieser Stelle wird man nichts als Asche finden. Und noch weit entfernt stürzen Häuser ein oder brennen vom Keller bis zum Dach. Die Verletzten und Menschen mit schweren Verbrennungen können nicht geborgen werden, es sind Zehntausende.

INTERNET
• www.pcf.city.hiroshima.jp/
• www.dannen.com/decision/index.html
• web.tiscali.it/ivancorso/files_arms/nuclear/LITTLEBOY.htm

Am Ende des Tages schätzt man die Zahl der Toten auf mindestens 100.000. Bis Ende 1945 kommen noch 40.000 dazu, die an den Folgen ihrer Verletzungen und der Strahlung sterben, über deren Auswirkungen man bisher wenig mehr als hypothetisches Wissen hatte. Sie zeigen sich nun in Form von Blutungen und erbrochenem Blut. Hätte man die Zeit und die Möglichkeit für Untersuchungen, würde man beginnende genetische Veränderungen und die rasche Bildung von Krebsgeschwüren beobachten. Die Zerstörungskraft der Explosion vernichtet auch die zivilen und militärischen Melderegister, was eine genaue Erfassung der Opferzahlen unmöglich macht.

Tokio ist gezwungen, den Schlag einzugestehen, während die Sowjetunion, die Japan zwei Tage zuvor den Krieg erklärt hat, in die Mandschurei einmarschiert.

Von links nach rechts: Robert H. Shumard (2. Ingenieur und zuständig für die Bedienung der Radarantenne), Richard H. Nelson (Funker), Joseph S. Stiborik (Radartechniker), George R. Caron (Heckschütze), Wyatt E. Duzenbury (Flugingenieur).

Von links nach rechts: Jacob Beser (Radarabwehr), Morris R. Jeppson (Offizier für Waffentests), Theodore J. Van Kirk (Navigator), Thomas W. Ferebee (Bomber), William S. Parsons (Waffenoffizier), Paul W. Tibbets (Kapitän), Robert A. Lewis (Copilot). Das Foto wurde am 17. August 1945, elf Tage nach dem Einsatz, auf den Marianen aufgenommen.

Major Ferebee führt den eigentlichen Abwurf von »Fat Boy« durch. Die Bombe fällt aus einer Höhe von 9632 m auf Hiroshima. Sie wiegt 4400 kg, ist 3,04 m lang und hat einen Durchmesser von 71,12 cm. Ihre Sprengkraft entspricht 15.000 t des Explosivstoffes TNT.

➤ NACH NAGASAKI ERGIBT SICH JAPAN

Die zögerliche Haltung, den Amerikanern die Bereitschaft zur Kapitulation umgehend zu signalisieren, bedeutet am 9. August eine weitere Tragödie für Nagasaki. Die Stadt wird gewählt, weil sie keine Wolkendecke beschützt. Eine B29 überfliegt sie und wirft »Fat Man«, einen zweiten Atomsprengkörper, diesmal mit Plutonium, ab.

Die Explosion ist so gewaltig, dass die B29 von der entstehenden Druckwelle erfasst wird und auf Okinawa notlanden muss. Die Zahl der Toten beträgt 70.000, doch viele Menschen liegen in den folgenden fünf Jahren im Sterben.

Um Mitternacht zwischen 9. und 10. August findet ein Treffen zwischen den wichtigsten Regierungsmitgliedern und ranghohen Militärs im Kaiserpalast von Tokio statt. Erstmals nimmt Kaiser Hirohito selbst teil. Er soll das Zünglein an der Waage zugunsten der Befürworter einer bedingungslosen Kapitulation sein, wie sie die Alliierten fordern. Die Abstimmung geht nämlich drei zu drei aus, weil einige bessere Konditionen erreichen (oder den Konflikt weiterführen) wollen. Am 2. September 1945 geht eine japanische Delegation an Bord des amerikanischen Panzerkreuzers *Missouri* – der friedlich in den Hafen von Tokio eingelaufen ist – und unterzeichnet in Anwesenheit der Repräsentanten der wichtigsten alliierten Staaten die Kapitulation.

Der Zweite Weltkrieg ist beendet. Die Atomwaffe, eingesetzt um Japan zu besiegen, verändert das Kräfteverhältnis zwischen den Siegern zum Vorteil der USA und birgt auf längere Sicht die Möglichkeit, eine Nachkriegs-Weltordnung im Einklang mit der Sowjetunion zu schaffen: der Kalte Krieg steht vor der Tür.

Die Besatzung der *Enola Gay.* An der Mission nehmen außerdem noch teil: die *Great Artist,* um die Auswirkungen der Explosion zu messen, die #91 (später *Necessary Evil*) mit den wissenschaftlichen Beobachtern, die *Top Secret,* für den Fall einer Havarie an der *Enola Gay* in Reserve, die *Straight Flush* für die Wetteraufklärung und schließlich die *Jabbitt III* und die *Full House* für die Erkundung von alternativen Zielen.

56

5 Neue Technologien und der asymmetrische Krieg

1950 **Inch'ôn**
1957 **Algier**
1959 **Schweinebucht**
1967 **Abu Suweir**
1968 **Khe Sanh**
1982 **Falklandinseln**
1983 **Grenada**
1986 **Zhawar**
1991 **Irak**
1992 **Sarajevo**
1993 **Mogadischu**
1994 **Grosny**
1999 **Kosovo**
2001 **World Trade Center**
2001 **Djenin**
2003 **Irak**
2004 **Beslan**

Welchen Sinn macht ein Krieg im Atomzeitalter? Und welche Gefahren birgt der Atomkrieg für die menschliche Rasse? Fragen wie diese ängstigen seit 1945 den Planeten. Der »Kalte Krieg« zwischen USA und UdSSR – die 1949 die einzigen zwei Atommächte sind, denen aber bald weitere folgen – hat zu enormen Rüstungsausgaben geführt und vor allem eine Reihe von »Stellvertreterkriegen« am Rande der beiden Supermächte mit sich gebracht. Es handelt sich nicht um »den« Krieg mit »der« Bombe, aber um hunderte Kriege, die die Welt von damals bis heute in Blut getaucht haben.

Wurden sie in Schlachten ausgetragen? Möglich. Der britische Militärhistoriker John Keegan hat behauptet, dass es in der Zeit des »Kalten Krieges« schwierig ist, von »Entscheidungsschlachten« zu sprechen und im Gegenteil, »der starke Verdacht besteht, dass sich die Schlacht selbst umgebracht hat«. Auf jeden Fall werden militärische Auseinandersetzungen, Konflikte und Kriege weiterhin ausgetragen. Das »Gesicht der Schlacht« hat sich in jenes des »Krieges nach dem Krieg« (dem nach 1945) verwandelt, ist komplizierter geworden und franst aus. Die Heere der beiden Supermächte und ihrer Verbündeten haben begonnen, sich auf einen allgemeinen, beinahe sicher atomaren Krieg vorzubereiten, obwohl die technischen Fortschritte auf einen atomaren Holocaust mit hunderten Millionen Opfern bei allen Kriegsteilnehmern hinweisen. Dank der Verbesserung der Raketen und der Miniaturisierung der Waffensysteme können Atomsprengköpfe von jeder Plattform aus abgeschossen

werden, sei es ein Unterseeboot oder eine Raketenbasis.

Die Bewohner der europäischen Kolonien haben zuerst Kriege zur Entkolonialisierung für ihre Unabhängigkeit geführt und wurden dann mit unzähligen lokal beschränkten, aber blutigen Konflikten konfrontiert.

Mit der Entwicklung der Informatik wurden Schlachten und Kriege stark asymmetrisch. Sie werden zwischen Streitkräften der wenigen Mächte, die sich kostspielige und komplizierte, »hypermoderne« und »chirurgische« Waffensysteme leisten können, und einfach nur »modernen« Heeren ausgetragen, die oft Entwicklungsländern angehören.

Die Elektronik, bis 1940 nur zur Kommunikation und in Ortungsgeräten (Radar) verwendet, ermöglicht heute die Fernsteuerung von Sprengkörpern und Transportmitteln in einer Bandbreite, die von der Raketensteuerung bis zur Störung der feindlichen Elektronik reicht. Elektronik, Infrarotstrahlung und Laser haben zusammen mit der »Informatikrevolution« das »Gesicht des Krieges« im letzten Jahrzehnt des 20. Jh. völlig verändert. Plötzlich zerfällt auch die UdSSR und die Landschaft der internationalen Politik sieht eine einzige Supermacht, die einem Mosaik aus regionalen Organisationen, mächtigen Medien und lokalen Mächten in einem instabilen Umfeld gegenübersteht, was als verschwommen und gefährlich wahrgenommen wird. Diktatoren kleiner und mittlerer Staaten (von Milošević in Serbien bis Saddam Hussein im Irak) brechen internationales Recht und rechtfertigen die Gründung von Koalitionen zwischen Staaten, die

die Aufgabe übernehmen, die »Ordnung wiederherzustellen« – manchmal in Übereinstimmung mit den Vereinten Nationen, manchmal mit deren expliziter Ablehnung.

Laut jüngster Analysen besteht in der zweiten Hälfte des 20. Jh. die größte Gefahr für den Weltfrieden weiterhin in sozialer sowie kultureller Ungleichheit zwischen den Kontinenten und ihrer Umgebung. Doch nach Ende der Bipolarität USA–UdSSR entspringt eine wachsende Bedrohung aus einer neuen Form des internationalen Terrorismus, der die öffentliche Meinung in Panik versetzt und der dazu benutzt wird, einseitige militärische Reaktionen seitens eines Teils der westlichen Welt zu rechtfertigen. Nun hat sich die Geschichte an die kontinuierliche Veränderung des »Gesichts des Krieges« gewöhnt. Doch sind die Massenmorde des internationalen Terrorismus »Schlachten«? Und ist der Krieg, die militärische Reaktion, die einzige und beste Lösung?

Die Technologie des Militärs und der Geheimdienste wächst beständig, doch scheint sie nicht immer wirksam in der Begegnung neuer Bedrohungen zu sein. Während 2005 die Internationale Atomenergie-Organisation den Friedensnobelpreis erhielt, weil man die nukleare Bedrohung immer noch als größte Gefahr für den Planeten betrachtet, steht die Welt den vielen noch im Krieg befindlichen Soldaten und den vielen in der »Schlacht« Gefallenen mit gemischten Gefühlen gegenüber: »Schlachten« in ethnischen Konflikten, in bewaffneten Grenzkonflikten, in »Operationen zur Wiederherstellung des Friedens« oder – »einfach nur« – in Kriegen.

Inch'ôn

1950

Die Landung in Inch'ôn, ein kompliziertes und geglücktes Unternehmen, bildet für die Streitkräfte der Vereinten Nationen (in Wahrheit jene der Vereinigten Staaten und ihrer Verbündeten) die erste und lange erwartete Gelegenheit, in einen Konflikt einzugreifen. Es handelt sich um den Koreakrieg, der Monate zuvor – aus militärischer und politischer Sicht – unter äußerst beunruhigenden Vorzeichen begonnen hat.

Im Jahr 1945 von der japanischen Herrschaft befreit, wird Korea nördlich und südlich des 38. Breitengrads von sowjetischen und amerikanischen Truppen besetzt. Dort bilden sich daher zwei sich ideologisch konträr gegenüberstehende Regierungen: im Norden die kommunistische von Kim Il Sung, im Süden die westlich ausgerichtete von Syngman Rhee.

Im Juni 1950 bricht der Koreakrieg aus, als nordkoreanische Truppen den 38. Breitengrad überqueren, in Südkorea eindringen und es fast zur Gänze erobern. Ausgespart bleibt nur ein schmaler Brückenkopf um den Hafen von Pusan, wo sich die südkoreanischen Truppen verschanzen.

Der Sicherheitsrat der UNO stimmt – auf Anregung der USA und unter Ausnutzung der Abwesenheit des sowjetischen Delegierten – für eine Verurteilung der nordkoreanischen Aggression und billigt in Folge eine Militärinitiative unter amerikanischem Oberkommando, das dem US-General Douglas MacArthur übertra-

An der gesamten Operation sind über 250 Schiffe beteiligt, die zum großen Teil von den Vereinigten Staaten, aber auch von Großbritannien, Frankreich, Australien, Neuseeland, Kanada und Südkorea zur Verfügung gestellt wurden.

Ein amerikanischer Marin und ein Soldat der Volksrepublik China, die mit Nordkorea verbündet ist. Nachdem sie die Kontrolle über das Gebiet von Inch'ôn gefestigt haben, erhalten die Truppen MacArthurs Ende September Verstärkung durch die philippinischen und australischen Kontingente und Anfang Oktober von der amerikanischen 3. Division.

STREITKRÄFTE

ÜBERLEGENHEIT DER UNO-TRUPPEN

▶ UNO-TRUPPEN	
SOLDATEN	70.000
VERLUSTE	
GEFALLENE	20
VERWUNDETE	200
▶ NORDKOREANER	
SOLDATEN	6000
VERLUSTE	
KEINE ANGABEN	

Unter den zahlreichen Hindernissen, die zu überwinden sind, müssen die Streitkräfte unter dem Befehl von General MacArthur bei der Landung auch das Phänomen der Gezeiten berücksichtigen, die in Inch'ôn überdeutlich wahrnehmbar sind: der Unterschied zwischen Ebbe und Flut kann Spitzenwerte von bis zu 9 m erreichen. Der eigentliche Angriff erfolgt mit der Operation »Trudy Jackson«, die von Spezialeinheiten durchgeführt wird, die das Zielgebiet der Landung genau studieren.

gen wurde, der seit dem Krieg Militärbefehlshaber in Japan ist.

Der Plan von MacArthur, die Operation »Chromite«, sieht eine kühne Massenlandung von Amphibienfahrzeugen im Hafen von Inch'ôn vor, einer Küstenstadt in der Nähe von Seoul, um dann mitten in Feindesland vorzudringen. Auf diese Weise – mit einem gleichzeitigen Ausfall der in Pusan verschanzten Truppen – sollte es möglich sein, die nordkoreanischen Streitkräfte zu isolieren und zu zerschlagen.

Eine besondere Schwierigkeit besteht im Zugangskorridor zum Hafen, der bedingt durch die Gezeiten den Angreifern nur wenige Stunden Zeit lässt. Große militärische Stärke, geeignete technische Mittel und äußerste Präzision müssen daher unter einen Hut gebracht werden. All dies erklärt die strategische Überraschung, von der die Nordkoreaner erfasst werden.

Die Operation beginnt am 15. September um 6.25 Uhr mit der Landung von Marines und Panzern auf der befestigten Insel Wolmi-Do, die schon um 7.50 Uhr alles unter ihre Kontrolle gebracht haben. Um 17.33 Uhr beginnt die Landung in Inch'ôn mit dem Angriff des 5. Regiments der 1. Division der Marines und um 1.30 Uhr sind alle Ziele erobert. Zu Mittag des 16. haben die Amerikaner auch die Anhöhen rund um die Stadt unter ihre Kontrolle gebracht, eine Woche später wird die Hauptstadt Seoul befreit.

Die Nordkoreaner, die plötzlich von einer Zangenbewegung bedroht sind, ziehen sich nach Norden zurück. Im Verlauf zweier Wochen hat sich das Blatt gewendet: Die UNO-Truppen erreichen den 38. Breitengrad und drängen die Aggressoren zurück und erfüllen somit ihre Mission. Die militärischen Operationen dauern noch zwei weitere Jahre an, wobei es spannungsgeladene Augenblicke gibt, da eine chinesische Einmischung in den Konflikt möglich ist.

Am 27. Juli 1953 beendet die Unterzeichnung eines Waffenstillstands den Konflikt. Die Teilung des Landes in Süd- und in Nordkorea wird beschlossen, die bis heute aufrecht ist.

Landungsfahrzeuge
Panzereinheiten
Versorgung
Deckung aus der Luft und Nahkampfunterstützung
Beschuss durch Schiffe

Algier

1956

- Sprengstoffanschläge der FLN
- ▲ Moschee
- ■ Postamt
- ◆ Bombenfabrik der FLN
- ❶ Kasbah
- ❷ Gouverneurspalast

Eine Szene aus dem Film *Die Schlacht um Algier* (1965) von Gillo Pontecorvo.

Von September 1956 bis Frühjahr 1957 werden der Revolutionsbewegung 800 Aktionen pro Monat zugeschrieben (Schießereien und Sprengstoffanschläge).

Der Prozess der Entkolonialisierung in Afrika und Asien ist oft ein blutiger. Die Unabhängigkeitsbewegung Algeriens wird zu einem Krieg Guerillas gegen Guerillabekämpfung von ungeheurer Grausamkeit. Die französische Armee ist weder imstande den kolonialen Frieden wiederherzustellen noch die Kolonie für Paris zu retten.

Seit Ende des Zweiten Weltkriegs hat sich in Algerien, wie auch in anderen Kolonien, eine starke Bewegung zur Befreiung aus der französischen Vorherrschaft (die *Front de Libération Nationale*, die »Nationale Befreiungsfront«) gebildet. Deren bekanntester Flügel wird von Ahmed Ben Bella angeführt, der am 1. November 1954 einen allgemeinen Aufstand anzettelt, der den Beginn des Algerienkrieges bedeutet.

Eine Verhaftungswelle und die Entsendung von 40.000 Soldaten scheint den Ernstfall zu mildern. 1956 verlegt die FLN die Operationsbasis ihres Kampfes nach Algier, der nun beginnt nicht nur in das öffentliche Bewusstsein der Franzosen einzudringen, sondern weltweit wahrgenommen wird. In der Hauptstadt entbrennt 1956 die Schlacht um Algier, die eine Periode brutaler Guerillakämpfe einleitet.

Frankreich reagiert mit äußerster Härte und Ende September scheint die ihrer größten Führer, Saadi Yacef und Ali La Pointe, beraubte FLN vernichtet zu sein. Der Eindruck täuscht. Im Dezember stellt die französische 10. Fallschirmjägerdivision unter General Jacques Massu die Ordnung in der Stadt mit allen Mitteln wieder her: die Franzosen greifen auf massive Folter, wahllose Verhaftungen und Hinrichtungen ohne Gerichtsverhandlung zurück. Sie bauen ein Informantennetz auf, das ihnen alle verdächtigen Bewegungen zur Kenntnis bringt und ihnen Zutritt zu den Polizeiarchiven verschafft, um an die Namen möglicher FLN-Mitglieder zu gelangen.

Der militärische Sieg der Franzosen geht mit keinem politischen einher und schadet ihrem Image. Die Algerier schließen sich mehrheitlich der FLN an und die öffentliche Meinung in Frankreich ist entsetzt über die grausamen Pressemeldungen und Bilder, die aus Algerien eintreffen.

1958 kehrt General Charles De Gaulle nach einer politischen Krise, die durch den Krieg ausgelöst wurde, wieder an die Spitze Frankreichs zurück. Schließlich willigt er im März 1962 in den Waffenstillstand von Evian ein, durch den Algerien die Unabhängigkeit erlangt. Die Algerier feiern die erlangte Souveränität, während Frankreich einen Schlussstrich unter die Herrschaft über Algerien zieht, die 132 Jahre gedauert hat.

STREITKRÄFTE

▶ FRANZOSEN*	
SOLDATEN	371.000
▶ ALGERIER**	
AKTIVISTEN	60.000

* ENDE 1957
** ANFANG 1958

Schweinebucht

1961

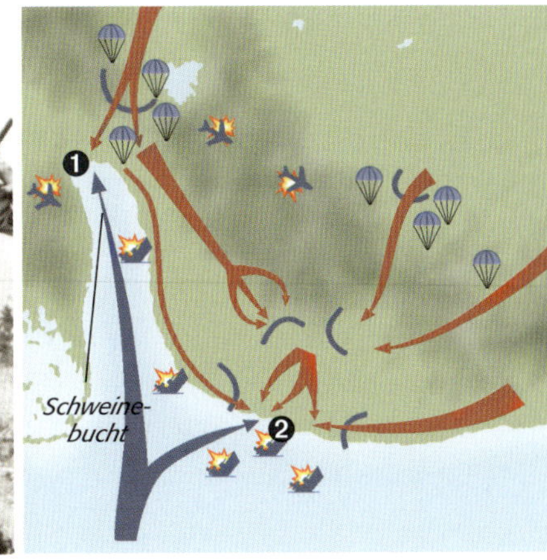

Vom CIA ausgebildet und von Washington ermutigt, planen und verwirklichen 1500 Castrogegner die Invasion der Insel, die seit mehr als zwei Jahren von Fidel Castro regiert wird. Es wird eine verheerende Niederlage, die auch der mangelnden Beteiligung der Bevölkerung zuzuschreiben ist, und so wird Kuba zu einer sozialistischen Republik.

Kubanische Soldaten neben dem Wrack eines abgeschossenen Flugzeugs der Castrogegner.

Castrogegner

Abgeschossene oder versenkte Transportmittel der Castrogegner

Truppen Castros

Strände der Landung
1 *Playa Larga*
2 *Playa Giron*

Die kubanische Regierung von Fidel Castro – die am 1. Jänner an die Macht kommt und den Diktator Fulgencio Batista vertreibt – wird anfangs von den USA anerkannt, steht aber bald mit Washington im Widerstreit. Castro wendet sich daher immer mehr der Sowjetunion zu.

Die amerikanische Regierung beginnt Druck auf die Regierung in Havanna auszuüben. Im Jänner erklärt sie den Abbruch der diplomatischen Beziehungen und verhängt ein Embargo gegen Kuba. Die Insel proklamiert ihre Zugehörigkeit zur sozialistischen Welt, während die UdSSR mit der Entsendung von Hilfsgütern und Militärberatern beginnt.

1961 stimmt der amerikanische Präsident John F. Kennedy einem Plan zur Invasion in Kuba zu – jedoch ohne offizielle Beteiligung der USA. Dieser Plan wurde in der Amtszeit Eisenhowers vom CIA ausgearbeitet und sieht den massiven Einsatz von Exilkubanern vor, die Gegner Castros sind.

Dem Angriff geht am Morgen des 15. April ein Bombardement einiger Flughäfen auf der Insel mit B2GB-Bombern voraus. Die kubanischen Streitkräfte erleiden jedoch keine allzu großen Schäden, weil Castro rechtzeitig von den Angriffen in Kenntnis gesetzt wurde – wahrscheinlich vom sowjetischen Geheimdienst.

Zwei Tage später gehen rund 1400 Kubaner, die die Brigade 2506 bilden und vom amerikanischen Geheimdienst ausgebildet wurden, in der Schweinebucht, 200 km südöstlich von Havanna, an Land oder springen mit Fallschirmen ab.

Von Anfang an läuft die Operation nicht so, wie vom CIA vorhergesehen, weil die grundlegende Mitwirkung seitens der Bevölkerung fehlt. Im Hinterland ist kein Anzeichen eines Aufstandes zur Unterstützung der Söldner bemerkbar. Der Strand ist bald von den Streitkräften Castros umzingelt, die einen Großteil der Invasoren gefangen nehmen. Kennedy zieht es vor, seine Administration aus der Schusslinie zu halten, statt amerikanische Truppen einzusetzen und am 19. endet die Operation zur größten Verlegenheit der Vereinigten Staaten.

Die Spitzen der CIA sind gezwungen abzudanken und am 1. Mai ruft Castro Kuba zur sozialistischen Republik aus.

STREITKRÄFTE

▶ CASTROGEGNER	
SOLDATEN	1400
VERLUSTE	
GEFALLENE	200
GEFANGENE	1200

▶ CASTROANHÄNGER
KEINE ANGABEN

Abu Suweir (Sechstagekrieg)

1967

In einem sechstägigen Kampf gegen die benachbarten arabischen Länder schlägt der Staat Israel die feindlichen Truppen vernichtend und erlangt die Kontrolle über das gesamte »alte« Palästina von vor 1948. Die technische und strategische Überlegenheit zeigt sich schon am ersten Tag des Krieges: in wenigen Stunden vernichten israelische Jets die völlig überraschte ägyptische Luftwaffe.

Der dritte arabisch-israelische Konflikt ereignet sich im Juni 1967: ein kleiner Krieg zwischen zwei Mittelmeerstaaten, der leicht einen Krieg zwischen den Supermächten des Kalten Krieges entfachen hätte können. Es ist ein technischer Krieg mit Flugzeugen und Panzern wie er (mit Ausnahme der Nuklearwaffen) auch zwischen den USA und der UdSSR hätte ausbrechen können. Die Welt blickt besorgt auf den Nahen Osten (doch die Militärs studieren noch Jahrzehnte die von Tel Aviv angewandte Technik).

Vom Augenblick seiner Gründung im Mai 1948 an und seit dem ersten Expansionskrieg jenseits der von der UO festgesetzten Grenze im selben Jahr, fühlt sich Israel ständig von den nahen arabischen Staaten bedroht, vor allem von Ägypten und von Syrien. Die Teilnahme an der Seite Großbritanniens und Frankreichs am Krieg gegen das nationalistische Ägypten unter Nasser um die Kontrolle über den Suezkanal trägt sicher nicht zur Beseitigung des Misstrauens bei.

Im Jahrzehnt zwischen 1956 und 1967 verschlechtern weitere Ereignisse die Beziehungen in diesem Raum: 1964 wird die PLO (Palästinensische Befreiungsorganisation) gegründet, in der verschiedene Bewegungen zusammenfließen, deren wichtigste die von Yasir Arafat geleitete Al Fatah ist. Von den syrischen Golanhöhen aus hört der Beschuss der israelischen Kibbuzim nicht auf.

Im Mai 1967 erreicht der ägyptische Führer Gamal Abdel Nasser den Rückzug der UNO-Truppen, die seit 1956 an der

HINTERGRÜNDE

DIE ISRAELISCHE OFFENSIVE

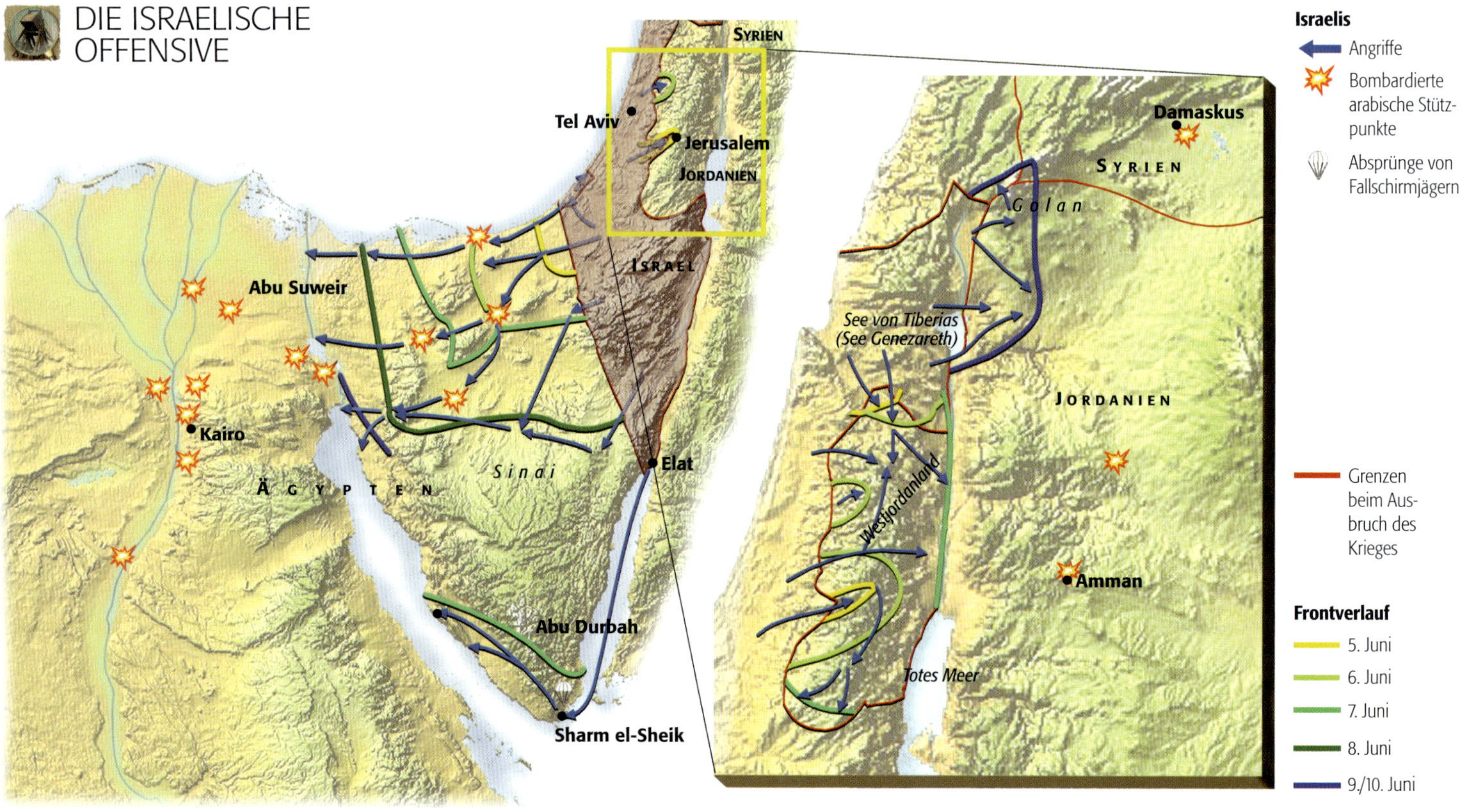

Drei der Protagonisten des israelischen Sieges bei einer Parade: (von links) Stabschef Itzhak Rabin, Verteidigungsminister Moshe Dayan und Mordechai Hod, Stabschef der Luftwaffe.

ägyptisch-israelischen Grenze postiert sind und am 22. desselben Monats sperrt er die Durchfahrt für israelische Schiffe durch die Straße von Tiran im Golf von Akaba bis zum Hafen von Elat, dem einzigen Zugang Israels zum Roten Meer.

➤ DER ÜBERRASCHUNGS-ANGRIFF TEL AVIVS

Angesichts einer militärischen Überlegenheit, die aus etwa 50 Bombern und 200 Panzern besteht, die Anfang 1966 von den USA geliefert wurden, greift Israel, das sich bedroht fühlt, überraschend die ägyptischen Luftwaffenstützpunkte an.

Am 5. Juni 1967 starten gegen 7 Uhr dutzende Jagdflugzeuge und Jagdbom-

WAFFEN

DIE EINNAHME VON OSTJERUSALEM

Beim Ausbruch des Sechstagekrieges ist Jerusalem zwischen Israel (das mit einer territorialen Brigade mit leichter Bewaffnung und zivilen Fahrzeugen einige Viertel kontrolliert) und Jordanien geteilt, das mit drei Brigaden, 88 Panzern und 36 selbst fahrenden Geschützen den größten Teil der Stadt hält. Mit Kriegsbeginn wird die Heilige Stadt sofort zu einem wichtigen Ziel für beide Heere. Die Jordanier greifen am 5. Juni um 12 Uhr zuerst an und haben die Absicht, Jerusalem einzuschließen und es von den zu Tel Aviv gehörenden Gebieten zu isolieren. Trotz der Überraschung reagiert Israel und zieht Panzer und – unter Verwendung der städtischen Autobusse der Hauptstadt – eine Fallschirmjägerbrigade, die bereits im Begriff war, ein Flugzeug in Richtung einer der anderen Fronten zu besteigen, vor Ort zusammen. Man kämpft hart bis zum Ende des Tages, und in der Nacht kommt weitere Verstärkung für die Israelis an. Am Morgen des 6. Juni führen die Jordanier einen weiteren Vorstoß von den Hügeln aus, verlieren dabei aber 30 Panzer. Immer mehr jüdische Truppen dringen in die Stadt ein. Das Zentrum wird um 8.30 Uhr erobert. Die jordanische Artillerie kann nicht ausgeschaltet werden, doch inzwischen kämpft man in den ältesten Stadtvierteln Haus um Haus. Bis auf sporadische Gegenstöße bricht der jordanische Widerstand am 7. Juni um 10 Uhr endgültig zusammen.

Israelische Soldaten jubeln vor der Sultan-Omar-Moschee in der Altstadt von Jerusalem nach der Einnahme der Stadt.

STREITKRÄFTE

ÜBERLEGENHEIT DER ARABISCHEN LÄNDER

▶ ISRAELIS

SOLDATEN	264.000
PANZER	800
FLUGZEUGE	300
VERLUSTE	
GEFALLENE	730
VERWUNDETE	2600

▶ ÄGYPTER, SYRER, JORDANIER

SOLDATEN	340.000
PANZER	660
FLUGZEUGE	1800
VERLUSTE	
GEFALLENE, VERWUNDETE, GEFANGENE	63.000

Abu Suweir 1967

Die Ausführung des Luftangriffs
Die Israelis fliegen im Tiefflug, um das Radar zu umgehen, halten Funkstille und steigen vor dem Ziel auf 1800 m, um dann in Sturzflug überzugehen. Oberstes Ziel ist die Zerstörung der Flugplätze, damit der Feind an den Boden gefesselt ist.

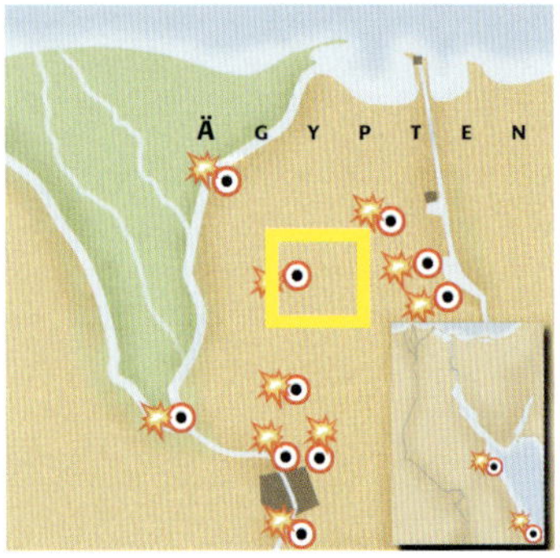

Luftangriff auf Ägypten (Nildelta-Zone)

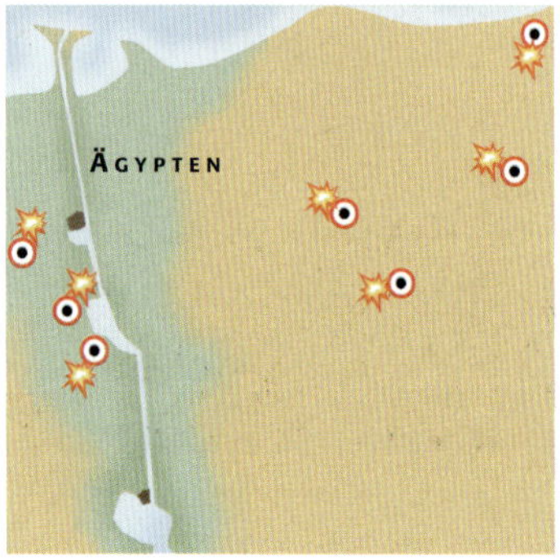

Luftangriff auf Ägypten (Sinai-Zone)

Luftangriff auf Jordanien und Syrien

Beim israelischen Luftangriff zerstörte arabische Luftwaffenstützpunkte

Luftwaffenstützpunkte
- Israelische
- Ägyptische
- Syrische
- Jordanische

Die Mirage beim Angriff
Der Angriff auf Abu Suweir wird mit vier Mirage IIICJ aus französischer Produktion durchgeführt. Der überschallschnelle Abfangjäger erreicht auf Meeresniveau 1390 km/h und 2350 km/h in der Höhe.

Die israelische Luftwaffe
Zu dieser Zeit sind die israelischen Flugzeuge französischer Herkunft: der Abfangjäger Mirage IIIC, die Jagdflugzeuge Mystére IVA (für Bodenangriffe), Ouragan und Super Mystére B2 sowie der Jagdbomber Vautour.

1967 (Mai) Der ägyptische Präsident Gamal Abdel Nasser erreicht den Abzug der UNO-Truppen von der ägyptisch-israelischen Grenze; **(22. Mai)** Beginn der ägyptischen Schiffsblockade in der Straße von Tiran; **(5. Juni) 7 Uhr** Start der israelischen Jagdbomber in Richtung der ägyptischen Militärflughäfen; **(10.30 Uhr)** Jordanien erklärt Israel den Krieg; **(12 Uhr)** Angriff des jordanischen Heeres, um Jerusalem einzuschließen; **(13 Uhr)** israelisches Bombardement auf Syrien; **(14.30)** israelischer Luftangriff auf Jordanien; **(5.–7. Juni)** Israel erobert die Sinaihalbinsel und das Westjordanland; **(6. Juni) 8.30 Uhr** Israel erobert das Zentrum von Jerusalem; **(7. Juni) 10 Uhr** Ende der Kämpfe und Kapitulation Jordaniens in Jerusalem; **(9./10. Juni) 0 Uhr** Angriff auf und Eroberung der Golanhöhen • **1973 (6.–24. Oktober)** Jom-Kippur-Krieg.

Abu Suweir 1967

ber von israelischen Flughäfen. Ihre Ziele sind die Luftwaffenstützpunkte von Westkairo, El Arish, Big Gifgafa, Gebel Libni, Bir Thamada, Kabrit, Beni Sueif, Inchas, Fayid und Abu Suweir. Auf diesen Militärflughäfen befinden sich große Teile der ägyptischen Luftwaffe, die aus Flugzeugen der Typen MiG 15, MiG 17, MiG 19 und MiG 21, Yak 11 und die Bomber Iljuschin Il-28 und Tupolev Tu16 besteht.

In 30 Gruppen zu je vier Flugzeugen aufgeteilt, greifen die Geschwader mit dem Davidstern mit Bomben, Raketen und Maschinengewehren in Wellen an. Das Bodenpersonal der Israelis ist sehr gut trainiert, die Flugzeuge innerhalb kürzester Zeit aufzutanken und neu zu bewaffnen: so sind acht Angriffe in 80 Minuten durchführbar.

Das Ergebnis ist erstaunlich: in drei Stunden hat Ägypten 300 Flugzeuge verloren, Israel nur 19.

Bei Abu Suweir findet der wichtigste Kampf statt. Hier treffen die wenigen, von Experten pilotierten MiG 19 und MiG 21 zusammen und liefern sich einen Kampf mit 16 Mirage. Vier werden abgeschossen, die anderen erleiden in den Gefechten oder bei der Landung auf den von Bomben zerstörten Flugfeldern Schäden.

Am selben Tag um 10.30 Uhr erklärt der Staat Jordanien den Kriegszustand. Er verfügt über nur 40 Flugzeuge und schickt 15 (»Hawker Hunter«) gegen zwei israelische Luftwaffenbasen los. Dort zerstören sie ein »Noratlas«. Die Antwort aus Tel Aviv erfolgt um 14.30 Uhr: Jagdflieger können erneut 17 »Hawker« in den Stützpunkten von Amman und Al Mafraq am Boden zerstören.

Syrien, das kurz vor Mittag die Raffinerie in Haifa und einen Flughafen bombardiert hat, muss eine Stunde später einen schweren Gegenschlag hinnehmen. Zwei Drittel der syrischen Luftwaffe, die in Damaskus, Marj Rial, Dumayr und Seikal stationiert sind, werden eliminiert.

Der erste Kriegstag endet mit weiteren Angriffen auf Flughäfen und 23 Radarstationen in Ägypten.

Unten: der ägyptische Präsident Gamal Abdel Nasser.

Gegenüber oben: ägyptische Pioniere auf einem israelischen Lkw in der Nähe von El Arish (Nord-Sinai).

▶ ISRAELIS

SOLDATEN	350.000
PANZER	2100
FLUGZEUGE	500

▶ ÄGYPTER UND SYRER

SOLDATEN	660.000
PANZER	3100
FLUGZEUGE	700

JOM KIPPUR 6.–24. Oktober 1973

Der vierte israelisch-arabische Krieg beginnt am 6. Oktober 1973, dem Jom-Kippur- oder Sühne-Tag (der höchste Feiertag im jüdischen Kalender, der mit Beten und Fasten verbracht wird) mit einem gemeinsamen Angriff der ägyptischen Truppen östlich von Suez und der syrischen Streitkräfte über die Golanhöhen. Beide Gebiete wurden 1967 von Israel erobert. Während der ersten Kampftage stoßen die Ägypter bei der Rückeroberung der Sinaihalbinsel rasch vor und kratzen am Ruf von der Unbesiegbarkeit des israelischen Heeres. Nachdem der erste Moment der Überraschung überwunden ist, kann es sich jedoch neu organisieren und im Verlauf weniger Tage die verlorenen Gebiete auf den Golanhöhen und auf Sinai wieder zurückgewinnen – auch dank der militärischen Versorgung durch die USA, die die Sache Israels in der Region großzügig unterstützen. Israel zielt auf die Bedrohung der ägyptischen Hauptstadt ab. Am 16. Oktober beschließt die OPEC (Organisation der Erdöl exportierenden Länder), der viele arabische Länder angehören und die Israel daher besonders feindlich gesinnt ist, eine Erhöhung des Erdölpreises, der sofort von drei auf fünf Dollar pro Barrel steigt. Die wirtschaftlichen Auswirkungen dieser Initiative sind noch jahrelang spürbar. Während sich die militärischen Ereignisse zugunsten Israels wenden, gelingt es dem amerikanischen Außenminister Henry Kissinger mit intensiven diplomatischen Bemühungen, einen »Waffenstillstand« zu erreichen. Am 18. Jänner 1974 wird ein Abkommen zur Entmilitarisierung unterzeichnet.

Vormarsch israelischer Soldaten über ein ägyptisches Minenfeld auf dem Sinai während des Jom-Kippur-Krieges. Insgesamt gab es vier israelisch-arabische Kriege: 1948/49, im Oktober und November 1956, im Juni 1967 und im Oktober 1973.

INTERNET
- www.acig.org/artman/publish/article_260.shtml
- www.jewishvirtuallibrary.org/jsource/History/67_War.html
- www.jerusalem-archives.org/period6/index.html
- www.cronologia.it/storia/mondiale/israe009.htm

Ohne Luftunterstützung werden die ägyptischen Fahrzeuge für die Flugzeuge Tel Avivs leichte Beute. Der Weg der Ägypter führt in den Untergang: 338 Opfern auf israelischer Seite stehen 15.000 gefallene Ägypter gegenüber.

Die ägyptischen Streitkräfte stürzen ins Chaos, als ihr Kommandeur, Mohammed Abdel-Hakim Amer, den Rückzug befiehlt. Die Israelis nützen die Situation und nehmen tausende Feinde gefangen.

Indem sie sich auf den Luftraum über Syrien, dem Westjordanland und Sinai konzentrieren, drücken die starken israelischen Maschinen eine Front der immer noch gefürchteten Artillerie ein, was die Landung von Hubschraubern erleichtert und vernichten auf einem Pass eine motorisierte Kolonne mit tausenden Fahrzeugen Kairos während des Rückzugs, nachdem Israel unter dem Kommando des Stabschefs Yitzak Rabin noch am 5. Juni auch mit Bodenoffensiven begonnen hat.

Das ist der Moment der Panzer. Am 8. Juni stehen die israelischen Panzerfahrzeuge des Generals Yeshayahu Gavish an den Ufern des Suezkanals, überqueren ihn aber nicht. In weniger als vier Tagen ist die gesamte Halbinsel Sinai eingenommen.

➤ DER ISRAELISCHE SIEG

Von 6. Juni bis zum letzten Kriegstag werden die Luftangriffe seltener, es werden nur noch einige Dutzend am Tag geflogen.

Das Eingreifen Jordaniens auf Seiten der Arabischen Liga löst einen heftigen Kampf mit Israel aus, das zwischen 5. und 7. Juni das Westjordanland und Ostjerusalem erobern kann.

An der syrischen Front dringt das israelische Heer am 9. und 10. Juni in das Golangebiet ein und beendet am 10. Juni gegen 12 Uhr die Offensive mit der Einnahme der Hauptstadt El Kuneitra.

Zu dieser Zeit tritt der »Waffenstillstand« in Kraft, den der Sicherheitsrat der UNO verordnet hat.

Im Sechstagekrieg erobert Israel das Westjordanland, den Gazastreifen, die Golanhöhen und Ostjerusalem. Ganz Palästina befindet sich nun unter seiner Kontrolle. Das bereitet den Weg für eine Kolonialisierungspolitik in den besetzten Ländern.

Der Sicherheitsrat der Vereinten Nationen verabschiedet, nach einer ausdrücklichen und entschiedenen Verurteilung der israelischen Aggression seitens der Hauptversammlung, die Resolution 242, die in zwei Forderungen formuliert wird: den Abzug der israelischen Streitkräfte aus den im Krieg eroberten Gebieten und die Anerkennung der Souveränität, der territorialen Integrität und der politischen Unabhängigkeit aller Staaten dieses Raumes, um einen »gerechten und dauerhaften« Frieden herzustellen.

Unten: die Dassault Super Mystére B2, ein Jäger aus französischer Produktion und der erste europäische Jet, der mit mehr als Schallgeschwindigkeit fliegen kann. Im Sechstagekrieg ist dieses Flugzeug im Besitz der israelischen Luftwaffe von den meisten Verlusten betroffen: neun Maschinen abgeschossen, sechs Piloten gefallen und einer gefangen.

Khe Sanh

1968

Als Krieg, der von Beginn an unterschätzt wurde, stellt Vietnam die erste militärische, politische und strategische Niederlage in der Geschichte der Vereinigten Staaten dar. Im Lichte des Kalten Krieges gelingt es einem kleinen und armen Land – wenngleich es auch von Moskau und Peking unterstützt wird –, die größte Macht der Welt Aufsehen erregend zu besiegen.

Militärisch gesehen folgen verschiedene Phasen des Vietnamkrieges: von der Anwesenheit militärischer Berater aus Washington bis zum massiven Einsatz von amerikanischen Truppen, vom Kriegsabschnitt ohne Hauptquartiere bis zur Vietnamisierung des Krieges (mit dem Beginn der Loslösung der USA) und schließlich die endgültige Niederlage im Jahr 1975.

Entscheidend, aber nicht so bekannt wie die »Tet-Offensive«, ist die Schlacht von Khe Sanh, obwohl sie in die Kriegsgeschichte einging.

Im Zweiten Weltkrieg entsteht im französisch besetzten Vietnam, vor allem im Norden, der Viet Minh, die nationale Freiheitsbewegung unter der Führung des Kommunisten Ho Chi Minh. Frankreich ist keinesfalls bereit, das Land in die Unabhängigkeit zu entlassen. Allenfalls will man eine teilweise Autonomie anerkennen. Der Konflikt gleitet vom diplomatischen Parkett auf militärische Ebene. 1946 beginnt mit den Gefechten von Haiphong der Indochinakrieg zwischen Frankreich und dem Viet Minh, der 1954 mit der französischen Niederlage in Dien Bien Phu und dem folgenden Abzug der Franzosen aus der Region endet.

Nach der Konferenz von Genf, die den Indochinakrieg abschließt, entstehen zwei vietnamesische Staaten, ein westlich ausgerichteter südlich des 17. Breitengrades und ein von Ho Chi Minh geführter kommunistischer im Norden. So wird Vietnam zum Spielball im Kalten Krieg.

DIE NACHSCHUBWEGE DES VIETCONG

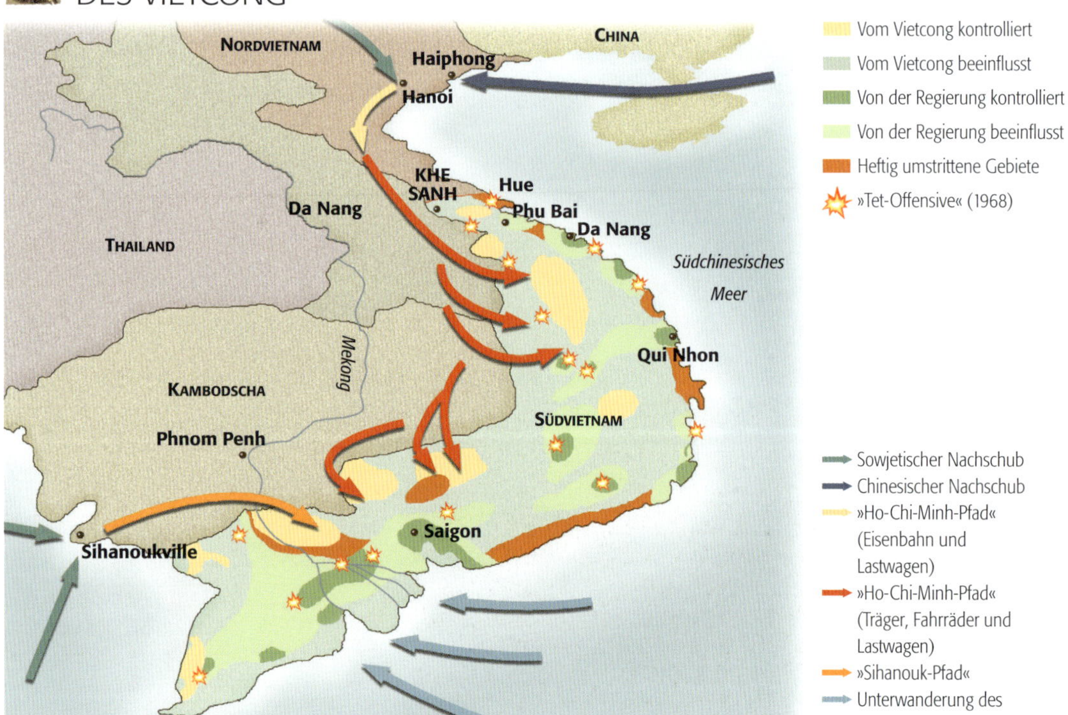

Weniger bekannt als die große Tet-Offensive, scheint sich in der amerikanischen Basis von Khe Sanh nach mehr als zehn Jahren die dramatische Belagerung von Dien Bien Phu zu wiederholen.

➤ AMERIKANISCHE INTERVENTION

Die USA, die sicher die Anwesenheit der Franzosen in Indochina befürworten und nicht bereit sind, ein kommunistisches Vietnam zu tolerieren, beschließen Hilfe und Militärberater nach Südvietnam zu entsenden, wo das Regime von Ngo Dinh Diem zur Gründung einer Befreiungsfront führt, die sich auf Seiten der Kommunisten im Norden schlägt. Ho Chi Minh erhält inzwischen Unterstützung von den kommunistischen Bruderländern Sowjetunion und China.

Die Hilfe aus den Vereinigten Staaten für Südvietnam verwandelt sich unter der Präsidentschaft von John F. Kennedy und Lyndon B. Johnson zu einer echten militärischen Intervention.

Das Jahr des eigentlichen Kriegsausbruches ist 1964, als nordvietnamesische Einheiten absichtlich Grenzzwischenfälle im Golf von Tonkin

HINTERGRÜNDE

EIN UNSICHTBARER FEIND

Rund 11% der gefallenen und 17% der verwundeten Amerikaner in Vietnam sind Opfer von Minen und Fallen. Eine erhebliche Zahl, wenn man sie mit den 4% des Zweiten Weltkriegs und des Koreakriegs vergleicht. Wo es möglich ist, so bei der Tet-Offensive, verschanzen sich die Vietnamesen in einem unterirdischen Tunnelsystem. Diese technische Meisterleistung dient als Kommunikationsweg und umfasst Verstecke, Waffendepots und sogar Feldlazarette unter der Erde. In Chu Chi, nordwestlich von Saigon, findet man das ausgeklügeltste Tunnelsystem, das aus rund 120 km unterirdischen Gängen besteht und bis heute als Nationaldenkmal erhalten blieb.

STREITKRÄFTE

ÜBERLEGENHEIT NORDVIETNAMS

▶ AMERIKANER

MARINES	6000
ARTILLERIEGESCHÜTZE	46
VERLUSTE	
GEFALLENE	250

▶ NORDVIETNAMESEN

SOLDATEN	20.000
VERLUSTE	
GEFALLENE	1600

Khe Sanh 1968

Der erste Angriff
Das nordvietnamesische Bombardement beginnt am 21. Jänner um 5.30 Uhr mit Artillerie, Mörsern und Raketen und ist ausgesprochen präzise: 90% der Artillerie- und Mörsergeschosse im Stützpunkt werden vernichtet (rund 10.000 Stück). 18 Marines werden sofort getötet, etwa 40 verwundet.

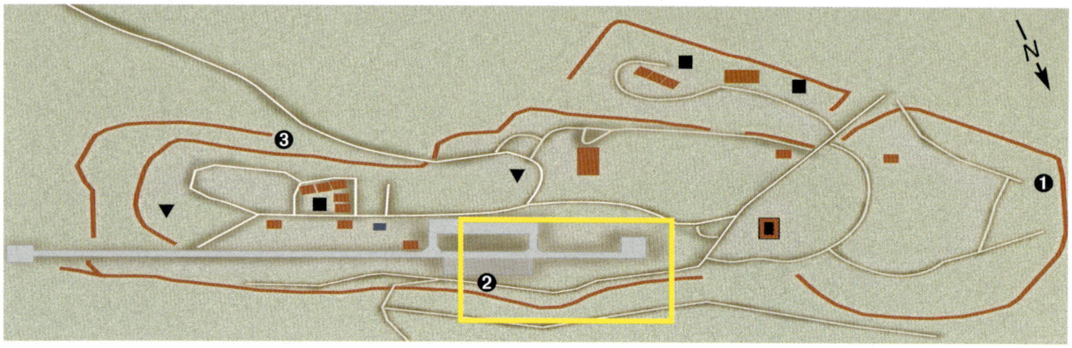

Der amerikanische Stützpunkt Khe Sanh

Der Stützpunkt Khe Sanh

- ▼ Munitionsdepots
- ■ Vorgeschobene Operationsbasen
- ❶ Roter Sektor
- ❷ Grauer Sektor
- ❸ Blauer Sektor

Die Versorgung des Stützpunkts
Die für Nachschubflüge vorgesehenen Flugzeuge und Hubschrauber werden von den Nordvietnamesen schnell abgeschossen. Zu den Mitteln, die die Amerikaner zur Versorgung von Khe Sanh zur Verfügung stehen, zählt der »Super Gaggle« (»Superschwarm«). Huey-Helikopter und A4-Jagdbomber, die perfekt für eine schnelle, rund fünf Minuten lange und wirkungsvolle Aktion aufeinander abgestimmt sind, führen einen Blitzangriff gegen feindliche Flugabwehr- und Mörserstellungen durch.

1945 (September) Ho Chi Minh ruft die Republik Vietnam aus • **1946 (März)** Französische Truppen landen in Nordvietnam; **(Juni)** Ausrufung der Republik Cochinchina im Süden • **1950 (Februar)** Ho Chi Minh befiehlt die allgemeine Mobilmachung; **(Oktober)** Angriff des Viet Minh auf die französischen Vorposten an der chinesischen Grenze • **1952 (Februar)** Evakuierung der Franzosen aus Hua Binh und **(Oktober)** Fehlschlag der Operation »Lorena« • **1954 (März–Mai)** Belagerung und Fall von Dien Bien Phu; **(Juli)** Vietnam wird in zwei Staaten geteilt • **1959 (Juli)** Erster Vorstoß von Nordvietnamesen nach Südvietnam • **1960 (Dezember)** Gründung der Nationalen Befreiungsfront Südvietnams • **1965 (Februar)** Beginn der amerikanischen Militäraktionen gegen Nordvietnam • **1968 (Jänner–April)** Belagerung von Khe Sanh; **(Jänner/Februar)** Tet-Offensive; **(Mai)** erste Friedensverhandlungen in Paris • **1973 (Jänner)** Beginn der Waffenruhe; **(März)** die amerikanischen Truppen verlassen Vietnam • **1975 (Jänner)** Letzte nordvietnamesische Offensive und **(April)** Kapitulation Saigons.

Khe Sanh 1968

Die Landebahn des Stützpunktes ist etwa 1200 m lang und mit Metallplatten gepflastert. Um die nordvietnamesische Belagerung zu überstehen, benötigen die Marines in Khe Sanh über 160 t Nachschub täglich.

Abwurf von Nachschubgütern über dem belagerten Khe Sanh. Die Marines sind ununterbrochen den Angriffen der Nordvietnamesen ausgesetzt, die jedes Mal mit rund 200 Mann gegen das Lager vorgehen, um die Defensivkraft der Amerikaner auf die Probe zu stellen.

provozieren. 1967 operieren 500.000 US-Soldaten unter dem Kommando von General William Westmoreland in Vietnam. Die nördlichen Gebiete werden schweren Bombenangriffen ausgesetzt, während Nordvietnam immer mehr Guerillakämpfer in die Gegend der südvietnamesischen Hauptstadt Saigon einschleust.

➤ DIE BELAGERUNG VON KHE SANH

1968 ist ein entscheidendes Jahr für den Kriegsverlauf: Am 21. Jänner beginnen die Rebellen aus dem Süden, der Vietcong, mit dem Angriff auf den amerikanischen Stützpunkt bei Khe Sanh, einem vietnamesischen Dorf nahe der Grenze zu Laos und am »Ho-Chi-Minh-Pfad«, dem Versorgungsweg der Guerillaeinheiten im Süden.

Der Angriff schlägt fehl, doch der Beschuss zwingt die Marines sich im Lager zu verschanzen, die Patrouillen auszusetzen und die Landungen von Versorgungsflugzeugen zu reduzieren. Es hat den Anschein, als würde sich die Situation der Franzosen in Dien Bien Phu wiederholen: einige Tausend Mann sitzen in einem von Hügeln umgebenen Gebiet fest, das von zahlenmäßig weit unterlegenen Kräften gehalten wird. Die amerikanischen B52 fliegen 3000 Angriffe auf die Besatzer, andere Fluggeräte führen 24.000 aus. Wegen des Munitionsmangels wird am 22. Januar eine Luftbrücke über die beschädigten Landebahnen und anderen Stützpunkten weiter im Süden, vor allem jenem in Da Nang, eingerichtet.

Um dem feindlichen Feuer so gut wie möglich auszuweichen, überfliegen die Transportflugzeuge das Lager in einer Höhe von 1,50 m und werfen ihre Ladungen ab, indem sie die Heckklappe als Rutschbahn benutzen, oder setzen Fallschirme ein.

➤ DIE TET-OFFENSIVE UND DIE OPERATION »PEGASUS«

Während die Belagerung von Khe Sanh noch im Gange ist, startet der Vietcong eine weitere große Offensive, die »Tet« genannt wird und am 31. Jänner während der buddhistischen Neujahrsfeiern (Tet) stattfinden.

Der Vietcong bemächtigt sich 36 wichtiger Städte im Süden und dringt in die amerikanische Botschaft in Saigon ein. Die Reaktion der Vereinigten Staaten erfolgt mit großer Härte: nach einem Monat Kampf ist die Offensive neutralisiert, doch die politische Auswirkung ist ausgesprochen negativ für die USA.

Aus militärischer Sicht hat die Tet-Offensive dem Vietcong nichts gebracht, doch ab Jänner 1968 wird den Amerikanern bewusst, dass sie einen derart zähen Gegner nicht endgültig besiegen können, auch wenn sie eine Supermacht sind.

Die amerikanische Unterstützung in Khe Sanh macht es möglich, dass die Marines sich noch weitere 77 Tage, bis 8. April, halten können. Khe Sanh wird zu einem Symbol und zu seiner Befreiung wird ein Expeditionskorps der Marines für die Operation »Pegasus« aufgestellt. In den ersten Junitagen des Jahres 1968 wird der Stützpunkt von den Amerikanern zerstört und aufgegeben.

Der teilweise Abzug der Amerikaner ist für Präsident Richard Nixon eine notwendige Wahl, da er sich einer starken Friedensbewegung und einer weitgehend gegen den Krieg eingestellten öffentlichen Meinung gegenüber sieht. Der Abzug wird im Pariser Abkommen vom 27. Jänner 1973 abgesegnet. Darin wird der Rückzug der beiden Heere jenseits des 17. Breitengrades beschlossen, in Erwartung, dass die beiden vietnamesischen Regierungen einen Kompromiss aushandeln. Doch der Krieg dauert bis 30. April 1975, an diesem Tag marschieren die nordvietnamesischen Truppen in Saigon ein, das ab nun Ho-Chi-Minh-Stadt heißt.

INTERNET
- www.army.mil/cmh-pg/books/Vietnam/northern/nprovinces-ch1.htm
- www.vo-67.org/vo67_khe_sanh.html
- www.militaryunits.com/khesanh.htm
- members.aol.com/warlibrary/vwenarm.htm

▶ VIETNAMESEN	
KÄMPFER	37.000
TRÄGER	260.000
VERLUSTE	
GEFALLENE	8000
VERWUNDETE	15.000

▶ FRANZOSEN	
SOLDATEN	11.000–12.000*
VERLUSTE	
GEFALLENE	1000–3000
VERWUNDETE	5100
GEFANGENE	8000–10.000

* NUR 1500 GEBÜRTIGE FRANZOSEN

DIEN BIEN PHU
März–Mai 1954

Am 8. März 1949 unterzeichnen Frankreich und die Nationale Einheitsfront Vietnams, an deren Spitze der Exkaiser von Annam, Bao Dai, eingesetzt wurde, das Abkommen im Élysée-Palast, indem Cochinchina seinen Status als französische Kolonie verliert und in jenes Gebilde integriert wird, aus dem der Staat Vietnam entstehen soll. Doch diese Konzession an den Exkaiser seitens Paris stellt weder die konservativen Kräfte Vietnams noch die Kräfte des antifranzösischen Widerstands zufrieden, die die neue Regierung als simples Instrument der Kolonialmacht betrachten. Noch dazu trägt der Sieg Maos in China zu einer massiven Unterstützung des Militärapparates des vietnamesischen Widerstands bei und der Konflikt zwischen diesem und den französischen Truppen intensiviert sich. Die entscheidende Begegnung zwischen diesen beiden Heeren findet 1953/54 bei Dien Bien Phu statt. Es handelt sich um eine ausgedehnte Befestigungsanlage der Franzosen, die in einem Tal an der Grenze zu Laos liegt und von 13.000 Mann, drei Artilleriebatterien, einem Dutzend Panzern und 14 Flugzeugen verteidigt wird. Die von Vo Nguyen Giap befehligten Vietnamesen transportieren in vier Monaten eine große Anzahl an Geschützen auf die Hügel rund um Dien Bien Phu und verstecken sie dort. Am 13 . März 1954 erteilt General Giap den Befehl zum Angriff auf eine befestigte Stellung, die noch vor Mitternacht in die Hände der Vietnamesen fällt. Am Tag darauf wird eine von rund 500 Franzosen verteidigte Stellung angegriffen und erobert. Das vietnamesische Artilleriefeuer macht das Flugfeld innerhalb des Stützpunktes praktisch unbrauchbar. Am 30. März erobern Giaps Männer weitere zwei Stellungen. Mit schuld an der vietnamesischen Überlegenheit ist die Langsamkeit, mit der

die französische Verstärkung eintrifft. Am 21. April versuchen die Belagerten das Flugfeld zu befreien, das die vietnamesische Artillerie nun schon ziemlich effektiv kontrolliert. Beim Versuch, es zurückzuerobern, müssen rund 150 Franzosen ihr Leben lassen. In der Nacht von 6. auf 7. Mai wird bei einem weiteren Angriff der Vietnamesen der letzte Widerstand gebrochen. Um 17.30 Uhr ergibt sich der Kommandeur Christian De Castries. Das ist das Ende der französischen Kolonialherrschaft, die 70 Jahre gedauert hat.

Oben: Angriff des Viet Minh auf einen französischen Panzer. Rechts: Eine Truppe des Viet Minh überquert die Brücke Muong Thangh bei Dien Bien Phu.

Falklandinseln

1982

Um der Unzufriedenheit des Volkes zu begegnen, okkupiert das argentinische Militärregime die Falklandinseln. Doch das Archipel, das immer noch unter britischer Hoheit steht, obwohl Buenos Aires seit langem seinen Anspruch geltend macht, wird in zwei Monaten von den See- und Luftstreitkräften der Briten zurückerobert.

Premierministerin Margaret Thatcher mitten unter den Soldaten, kurz nach der Rückeroberung der Falklandinseln.

Im Jahr 1592 entdecken die Engländer die Falklandinseln und geben ihnen 100 Jahre später diesen Namen, obwohl die Vorherrschaft über sie lange Zeit zwischen London, Paris und Madrid umstritten ist. 1770 verleibt sich Spanien die Inselgruppe ein und behält sie bis zum Ende ihrer Herrschaft über Südamerika. 1883 werden sie dem inzwischen unabhängigen Argentinien von England entrissen. Seit damals macht Argentinien seinen Anspruch auf den kleinen Archipel geltend, der bei den Argentiniern Malvinas heißt.

1982 beschließt die Militärregierung, die 1976 durch einen Putsch an die Macht gekommen ist, die Rückeroberung der Falklands. Der patriotische Krieg ist ein Mittel, um die wachsende Opposition innerhalb des Regimes zu zerstreuen. Am 2. April wird Port Stanley, die Hauptstadt, von 2500 argentinischen Soldaten besetzt, die unter dem Kommando des Generals Mario Menéndez stehen. Nach kurzem Schusswechsel ergeben sich ihm 79 englische Marines. Innerhalb kürzester Zeit beträgt die Stärke der Besatzungsmacht auf den Falklands 10.000 Mann.

Großbritannien unter Margaret Thatcher reagiert und entsendet unter dem Kommando von Konteradmiral John Woodward zwei Flugzeugträger, Atom-U-Boote, eine kleinere Anzahl Kriegs- und Transportschiffe und eine Landeeinheit von 5000 ausgesuchten Soldaten, die von General Jeremy Moore befehligt werden. Die Briten bombardieren den Flughafen und versenken den Kreuzer *General Belgrano*. Die argentinische Luftwaffe antwortet trotz ihrer Unterlegenheit und versenkt einige Schiffe, darunter die *Sheffield*, einen Torpedobootzerstörer, die *Ardent*, die *Coventry* und die *Atlantic Conveyor*.

Trotz einiger Schwierigkeiten findet die endgültige Landung am 21. Mai unweit von Port Stanley statt. Am 28. Mai erobern 600 britische Soldaten eine argentinische Garnison in der Ortschaft Goose Green und marschieren dann auf Port Stanley zu. In zwei Marschkolonnen entlang der Küste, immer wieder durch heftige Gefechte zwischen Infanterie und durch Artillerie unterstützten Panzerfahrzeugen verlangsamt, nehmen die Briten die Hauptstadt in die Zange und erobern sie durch zwei aufeinander abgestimmte Angriffe.

Am 14. Juni 1982 ergeben sich die Argentinier. Obwohl sie gestärkt aus dem Krieg hervorgehen, erleiden die argentinischen Militärs einen weiteren Prestigeverlust, der das Ende der Diktatur einleitet.

Britische Offensiven
Versenkte britische Schiffe
Britische Luftangriffe
Die wichtigsten argentinischen Stellungen

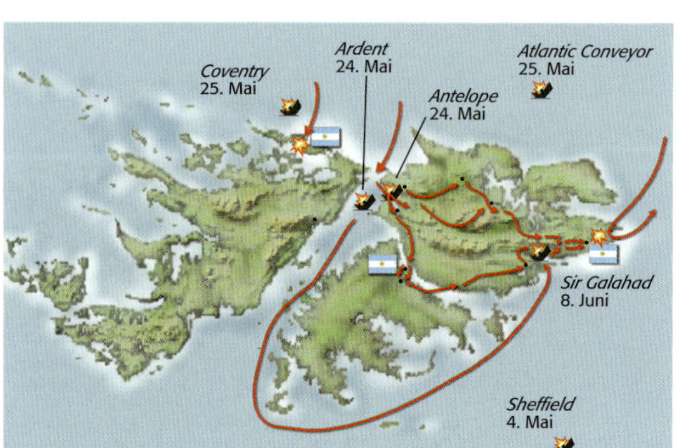

STREITKRÄFTE

▶ ARGENTINIER	
SOLDATEN	13.000
KRIEGSSCHIFFE	14
U-BOOTE	2
FLUGZEUGE	120
HUBSCHRAUBER	27

▶ BRITEN	
SOLDATEN	28.000
KRIEGSSCHIFFE	25
U-BOOTE	5
FLUGZEUGE	20

Grenada

1983

Im Oktober 1983 wird auf Grenada, einer kleinen Republik in der Karibik, der sozialistisch orientierte Präsident Maurice Bishop durch einen Staatsstreich ausgeschaltet. Der Generalgouverneur der Insel, Sir Paul Scoon, bittet die Amerikaner um Hilfe. Die Bitte wird erhört, beinhaltet sie doch den Vorwand, es bestünde Gefahr für die amerikanischen Bürger auf der Insel.

Der amerikanische Plan sieht eine amphibische Landung und den Absprung von Fallschirmjägern unter dem Befehl von Vizeadmiral Joseph Metcalf vor. Die Operation »Urgent Fury« (»Rasende Wut«) beginnt in der Nacht von 24. auf 25. Oktober, doch aus Ermangelung vorher eingeholter wichtiger Informationen (erst die auf Aufklärung befindliche »Delta Force« entdeckt, dass ein Korallenriff die Landung unmöglich macht) muss der Plan kurzfristig geändert werden. Die Truppen werden nun per Fallschirm und von Hubschraubern abgesetzt. Die schlechte Vorbereitung schadet der amerikanischen Intervention nicht, sie ist die erste geglückte Militäraktion nach der Schmach von Vietnam. Am 29. Oktober sind die Militäroperationen der USA abgeschlossen.

Durch strenge Kontrollen der Informationen werden die Probleme vor der Öffentlichkeit verborgen und Grenada wird von Präsident Ronald Reagan als Zeichen für die Überwindung des »Vietnamsyndroms« gefeiert.

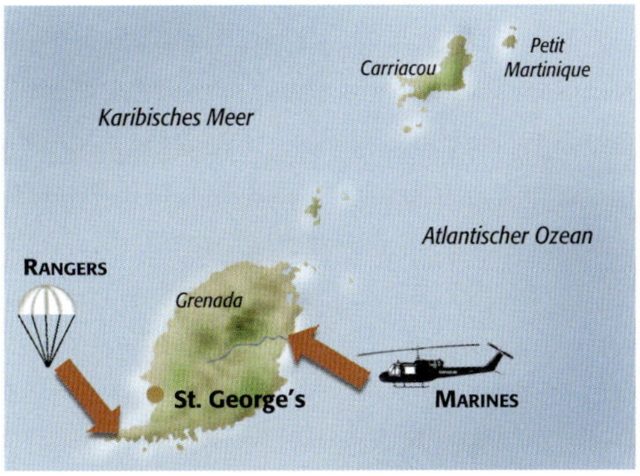

Auf Grenada kommen erstmals der Hubschrauber UH-60A »Black Hawk« und das Tankflugzeug KC10 »Extender« zum Einsatz.

▶ GRENADER

EINHEIMISCHE KRÄFTE	1200
KUBANER UND ANDERE	880

▶ AMERIKANER

SOLDATEN	5000

Afghanistan

1986

Am Vorabend von Weihnachten 1979 marschiert die Sowjetunion in Afghanistan ein, nachdem die kommunistische Regierung in Kabul um Hilfe gebeten hat, weil sie von muslimischen Rebellenkämpfern (Mudschahedin) bedroht wird. Die UdSSR bleibt jedoch bald im Land stecken, das sich in einem Bürgerkrieg zwischen gut bewaffneten Parteien befindet, die es verstehen, sich in einem nach allen Gesichtspunkten unwirtlichen Gelände zu bewegen und zu kämpfen.

Da ihre Truppen nicht genügend vorbereitet wurden, greift die Sowjetunion zu einer Doppelstrategie, um die Guerilla zum Schweigen zu bringen: In der Zeit von 1980 bis 1985 versucht sie jegliche Form von Unterstützung, die vor allem aus den ländlichen Regionen kommt, zu neutralisieren, während sie ab 1986 darauf abzielt, die logistischen Strukturen zu zerstören.

Eines der härtesten Gefechte findet zwischen 2. und 19. April 1986 statt, als die afghanische Armee eine Basis der *Mudschahedin* in Zhawar (4 km von Pakistan entfernt) angreift. Der Widerstand der Rebellen ist so vehement, dass die Sowjets mit massiven Bombenangriffen aus der Luft eingreifen und die *Mudschahedin* zum Rückzug zwingen. Doch der Kampf gegen die sowjetische Besatzung geht weiter und im August 1988 beginnt der Rückzug aus Afghanistan. Die Russen verlassen das Land im Februar 1989.

Einige *Mudschahedin* in den frühen 80er-Jahren. Wie im Vietnamkrieg befinden sich auch in Afghanistan die ländlichen Regionen in den Händen der Rebellen (die ihren Nachschub über den Iran und Pakistan erhalten), während Städte und Autobahnen von der Regierung kontrolliert werden.

▶ MUDSCHAHEDIN*

MÄNNER	700–800

▶ REGIERUNG*

AFGHANEN UND SOWJETS	6600
HUBSCHRAUBER	32

* IN DER SCHLACHT VON ZHAWAR

Irak

1991

Nach dem Krieg gegen den Iran setzt Saddam Hussein alles auf eine gefährliche Karte: den Einmarsch in Kuwait, um die geopolitischen Ansprüche seines Landes als größte Militärmacht der Region wiederherzustellen. Die Überlegenheit des Verteidigungsbündnisses führt jedoch zur Befreiung des kleinen Emirats und zu einem raschen Sieg über den Irak. Saddam bleibt jedoch an der Macht

In den 80er-Jahren war der Irak unter Saddam Hussein in einen Krieg gegen die Islamische Republik Iran unter der Führung von Ayatollah Ruhollah Khomeini verwickelt, der sich ideologisch gegen den Westen und die USA im Speziellen stellte. Um die Hegemonie im Persischen Golf nicht zu verlieren und die geistige Ausbreitung des Schiismus auch im Irak zu unterbinden, greift Saddam Hussein am 22. September 1980 den Iran an. Der Krieg zieht sich bis August 1988 hin, ohne dass eine der beiden Parteien die andere besiegen kann.

Vor dem Angriff auf den Iran hat der Irak beachtliche Hilfen aus den Vereinigten Staaten empfangen, um dem Staat, der im Moment die größte Gefahr in der Region zu sein scheint, Paroli bieten zu können.

Genau diese Hilfe – sowie jene aus dem ausgesprochen reichen Erdölprodu-

WAFFEN

DIE WICHTIGSTEN RAKETEN: SCUD UND PATRIOT

Die Scud-Raketen wurden in den 70er- und 80er-Jahren von der UdSSR an den Irak geliefert. Die sowjetische Version hat eine Reichweite von etwa 300 km. Die irakische Version erreicht die doppelte Tragweite, weil der Sprengstoff im Kopf von 1 t auf 500 kg reduziert wird.

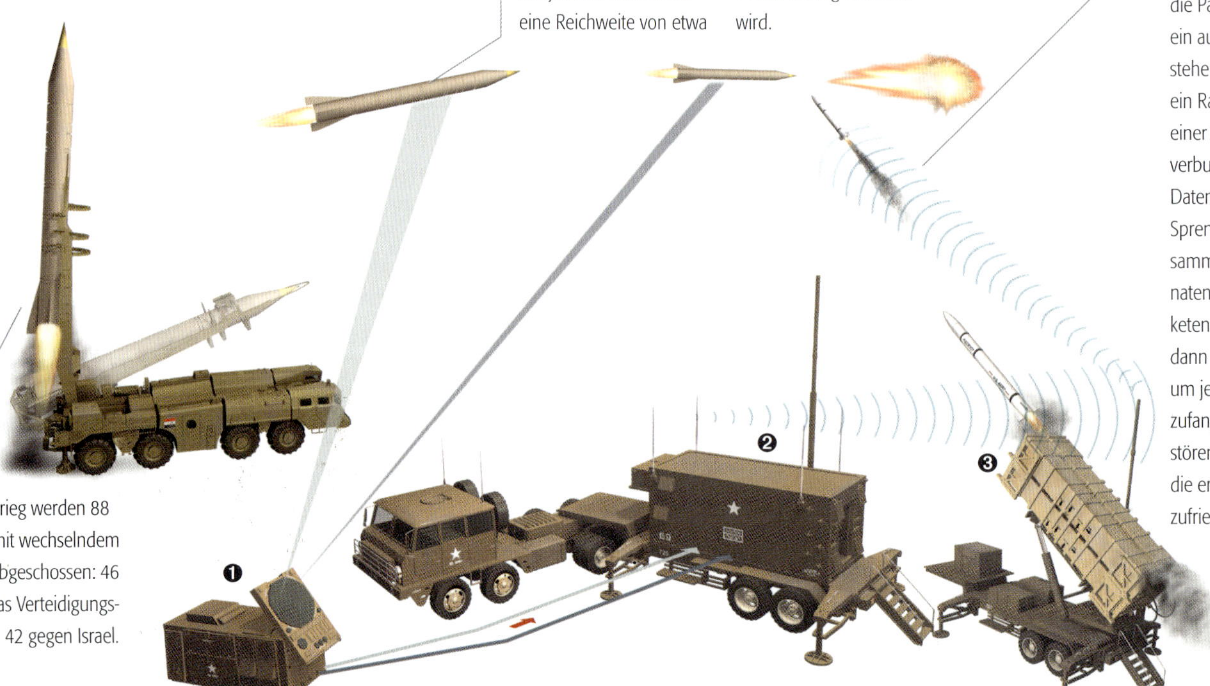

Im Golfkrieg werden 88 Scuds (mit wechselndem Erfolg) abgeschossen: 46 gegen das Verteidigungsbündnis, 42 gegen Israel.

Eine Boden-Luft-Rakete von mittlerer Reichweite, die Patriot, ist eigentlich ein aus drei Einheiten bestehendes Waffensystem: ein Radar (❶), das mit einer Kontrollstation (❷) verbunden ist, die die Daten der feindlichen Sprengkörper im Anflug sammelt und die Koordinaten für die eigenen Raketen (❸) erarbeitet, die dann abgefeuert werden, um jene des Gegners abzufangen und zu zerstören. Im Golfkrieg sind die erzielten Ergebnisse zufrieden stellend.

Ein irakischer T-72 der im Zuge der Operation »Desert Storm« von den Einheiten des Verteidigungsbündnisses in der Nähe der Luftwaffenbasis Ali Al Salem auf kuwaitischem Gebiet zerstört wurde.

zenten Kuwait – hat Saddam Hussein in Schulden gestürzt, der noch dazu auch innerhalb seines Landes um Stabilität ringt (die politische Opposition wird immer aktiver und Kurdenstämme stiften im Norden bewaffnete Aufstände an).

➤ DIE INVASION IN KUWAIT

Der irakische *Rais* beschließt daher im Sommer 1990, seine Stimme gegen den von Kuwait festgesetzten Preis für das »schwarze Gold« zu erheben und unterstellt dem Emirat, Rohöl aus Quellen nahe der Grenze entwendet zu haben. Bald beginnt man mit der Verkündung, das kleine Reich sei eine nicht rechtmäßig unabhängige irakische Provinz.

Im ersten Augenblick alarmiert diese Erklärung keine der internationalen Organisationen. Nur einige arabische Mächte und die USA versuchen zu vermitteln. Die allgemeine Meinung ist, dass Saddam nur blufft, obwohl mindestens 100.000 irakische Soldaten an der Grenze Aufstellung nehmen. Doch am 2./3. August marschieren diese Truppen, die von 2000 Panzern unterstützt werden, in Kuwait ein, dessen Streitkräfte innerhalb weniger Stunden zusammenbrechen, während die Regierung ins Ausland fliegt.

Die internationale Staatengemeinschaft verweigert ein militärisches Eingreifen und neigt dazu, wirtschaftlichen Druck auszuüben, um Saddam zum Rückzug zu bewegen.

HINTERGRÜNDE

DIE ELEKTRONIK IM KRIEG: DAS GPS

Im Golfkrieg verwenden die Vereinigten Staaten erstmals ein satellitengesteuertes, elektronisches Navigationssystem, um sich präzise im Gelände zu bewegen: das GPS (*Global Positioning System*). Das System basiert auf einem Netz aus 24 Satelliten im Weltraum (plus drei in Reserve), die in der Lage sind, ständig ihre Position und die Uhrzeit zu übertragen. Der Anwender auf der Erde, der über einen GPS-Empfänger verfügt, wird gleichzeitig mit drei Satelliten verbunden, die so Längen- und Breitengrad mit höchster Genauigkeit ermitteln können (momentan beträgt die Abweichung nur 5%, das heißt wenige Meter). Außerdem macht der Einsatz von Satelliten – im Gegensatz zu Stationen auf der Erde – das Navigationssystem im Vergleich zu herkömmlichen Systemen zuverlässiger und genauer. Obwohl nur wenige in der Operation »Desert Storm« eingesetzte Truppenteile über einen tragbaren Empfänger verfügen, sind die Ergebnisse ermutigend, da die Einheiten, die das GPS anwenden, sich auch in solch »amorphem« Gelände wie der Wüste mühelos zurechtfinden und dabei für ihre eigene zentrale Kommandostelle identifizierbar bleiben. Nach dem Krieg von 1991 fasst die Armee den Entschluss, das GPS auch in Panzerfahrzeugen zu installieren, um die Verluste durch »freundliches Feuer« zu vermeiden, wie sie beim Krieg zur Befreiung Kuwaits häufig passieren. »Air Force Magazine«, die offizielle Zeitschrift der amerikanischen Luftwaffe, erklärt das GPS in der Ausgabe vom August 1991 zu »einem Segen für die Truppen, die die Wüste durchqueren, vor allem während der häufigen Sandstürme«.

STREITKRÄFTE

ÜBERLEGENHEIT DES BÜNDNISSES

▶ IRAKER

SOLDATEN	350.000
PANZER	4280
ARTILLERIEGESCHÜTZE	3110
FLUGZEUGE	800
VERLUSTE	
GEFALLENE	20.000
VERWUNDETE	60.000
GEFANGENE	80.000
PANZER	3700
ARTILLERIEGESCHÜTZE	2600

▶ BÜNDNIS

SOLDATEN	660.000
PANZER	3100
FLUGZEUGE	1800
SCHIFFE	MEHR ALS 160
VERLUSTE	
GEFALLENE	213
VERWUNDETE	502
FLUGZEUGE	75

Irak 1991

Der Albtraum der Panzer
Der Panzerabwehr-Jäger A10 erreicht eine Geschwindigkeit von etwa 675 km/h und verfügt über lasergesteuerte Bomben, »Sidewinder«-Raketen und das mörderische GAU8, ein 30-mm-Maschinengewehr mit sieben rotierenden Läufen, das Uranprojektile abfeuert, die eine hohe Durchschlagskraft haben.

Anfängliche Luft- und Raketenangriffe

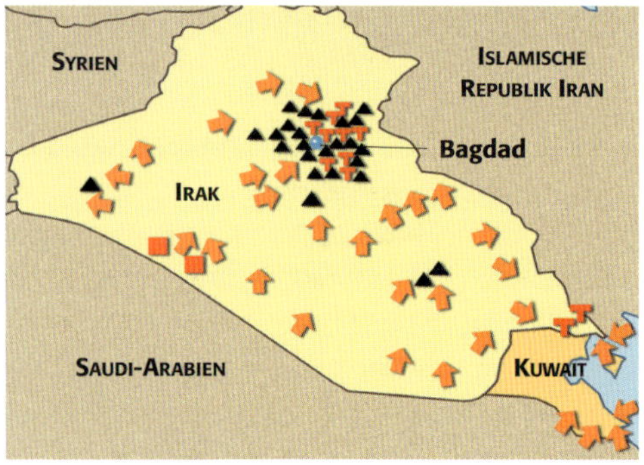

Der Auftakt zur letzten Bodenoffensive

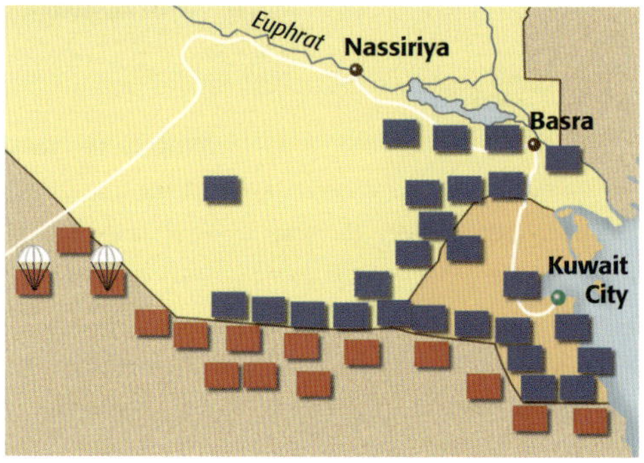

Die Luft- und Bodenangriffe des Bündnisses

- Iraker
- Bündnis
- Raketenangriffe
- Angriffe der F117
- Andere Luftangriffe
- Hubschrauberangriffe

Der »Apache«-Hubschrauber
Der AH-64A ist ein Kampfhubschrauber ohnegleichen. Als wahres elektronisches Wunderwerk kann er auch in den Nachtstunden oder unter ungünstigen Wetterbedingungen kämpfen. Mit »Hellfire«-Raketen und 30-mm-Kanonen bewaffnet, haben diese Helikopter wahrscheinlich über 500 irakische Panzer vernichtet.

1990 (2. August) Einmarsch irakischer Truppen nach Kuwait; **(6. August)** Saudi-Arabien bittet die USA um militärische Hilfe; **(8. August)** Ankunft der ersten amerikanischen Flugzeuge in Saudi-Arabien; **(29. November)** Genehmigung des Sicherheitsrates der Vereinten Nationen, »alle notwendigen Mittel« einzusetzen, um die Iraker aus Kuwait zu vertreiben • **1991 (9. Jänner)** Das Genfer Treffen zwischen dem amerikanischen Außenminister James Baker und dem irakischen Außenminister Tareq Aziz zur Findung einer friedlichen Lösung der Krise scheitert; **(12. Jänner)** der Kongress der Vereinigten Staaten genehmigt den Einsatz der Streitkräfte; **(16. Jänner)** die UNO stellt dem Irak ein Ultimatum für den Rückzug aus Kuwait; **(17. Jänner) 2.38 Uhr** das Verteidigungsbündnis beginnt mit den Luftangriffen; **(18. Jänner)** der Irak feuert die ersten Scud-Raketen auf Israel ab; **(24. Februar)** Beginn der Bodenoffensive des Bündnisses; **(25. Februar)** der Irak greift die 1. Division der Marines an; **(26. Februar)** die Iraker verlassen Kuwait; **(28. Februar) 8 Uhr** Beginn des Waffenstillstands; **(3. März)** in Safwan treffen einander die Generale des Bündnisses und des Irak.

Irak 1991

Beeindruckend ist die Anzahl der »vorbereitenden« Luftschläge in den ersten 34 Tagen: die 6000 der RAF scheinen verschwindend wenig gegenüber den 18.000 bzw. 34.000, welche die Marine und die Luftwaffe Washingtons durchführen. Ein Viertel der irakischen Kraftwerke werden vernichtet, die Hälfte zerstört.

Das Wappen der 101. amerikanischen Luftlande-Division »Screaming Eagles«, die während der Bodenoffensive eine gewaltige Hubschraubertransport-Aktion durchführt: in deren Verlauf dringen sie 180 km tief in irakisches Territorium ein, wobei 300 Helikopter zum Einsatz kommen.

Tausende irakische Fahrzeuge, die von den Luftstreitkräften des Bündnisses auf der Verbindungsstraße zwischen Irak und Kuwait vernichtet werden.

Als jedoch klar wird, dass die Aktionen der UNO nicht ausreichen, entscheiden sich die Vereinigten Staaten, Großbritannien und Teile der Arabischen Liga einzugreifen: das reiche Saudi-Arabien, das jedoch militärisch schwach ist, könnte das nächste Opfer sein.

Unter der Obhut der Vereinten Nationen bildet sich ein Verteidigungsbündnis, das seine Truppen mit massiver Luft- und Seeunterstützung auf die Arabische Halbinsel bringt (auch eine Abteilung Jagdbomber und ein Schiff aus Italien sind dabei). Im Sommer und im Herbst 1990 nehmen sie zuerst Aufstellung, um eine Invasion in Saudi-Arabien zu vereiteln. Das ist die Operation »Desert Shield« unter dem Kommando des amerikanischen Generals Norman Schwarzkopf.

➤ PRÄVENTIVE LUFTSCHLÄGE

Nach Monaten der Aufklärung, der Verhandlungen und Aufforderungen zum Abzug, die Saddam ignoriert, beginnt der eigentliche Krieg am 17. Jänner 1991 um 3 Uhr mit einem verheerenden Luftangriff auf alle aktiven und passiven Luftabwehranlagen (Artillerie, Raketen und simple Radarfrühwarnanlagen).

Der Luftkampf geht in drei Phasen vor sich: Die erste hat die Zerstörung der zivilen und militärischen Kommunikationseinrichtungen (Radar, Radio- und TV-Stationen), den Forschungs- und Entwicklungsstätten für Massenvernichtungswaffen, militärische Industrieanlagen und der Verkehrsinfrastruktur (Brücken, Eisenbahnstationen und Güterbahnhöfe) zum Ziel. In dieser Phase kommen hauptsächlich die F117-Bomber und »Tomahawk«-Raketen zum Einsatz, die von Schiffen und U-Booten abgeschossen werden; dann folgen die Angriffe der Luftwaffen des Bündnisses.

Die zweite und dritte Phase richtet sich gegen die irakischen Stellungen in Kuwait, um die Verteidigung zu zerstören und die Versorgung zu unterbrechen. Diese beiden Phasen werden mit B52-Bombern durchgeführt, die die gewählten Ziele pausenlos bombardieren. Die vierte Phase ist der Feuerschutz, durch den die Flieger der Bündnispartner den Schutz im Falle der entscheidenden Bodenoffensive sicherstellen.

Das Einzige, was der Irak dem entgegenzusetzen hat, sind 88 Scud-Abschüsse, also der Raketen mit großem Aktionsradius. Diese erreichen auch Ziele in Saudi-Arabien – die effektivsten Einschläge erfolgen in Dahran, wo eine amerikanische Kaserne getroffen wird und 28 Soldaten ums Leben kommen – und in Israel. Israel selbst hat sich dem Bündnis zwar nicht angeschlossen, am 7. Juni 1981 allerdings den Atomreaktor in Osiraq »präventiv« bombardiert, der als Zentrum für den Bau von Nuklearwaffen gilt.

Um die Vorbereitungen für den alliierten Bodenangriff zu stören, greifen die Iraker zwischen 20. Jänner und 1. Februar die saudi-arabische Stadt Khafji an (werden aber von der saudischen Nationalgarde zurückgeworfen) und versuchen vergeblich andere Überfälle, bei der sie hohe Verluste erleiden. Die militärische Strategie Saddams, die Verstärkung seiner Stellungen, baut auf den Erfahrungen aus dem Golfkrieg gegen den Iran auf, allerdings hat er nicht mit den überragenden technischen Fähigkeiten und

INTERNET
- www.gwu.edu/~nsarchiv/NSAEBB/NSAEBB39/
- www.cryan.com/war/
- edition.cnn.com/SPECIALS/2001/gulf.war/facts/gulfwar/
- www.au.af.mil/au/aul/bibs/pgwar/pgwrtc.htm

Mitteln des Bündnisses gerechnet, welches das Gelände entminen und Hindernisse mit Leichtigkeit überwinden kann.

➤ ZUERST DIE EINKESSELUNG, DANN DER SIEG

Die Bündnispartner sind dagegen über eine breitere Front verteilt. Während die schwereren Einheiten (wie die amerikanischen Panzer und die Marines) den Irakern gegenüberstehen, befinden sich die Hubschraubertransport- und mechanischen Einheiten weiter im Westen in der Wüste und sind bereit, die irakische Verteidigung einzuschließen und in den Irak vorzudringen.

Die Bodenoffensive startet am 24. Februar und endet am 28. mit einem Erfolg auf der ganzen Linie für die alliierten Kräfte, die Kuwait befreien, in den Irak einmarschieren (bis zum Euphrat) und die Einschließung der Iraker vollenden. Nicht weniger als 80.000 Soldaten Bagdads, durch die wochenlangen Luftangriffe zermürbt und dezimiert, ergeben sich, kaum dass sie die feindlichen Panzer und Soldaten erblicken. In einigen Fällen schwenken sie die weiße Fahne gegenüber Journalistentrupps, die mit ihren Geländewagen den Ereignissen folgen. Weitere 100.000 fliehen oder ziehen sich zurück. Anders als es ihr Führer vorhergesehen hat, wurden seine Truppen nicht frontal in den befestigten Stellungen angegriffen, die sie in sechs Monaten Waffenruhe vorbereitet und ausgebaut haben, sondern eingeschlossen und im Rücken angegriffen.

Die Hauptstadt Kuwait City wird am 27. Februar 1991 erreicht und symbolisch von einer Vorhut der kuwaitischen Armee befreit. Am 28. Februar ruft der amerikanische Präsident George H. Bush offiziell den Waffenstillstand aus.

Trotz des Krieges gelingt es Saddam Hussein dank der Unterstützung durch die Armee und die Baath-Partei an der Macht zu bleiben. Nach dem Krieg folgt eine Zeit der gewaltsamen Unterdrückung der kurdischen und schiitischen Bevölkerung des Irak sowie andauernde interne Erhebungen gegen sein Regime.

Amerikanische Soldaten auf einem M1A1 Abrams-Panzer

Durch die Streitkräfte des Verteidigungsbündnisses während der Bodenoffensive gefangen genommene irakische Soldaten.

Im Verlauf der Besetzung Kuwaits setzen die Iraker 640 Ölquellen in Brand und beschädigen weitere 90.

Sarajevo

1992

Im Oktober 1991 erklären die Kroaten und die Moslems von Bosnien-Herzegowina ihre Unabhängigkeit von der jugoslawischen Föderation. Im April 1992 reagieren die Belgradtreuen serbischen und die orthodoxen Volksgruppen auf die Abspaltung mit dem Einmarsch in bosnisches Gebiet und kesseln Sarajevo (500.000 Einwohner verschiedener Volksgruppen und religiöser Zugehörigkeit sowie politischer Herkunft) mit Streitkräften, 260 Panzern und hunderten Artilleriegeschützen ein. Was folgt ist eine »anormale« Belagerung, bei der sich die beiden Parteien weder in noch außerhalb der Stadt befinden, sondern über die Stadt verteilt sind und in benachbarten Stadtvierteln und Wohnhäusern sitzen. Der Kampf wird durch ethnisch-religiöse Säuberungen gekennzeichnet.

Tausende Zivilisten sterben oder werden verwundet – entweder durch den Artilleriebeschuss von den umliegenden Hügeln aus, oder durch Mörserschüsse, die in die belebten Märkte einschlagen oder durch Heckenschützen (allein 1995 kommen 60 Kinder und 165 Erwachsene um).

Als die mit Abstand längste Belagerung der Zeitgeschichte (5. April 1992 bis 26. Februar 1996) wird die Blockade Sarajevos durch das Eingreifen der Vereinten Nationen beendet, die militärisch von der NATO unterstützt werden: In der Folge werden eine kroatisch-moslemische Föderation und die Serbische Republik Bosnien gegründet.

Ein Blauhelm der Vereinten Nationen auf Beobachtungsposten auf einem Hügel bei Sarajevo.

▶ BOSNIER/KROATEN	
BOSNIER	25.000–30.000
KROATEN	2000

▶ SERBEN	
8 BRIGADEN	13.000
ARTILLERIE	600–1100

Mogadischu

1993

Während des Bürgerkriegs und der Hungersnot, die das Land seit Jahrzehnten geißelt, greifen die rivalisierenden Clanchefs auch in die Verteilung der Lebensmittel durch internationale Hilfsorganisationen gewaltsam ein. Die Vereinigten Staaten führen eine UNO-Mission (Operation »Restore Hope«) durch, um die Lage zu stabilisieren und die Verteilung der Hilfsgüter zu regulieren. Beim Versuch, einen der lokalen »Kriegsherren«, Mohammed Farrar Aidid, zu fangen, schicken die Amerikaner ausgewählte Einheiten (Delta Force und Rangers) mit 17 Kampfhubschraubern und einem Konvoi am Boden in das Zentrum der Hauptstadt Mogadischu. Rund um den mutmaßlichen Aufenthaltsort von Aidid werden sie von Tausenden bewaffneten Zivilisten angegriffen und zwei »Black Hawk«-Hubschrauber werden in Zonen abgeschossen, die von der Stadt aus praktisch unerreichbar sind.

Rangers und »Delta« beginnen im Fahrzeuggewühl einen Nahkampf, um die Überlebenden zu retten. Der Kampf dauert 18 Stunden und endet am Morgen des 4. Oktober, als pakistanische und malaysische Blauhelme die amerikanischen Soldaten bergen können.

Zwei amerikanische Marines in Mogadischu bei einer Razzia. 2001 rekonstruiert der Film *Black Hawk Down* des englischen Regisseur Ridley Scott den Krieg zwischen Amerikanern und der somalischen Guerilla.

▶ AMERIKANER	
SOLDATEN	120
VERLUSTE	
GEFALLENE	18
VERWUNDETE	73

▶ SOMALIER	
SOLDATEN	EINIGE TAUSEND
VERLUSTE	
GEFALLENE	1000

Grosny

1994

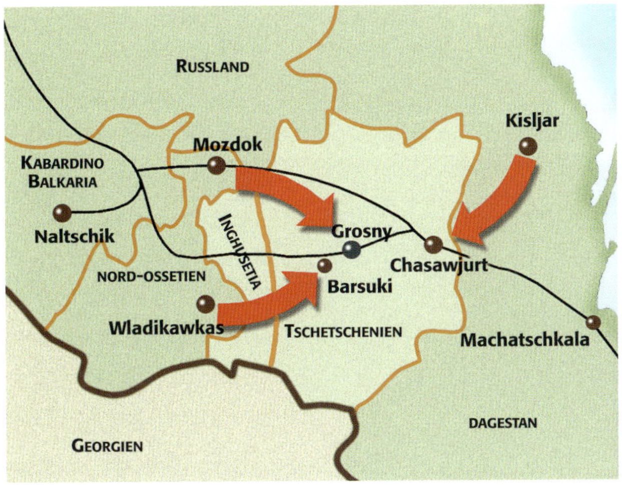

→ Russische Angriffsrichtungen auf Grosny

Tschetschenische Kämpfer während eines Gefechts mit dem russischen Heer in Grosny.

Während die tschetschenischen Rebellen zum großen Teil aus ehemaligen Veteranen der Sowjetunion bestehen und sich vier Monate auf den »Empfang« der Russen vorbereitet haben, gehören den Truppen Moskaus viele Soldaten an, die nicht entsprechend auf Kampfhandlungen oder Häuserkämpfe vorbereitet sind.

Nach dem Zerfall der UdSSR wird die kleine Republik Tschetschenien von einem Militärregime geführt. Moskau will die Kontrolle zurückgewinnen, doch die Truppen stehen unerwartet dem zähen Widerstand der tschetschenischen Kräfte gegenüber. Das ist der Beginn eines mit Grausamkeiten gespickten Krieges, der bis heute noch nicht beendet ist.

Nach dem Fall der Berliner Mauer hat 1990 in der UdSSR ein rascher Zerfallsprozess eingesetzt. Zahlreiche Republiken der Föderation erklären ihre Unabhängigkeit, darunter auch 1991 Tschetschenien, das sich schon immer gegen die Zentralregierung gestellt hat.

In der Kaukasusrepublik wird ein Militärregime mit dem ehemaligen sowjetischen Luftwaffengeneral Djokar Dudajew an der Spitze eingerichtet. Doch Ende 1994 beschließt Moskau einzugreifen, um die Kontrolle über die Lage wiederzuerlangen. Verteidigungsminister Pavel Grachew arbeitet die militärische Intervention zur Rückeroberung Grosnys aus. Der Plan sieht vor, dass die Rebellen in etwa zwei Wochen (29. November bis 14. Dezember) besiegt sein werden, doch der Marschplan Moskaus fällt schon zu Beginn unvorhergesehenen Zufällen zum Opfer und die Soldaten setzen sich nicht vor 11. Dezember in Bewegung. Sie kommen erst am 26. in Grosny an.

Das eingreifende russische Militär – oberflächlich vorbereitet, weil man den tschetschenischen Widerstand unterschätzt und gravierende strategische Fehler begangen hat – trifft unvorbereitet auf die städtische Guerilla. Die Tschetschenen greifen mit gut bewaffneten kleinen Trupps sehr schnell an und ziehen sich in der ihnen vertrauten Umgebung rasch wieder zurück.

Ab Februar 1995 und danach können die Russen dem lokalen Widerstand besser entgegentreten, was zum Teil an der Ankunft beträchtlicher Verstärkungseinheiten, zum anderen Teil an der Ernennung kompetenter Kommandeure liegt, die mit den Bedingungen des Krieges besser vertraut sind. Allein zwischen Ende 1994 und 27. August 1996 – dem Datum der Unterzeichnung eines Abkommens, das Tschetschenien den Status einer von der russischen Föderation unabhängigen Republik zuerkennt – sterben etwa 70.000 russische Soldaten und ein Zehntel der tschetschenischen Bevölkerung. Moskau richtet anschließend eine russlandfreundliche Regierung in Tschetschenien ein, doch der blutige Konflikt ist auch heute noch weit von einem Ende entfernt.

STREITKRÄFTE

▶ TSCHETSCHENEN	
REBELLEN	9000–10.000*
▶ RUSSEN	
SOLDATEN	6000°

* SCHÄTZUNGEN DES RUSSISCHEN INNENMINISTERIUMS
° BEIM ANGRIFF AUF DIE STADT AM 1. JÄNNER 1995 EINGESETZT

Kosovo

1999

Zum Scheitern aller Verhandlungen zwischen den kosovarischen Unabhängigkeitsbefürwortern und der Serbisch-montenegrinischen Föderation kommen noch die tausenden Flüchtlinge hinzu, die in den Nachbarländern Asyl suchen. Im von ethnischen Konflikten zerrissenen Ex-Jugoslawien greift die NATO militärisch ein, deren Bombardements aus der Luft die Serben zwingen, sich aus dem Kosovo zurückzuziehen.

Die E2C »Hawkeye« ein als Radarstation ausgerüstetes Flugzeug, mit dem alle amerikanischen Flugzeugträger ausgestattet sind (je vier bis fünf Exemplare). Es verfügt über ein ausgeklügeltes Radarsystem, das es ihm ermöglicht, bis zu 600 Ziele in einem Aktionsradius von 560 bis 1120 km zu kontrollieren (in der Luft oder am Boden).

Von den NATO-Bombardements betroffene, hauptsächliche Ziele in Serbien.

In den Jahren der Präsidentschaft Titos hatte Kosovo, obwohl es formell eine Provinz der Republik Serbien und Montenegro war, den Status einer autonomen Provinz. Doch gegen Ende der 80er- und zu Beginn der 90er-Jahre beschränkte der serbische Präsident Milošević mit der neuen serbischen Verfassung von 1990 die Autonomie drastisch und unterstellt Kosovo zu großen Teilen der Kontrolle durch Belgrad.

Als Antwort führt Kosovo im September 1991 eine geheime Volksabstimmung durch, deren Ergebnis mit überwältigender Mehrheit für die Unabhängigkeit der Region ausfällt.

Im Mai 1992 werden Wahlen abgehalten, aus denen Ibrahim Rugova als Präsident des Kosovo hervorgeht.

In den folgenden Jahren vermehren sich die Einrichtungen der Kosovo-Albaner – parallel zu den offiziellen serbischen –, doch auch die Verletzungen der Menschenrechte gegen Kosovaren albanischer Volkszugehörigkeit seitens der Serben nehmen zu.

1995 konstituiert sich als Folge des Friedensabkommens von Dayton die Föderale Republik Serbien-Montenegro, wozu auch die Region Kosovo gehört, das einmal mehr seine Hoffnungen auf Unabhängigkeit schwinden sieht.

STREITKRÄFTE

LUFTÜBERLEGENHEIT DER NATO

▶ NATO*

SCHIFFE	25
AMPHIBISCHE EINHEITEN	3
U-BOOTE	3
HUBSCHRAUBER	3
FLUGZEUGE	277
FLUGZEUGE ZUR LOGISTISCHEN UNTERSTÜTZUNG	63
AUFKLÄRER	19
JAGDBOMBER	192

▶ JUGOSLAWEN

BODENTRUPPEN	114.000
SERBISCHE TRUPPEN IM KOSOVO	40.000
SERBISCHE PANZER IM KOSOVO	126
GESCHÜTZE	1400
LUFTABWEHRRAKETEN	100
LUFTABWEHRSTELLUNGEN	1850
KAMPFFLUGZEUGE	240
KAMPFHUBSCHRAUBER	48
PANZERFAHRZEUGE	825
PANZER	1270

* BELGIEN, DÄNEMARK, DEUTSCHLAND, FRANKREICH, GRIECHENLAND, GROSSBRITANNIEN, ISLAND, ITALIEN, KANADA, LUXEMBURG, NIEDERLANDE, NORWEGEN, POLEN, PORTUGAL, REPUBLIK TSCHECHIEN, SPANIEN, TÜRKEI, UNGARN, USA

Am ersten Kriegstag, dem 24. März, wird das serbische Territorium von 400 Flugzeugen der NATO angegriffen, die über 40 militärische Ziele treffen. Die Priorität liegt bei der Ausschaltung der Luftverteidigung und Fliegerabwehr Belgrads.

Allein am letzten Kriegstag, dem 9. Juni, führt die NATO 443 Luftangriffe aus, die 88 Angriffe auf militärische Ziele beinhalten. Alle Flugzeuge der Koalition, die in die Luftschläge verwickelt sind, bleiben unversehrt.

Eine Satellitenaufnahme eines militärischen Ziels in Serbien, in Priština, vor und nach einem Luftangriff der NATO.

1988 führen die Eskalation der Gewalt und die Unterdrückung seitens Belgrad zur Gründung einer Befreiungsarmee des Kosovo. Im September desselben Jahres verlassen schätzungsweise 250.000 Kosovaren ihre Häuser, um dem serbischen Druck zu entkommen.

Am 23. September verabschiedet der Sicherheitsrat der Vereinten Nationen die Resolution 1199, in der wegen der »humanitären Katastrophe« im Kosovo Alarm geschlagen wird.

Zu Beginn des Jahres 1999 veranlasst die Unordnung in der Region die serbische Regierung, die Schraube der Repressalien noch ein wenig weiter zu drehen und schließlich militärisch (40.000 Soldaten und 300 Panzer) einzugreifen. Darauf folgt eine Vergeltungsmaßnahme seitens der NATO, die sich als der einzige Krieg in der Geschichte auszeichnet, der nur mit Fluggeräten geführt wird.

Die Luftstreitkräfte der Mitgliedsländer der NATO beginnen mit den Angriffen am 24. März um 2 Uhr. Getroffen werden militärische Ziele in Serbien und im Kosovo. Es ist das erste Mal seit Ende des Zweiten Weltkriegs, dass europäische Länder einen anderen souveränen Staat des Alten Kontinents angreifen. Zu Beginn sieht die Luftangriffstaktik nächtliche Schläge aus großer Höhe (etwa aus 4500 m) vor, um die feindliche Luftabwehr zu umgehen, doch die Ungenauigkeit der Bombardements aus solch großer Höhe zwingt zu tieferen Flügen mit präziseren Angriffen.

Am 23. April beginnt der Nordatlantikpakt auch die serbische Infrastruktur ins Visier zu nehmen (Eisenbahnen und Elektrizitätskraftwerke). Auf der Gegenseite verfolgt die serbische Armee die Taktik, sich in viele kleine Einheiten aufzuteilen, um dem Bombenhagel zu entgehen, wird dadurch aber ein leichtes Ziel für die UCK (das Heer der albanischen Rebellen).

Das schlechte Wetter, das die Militäroperationen der NATO begleitet hat, bremst die kriegerischen Aktivitäten des Bündnisses, die sich von Tag zu Tag intensivieren, keineswegs. Der Beschuss weitet sich auf Serbien aus, nun auch mit Tomahawk-Raketen, sodass der serbische Präsident gezwungen ist, zu kapitulieren. Am 9. Juni unterzeichnen serbische Militärführer und jene der NATO ein Abkommen über den Abzug der Truppen Belgrads aus dem Kosovo. Am 10. Juni um 10 Uhr werden die Bombardements ausgesetzt. Die Resolution 1244 des UNO-Sicherheitsrates setzt fest, dass Kosovo vorläufig von den Vereinten Nationen regiert wird. Im Zuge des Feldzugs hat die NATO nur vernachlässigbare Verluste erlitten.

Der strategische Bomber B1B der Amerikaner kann eine Bombenlast von bis zu 37,5 t im Inneren und 29,5 t außen transportieren.

World Trade Center

2001

Ein unerwartetes, fürchterliches Terrorattentat, das von einem islamistischen Kommando mit entführten Linienflugzeugen durchgeführt wird, erschüttert die Machtsymbole der Vereinigten Staaten. Der Präsident und sein Vize werden aus Sicherheitsgründen versteckt, der Senat evakuiert, das Pentagon beschädigt und das World Trade Center zum Einsturz gebracht: der Westen steht an einem Wendepunkt.

Eine Reihe schrecklicher Attentate erschüttert den Westen. Die internationale Staatengemeinschaft verurteilt dies einstimmig, doch die Reaktionen fallen unterschiedlich aus. Manche akzeptieren die Erklärung, es handle sich um eine Art terroristischen Attentats, nicht, manche bringen dies in Verbindung mit dem Ungleichgewicht zwischen nördlicher und südlicher Welt, manche vertrauen auf die Multilateralität der internationalen Organisationen (UNO), manche vertrauen allein auf eine militärische Reaktion. Die Welt steht an einem Wendepunkt und fragt sich: Vom Kalten Krieg zum »unendlichen Krieg gegen den Terrorismus«, den die USA beginnen?

Für viele beginnt alles am Morgen des 11. September 2001, als die Einwohner New Yorks kurz nach 8.46 Uhr zu Zeugen von etwas werden, was zunächst wie ein fürchterlicher Flugzeugunfall aussieht. Eine Boeing 767 (Flug 11 der American Airlines) überfliegt die Stadt in geringer Höhe und kracht in einen der Türme (den nördlichen), die zum World Trade Center gehören: dem Zentrum des Welthandels, das das Stadtbild dominiert und ein wichtiges Symbol der Finanzwelt ist. Schon 1993 gab es einen Sprengstoffanschlag seitens islamistischer Terroristen. Es dauert einen Augenblick und die Boeing tritt inmitten einer großen Stichflamme auf der gegenüberliegenden Seite des Wolkenkratzers wieder aus. Ihr Treibstoff hat alles entzündet, was brennbar ist, der Aufprall hat alles mitgerissen … Glas, Holz, Menschen, Beton und seine stählerne Armie-

HINTERGRÜNDE

DER ANGRIFF AUF AMERIKA

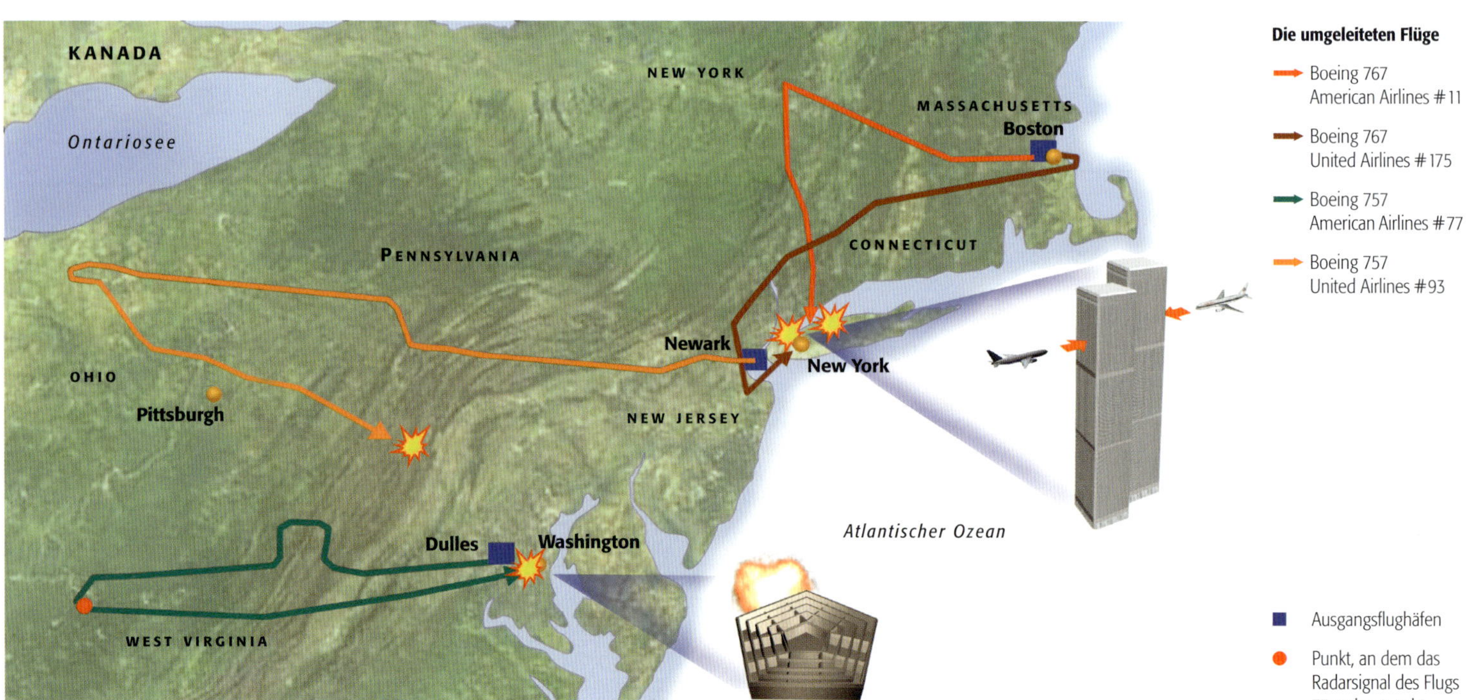

rung. Der Zwischenfall mobilisiert Feuerwehr, Rettung, Polizei und Koordinatoren des Bürgermeisters Rudolph Giuliani.

➤ LUFTALARM NACH DEM ERSTEN ATTENTAT

Im gleichen Moment führen am Stützpunkt Otis in Massachusetts zwei F15-Jäger, die zur Verteidigung des so genannten »nordöstlichen Sektors« der USA (insgesamt durch vier Flugzeuge geschützt) abgestellt sind, einen Alarmstart durch. Die beiden Piloten mit den Codenamen »Duff« (Oberstleutnant Timothy Duffy) und »Nasty« (Major Daniel Nash) haben den getroffenen Wolkenkratzer noch nicht erreicht, als bereits bekannt ist, dass ein, zwei oder möglicherweise

Die beiden Türme des World Trade Center am Morgen des 11. September 2001. Das zweite Flugzeug schlägt auf noch zerstörerische Art in den Südturm ein als das erste in den Nordturm, da es diagonal auf das Gebäude trifft, sodass es die Struktur ruiniert.

HINTERGRÜNDE

DIE ORGANISATION AL KHAIDA

Zur Zeit der sowjetischen Besetzung Afghanistans wird eine Guerillaorganisation gegründet, die von den USA ausgebildet und finanziert wird und den Namen Al Khaida annimmt (»die Basis«): Gründer ist Scheich Osama Bin Laden, der Sohn einer der reichsten Familien in Saudi-Arabien, die Erdölquellen besitzen. Das erklärte Ziel der Organisation sind die Errichtung eines »panislamischen Kalifats«, die Bekämpfung moderater arabischer Regimes und die Vertreibung Ungläubiger aus moslemischen Ländern: das gilt für die Amerikaner und Angehörige anderer westlicher Länder im Mittleren Osten und auf der Arabischen Halbinsel. Von einer zentralistischen Organisation entwickelt sich Al Khaida mit der Zeit zu einem Netzwerk, dessen Köpfe schwer zu fassen sind. Von ihrer Gründung bis heute werden der Al Khaida – der sich auch andere kleine Gruppen mit ebenfalls islamistischem Hintergrund angeschlossen haben – viele terroristische Akte (in Kenia, Somalia, Tansania, Indonesien) zugeschrieben, bis hin zu jenen, die die traurigste Berühmtheit erlangten: World Trade Center, Pentagon, Madrid, London und Sharm el-Sheik. Die Organisation verfügt, abgesehen vom persönlichen Vermögen des saudischen Scheichs und wahrscheinlich wirtschaftlichen Aktivitäten zur Tarnung, über ein ausgedehntes Netz an Finanzierungen und Zuwendungen von Sympathisanten Bin Ladens.

Der Gründer und Kopf der Al Khaida, Scheich Osama Bin Laden, in einer Videobotschaft, die von Al-Jazeera, dem Satelliten-Fernsehsender von Katar, ausgestrahlt wurde.

BETEILIGTE

EIN ATTENTAT OHNE BEISPIEL

▶ ZIVILISTEN

IN DEN GEBÄUDEN ANWESENDE*	14.000
IN DEN ENTFÜHRTEN FLUGZEUGEN	157
VERLUSTE	
TOTE	2749
VERLETZTE	2261

▶ TERRORISTEN

MITGLIEDER DES KOMMANDOS**	10
VERLUSTE	
TOTE	10

* SCHÄTZUNG

** FÜNF IN JEDER DER BEIDEN MASCHINEN

World Trade Center 2001

Der Nordturm
Die Boeing 767 des Fluges 11 kracht mit 38.000 Litern Treibstoff und einer Geschwindigkeit von 760 km/h in den Nordturm. Der Einschlag erfolgt zwischen dem 93. und 98. Stock. Zwischen der 99. und der 110. Etage (der letzten) gibt es keine Überlebenden: 1360 Tote.

mehrere zivile Flugzeuge entführt wurden. Man dirigiert die Flieger zu »sensiblen Objekten« in New York.

Die F15 beschleunigen auf Überschall und können trotzdem nicht verhindern, dass eine zweite Boeing 676 der United Airlines um 9.03 Uhr nach dem identischen tragischen Plan in den Südturm des World Trade Center rast.

Der Präsident der Vereinigten Staaten, George W. Bush, ist zu dieser Zeit auf Besuch in einer Schule in Florida. Er wird über den ersten Anschlag informiert (man hat praktisch sofort erkannt, dass es sich um keinen Unfall handelt) und dann über den zweiten, während er mit einigen Schülern plaudert.

➤ DIE FLUCHT DES PRÄSIDENTEN UND DER ANSCHLAG AUF DAS PENTAGON

Während Bush Kontakt mit seinem Vizepräsidenten Dick Cheney aufnimmt, wird auch der Senat in Rekordzeit evakuiert. Bush und sein Stab besteigen die *Air Force One*, die für mehrere Stunden in der Luft bleibt. Kein Flughafen wird als sicher vor solchen Attentaten betrachtet, wie sie soeben geschehen sind und dem ein dritter, von höherem symbolischem Wert folgen könnte.

Tatsächlich stürzt um 9.39 eine Boeing 757 (Flug 77 der American Airlines) mit Flugziel Los Angeles auf den Westflügel des Pentagon, dem Hauptquartier der amerikanischen Verteidigung in der Nähe von Washington D. C., wo das gesamte Kommando der Streitkräfte versammelt ist.

Inzwischen stürzen um 9.59 bzw. 10.28 der Süd- und der Nordturm ein.

»Fire Brigade«
Auch die Hilfsmannschaften erleiden hohe Verluste: 343 Feuerwehrmänner und 75 Polizisten sterben. Vor allem die Feuerwehrleute im Nordturm können die Kommunikation draußen nicht verfolgen, da ihre Funkgeräte nicht richtig funktionieren. Nach dem Einsturz des Südturms erhalten sie den Befehl, den Nordturm zu evakuieren, setzen aber ihre Arbeiten fort und ignorieren die drohende Gefahr.

Der Einsturz
Viele Trägersäulen wurden im Moment des Aufpralls zerstört, die Tanks der Flugzeuge waren fast voll und Explosionen erzeugen eine Hitze, der die Struktur nicht standhält: in 90 Minuten krachen die Türme in sich zusammen.

Bereits wenige Minuten nach dem Ereignis werden Vergleiche mit Pearl Harbor 60 Jahre früher angestellt, obwohl es sich nicht um einen Angriff mit militärischen Mitteln seitens einer erkennbaren feindlichen Macht handelt.

Ein viertes Flugzeug, die ebenfalls entführte Boeing 757 des Fluges 93 der American Airlines, stürzt über freiem Gelände ab, bevor sie ein weiteres Ziel erreicht.

Die North *American Aerospace Defense* (das Oberkommando der amerikanischen Militärluftfahrt) stoppt alle 4000 zivilen Flüge, die für diesen Tag vorgesehen waren. Der internationalen Staatengemeinschaft sind Flugzeugentführungen als Terrorakte nicht neu: Ein entsprechendes Abkommen zu diesem Thema stammt aus dem Jahr 1970. Doch niemals zuvor hatten Flugzeugentführungen Schäden dieses Ausmaßes zur Folge.

24 Stunden später liegen erste Ermittlungsergebnisse von FBI und CIA vor, mächtige Spionageabwehreinrichtungen, die unfähig waren, die Attentate vorauszusehen (obwohl es eindeutige Hinwei-

Der Südturm
Die Boeing 767 des Fluges 175 trifft den Südturm zwischen dem 78. und 84. Stockwerk. Viele haben das Gebäude nach dem ersten Anschlag verlassen. Nur vier der 600 Opfer sind aus den Etagen unter dem Einschlag.

se gab, wie man später erfahren wird).

Die Entführer sind 18 Terroristen, die aus arabischen Ländern stammen oder dort ihre Wurzeln haben (Vereinigte Emirate, Ägypten, Saudi-Arabien). Die Organisation, die hinter der Aktion steckt, ist nach Angaben der Ermittler das Terrornetzwerk Al Khaida, das von einem saudischen Millionär angeführt wird, der sich dem Kampf gegen die sowjetische Okkupation Afghanistans verschrieben hat, der auch von den Vereinigten Staaten unterstützt wird: Osama Bin Laden.

➤ DIE AMERIKANISCHE REAKTION

In der Rede an die amerikanische Nation am 15. September bestätigt Bush, dass Bin Laden der Hauptverdächtige ist und erklärt jenen den Krieg, die Amerika angegriffen haben: ein Krieg, der auch Jahre dauern kann. Nach vielen zur Verfügung stehenden Quellen hält sich Bin Laden in Afghanistan auf und wird vom Taliban-Regime geschützt (Taliban sind die Studenten der »Madrase« – Koranschulen –, die fest an den radikalsten und modernitätsfeindlichen islamistischen Gesetzen festhalten).

Nachdem ein Angriff auf den Irak von Saddam Hussein geprüft wurde – der sich seit mehr als einem Jahrzehnt auf Kollisionskurs mit den USA befindet –, entscheidet sich Bush für einen Angriff auf Afghanistan, das Al Khaida wohlgesonnen ist..

Der Angriff beginnt am 7. Oktober mit Raketen und Luftangriffen und am 19. mit Luftlandeeinheiten, die den Weg für die Bodentruppen der afghanischen

Oben und Mitte: das Pentagon nach dem Einschlag der Boeing 757 des Fluges 77. Nachdem der Transponder (der Flugnummer, Geschwindigkeit und Höhe übermittelt) deaktiviert wurde, ist das Flugzeug 36 Minuten lang nur ein Punkt auf dem Schirm der Flugkontrolle.

Unten: die Reste der Boeing 757 des Fluges 93 in Pennsylvania.

INTERNET
- www.september11news.com
- www.cooperativeresearch.org/project.jsp?project=911_project
- www.fbi.gov/pressrel/penttbom/penttbomb.htm
- www.pernondimenticare.it

Nordallianz freimachen, einem ethnisch und ideologisch gegen die Taliban eingestellten Verband. Das Regime der Taliban wird nach heftigen Kämpfen vertrieben, an denen sich auch Terroristen der Al Khaida beteiligen, die in vielen Trainingscamps ausgebildet werden.

Die Amerikaner starten eine gigantische Menschenjagd, um Bin Laden zu fangen, die aber bis heute erfolglos blieb.

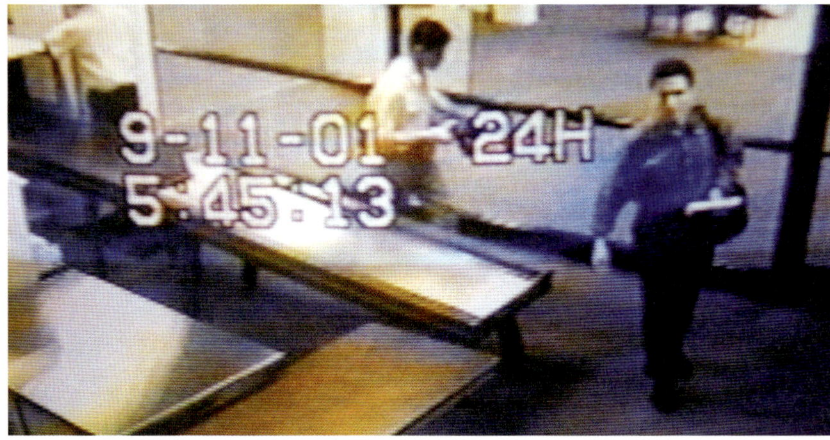

Zwei der Entführer des Fluges 11 der American Airlines am Flughafen von Boston, knapp bevor sie in das Flugzeug einsteigen, das sie dann in den Nordturm des World Trade Center steuern.

HINTERGRÜNDE

DIE ANSCHLÄGE VON MADRID UND LONDON

In den Jahren 2004 und 2005 wird Europa von zwei schweren Anschlägen erschüttert, die die militärischen Verbündeten der USA im Irak, Großbritannien und Spanien treffen.

MADRID, 11. März 2004

Tote: 191 – Verletzte: über 1800

Nach dem Zusammenbruch des Regimes von Saddam Hussein, der durch die Truppen der Koalition unter Führung der Vereinigten Staaten verursacht wurde, schicken auch andere Länder Truppen, um die Ordnung und den Frieden im Land wiederherzustellen. Darunter befindet sich auch Spanien, obwohl die Masse der Bevölkerung dem ablehnend gegenübersteht. Am Morgen des 11. März 2004 explodieren in Madrid Sprengsätze in fahrenden Zügen und in Garnituren, die in den Stationen Atocha, El Pozo und Sant Eugenia Halt machen. Insgesamt gehen zwischen 7.39 und etwa 8 Uhr zehn Bomben in vier Zügen hoch. Die alarmierte Polizei sucht und findet rechtzeitig weitere Sprengsätze, trotzdem ist die Opferbilanz hoch, vergleichbar mit einem schweren Bombardement eines zivilen Zieles in Kriegszeiten. Zuerst schreibt die konservative Regierung von José Maria Aznar die Anschläge der baskischen Separatistenorganisation ETA zu, doch schon bald ist es schwierig zu leugnen, dass die Urheber mit der Al Khaida in Verbindung stehen und die Attentate als Vergeltung für die spanische Militärmission im Irak zu betrachten sind. Wenige Tage später wählen die Spanier und die progressive Koalition unter dem Sozialisten José Luis Rodriguez Zapatero gewinnt. Sein Wahlprogramm beinhaltet den Abzug der spanischen Truppen aus dem Irak. Im Verlauf weniger Wochen werden die spanischen Kontingente in die Heimat zurückbeordert.

LONDON, 7. Juli 2005

Tote: 56 – Verletzte: 700

Am Tag nach den Feierlichkeiten zur Wahl der englischen Hauptstadt als Austragungsort der Olympischen Spiele 2012, dem musikalischen Event *Live 8* und während in Edinburgh das 13. Gipfeltreffen der wichtigsten Wirtschaftsmächte der Welt (»G8«) stattfindet, gibt es um 8.50 Uhr drei Explosionen in verschiedenen U-Bahn-Garnituren und eine vierte um 9.47 Uhr in einem Autobus. Zu dem von Selbstmordattentätern verübten Blutbad bekennen sich zwei bewaffnete islamistische Organisationen (Al Khaida und die Brigade Abu Hafs al Masri). Die Ermittlungen der Polizei, die das Filmmaterial der Überwachungskameras der Stationen auswertet, bringt vier Attentäter zum Vorschein: die sind englische Staatsbürger, gebürtige Briten mit pakistanischen Wurzeln, der vierte ist Jamaikaner. Unter den Organisatoren, die nach einer groß angelegten Fahndung in Yorkshire und Buckinghamshire aufgegriffen werden, befindet sich einer der Drahtzieher der Anschläge von Madrid. Nach wenigen Tagen erschüttern weitere Attentate die Stadt. Ein Großteil der Verantwortlichen wird verhaftet. Im Unterschied zu Spanien zieht England seine Truppen nicht aus dem Irak ab.

Die Reste des Autobus Nr. 30 am Tavistock Square in London nach dem Anschlag vom 7. Juli 2005, 9.47 Uhr. Der Selbstmordattentäter H. Hussein tötete 13 Menschen.

Djenin

2002

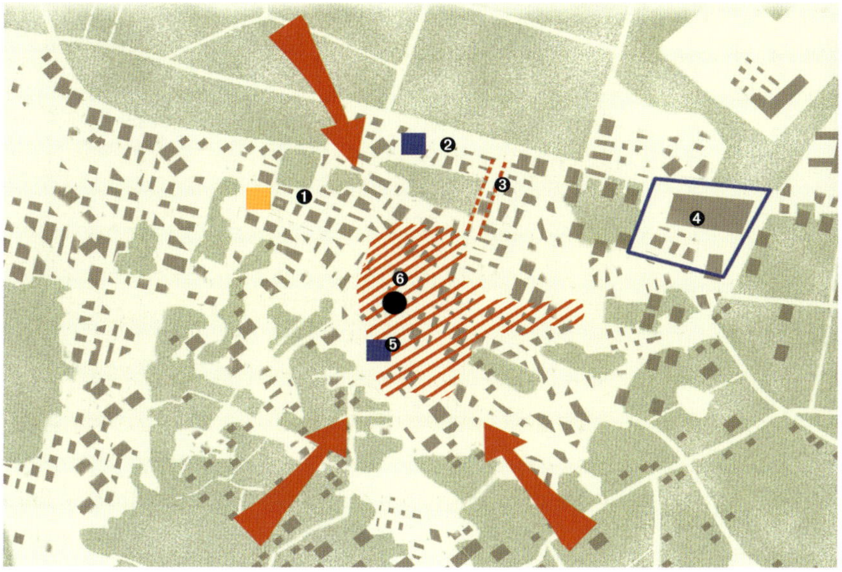

Ein israelischer Panzer zwischen den Trümmern von Djenin.

Am siebten Kampftag tötet ein Selbstmordattentäter 13 israelische Soldaten. Seit dem Libanonkrieg (1985) hat die jüdische Armee keine so hohen Verluste mehr erlitten.

Eine »einfache« Razzia der Israelis im Zusammenhang mit der Operation »Verteidigungsmauer« wird zu einer gigantischen Schlacht mit der urbanen Guerilla der Stadt Djenin. Von Heckenschützen beschossen und von palästinensischen Sprengfallen betroffen, kann die israelische Armee sich nur behaupten, indem sie die Kampfzone dem Erdboden gleichmacht.

Der wütende Bürgerkrieg zwischen der palästinensischen Intifada und dem israelischen Heer entzündet einen regelrechten Krieg. Als Antwort auf ein schweres Attentat in Netanya am 28. März 2002 beruft Israel 20.000 Reservisten ein und besetzt alle Wohngebiete, die der palästinensischen Autorität unterstehen. Das ist die Operation »Verteidigungsmauer«. In Ramallah wird das Hauptquartier Arafats dem Erdboden gleichgemacht, in Bethlehem wird gekämpft und in anderen Orten greift die israelische Luftwaffe ein.

Dann planen die Israelis den Einmarsch in Djenin, wo sie das Versteck der Spitzen der Organisationen Hamas und Dschihad vermuten, während sich dort laut den Palästinensern nur Flüchtlinge aufhalten. In Erwartung des israelischen Angriffs übersähen die Guerillas die Stadt und das Flüchtlingslager mit Sprengfallen (manche mit 115 kg Sprengstoff), während die Zivilisten beginnen, die Stadt zu verlassen (nach Angaben des israelischen Geheimdienstes sind am dritten Kampftag 90% der Bevölkerung bereits weg). Am 2. April um Mitternacht greifen die Israelis aus drei Richtungen an. Als Erstes setzen sich die Panzer in Bewegung, dann folgen ein Dutzend gepanzerter Planierraupen des Typs Caterpillar D9, die zur Entminung und zum Beseitigen von Hindernissen dienen.

Der Kampf dauert neun Tage und stellt die israelischen Streitkräfte auf eine harte Probe: beim Kampf Haus um Haus, durch Hinterhalte, durch Heckenschützen und durch Sprengfallen. Die Israelis reagieren mit einem Angriff der Cobra-Hubschrauber und mit Schubraupen, die eine Straße für die Truppen ebnen.

Der Widerstand ist am 11. April gebrochen. Etwa ein Jahr später studieren amerikanische Offiziere die Operation in Hinblick auf die Städte im Irak.

- Israelis
- ❶ UNO-Büro
- ❷ Al-Kbir-Moschee
- ❸ Von der D9 der Israelis trassierte Straße
- ❹ Spital
- ❺ Ort der Gefangennahme von Mahmoud Tawalbe, Anführer des »Dschihad« in Djenin
- ❻ Hinterhalt, in dem 13 israelische Soldaten getötet werden
- Gebiete mit der größten Zerstörung (Bezirk Hawashin)

STREITKRÄFTE

▶ **PALÄSTINENSER**	
GUERILLAKÄMPFER	100
VERLUSTE	
GEFALLENE*	56
VERWUNDETE	52
▶ **ISRAELIS**	
HEER UND SPEZIALEINHEITEN	1000
VERLUSTE	
GEFALLENE	23
VERWUNDETE	75

* »WASHINGTON TIMES«, 1. MAI 2002

Irak

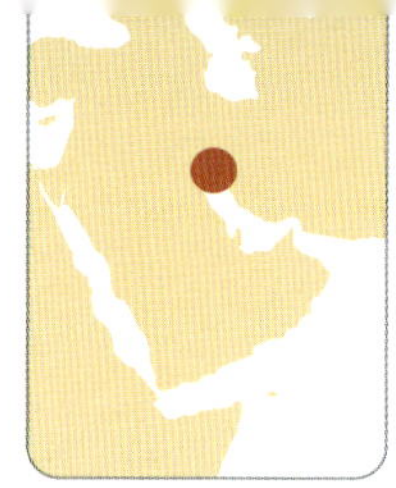

2003

2003 kehrt der Krieg in den Irak zurück, ausgelöst durch George W. Bush und die Ereignisse vom 11. September. Die USA führen ein Bündnis an, um das Regime von Saddam Hussein für vermutete Verbindungen zu Bin Laden und angenommene Verstecke von chemischen Waffen zu bestrafen. Der Krieg ist schnell gewonnen, doch der Frieden liegt in weiter Ferne.

Der Krieg wird hauptsächlich von Bodentruppen, unterstützt, jedoch nicht ergänzt durch die Luftwaffe (wie 1991), geführt. Beide profitieren jedoch von einer Militärtechnologie, die jener des letzten Konflikts weit überlegen ist. Das betont den asymmetrischen Charakter des Kriegs von Bush gegen Saddam, der im Kuwaitfeldzug 1991 besiegt an der Spitze der irakischen Regierung geblieben ist. George W. Bush, Tony Blair und auch José Maria Aznar beschuldigen Bagdad der Herstellung und des Besitzes von chemischen Waffen und von Massenvernichtungswaffen. Großbritannien, die Vereinigten Staaten und die Vereinten Nationen üben Druck aus, damit die irakische Regierung einer Inspektion im Sinne des Abkommens für die Abrüstung chemischer Waffen von 1993–1997 zustimmt.

HINTERGRÜNDE

DER ANGLOAMERIKANISCHE VORMARSCH (20. MÄRZ BIS 12. APRIL)

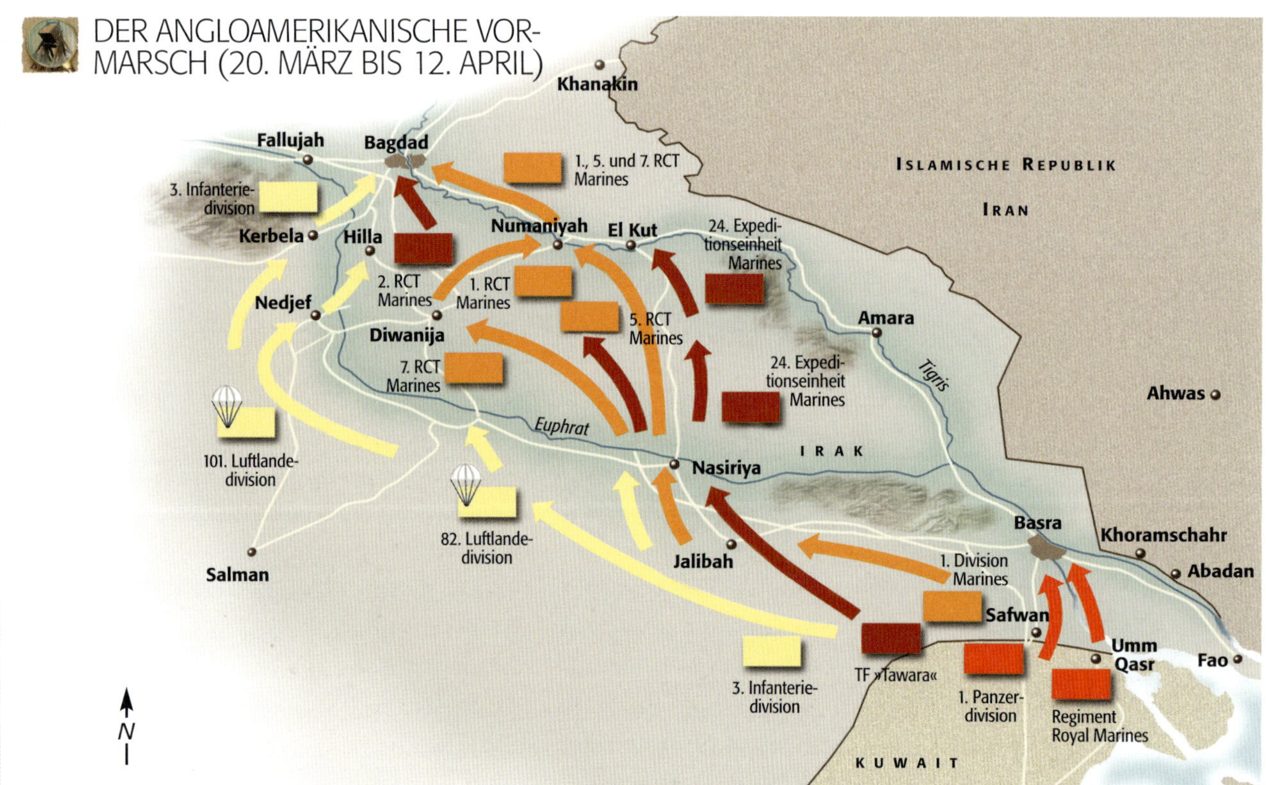

Briten
1. Division Marines
3. Infanteriedivision
Task Force »Tawara« (Brigade der Marines)

RCT = (Regimental Combat Team) eine Einheit, die aus mehreren Bataillonen des Marinekorps gebildet wird.

Britische Soldaten in Aktion während der Einkesselung von Basra. Zu den Streitkräften der Koalition zählt auch ein Australisches Expeditionskorps (Spezialkräfte und das 4. australische Königliche Regiment) und einige polnische Spezialeinheiten.

➤ DER BEGINN DER KAMPFHANDLUNGEN UND DER MARSCH AUF BAGDAD

Am 19. März 2003 weist Saddam ein Ultimatum der Alliierten zurück und am nächsten Tag um 5.35 Lokalzeit beginnt die Koalition unter dem Kommando des amerikanischen Generals Tommy Franks mit dem Feldzug, der »Iraqi Freedom« (irakische Freiheit) genannt wird.

Die wichtigsten Kommunikationsknoten des Kommando- und Kontrollsystems von Bagdad werden intensiver als 1991 bombardiert und die Bodentruppen setzen sich gleichzeitig in Bewegung. Die USA senden die 3. Panzerdivision bis an die Grenze Kuwaits und die 7. Kavalleriedivision durchquert die Wüste mit dem Endziel Bagdad. Im Norden, in der Kurdenregion, werden aus der Luft Spezialeinheiten abgesetzt, um die Aktionen der lokalen Aufständischen, die »Peshmerga«, zu unterstützen und zu koordinieren.

Der von der Luftwaffe gedeckte amerikanische Vormarsch wird durch mittelschweren Widerstand – vor allem seitens der Republikanischen Garde Husseins – und durch Sandstürme verzögert, doch der Tigris ist am 2. April überquert und am 5. wird einer der Flughäfen der irakischen Hauptstadt besetzt. Die Kurden und die 173. amerikanische Luftlandebrigade haben Kirkuk erobert, indem sie 4 km weiter die nördliche Grenze des Irak überschritten haben.

INFILTRATIONEN

DIE ENGLISCHEN SPEZIALKORPS

Vor allem seit dem Zweiten Weltkrieg und danach gehen Konflikten oft Angriffe, Einmärsche oder zumindest Aufklärungsaktionen voraus, bevor eine offizielle Kriegserklärung erfolgt. Daher werden Einheiten oder Abteilungen aus dem Augenblick heraus gebildet, zu denen die Korps zählen, die als »Kommandos« bekannt sind. Bei den britischen Streitkräften ist eine davon das Special Air Service, ein Name, der ein Regiment bezeichnet, das für Sabotageaktionen hinter den feindlichen Linien der libysch-ägyptischen Grenze geschaffen wurde. Später erreichte es das Niveau einer Brigade und arbeitete vor der Landung der Alliierten auch in Frankreich und bis 1945 auch im restlichen Europa mit Flug- und Fahrzeugen (Mannschaftswagen bei Wüstendurchquerungen). Nach dem Krieg aufgelöst, tauchte das SAS in den Afrikakonflikten, im Mittleren Osten und in Südostasien wieder auf und stand im Irak 1990/91 wieder in vollem Einsatz. Im 2003 bevorstehenden Krieg dringen die Männer des 22. SAS-Regiments noch vor Beginn der Kampfhandlungen in den Irak ein und kundschaften Scud-Abschussbasen, Fahrzeuge, Funk- und Radarstationen aus und besetzen zwei Luftwaffenbasen an der Grenze zu Syrien bzw. Jordanien. Bei dieser Gelegenheit machen sie großzügigen Gebrauch von Luftfahrzeugen und entgehen dem Radar dank einer elektronisch destabilisierten »Luftstraße«. In Basra machen Teile des 22. Jagd auf »Ali«, dem man den Einsatz von Kampfgas gegen die Kurden in den 90er-Jahren vorwirft. In Bagdad sabotieren Zellen von drei bis vier Mann Ziele, die während Luftangriffen angepeilt werden und anderes. In Kurdistan bewaffnet und trainiert die SAS die »Peshmerga«, bevor die amerikanischen Fallschirmjäger landen.

STREITKRÄFTE

IRAKISCHE ÜBERLEGENHEIT

▶ IRAKER*

SOLDATEN	400.000
PANZER	2500
FLUGZEUGE	300

▶ ALLIIERTE*

AMERIKANER	250.000
BRITEN	30.000
PANZER	ÜBER 1000
FLUGZEUGE	180
SCHIFFE	ÜBER 160

* ZU BEGINN DER OPERATIONEN

Irak 2003

Die britischen Streitkräfte
Der Vormarsch der Bodentruppen wird massiv durch selbst fahrende 155-m-Kettenhaubitzen AS90, Challenger-2-Panzer mit 120-mm-Geschützen und »Warrior«-Kettenfahrzeuge unterstützt, die in der Lage sind, bis zu sieben Soldaten in kompletter Kampfausrüstung zu transportieren.

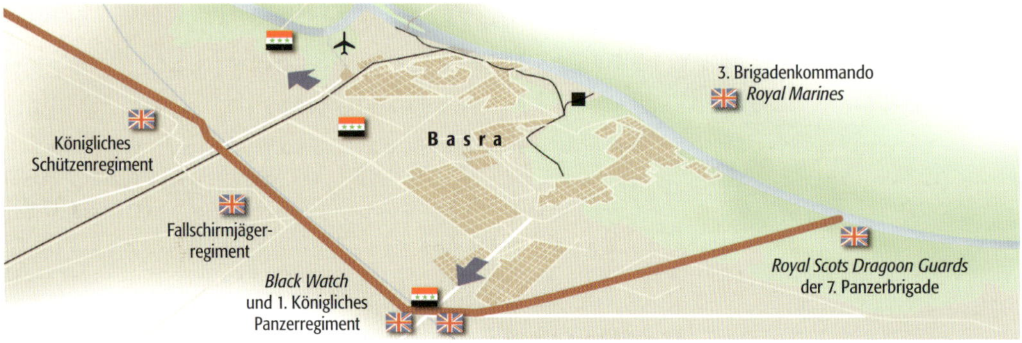

Die Belagerung von Basra durch britische Truppen

Verlauf der britischen Front Ende März
Sitz der lokalen Baath-Partei

Der Angriff der »Warrior«
Anfang April dringen »Warrior«-Kolonnen in die Stadt ein, zerstören einige Einrichtungen der Baath-Partei und ziehen sich wieder nach außen zurück. Die bei diesen Angriffen gesammelten Informationen werden zusammen mit denen der Spezialtrupps (SAS und SBS) und der *Intelligence* später genutzt, um gezielt mit Artillerie und Luftwaffe anzugreifen.

2002 (29. Jänner) In seiner Rede zur Lage der Nation bezeichnet Präsident Bush den Irak, den Iran und Nordkorea als »Achse des Bösen«; **(11. Oktober)** der amerikanische Senat segnet den amerikanischen Angriff auf den Irak ab; **(8. November)** Verabschiedung der UNO-Resolution 1441, die neue und strengere Inspektionen im Irak verhängt; **(18. November)** zum ersten Mal seit fast vier Jahren kehren die UNO-Inspektoren in den Irak zurück, um Massenvernichtungswaffen zu suchen; **(21. Dezember)** Bush genehmigt die Aufstellung amerikanischer Truppen in der Golfregion; **2003 (28. Jänner)** In der Rede zur Lage der Nation erklärt sich Bush bereit, den Irak auch ohne die Unterstützung der UNO anzugreifen; **(15. Februar)** massive pazifistische Demonstrationen in aller Welt gegen den möglichen Krieg im Irak; **(20. März, 5.30 Uhr Bagdader Ortszeit)** »Iraqi Freedom« beginnt; **(7. April)** die Briten erobern Basra; **(9. April)** die Amerikaner erobern Bagdad; **(11. April)** kurdische Rebellen erobern Kirkuk • **(1. Mai)** Bush erklärt »Iraqi Freedom« für beendet; **(13. Dezember)** Saddam Hussein wird von den Amerikanern gefangen genommen.

Irak 2003

Zwischen 23. und 31. März ist die Strategie der Briten vor Basra eine abwartende: die Stadt ist hermetisch abgeschlossen, man sammelt Informationen und befragt die Flüchtenden. Ab 31. März geht die Belagerung in die operative Phase über.

➤ DIE ENGLISCHEN MARINES UND DIE OPERATION »JAMES«

In einem in erster Linie amerikanischen Feldzug, was Kommando und Kontrolle, Anzahl der Truppen und Technologie betrifft, ist die britische Situation in Basra interessant: auch weil im Krieg einige Kennzeichen des folgenden »Friedens« zu erkennen sind.

Anfang April von den Engländern angegriffen, ist die zweitgrößte Stadt des Irak auf der Halbinsel Fao der einzige Landstrich am Meer. Die Stadt liegt an der Küste des Shatt al'Arab, einem schiffbaren Wasserlauf, der in den Persischen Golf mündet. Der alliierte Plan ist ursprünglich der, die Stadt zu umgehen und sie am Ende des Krieges von selbst fallen zu lassen. Danach hält man es aber für besser, spürbaren Druck auf Basra auszuüben, auch um in ihrem Inneren eine Revolte von Regimegegnern auszulösen. Die irakische Garnison wird von Ali Hassan es Majidi kommandiert und umfasst die 51. Division, Saddam-treue Milizen der Baath-Partei und *Fedayin*, Freiwillige von Auswärts.

Der Angriff auf Basra beginnt um 5.30 Uhr morgens am 30. März mit der Operation »James«. Nach einem Beschuss durch Artillerie und Harrier-Bomber marschieren Einheiten des 40. Kommandos der *Royal Marines* zu Fuß gegen die Befestigungen am Stadtrand von Abu al-Khassib, einem 30.000 Einwohner zählenden Ort in der Nähe von Basra, der von 500 irakischen Soldaten und einigen Dutzend Panzern, darunter auch T-55 verteidigt wird. Den *Royal Marines*, 600 an der Zahl, stürmen 14 starke Challenger-Panzer der neuesten Generation, leichtere Scimitar-Panzer (sie gehören zur 7. Division, den »Wüstenmäusen«) voraus und sie werden aus der Luft von Panzerjägern des Typs A10 Warthogs und von Cobra-Hubschraubern unterstützt, die von den amerikanischen Marines stammen, während sie im Rücken von acht selbst fahrenden 155-mm-AS90-Haubitzen der 1. Division gedeckt werden. In einer Stunde sind die Bunker neutralisiert, ebenso vier T-55, und etwa 50 andere Militärfahrzeuge.

Die Verteidiger reagieren mit der erprobten »Shoot and scoot«-Taktik (»Schießen und verschwinden«), sodass die *Royal Marines* in die Ortschaft gelockt und Hinterhalten ausgesetzt werden.

In weniger als fünf Stunden gelingt es einer Abteilung das Zentrum von Abu al-Khassib zu erreichen, während andere an

Britische Soldaten am Stadtrand von Basra perlustrieren Iraker.

Ein in Stellung gehender britischer Soldat während des Einmarsches der Truppen in die Stadt.

Aus technischer Sicht ist die amerikanische Armee einzigartig auf der Welt. Doch 30 Jahre härteste Guerillakämpfe in Ulster machen aus den britischen Truppen die absolut besseren im Kampf Haus um Haus und bei der Kontrolle der Straßen, wie nun auch in Basra.

In den Tagen vor der Einnahme Basras dringen britische Scharfschützen paarweise (einer schießt, der andere nimmt das Ziel mit dem Teleskop ins Visier) in die Stadt ein, erschießen Mitglieder der Baath-Partei (die durch ihre Zellen erkannt wurden) und ziehen sich wieder zurück.

INTERNET
- www.operations.mod.uk/telic/forces.htm
- www.pbs.org/wgbh/pages/frontline/shows/invasion/cron/
- www.army.mod.uk/equipment/index.htm
- gallery.muzi.com/pfg/english/1002795.shtml?pfgp=1

Ein britischer Challenger-2-Panzer.

Britische Soldaten versuchen Trinkwasser an die Einwohner von Basra zu verteilen.

den Flügeln operieren. Mit amerikanischen Hubschraubern überwachen die Briten eventuelle irakische Versuche, sich zurückzuziehen.

Abu al-Khassib kann um 12 Uhr als erobert betrachtet werden und am Nachmittag hört nach 13 bis 14 Stunden Feuergefecht jeglicher Widerstand auf. 300 Iraker werden gefangen genommen, darunter verschiedene höhere Offiziere und einer der Republikanischen Garde.

➤ HAUS FÜR HAUS – DIE EINNAHME VON BASRA

Nun bleibt noch die Eroberung von Basra, deren Verteidigung durch eindringende Zellen der Spezialkorps SAS (Special Air Service) und SBS (Special Boat Service der *Royal Marines*) »aufgeweicht« wird. Kolonnen von leichten »Warriors«, Kettenfahrzeugen mit 30-mm-Geschützen, drängen in die Stadt. Die Artillerie beschießt inzwischen mit großer Präzision punktförmig Ziele, wie den Sitz der Baath-Miliz, wobei sie von amerikanischen Hubschraubern unterstützt wird, die als fliegende Feuerleitsysteme fungieren. Die ersten Apriltage vergehen zwischen schnellen Angriffen und Bombardements, während Basra im Nordwesten vom 1. Regiment der Königlichen Schützen, im Westen vom 3. Fallschirmjägerbataillon, im Südwesten vom 1. Königlichen Panzerregiment und von der schottischen Dragonergarde im Süden eingeschlossen wird. Jenseits des Shatt al'Arab liegen die *Royal Marines* mit Amphibienfahrzeugen, um ihn zu überqueren und die Stadt von Osten anzugreifen.

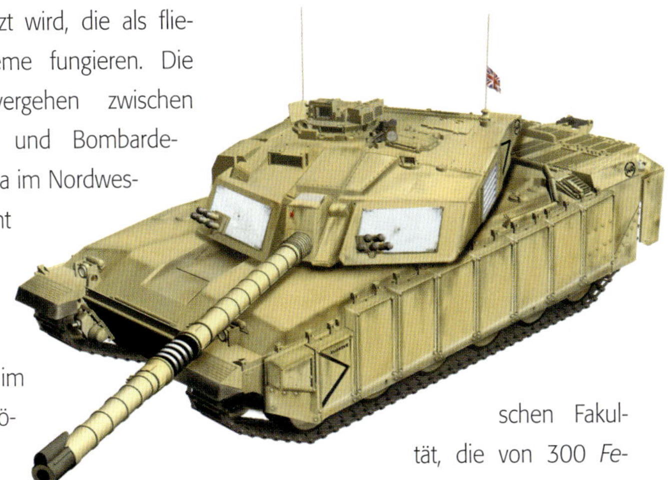

Den leichten Panzern folgen Gruppen, die aus einem Schwadron Challenger und einer oder zwei Infanteriekompanien in »Warriors« bestehen. Eine davon erobert (in einigen Stunden und nur mit leichten Waffen, um die Zahl der zivilen Opfer geringzuhalten) die »Bastion« der literarischen Fakultät, die von 300 *Fedayin* aus Marokko, Algerien und Syrien gehalten wurde.

Am Abend des 6. April befindet sich beinahe die ganze Stadt in englischer Hand. Am 7. dringen die Fallschirmjäger, denen das 1. irische Regiment angeschlossen wurde, in die Straßen der Altstadt ein, die für die Panzer zu eng sind. Am 8. April legen die Briten die Helme ab, steigen von den Panzern herab und mischen sich unter die Menschenmenge: die Schlacht ist vorüber.

Nun ist Bagdad das Ziel der letzten Angriffe, die darauf abzielen, Saddam zu treffen. Sie dauern bis 9. April, dann gibt die irakische Regierung kein Lebenszeichen mehr von sich.

Auch wenn der Diktator zur Zeit nicht gefunden werden kann, ist das Regime abgesetzt.

Am 11. April klingt der bereits geschwächte Widerstand ab und im Rest des Landes hören am 14. April alle Kämpfe auf. Am 1. Mai verkündet der amerikanische Präsident George W. Bush das Ende der Operation. Doch wenn der Krieg auch vorbei ist, der Frieden gestaltet sich noch viel schwieriger.

Beslan

2004

Zwischen 1. und 3. September richtet ein tschetschenisches Kommando eines der schrecklichsten Blutbäder in der Geschichte Russlands an. Es wurde, so wie beinahe alle der verheerenden Attentate der jüngsten Zeit, monatelang vorbereitet. Ziel ist eine Schule, in der Erwachsene und Kinder als Geiseln genommen werden. Der Ausgang fordert wegen der Ursache selbst und wegen der absolut unsicheren Dynamik hunderte von Toten.

Das tschetschenische Unabhängigkeitsbestreben ist der Stachel im Fleisch der Russen, und zwei Jahre nach dem Anschlag auf das Theater *Dubrowka* in Moskau werden die Attentate der Rebellen auf russischem Boden fortgesetzt.

Im Sommer 2004 lenkt ein grausames Attentat die Aufmerksamkeit der Welt auf den russisch-tschetschenischen Konflikt: Eine Gruppe tschetschenischer Terroristen, angeführt von »Oberst« Ruslan Kuchbarow, sucht sich eine Schule in der Stadt Beslan in der autonomen Region Nordossetien, die mehrheitlich orthodox ist und an das muslimische Ingushetien grenzt, als Ziel .

Am 1. September um 9.30 Uhr wird die Schule Nummer Eins von Beslan während einer Feierlichkeit zum neuen Schuljahr besetzt und vermint: es befinden sich etwa 1000–1500 Personen (darunter hunderte Kinder) dort, alle werden als Geiseln genommen und in der Turnhalle mit Waffen und Sprengstoff bedroht.

Mehrere Geiseln werden während des Überfalls am Fenster gezeigt, um die Spezialeinheiten von einem Sturm abzuhalten. Viele Stellen des Gebäudes, vor allem die Turnhalle, wurden von den Tschetschenen vermint.

Der Ausdruck »Spetnaz« bezeichnet einen Agenten der Spezialeinheiten der FSB (Föderaler Sicherheitsdienst, der frühere KGB), im MVD (Innenministerium) und im GRU (militärischer Geheimdienst).

BETEILIGTE

ÜBERMACHT DER RUSSEN

▶ TSCHETSCHENEN	
MUDSCHAHEDIN	33
VERLUSTE	
TOTE	32
GEFANGENE	1

▶ RUSSEN	
SPEZIALEINHEITEN UND ZIVILISTEN	1500–2000
VERLUSTE	
VERLETZTE	448
TOTE	326

Als wahrhafte »Kamikaze« tauchen die »schwarzen Witwen« (die Witwen jener Märtyrer, die im russisch- tschetschenischen Krieg gestorben sind) erstmals 2002 im Theater *Dubrowka* in Moskau auf. Sie sind komplett schwarz gekleidet und tragen einen speziellen Gürtel, den »Gürtel der Märtyrer«, der mit Sprengstoff gefüllt ist.

Wie aus den Ermittlungen hervorgeht, wurden die Waffen bereits einige Wochen vor dem Anschlag im Zuge von Erneuerungsarbeiten am Gebäude in der Schule versteckt.

Die Terroristen kontrollieren alle Eingänge zur Schule. Auf dem Video, das sie in der Turnhalle aufgenommen haben, ist »Oberst« Kuchbarow mit einem Fuß am Auslöser für den Sprengstoff verantwortlich.

Zivilisten
Russische Spezialeinheiten
❶ Turnhalle

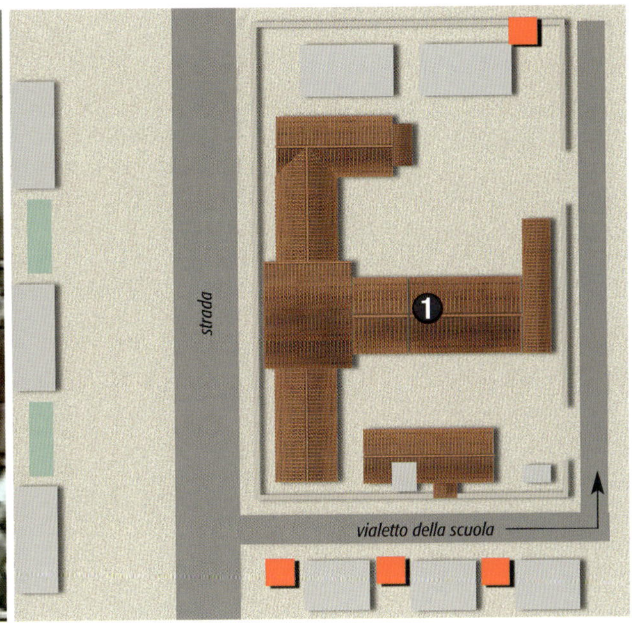

Die Geiseln unter tschetschenischem Kommando. Der einzig gefangen genommene Terrorist erklärt, dass der Zünder für die Sprengladung im 1. Stock untergebracht war, um die Entschärfung zu erschweren. Das Blutbad von Beslan wird von Shamil Basayew, dem Anführer der tschetschenischen Rebellen, auf provokante Weise »Operation Nord-West« genannt. Bei der Geiselnahme im Moskauer Theater stand das Musical Nord-Ost *auf dem Spielplan.*

Um 19.10 gelingt es den lokalen Autoritäten, ersten Kontakt mit den tschetschenischen Separatisten aufzunehmen. Während des nächsten Tages gehen die Verhandlungen weiter und 26 Geiseln werden um 16.40 freigelassen.

Am 3. September nimmt die Sache einen tragischeren Verlauf. Es gibt zwei Versionen, wie es zu dem Sturmangriff der russischen Spezialkräfte kam, von dem die Regierung Putin behauptet, er sei nicht nach einem festgelegten Plan, sondern als Folge der Ereignisse passiert.

Die erste Theorie lautet dahingehend, dass es sich um eine Falle der Terroristen handelt, die, nachdem sie einem Polizeiwagen erlaubt hätten näher zu kommen, um die Leichen der Getöteten wegzubringen, das Feuer eröffnet und ein oder zwei Selbstmordattentäter sich selbst gesprengt hätten. Dadurch sei das Dach eingestürzt und die noch lebenden Opfer seien verzweifelt geflohen.

In der anderen Version sei eine Sprengladung eines Terroristen versehentlich hochgegangen (oder durch die russischen Spezialeinheiten beim Versuch in die Schule einzudringen ausgelöst worden), was einen Kampf zur Folge hatte, bei dem die Geiseln erschossen wurden. Gegen 13.15 Lokalzeit dringen die »Spetnaz« (russische Spezialtruppen) tatsächlich durch eine Bresche ein, die von einer Granate in die Mauer gerissen wurde. Einigen Geiseln gelingt die Flucht, viele sterben, weil sie von den Tschetschenen von hinten erschossen werden oder in die Feuerlinie zwischen Geiselnehmern und Spezialeinheiten geraten.

Von den 33 Mitgliedern des Kommandos überlebt nur einer: Nourpachi Koulaïew. Er wird verhaftet. Die Zahl der Opfer liegt bei hunderten Zivilisten, davon sehr viele Kinder. Auf jeden Fall handelt es sich hierbei um ein Kapitel aus dem Krieg gegen Zivilisten.

MOSKAU, DUBROWKA 23.–26. Oktober 2002

Im Jahr 2002 führen die tschetschenischen Separatisten eine Aufsehen erregende Aktion in Moskau durch: ein bewaffnetes Kommando besetzt am 23. Oktober während einer Aufführung mit hunderten Zuschauern das Theater *Dubrowka.* Die Gruppe besteht aus 41 Kämpfern (darunter 19 Frauen, den »schwarzen Witwen«) und nimmt rund 800 Personen gefangen (wenig später werden 100 freigelassen), unter ihnen sind viele Kinder und Bürger moslemischer Religion. Um 21 Uhr verlautbart das Kommando seine Forderungen: Im Austausch für das Leben der Geiseln fordern sie das Ende der Besetzung Tschetscheniens. In den nächsten beiden Tagen wird eine Polizistin ermordet, die versucht hat, in das Theater einzudringen, und die russischen Truppen fragen nach, ob sie das Theater räumen sollen. Rund 160 Geiseln werden freigelassen. Am 25. befehlen die russischen Autoritäten den Sturm durch Spezialeinheiten. Am 26. um 5 Uhr wird über das Belüftungssystem des Theaters eine halbe Stunde lang Fentanyl (ein stark betäubend wirkendes Gas auf Opiumbasis) eingeleitet. Wenig später stürmen 200 Mann der Spezialeinheiten das Theater. Im Feuergefecht zwischen Terroristen und den Spezialkräften kann das Kommando und sein Anführer, Movsar Barayew, erst gegen 7.20 Uhr ausgeschaltet werden. Die Bilanz ist grausam: 130 Tote, die von den Behörden dem Kommando zugeschrieben werden. Doch heute steht fest, dass die überwiegende Mehrheit der Opfer der Wirkung des Gases zuzuschreiben ist.

Index der Namen

Index der Schlachten

Bildnachweis

Wenn nicht anders angeführt, stammt die Abbildung aus dem Archiv Giunti.

Was die Vervielfältigung betrifft, erklärt sich der Herausgeber voll verantwortlich dafür, eventuelle Zuständigkeiten für jene Abbildungen zu regeln, für die es nicht möglich ist, Quellenangaben anzuführen.

AFP / Grazia Neri, Mailand: 210-211, 228-229, 255.

Album / Contrasto, Mailand: 39.

The Bridgeman Art Gallery / Alinari, Florenz: 99, 119 (oben, rechts), 134-135, 148, 154-155.

Corbis / Contrasto, Mailand: 24-25, 51, 58-59, 62, 86-87, 90, 102-103, 131, 139, 149, 152-153, 159, 162-163, 163 (unten), 164, 166-167, 170, 172, 174-175, 179, 182, 186-187, 187, 189, 192, 193 (unten, links), 194-195, 198, 199 (oben, rechts), 201, 208, 216-217, 220 (oben, links), 221 (oben), 222, 223, 224, 225, 226, 230 (rechts, links), 232, 233, 238-239, 243, 247, 249, 252, 256-257, 260, 260-261, 261, 262, 267, 269 (Mitte, rechts), 269 (unten, rechts), 270, 272-273, 276, 277.

Erich Lessing / Contrasto, Mailand: 18-19, 23, 34-35, 42-43, 117, 129, 138-139.

Foto Scala, Florenz: 28, 121 (unten, Mitte).

Fototeca Storica Nazionale A. Gilardi, Mailand: 180.

Gamma / Contrasto, Mailand: 253, 254, 263, 271.

Hulton Archive / Getty Images / Laura Ronchi, Mailand: 68.

Interfoto: / Alinari, Florenz: 57.

Magnum / Contrasto, Mailand: 204-205, 221 (rechts), 246 (unten).

NATO photos: 265.

Photos12.com / Grazia Neri, Mailand: 109, 122, 126-127, 240, 241.

Reuters / Contrasto, Mailand: 278-279.

Roger Viollet / Alinari, Florenz: 112-113.

SIPA / Olycom, Mailand: 269 (oben, rechts).

Time Life Pictures / Getty Images / Laura Ronchi, Mailand: 230 (Mitte).

Webphoto, Rom: 141 (oben).